罪证

——从东京审判看日本侵华鸦片战争

韩 华 著

中国言实出版社

图书在版编目（CIP）数据

罪证：从东京审判看日本侵华鸦片战争 / 韩华著.
— 北京：中国言实出版社，2015.8
　　ISBN 978-7-5171-1493-2

　　Ⅰ.①罪… Ⅱ.①韩… Ⅲ.①日本—侵华—史料
Ⅳ.①K265.606

　　中国版本图书馆 CIP 数据核字（2015）第 191127 号

责任编辑：王丹誉

出版发行	中国言实出版社
	地　址：北京市朝阳区北苑路 180 号加利大厦 5 号楼 105 室
	邮　编：100101
	编辑部：北京市西城区百万庄大街甲 16 号五层
	邮　编：100037
	电　话：64924853（总编室）64924716（发行部）
	网　址：www.zgyscbs.cn
	E-mail：zgyscbs@263.net
经　销	新华书店
印　刷	北京温林源印刷有限公司
版　次	2015 年 10 月第 1 版　　2015 年 10 月第 1 次印刷
规　格	710 毫米 × 1000 毫米　1/16　25.5 印张
字　数	380 千字
定　价	58.00元　　ISBN 978-7-5171-1493-2

CONTENTS **目 录**

引言

1895 年 4 月《马关条约》签订、日本占据台湾岛后，在台湾岛建立了第一个鸦片殖民政权、开始成功实施控制毒品的计划始，[1]到 1945 年日本战败为止，半个世纪里，日本蓄意制造了一场对华毒品战。在这场战争中，日本对华推行毒化政策，以鸦片及其合成品作为其进行这场战争的秘密武器与特殊工具，半个世纪里，这场毒品战紧密配合日本对华军事侵略、经济掠夺，毒品成为日本侵华战争不可分割的重要组成部分。在这场毒品战中，日本对华毒化政策不仅残害中国人民，也使民族自尊心蒙受羞辱。

早在 19 世纪，英国殖民者向中国倾销鸦片。民族英雄林则徐曾上书道光帝，指出鸦片"危害甚钜"，"若犹泄泄视之，是使数十年后，中原几无可以御敌之兵，且无可以充饷之银"。面对清政府发动全国性禁烟运动，抵制烟毒之害，英国侵略者为了维持罪恶的鸦片贸易，悍然发动战争。中英鸦片战争中国失败的结局，曾"使这致命的毒品泛滥于中国市场"[2]，并在接下来的一百年中，鸦片在中国的流毒不断扩大、加深。中国曾因鸦片流毒面临"亡国灭种"的危险，鸦片曾是中国近代史上中华民族的痛与殇！

远在明治维新初年，日本吸取了中国禁烟失败的教训，在与西方国家的交涉中，成功地避免了一场鸦片之害，并由此对鸦片等毒品采取了严厉的"断禁政策"。然而，在对中国的侵略扩张中，深知鸦片危害的日本却利用了中国禁烟失败，在国际舆论一致抵制毒品的背景下，作为 1912、1925 与 1931 年国际禁毒公约的签字国与批准国，违反国际禁毒公约，无视中国国

---

① Jennings, John M. The Opium Empire: Japanese Imperialism and Drug Trafficking in Asia, 1895—1945.Westport: Praeger, 1997.pp19-28.引自〔加〕卜正民、〔加〕若林正：《前言：中国的鸦片史》，〔加〕卜正民、〔加〕若林正编著，弘侠译：《鸦片政权：中国、英国和日本（1839—1952）》，黄山书社 2009 年版，第 16 页。

② 马模贞主编：《毒品在中国》，北京出版社 1993 年，第 32 页。

内法，破坏中国禁烟运动，非法向中国输入毒品，在中国从事制毒、贩毒等毒化活动，加深毒品对中国的危害，并在侵华战争中，逐渐演变成一项日本侵华国策，在中国进行了一场长达半个世纪的毒品战。

这场毒品战带给了日本巨额的毒品利润，这笔丰厚收入扩充了侵华日军一路攻伐一路杀戮的军费，又成为扶持傀儡政权与加强殖民统治的经济基础。大量事实证明，这场毒品战是日本有组织、有计划、有预谋的国家行为，是一种大规模的国家战争犯罪。第二次世界大战结束后，日本学界对二战期间日本在华强制种植鸦片、制毒、贩毒行为总称为"鸦片战略"。在东京国际军事法庭上，庭长威廉·弗拉德·韦伯爵士（William F. Webb）在审判日本对华鸦片政策犯罪时说："这也是一种类型的战争，或者说通过让中国人染上毒瘾，从而为战争做准备。"[1]日本著名历史学家江口圭一说："日中战争是真正意义上的鸦片战争。"[2]

第二次世界大战结束后，由美、中、英、苏、法、澳、荷、加、新、菲、印十一国代表联合国对在亚洲战场挑起战争和在战争中犯下广泛暴行的日本进行了审判，审判地点在日本东京，简称为"东京审判"。东京国际军事法庭的设立，"是依据1943年12月1日的开罗宣言，1945年7月26日的波茨坦公告，1945年9月2日的投降书以及1945年12月26日的莫斯科会议，并将其付诸实施"。[3]

东京审判是现代国际法发展史上的一个具有里程碑意义的事件，它与纽伦堡审判一脉相承，共同确立了现代国际法中战争犯罪和战争领导者个人责任的基本概念与原则，为后世国家司法审判活动树立了实体和程序方面的先例，因审判汇集的大量档案文献，以及审判留下的审判纪录，在历史文献方面具有很大的价值，它不仅具有被国际军事法庭采纳为法庭证据的法律权威性，又因有形成于当时的调查报告、亲历者的证人证词等而具有第一手史料

---

① Transcripts of the Proceedings of the International Military Tribunal For the Far East（《远东国际军事法庭庭审记录》），上海交通大学出版社、国家图书馆出版社2013年英文版，第2681页。本书所附远东国际军事法庭庭审记录译文资料，均以 Transcripts of the Proceedings of the International Military Tribunal For the Far East（《远东国际军事法庭庭审记录》），上海交通大学出版社、国家图书馆出版社2013年英文版为底本翻译。

② 〔日〕江口圭一著，宋志勇译：《日中鸦片战争》，天津人民出版社1988年版，第126页。

③ 张效林译：《远东国际军事法庭判决书》，群众出版社1986年版，第1页。

的重要性。

东京国际军事法庭留下的审判记录——日本"鸦片侵华"的证据，是我们了解这场毒品战的重要史料。东京国际军事法庭庭审记录日本"鸦片侵华"证据虽不足以全面彻底清算日本对华毒品战的全部罪责，但却充分证明了日本"鸦片侵华"战争暴行的事实。因此，本书整理、翻译了东京审判庭审记录日本对华毒品战证据资料，并按法庭审判顺序附于书中相关章节之后，以供读者参考。

本书以东京审判庭审记录中日本在中国东北、华北、华中、华南地区鸦片和毒品情况的证据、证人证词为基础史料，进行对这场毒品战的历史考察与研究，叙述日本侵略者在华推行鸦片政策、进行毒化活动、以鸦片戕害中国人民的历史，揭示日本侵华的深层目的，以及日本"以毒养战"、"以毒制华"邪恶的侵华战略战术。

本书所述二战期间日本在中国的鸦片政策犯罪，与日军在中国屠杀、抢掠、施暴、强奸等残虐行为与战争罪行一样，受到国际军事法庭追究，成为被法庭起诉、指控以及成为法庭判决日本战犯的战争罪行之一。东京审判对日本二战期间对华毒品战罪责的追究，这是人类历史上首次对毒品犯罪进行的国际军事法庭审判，在法官席上坐着的是十一个国家的代表，检方证人不仅有中国人，也有美国人、英国人等。东京审判认定日本利用鸦片、吗啡、海洛因等毒品毒化中国人民的暴行，是战时日本所涉及的战争暴行、罪行之一，认定日本的毒化暴行是有组织、有系统实施的事实，是作为日本国家的国策计划而进行的大规模战争犯罪行为，定谳"违反和平罪"在案。

东京审判对日本鸦片侵华罪责的追究，充分表达了自 1912 年《海牙禁烟公约》、1925 年《日内瓦禁烟协定》与《日内瓦禁烟公约》、1931 年《限制制造及调节分配麻醉药品公约》订立以来，国际社会为禁绝非法贩卖及滥用鸦片、高根、吗啡及其他毒品所作的努力，以及惩处毒品犯罪与共同抵制毒品的决心。东京审判追究日本在中国的毒品犯罪罪责，这无论在国际刑事法庭审判毒品犯罪史上，还是在人类禁毒史上，都具有重大的意义。正如远东国际军事法庭审判日本战犯、将日本战犯的战争暴行清晰地留在了审判记录之中、成为人们世世代代牢记与见证这段历史的珍贵史料一样，庭审记录中日本"鸦片侵华"证据部分，作为日本侵华战争暴行的一部分，也一样成为人们牢记与见证日本"鸦片侵华"罪恶的历史文本，成为后世人们对日本毒品侵华历史的记忆，它让人们永远记住，日军侵华除了飞机枪炮、毒气战、生化战外，还有更恶毒、更肮脏的毒品战。

为了完整地叙述这场毒品战，本书在叙述东京审判庭审记录日本对华毒品战检方证据资料、证人证词之前，将回顾第一次世界大战后建立国际军事法庭与从《马关条约》签订后，日本从台湾开始毒品侵华的历史。作为叙事铺垫，回顾日本自台湾殖民地开始鸦片侵华的历史，将有助于全面了解这场毒品战，了解日本政府鸦片侵华的一贯态度以及日本对华鸦片政策的罪恶与侵略本质；追述第一次大战后建立国际军事法庭审判战争犯罪的历史，则凸显了建立远东国际军事法庭审判战争罪犯在人类文明上的重大进步，也彰显了战后国际社会捍卫和平、抵制侵略战争、惩罚包括毒品犯罪的战争暴行以及追求正义的重大意义。

本书共分十一章，第一章简介 20 世纪初年国际审判历史；第二章叙述日本在台湾的鸦片政策与毒品贸易活动；第三章主要叙述日本战前在中国的毒品贸易活动；第四章叙述日本违反国际禁毒公约与中国国内法，阻止与破坏中国的禁烟事业；第五章介绍日本战时藏匿与战败前后销毁毒品战证据情况；介绍同盟国准备起诉日本在中国的毒品贸易政策，搜集日本走私贩毒、制毒等犯罪证据。第六章、第七章、第八章与第九章，结合东京审判中日本在东北、华北、华中、华南地区"鸦片侵华"证据与证人证词，分别叙述伪满洲国毒品形势、华北、华中与华南毒品形势；第十章是东京审判法庭判决书有关日本对华鸦片政策·麻醉品内容；第十一章是结论部分，通过综合叙述毒品与日本侵华的关系，指出"日中战争是真正意义上的鸦片战争"。

第一章
20世纪国际刑事法庭审判战犯回顾

　　20世纪上半叶，人类经历了两次世界大战的浩劫，第一次世界大战后，主要战犯逃脱了战后审判；第二次世界大战后，法西斯德国、日本等国主要战犯在战后被推上了国际军事法庭被告席，接受国际军事法庭——纽伦堡军事法庭、远东国际军事法庭的审判，人类首次实现了国际刑事法庭审判战犯的理想，也第一次通过国际刑事法庭审判了毒品犯罪。

第一节　第一次世界大战后组织国际刑事法庭审判战犯的尝试

　　国际社会建立国际刑事法庭审判侵略战争罪，经历了一段历史进程。在1914年至1918年第一次世界大战以前，从来没有过将侵略战争罪犯送交国际刑事法庭审判的尝试。[①]第一次世界大战庞大的战争规模、战争导致的巨大牺牲、战争中出现的惨烈的恐怖手段，以及战争暴行对人类基本生存的威胁，使得社会各界人士纷纷要求惩罚战争祸首，民意不断要求对战犯进行刑事起诉，"超越违反战争法律和习惯、起诉违反国际条约发动战争本身的行为的呼声很高"，[②]以阻止战争再次发生。

　　第一次世界大战结束后，1919年6月28日签署了《凡尔赛和约》，该和

---

　　① 〔苏〕米·尤·拉金斯基、〔苏〕斯·雅·罗森布立特著，萨大为、李世楷、方蔼如、王庶译：《日本首要战犯的国际审判》，世界知识出版社1954年版，第10页。

　　② 宋健强著：《国际刑事司法制度通论》，哈尔滨工业大学出版社2006年版，第20页。

约的主要目的是惩罚和削弱德国，试图建立由美国、英国、法国、意大利和日本指派的五名法官构成的"特别法庭"。在《凡尔赛和约》第七部《制裁》中，第一次直接规定追究战争罪犯责任。第七部《制裁》中共有四条规定（第二百二十七条至二百三十条），其中第二百二十七条规定：

协约及参战各国公诉前德皇霍恩索伦皇朝威廉二世侵害国际道德及条约尊严之滔天罪行。

组织一特别法庭以审判此被告，予之以辩护权所必要之保障。该法庭以法官五人组成之，下列各国即美英法意与日本各派一人。

特别法庭应根据国际政策最高尚之原则为标准，进行审判，以期国际事务上之神圣义务及国际道德上之效力获得尊重之保证。该法庭有权决定该法庭认为应加之惩罚。

协约及参战各国应向荷兰政府提出请求引渡前德皇，以便提审。[①]

第二百二十八条规定：

德国政府承认协约及参战各国有将被控为违犯战争法律与惯例之行为者提交军事法庭之权，查明为有罪之人，应判以法律规定之刑罚，在德国或其盟国领土内之法庭不论其诉讼手续或刑事追诉如何，此项条款亦得适用。

德国政府应将所有被控为违犯战争法律与惯例之行为者，或举其姓名，或举其曾在德国官厅服务所得之官阶、职务或职业，一律交与协约及参战各国或其中之一国作此请求者。[②]

第二百二十九条规定：

凡对于协约及参战国中之一国人民犯有刑事行为者，应提交该国军事法庭。

凡对于协约及参战国数国人民犯有刑事行为者，应提交各关系国之军事人员所组织之军事法庭。……[③]

然而，尽管在《凡尔赛和约》中有以上专章对追究战犯责任的具体规定，也明确要求组织国际特别法庭审判德国皇帝恺撒·威廉二世以及惩罚其他战犯，但由于战后国际政策的剧烈变化和相关国家间错综复杂的矛盾，以及德国千方百计地规避引渡与惩罚战犯等缘故，最终并未成功地进行国际审判，不仅威廉二世逍遥法外、始终没有受到任何制裁外，其手下那些犯有严

---

①②③ 世界知识出版社编：《国际条约集》(1917—1923)，世界知识出版社 1961 年版，第157—158 页。

重战争罪行、战争犯罪的直接负责人、军队领导人等高级战犯，也始终没有一人受到任何国际审判。

战后接受审判的是第三等人物、被俘士兵等，例如，协约国法国本国的法庭，曾审判了少数战犯，但这些战犯大半是被俘士兵，又如，德国莱比锡审判这个协约国妥协后的产物，被人们称为"审判上的一幕滑稽剧"，协约国原定德国疑犯900人，莱比锡法庭迅速将其减至大约40人，最后只有12人实际受审。在受审者中，一些人被宣告无罪；被宣告有罪的人也仅遭遇轻刑发落，一般也就是相当于判决之前的羁押期限。很显然，《凡尔赛和约》关于惩罚战犯的规定并未得到有效履行，第一次世界大战祸首罪责没有得到追究。此后，国际社会也试图提出惩办战犯、建立国际刑事法庭规约草案，但最终均未见诸实行。

第二节　东京审判

第一次世界大战后，国际社会虽未成功地建立国际刑事法庭审判战争罪犯，使德国主要战犯逃过一战罪责，但一战后组织国际刑事法庭的尝试，包括所谓的"莱比锡审判"，虽"被认为是国际司法早期努力的失败，但是它也在战争年代为发展一个常设国际法庭集聚了力量……"[1]第二次世界大战爆发后，其战争规模及其残酷程度，超过了历史上任何一次战争，人类良知再次被挑战，人类基本生存再次遭到严重威胁，德、日法西斯及其同盟者在战争中的野蛮暴行，它们对战争法规与惯例的无视与践踏，对异己种族与民族的残酷迫害，对和平居民与战俘大规模屠杀、虐杀等骇人听闻的战争暴行震撼了国际社会。

正是纳粹在欧洲种族清洗大屠杀与日本在东南亚制造大屠杀等战争暴行，激励起国际社会对战争暴行的痛恨与在战后追究战犯罪责、惩罚战犯的强烈要求。在第二次世界大战进行期间，战后设立国际军事法庭、惩罚战争

---

[1] 宋健强著：《国际刑事司法制度通论》，哈尔滨工业大学出版社2006年版，第20页。

罪犯的要求就已经被提出来了，并在战争临近结束之时，逐渐形成了共识。1941年、1942年，苏联政府相继发表宣言，宣布在战争结束后，应给予希特勒等战争罪犯以应得的惩罚，"苏联政府认为自身及凡抵抗希特勒股匪而保卫本国独立之所有各国政府，应将对此类已揭开假面具的罪大恶极之希特勒匪帮元凶加以严重之膺惩，视为对无数寡妇与孤儿，对因上述罪魁之命令已被残酷虐待而死及横遭屠杀的无辜人民之家属与亲人应尽之迫不及待的义务……苏联政府认为，必须将在战争期间已落入对希特勒德国作战的各国当局之手的法西斯德国之任何领袖，立即提交特别军事法庭审判，而根据最严厉之刑法惩处之"。

1942年10月12日，美国罗斯福总统在演说中指出："对于匪帮首领和其残暴的帮凶们，应该按名检举，逮捕并依刑法加以审判。"[1]1943年10月，反法西斯盟国在伦敦成立了"盟国战争犯罪委员会"，开始对德、意、日法西斯的战争犯罪活动进行调查、取证等；同年11月，英、美、苏三国发表《莫斯科宣言》，表示要在战后惩治战争罪犯。1943年11月，中、美、英三国发表了《开罗宣言》，宣布"三大盟国将为制止并惩罚日本的侵略而战"。

1945年7月26日，中、美、英三国政府首脑发表促令日本投降的《波茨坦公告》，明确指出严惩日本战犯，公告第十条规定："吾人无意奴役日本民族或消灭其国家，但对于战罪人犯，包括虐待吾人俘虏在内，将处以法律之裁判。"[2]1945年8月8日，苏、美、英、法四国代表在伦敦签订了《伦敦宪章》——《关于控诉和惩处欧洲轴心国主要战犯的协定》，关于设立国际军事法庭，审判德、意法西斯首要战犯的协定，并通过了《欧洲国际军事法庭宪章》，规定了法庭组织程序及其工作原则，同年12月底之前澳大利亚、比利时等19个国家先后交存加入书。1945年8月25日，成立于1943年的联合国战争犯罪委员会发布了一份白皮书，指出包括在日本政府、军界、财界以及经济事务中起重要作用的日本战争嫌疑犯应当被逮捕，并被国际军事法庭审判。

---

① 〔苏〕米·尤·拉金斯基、〔苏〕斯·雅·罗森布立特著，萨大为、李世楷、方蔼如、王庶译：《日本首要战犯的国际审判》，世界知识出版社1954年版，第19—20页、第21页。

② 复旦大学历史系中国近代史教研组编：《中国近代对外关系史资料选辑：1840—1949》第二分册（下卷），上海人民出版社1977年版，第283页。

1945 年 11 月 20 日至 1946 年 10 月 1 日，苏、美、英、法四国各派一名法官组成法庭，同时各派一名检察官组成检查起诉委员会，在德国纽伦堡设立国际军事法庭，对纳粹德国战犯戈林等 22 名被指控犯有密谋罪、破坏和平罪、战争罪、种族屠杀罪以及反人类罪的纳粹德国主要战犯进行了审判，史称纽伦堡审判。在人类历史上，纽伦堡审判"破天荒第一次实现了国际刑事法庭的理想"。①纽伦堡国际军事法庭自 1945 年 11 月 20 日开始，到 1946 年 10 月 1 日终止，历时 10 个月，其间开庭共 403 次，纪录 17000 余页。

在欧洲国际军事法庭准备审判德国战犯期间，远东对日战犯审判也在准备之中。远东国际军事法庭将要审判的是日本的军界、政界、财界等各方面对战争负有重大责任的嫌疑犯。日本签署投降文件之后，盟军最高司令官麦克阿瑟到达东京，很快在东京建立了最高指挥部，任命了远东国际军事法庭的组成。1945 年 9 月，麦克阿瑟开始发布逮捕日本战争的命令，先后分四次逮捕了 126 名 A 级战犯嫌疑人。在 126 名 A 级战争嫌疑犯中，最后确定了起诉 28 名战犯，这 28 名战争嫌疑犯是：东条英机、平沼骐一郎、广田弘毅、荒木贞夫、土肥原贤二、桥本欣五郎、畑俊六、星野直树、板垣征四郎、贺屋兴宣、木户幸一、木村兵太郎、小矶国昭、松井石根、松冈洋右、南次郎、武藤章、永野修身、大川周明、大岛浩、冈敬纯、佐藤贤了、重光葵、岛田繁太郎、白鸟敏夫、铃木贞一、东乡茂德、梅津美治郎。

1946 年 1 月 19 日，麦克阿瑟签署并颁布了一项特别公告《设置远东国际军事法庭的特别通告第一号》，即"设置远东国际军事法庭"的命令，宣布根据盟国惩治战犯的一系列共同宣言、日本接受的《波茨坦公告》中惩办战犯的条款，以及《日本投降书》，并在盟国的授权下，以盟军最高统帅名义发出设立远东国际军事法庭，负责审判被控个人身份或团体身份，或同时以个人身份兼团体成员身份，犯有任何足以构成破坏和平之罪者等项命令。②也就在同时，麦克阿瑟批准颁布了《远东国际军事法庭宪章》，宪章明确说明了法庭的任务、组织机构、职权与审判程序，明确指出"公正与迅速审判并惩罚远东之首要战争罪犯"是设立法庭的目的。

---

① 〔苏〕米·尤·拉金斯基、〔苏〕斯·雅·罗森布立特著，萨大为、李世楷、方蔼如、王庶译：《日本首要战犯的国际审判》，世界知识出版社 1954 年版，第 18 页。

② 梅汝傲著：《远东国际军事法庭》，法律出版社 1988 年版，第 8 页。

在确定了起诉战争嫌疑犯、设置远东国际军事法庭等相关具体事项后，由中、苏、美、英、法、荷兰、印度、加拿大、新西兰、菲律宾和澳大利亚十一国代表组成远东国际军事法庭，依据《莫斯科宣言》《开罗宣言》《波茨坦公告》《日本投降书》《远东国际军事法庭宪章》等近代以来一系列有关发动战争和战争暴行的国际公约、条约、协定、保证以及战争爆发后同盟国领导人关于惩罚战争犯罪的讲话，在日本东京开始审判二战中在亚洲战场挑起战争及在战争中犯下战争罪的日本战犯，简称东京审判。东京审判从 1946年 5 月 3 日开始，至 1948 年 11 月 12 日终结，历时约两年半，其间开庭共818 次，出庭作证者达 419 名，书面作证者达 779 名，受理证据约 4300 余件。法庭对 25 名[①]被告都作了有罪的判决。法庭判处东条英机、板垣征四郎、广田弘毅、松井石根、土肥原贤二、木村兵太郎及武藤章绞刑，东乡茂德二十年徒刑，重光葵七年徒刑，其余被告 16 人判处终身徒刑。

东京国际军事法庭对日本甲级战犯的审讯与纽伦堡国际军事法庭对纳粹德国战犯的审讯，都是人类历史上的创举。东京审判与纽伦堡审判具有以下十分显明的意义：由于两个国际军事法庭的判决，确决了侵略战争是犯罪的；确定了违反人道罪，即将"战时或战前对于非武装人民的屠杀、灭种、奴役、放逐，及其他不人道的行为，或基于政治的人种的或宗教的理由而施行的虐害……"规定为战争犯罪。[②]

中国作为同盟国的重要成员和日本侵略战争的最大受害国，与东京国际军事法庭有着密切的关系。中国参加审判的梅汝傲法官、向哲浚检察官及其助理人员，怀着高度的责任心与使命感，参与了审判，在审判中发挥了作用，为东京审判的成功进行做出了贡献。

中国在日本侵略扩张中蒙受了巨大灾难，东京审判追究了日本对中国的侵略与暴行，从东京审判起诉书的 55 项诉因中，有 20 项与日本侵华和在华暴行有关，在最后判决的 10 项确定诉因中，有 4 项与中国有关；在被判处绞刑的 7 名 A 级战犯中，有 6 名的罪名涉及中国，最后的罪名中有 4 人涉及中国。

---

① 因东京国际军事法庭开庭后，战犯松冈洋右、永野修身病亡，大川周明精神失常，最终被法庭判处的日本战犯为 25 名。

② 张效林译：《远东国际军事法庭判决书》，群众出版社 1986 年版，第 2 页。

东京审判是人类历史上一次规模庞大的国际审判活动，法庭基于正义、公平的原则，按照国际法原则和国际法庭审理程序，在审理、核实犯罪证据后，宣判了日本首要战犯。军事法庭庭长威廉·弗拉德·韦伯爵士曾说：

这次国际法庭各法官曾于出庭前共同署名，坚决依法主持公道，无所偏袒，也无所畏惧。我深感所负责任重大，因为这是一次国际性的对远东首要战犯的审判。……由各普通公民所组成之法庭，其法官是由击败日本之各联合国家之高等法院选任。从另一个方面说，站在我们面前的受审者，并非仅仅是中央或地方的一般行政人员，而为近十多年来日本帝国主义称霸远东时代之领袖……其所犯罪行至多且巨，故决定由国际性之军事法庭审讯。被告以前身份不能成为使其受较为优厚照顾之理由，他们将与最低之日本士兵一视同仁。检察官之义务应证明其罪案成立，确凿无疑。按照《远东国际军事法庭宪章》，审判应当迅速而公平，我等将以极为敏捷之手续进行审讯，对于各位被告，也决不失公道……①

二战期间日本在中国犯下的战争暴行，除"细菌生体实验"一项外，其他各项罪行如屠杀、掠夺、放火、强奸、掳掠劳工、对华"鸦片侵略"等，都在东京国际军事法庭审判、追究之列，审判留下的庭审记录为我们今天留下了大量日本对华侵略的历史证据，其中有关日本"鸦片侵华"庭审记录部分是我们今天揭露日本对华毒品战的重要证据。

---

① 《大公报》，1946年5月4日。

第二章
日本对华毒品战开端

为了全面叙述日本在中国的这场毒品战争，也为了将东京审判庭审记录日本对华鸦片政策、毒化活动相关内容置于整个日本"鸦片侵华"历史背景下，更为了全面展开日本在中国东北、华北、华东等区域推行罪恶的鸦片政策的历史过程、剖析毒品战的实质与邪恶性，以及在日本侵华战争全面爆发背景下，日本在中国占领区建立傀儡政权、推行鸦片政策、开创鸦片毒品贸易市场、榨取巨额利润、使用毒品戕害中国人民与实行"以毒养战"、"以毒制华"的罪恶历史，以下章节将叙述日本在中国施行鸦片政策的"试验期"、"日本依靠贩卖鸦片资助侵略战争的肇始"阶段①、日本对华毒品战开端——日本殖民统治台湾时期所施行的鸦片制度与相关措施，以及对这场对华毒品战全面、直接的影响。

第一节　日本在台湾的毒品贸易活动

甲午一役，清军战败，1895 年 4 月 17 日，中方全权代表李鸿章与日本全权代表伊藤博文在日本马关签订不平等条约《马关条约》，清政府被迫将台湾岛及其附属岛屿、澎湖列岛割让给日本，6 月 2 日，李经方与桦山资纪在基隆港外的横滨丸轮船上完成了交割手续，台湾沦为日本的殖民地。日本殖民统治台湾的开始，也是日本对华毒品战的开始。

---

① 〔日〕山田豪一著,穆传金译:《1910 年前后日本对华走私鸦片吗啡的秘密组织的形成》,《国外中国近代史研究》第 12 辑,第 251 页。

1.日本对台鸦片政策·后滕新平

早在明治维新时期，了解中国鸦片灾祸的日本，就以中国禁烟失败经验为教训，充分认识到鸦片对国民身体健康、对国家的危害，在其开国之初，就把严禁输入鸦片的条款写进了1858年签署的《日美修好通商条约》之中。在日本人颁布的鸦片禁令里这样写道："鸦片烟之戕害人身健康，酝酿痼疾为一显著事实，其一旦流传或沾染，终使家败国亡，此今清国国运萎靡不振，其烟害为一因也。"因为深知鸦片之害，明治政府颁布大政官布告，严禁民众吸食鸦片，并获得禁烟成功，日本由此成为严禁鸦片的"模范国家"。

那么，在台湾这块殖民地上，日本侵略者是否也同样采取了遏制鸦片危害台湾民众、严厉的禁烟措施呢？台湾沦陷之初，日本占领者在台湾鸦片政策问题上曾出现严禁、非禁与渐禁三种观点。严禁者认为吸食鸦片是养成惰民的重要原因，若台湾住民吸食鸦片的恶习"蔓延至日本内地，届时唯恐其弊害终将不可自拔"，认为应当采用坚决断绝的办法，控制鸦片种植与吸食；主张非禁者认为，如果严禁"台湾土民"吸食鸦片，"将遇民情之极力反对，不仅有妨对帝国之心服，势将导致土寇之蜂起，故若要执行严禁，则非经常驻派二师团以上兵力，并牺牲数千之生命……为推行一鸦片制度，竟需众多之兵力与巨额经费，并需牺牲生命，更需连年危害岛民之和平，则自扩领土谋殖民之观点上言，殊非得宜之策也"。

显然，无论是主张严禁、还是主张非禁，这两种主张的立足点都从日本人自身利益出发，而非考虑台湾民众的利益，正因为如此，在台湾殖民地最终采取了使日本人利益最大化的鸦片"渐禁政策"。鸦片"渐禁政策"的推行，使日本严密控制台湾鸦片业，包括鸦片生产、售卖，最后到吸食等鸦片业的全部流程，并以此最大限度地榨取台湾经营鸦片的全部利润。

鸦片"渐禁政策"由1898年出任台湾总督府民政长官的后藤新平提出。1895年12月，时任日本内务省卫生局长的后藤新平草拟了《关于台湾岛施行鸦片制度意见书》，提出了"渐禁政策"，其内容有：

一、鸦片，可仿内国现行制度，统归政府专卖，不准自由贸易买卖之制，因此可纳入卫生警察施行体制，在政府表示其威信上，亦可占一地步。

……

四、据说鸦片进口税年逾80万元，可见其需要量之巨，惟将其归为政府专卖，寓禁止税之意，加课此进口税额三倍之价，在特许药铺，凭政府发行之通折，售予其吸食者……国库并将增加 160 万元之收入。

五、此 160 万元与向来之进口税 80 万元合计时，将达到 240 万元……①

1896 年 3 月 23 日，后藤新平又提出《关于台湾岛施行鸦片制度意见书》，"意见书"包括以下三部分："第一，关于鸦片制度施行上所需要之行政机关；第二，关于鸦片行政警察施行方法之要件；第三，鸦片财政。"在这份"意见书"中，后藤新平进一步提出了建立施行鸦片制度行政机关、鸦片财政、警察配合执行等鸦片"渐禁政策"施行细则，其相关规定非常详密，是为鸦片专卖制度的基本设计，具体措施包括三方面：第一，将往年能收入相当于 80 万日元税收的鸦片，以禁烟税的名义抬高 3 倍的价格从事贩卖，保证每年给日本中央政府上缴 240 万元的财政收入。第二，鸦片由台湾总督府实行专卖，鸦片原料的输入，鸦片烟膏的制作，统归总督府直接经营。凡在这里制作的烟膏，只限于由"身份可靠"、经警察署"选定"和"特许"的经销商，或者经警察保证"身份可靠"又发给特许证的承包商才可以贩卖；第三，持有医生诊断书和由当地警察作保发给特许证的人才允许购买烟膏。

《关于台湾岛施行鸦片制度意见书》的"鸦片财政"部分写道："在台湾，鸦片之年进口量，约为 40 万斤，从前价格为 400 万元，即每斤平均不下 10 元，惟从来我政府所购鸦片，每斤 5 元，以此推算，今后至少有 400 万元之收入。加以吸烟者之执照通折费及其他亦约有百万元之收入。合计将有 300 万元之实收。"②这里面提到"执照通折费及其他亦约有百万元之收入"，也就是后藤新平计划从代销商、经警察署"选定"和"特许"的经销商、警察保证"身份可靠"又发给特许证的承包商、持有医生诊断书和由当地警察作保的吸烟人身上收取的特别费 100 万元。

后藤新平的这份"意见书"，不仅形成了日本殖民政府在台湾的鸦片政策，也为整个日本对华毒品战形成了鸦片专卖制度的基本设计。这样的"禁烟制度"，重在敛财、稳固台湾殖民统治。有论者指出："以日本帝国之观点言，台湾殖民地统治之奠定始基者，为明治三十一年（1898）就任之第四任总督儿玉源太郎及其任内之民政长官后藤新平。"此前几任台湾总督，殊

---

① 洪敏麟主编：《日据初期之鸦片政策》（第一册），台湾省文献委员会 1978 年版，第 13—16 页。

② 洪敏麟主编：《日据初期之鸦片政策》（第一册），台湾省文献委员会 1978 年版，第 20—26 页。

无"治绩"可言，并未成功地殖民统治台湾，"以致当时外国人对日本经营殖民地之能力，颇有持怀疑论者，日本本国人亦以台湾为难治之区，徒为其本国累赘之负担（最初每年由国库补助约700万元），故有倡言卖却台湾者。至儿玉—后藤时期之约八年零两个月间，才使情形为之一变，原来被认为日本帝国之负担者，兹已成为'帝国'之'宝库'，殖民地台湾之'治绩'，据说获得了外国人之'惊异'与'赞赏'"①。

确立鸦片专卖制度是儿玉源太郎与后藤新平著称之政绩之一。鸦片专卖制度的确立与由此带来的专卖收入，促使台湾从日本的负担变成了日本的"宝库"。前文已述，后藤新平在《关于台湾岛施行鸦片制度意见书》中曾指出，若鸦片归为政府专卖，"国库将增加160万元之收入，加上原来之进口税80万合计240万元"。而这样的专卖收入，它使台湾总督府的财政收入获得了实质性增加。1897年4月1日，台湾实行鸦片专卖，②台湾专卖事业中最早开始实行专卖的就是鸦片。也就是说，日本殖民统治台湾的专卖收入，初期是依靠鸦片，1899年，鸦片专卖岁入在台湾当年各种专卖岁入中所占的百分比就高达78%。显然，在日本殖民统治台湾的财政史上，鸦片专卖制度发挥了重要作用。

据相关统计，在日本殖民统治台湾的最初时期，在鸦片、樟脑、烟、酒专卖收入中，鸦片专卖收入占据了绝对的优势；在日本占据台湾的最初五年里，每年的鸦片专卖税收均占台湾总督府对食盐、烟草、酒类、樟脑各种专卖总收入的一半以上。③这样高的收入比例，既证明了推行鸦片专卖成效显著，也说明了鸦片专卖与台湾殖民政府收入之间的关系，鸦片专卖带给殖民政府丰厚的收入，稳定了殖民统治的经济基础，对日本殖民统治起到了保证作用。

2.台湾鸦片专卖制度的具体实施

1897年1月，台湾总督府根据后藤新平的建议，采取鸦片"渐禁政策"，颁布了《台湾阿片例》，并于同年4月起实施，规定：

第一条　凡本例内指为阿片者，即系烟土、烟膏、烟粉一并总称。

第二条　烟膏、烟粉专归官卖。如有民人，将阿片或虽不名阿片，尚用阿片原质制成，效用烟膏之药物，私自进口或制炼，并莫经特许而买卖或授

---

① 黄静嘉著：《春帆楼下晚涛急——日本对台湾的殖民统治及其影响》，商务印书馆2003版，第4-5页。

② 周宪文编著：《台湾经济史》，台湾开明书店1980年版，第586页。

③ 周宪文编著：《台湾经济史》，台湾开明书店1980年版，第590页。

受或备藏，一概不准。

第三条　烟膏即当查看有瘾之人，方始特许买吃。

第四条　凡左开各项生理者，均在持许之时，给牌为凭：一、承卖烟膏；二、制卖烟具；三、承卖烟具；四、开设烟馆；五、发客烟粉（但限以药剂师、药种商方可）。

……

第六条　已经第三条、第四条所载之特许者，应纳特许税……

第七条　买吃烟膏或烟馆等人，其系已经特许者，方得买备烟具。

第八条　承卖烟膏人如有向无吃烟牌人，私将烟膏买卖，或交与者，处以有期徒刑，或罚金五千元以下。

第九条　烟馆如有无吃烟牌人，私将烟榻、烟具、听其应用者，处以轻惩役，或罚金二千元以下。

第十条　制卖烟具人并承卖烟具人，如有向无吃烟牌人，或无烟馆牌人，私将烟具卖与或交与者，均处以轻惩役或罚金二千元以下。

第十一条　如将烟土、烟粉或效同烟膏之药物，私自进口或制炼者，处以重惩役，或罚金三千元以下。

如将烟土或效同烟膏之药物，私行买卖，或授受，或备藏者，处以重禁锢四年以下，或罚金一千三百元以下。

莫经特许，而将烟粉私行发客者，及非医师、药剂师、药种商、制药者，而将烟粉私行买卖，或授受，或备藏者，均亦照前处罚。

倘犯以上三项者，应将现存之货，均行入官，其已售者，照价追缴。[1]

上述各项规定，将鸦片的进口、制造、售卖、吸食各环节置于殖民当局严密管制之下，各环节均须得到特别许可，方可执行。这看似非常严格的禁止吸食鸦片、限制吸食者数量增加的各项规定，在实质上却是为了所有与鸦片有关的收入都操控在殖民当局手中的纵毒手段。为了敛财，一面在严禁的幌子下纵毒，一面又严防与鸦片有关的任何环节产生的利润外流，以确保每一厘收入都进入殖民统治者的囊中。

相关条例虽规定，凡吸食者必须经政府指定的医师诊断确有鸦片烟瘾，

---

[1]　洪敏麟主编：《日据初期之鸦片政策》（第一册），台湾省文献委员会1978年版，第226—227页。

再经上报总督府发给特许证，允许以"药用"名义购买、吸食官制烟膏，不许无瘾者新食。但在敛财目的驱使下，实际执行却是年满20岁的烟瘾者申领特许证，不分男女均予以颁发。为了扩大持特许证范围，后来又补充规定未满20岁的烟瘾者，经医师诊断后，准予吸食，对女性吸食者，应特予以方便，规定不分年龄均颁给特许证，给予特殊照顾。在1902年、1904年、1908年与1929年，又数次补发鸦片吸食特许证。日本殖民当局颁发特许证究竟是为了禁止吸食，还是为了敛财而鼓励吸食鸦片，其真正用心已经很清楚了。

为了切实保证鸦片专卖得以顺利进行，在鸦片专卖体系中，日本人担任的警察、巡查在鸦片烟膏贩售网运转中扮演着重要的角色，"警察政治"与警察治安体系控制了鸦片专卖中的鸦片来源、售卖、吸食特许等各流程，警察、巡查参与和监督鸦片专卖各项规定的执行，以确保殖民当局各项鸦片专卖规定得到严格施行。专卖制度与警察治安体制的紧密结合，确保了台湾总督府完全掌握鸦片原料输入、鸦片烟膏制作、流通与消费的全部过程，其中还包括"特许"经销商、承包商、吸烟人等与鸦片相关的所有流通、消费诸环节，由此将所有鸦片专卖利润垄断在殖民当局手中。日本在中国内地控制区域推行的鸦片政策，也延续了警察政治与鸦片专卖结合的形式。

在确保鸦片财政的同时，"警察政治"与鸦片专卖紧密结合的另一目的是镇压与打击台湾抗日力量。为了获得日本殖民者颁布的鸦片营业特许，"大盘及小卖商成为台湾各地角头争夺的战场"，日本殖民当局将鸦片营业特许权与利用丧失民族气节的民族败类结合起来，在向日本殖民当局缴纳规定的贩卖鸦片利润的前提条件下，特许那些愿意充当日本统治者手下耳目的"听话的御用绅士"获得鸦片营业特许权，这样，在"鸦片贩卖成为台湾御用绅士的重要收入"的同时，日本殖民当局也获得一笔鸦片营业特许权"税"。这些"御用绅士""对台湾统治有贡献"，因为他们是帮助了日本人"征剿土匪，维持治安"的有功者。[①]正是这种撒网"贩毒利饵"钓"御用绅士"的手段，使民族败类与殖民当局配合，共同对付台湾的抗日力量，镇压台湾人民的反日斗争。在台湾省文献委员会编译的《台湾前期武装抗日运动有关档案》《台湾北部前期抗日运动档案》等历史文献中，记录

---

① 杨碧川著：《后藤新平传——台湾现代化奠基者》，一桥出版社1996年版，第53页。

了殖民当局的狗腿子"御用绅士"，充当日本殖民统治者猎杀台湾抗日分子帮手的历史。[①]

这种利用民族败类充当"毒化活动"帮凶的手段，在日本侵略者毒品侵略扩张中国内陆的过程中，也成为他们采用的手段之一。在中国内陆的日本租借地、占领区、沦陷区，日本侵略者威逼利诱，使得不少汉奸和亲日商人出现，这些汉奸与日本侵略者，与日本人控制的傀儡政权沆瀣一气，制毒贩毒，成为日本侵略者进行这场毒品战的帮凶。

关于鸦片营业特许权，在日本对华鸦片侵略中被继续借鉴与强化，出卖特许权成为日本进行毒化活动的重要手段之一。"关东州"的潘国忠，获得贩卖鸦片烟膏的特许，但绝大部分收益为日本人控制；青岛军政署，刘紫山缴纳了20万日元的保证金，获得了鸦片专卖；在伪满洲国，关东军出卖特许权，获得特许权的前提，是必须缴纳巨额费用。日鲜联营会社从日军手中获得了特准毒品专卖，"这个联营会社是给了日军司令几万块钱取得了专卖权"。日鲜联营会社的利益在得到日军保护的同时，其销售毒品的利润很大部分落入日军腰包。前述各例在日本对华鸦片侵略中并不少见，而这种控制与出卖特许权的毒化手段，就开始于台湾殖民当局。

上述日本殖民当局为了增加财政收入、稳固殖民统治而推行的鸦片专卖制度，以及该项制度的各项具体措施，作为鸦片政策的"治台经验"，在日本向中国大陆进行鸦片侵略过程中得到不同程度的推广与借鉴。日本侵略者在中国大陆推行的鸦片政策与各项具体措施，均不同程度地有着台湾"鸦片经验"的影子。[②]

第二节　日本对台鸦片政策的危害

日本殖民当局在台湾推行鸦片政策，是日本侵略者以损害台湾人民健康

① 许介鳞著：《后藤新平——一个殖民地统治者的纪录》，文英堂出版社2008年版，第24-25页。
② 朱庆葆：《日本"治台经验"在中国大陆的运用及其危害——以鸦片政策为中心》，《江海学刊》，2008年第4期，第155页、第157页。

为代价的野蛮行为，是兼具经济掠夺与殖民统治的战略战术。在日本殖民者手中，鸦片既是以低成本掠夺台湾殖民地物质财富的工具，又成为对台湾殖民地政治统治的残忍手段。台湾鸦片政策在使鸦片流毒台湾、对台湾产生严重危害的同时，也直接影响了日本在中国内地进行"鸦片侵略"的鸦片政策。

1.鸦片专卖制度对台湾的影响

鸦片专卖制度对台湾的影响主要体现在以下几方面：第一，通过鸦片专卖，日本殖民者榨取了巨额的鸦片专卖利润，为台湾财政增加了一大笔收入。台湾总督府施行鸦片专卖，假借渐禁之名，行增加税收之实，重心完全在谋经济上的榨取。专卖局一面委托三井物产株式会社经营，指派专商从伊朗、土耳其等购进鸦片，制成烟膏后交商人发卖，借此获取一笔可观的进口税，一面又搜刮烟民，借推销售卖、吸食鸦片等牌照税，征收特种税。

据台湾加藤制药所长的报告，总督府在1897年度的鸦片收入，到当年的9月11日，出售鸦片烟膏收入30万圆，支出仅6万圆，贩毒暴利高达五倍。以1898年、1900年、1908年与1913年的鸦片专卖收入与地租收入比较为例：

表2-1　台湾特别会计年度里鸦片及地租所占比重[①]

单位：圆

	鸦片收入（a）	a/c%	地租收入（b）	b/c %	经常收入（c）
1898	1640210	（30.9）	835650	（15.7）	5315879
1900	4234979	（23.9）	912999	（7.0）	13062520
1908	4611913	（17.2）	3041746	（11.3）	26832437
1913	5289595	（13.8）	3073513	（0.8）	38330994

表中显示，不仅鸦片收入远远高出地租收入，还呈逐年增加的趋势，从1898年的1640210圆上升至1913年的5289595圆，这足可证明鸦片专卖所带来的财源是多么的丰厚！

第二，与殖民政府鸦片税收收入直接对应的，是台湾吸食鸦片的人数与鸦片销售量，随着吸食鸦片人数增加，鸦片销售量增加，鸦片税收随即也在增加。以《台湾居民吸食鸦片人数统计表》为例说明：

---

① 杨碧川著：《后藤新平传——台湾现代化奠基者》，一桥出版社1996年版，第55页。

表 2-2　台湾居民吸食鸦片人数统计表[①] （1贯相当于3.75斤）

年代	特许吸食人数	占总人口的比率	烟膏消耗量（贯）
1897 年	50597	1.9	13616
1898 年	95449	3.9	42435
1899 年	130962	5.0	52634
1900 年	165762	6.1	53446
1901 年	157619	5.7	36572
1902—1906 年	平均 133203	4.5	38643

　　表中显示，台湾实施鸦片专卖制度数年来，特许吸食人数明显增加，呈上升趋势，1897 年，吸食人数为 50597 人，到了 1900 年，吸食人数上升至165762 人，增加了 115165 人，约占台湾总人口的 6.1%。

　　在吸食人数增加的同时，鸦片烟膏消耗数量也呈上升趋势。日本侵占台湾后，"1895 年 11 月至次年 4 月，半年内，据当局偏低估计，全岛输出鸦片 11.9 万公斤，而据实业家透露为 17.5 万公斤。自 1898 年 4 月到 1899 年 3月，台湾销售鸦片 4435.1 万两，而 1899 年 4 月至 9 月，半年即销售 2703.4万两，到 1900 年，供应烟膏达 20.5 万公斤"。[②]

　　根据专卖局专卖条例规定，随着吸食人数与鸦片烟膏消耗量的持续增加，它们产生的特许税，毫无疑问也在增加之中。

　　事实上，台湾鸦片吸食者的真实数目比日本官方发布的统计数据要大得多。时任台北县知事的桥口文藏曾承认，仅在台北，领取吸食鸦片特许证的烟民"仅每 100 人为 3 人强之比例，尤其一二等吸食者，至为仅少，必因欺骗登记者及密食者多之故。因此，殊应周密执行，网罗所有瘾者，以明其分布实况，籍以增加吸食税"。[③]

　　第三，台湾殖民当局所获取的鸦片收入，迅速地满足了殖民统治台湾所需的经费，改变了日本统治台湾最初几年总督府财政入不敷出、每年都要日本国内拨给大量资金才能维持的窘况，并使日本中央政府在 1904 年以后免去了对台湾的财政拨款，这样，台湾殖民当局一面赢得了财政上的独立，一

[①] 王宏斌著：《鸦片——日本侵华毒品政策五十年(1895—1945)》，河北人民出版社 2005 版，第 23 页。
[②] 马模贞、王玥、钱自强编著：《中国百年禁毒历程》，经济科学出版社 1997 年版，第 132 页。
[③] 洪敏麟主编：《日据初期之鸦片政策》（第二册），台湾省文献委员会 1978 年版，第 3 页。

面又为积极扩军备战的日本军事集团进行日俄战争增加了军费财源。以1897—1910 年鸦片税收统计表为例说明：

表 2-3　1897—1910 年台湾特别会计账上的鸦片税收[①]

单位：日元

年度	鸦片收入		年收入（c）	补充金
	金额（a）	(a)/(c)×100		
1897	1610210	30.9	5315879	5959013
1898	3467339	40.3	2491690	3984510
1899	4249577	41.8	10153651	3000000
1900	4234979	32.4	13062920	2598611
1901	2801894	23.9	11714647	2336689
1902	3009483	25.3	11876853	2459763
1903	3620335	29.2	12396007	2459763
1904	3714012	23.0	16170335	——
1905	4205830	19.4	21699928	——
1906	4433862	17.3	25656672	——
1907	4468514	15.5	28850117	——
1908	4611913	17.2	26832437	——
1909	4667399	15.2	30606087	——
1910	4674343	11.3	41364163	——

　　本表显示了 1897 年至 1910 年台湾鸦片税收收入，表中清楚地显示，殖民政府历年的鸦片税收收入呈直线上升，从 1897 年的 1610210 到 1906 年的 4433862，鸦片税收收入猛增了 2823652。表中还显示，1897 年至 1903 年，台湾总督府的财政需要日本中央财政提供补充金，补充金从 1897 年的 5959013，基本持逐年递减的趋势，到 1903 年，日本中央财政不再向台湾总督府财政提供补充金了，台湾财政实现了独立。而在台湾财政实现独立的过程中，鸦片专卖收入起到了关键作用，鸦片专卖收入是台湾财政最大的收入来源。事实上，日本殖民统治台湾 50 年间，一直没有停止贩卖鸦片，即便在 1945 年战争末期、鸦片进口十分困难的年份，"在台湾登记有案的鸦片吸食

---

　　① 参考王宏斌著：《鸦片——日本侵华毒品政策五十年(1895—1945)》，河北人民出版社 2005 年版，第 20—21 页。原表是 1897 年度至 1941 年度台湾特别会计账上的鸦片税收与日本中央财政提供补充金情况，本表仅选取了 1897 年度至 1910 年度台湾特别会计账上的鸦片税收与日本中央财政提供补充金情况，以资说明。原表显示，自 1904 年开始，直到 1941 年度，日本中央财政没有向台湾总督府提供补充金。

者还有 500 多人，1945 年台湾总督的鸦片收入，仍留下 509256 円的记录"[①]。

　　大量事实说明，日本殖民者推行的鸦片专卖体系，不仅搜刮台湾人民的钱财、损害台湾人民身体健康，将台湾变成日本"理想"的财富掠夺场所，而且，日本殖民者在台湾推行鸦片专卖治台经验的"成功"，使日本政府找到了一条增加侵华军费的财路，找到了摧毁殖民地人民抵抗意志、削弱抗日力量的"好办法"，这样的"好办法"，贯穿了长达半个世纪的日本对华毒品战。

2.日本对台鸦片政策与日本对华毒品战

　　日本占领台湾后，开始在其第一块海外殖民地上实施控制台湾毒品的计划，并最终成功地实现了对台湾鸦片业的控制，在台湾建立了第一个鸦片殖民政权[②]。日本对华毒品战的基本计划图，即始于台湾。台湾殖民当局通过实施鸦片政策，成功地试验了一整套可行的办法，并在实践中形成了具体到从对烟瘾者的调查与登记、吸食特许、原料外部进口、制造鸦片烟膏等各个环节的鸦片专卖体系，成为日本在中国东北、华北、华中与华南进行鸦片侵略可资借鉴的"治台经验"与基本原则。这些"治台经验"与基本原则，随着日本对华侵略扩张而被运用于日本在中国大陆的毒品战中。

　　日本侵略者在中国东北、华北、华中与华南日占区所推行的鸦片政策，以及相关毒化措施，与台湾殖民当局的鸦片政策与具体措施之间存在直接联系。这场毒品战采取的以鸦片贸易利润维持傀儡政权统治殖民地的经济基础，以贩毒利润增加侵华军费的"以毒养军"、"以毒养战"策略，严禁日人吸食鸦片，纵容占领区民众吸食鸦片，利用鸦片加重中国的衰弱与腐败等基本原则与具体措施，都基本形成于日本殖民统治台湾时期，并在对华毒品战中，一直被日本侵略者坚持、沿用与借鉴，尤其在全面侵华战争爆发后，在沦陷区，在日本战时全面控制与垄断鸦片贸易方面甚至被进一步强化。

　　以 1938 年 9 月上海华中特务部制订《华中鸦片麻药制度实施要领》为例，该要领规定：华中鸦片政策的方针，根据中国实情而采取渐禁主义，为对鸦片麻药类的生产、收购、贩卖、吸食等进行取缔，实行统制政策；日方从内部努力进行深入指导。同年 12 月 12 日，在日方与维新政府的一次会议中，与会的

---

　　① 许介麟著：《后藤新平——一个殖民地统治者的纪录》，文英堂出版社 2008 年版，第 11 页。
　　② 〔加〕卜正民、〔加〕若林正：《前言：中国的鸦片史》，〔加〕卜正民、〔加〕若林正编著，弘侠译：《鸦片政权：中国、英国和日本(1839—1952)》，黄山书社 2009 年版，第 16 页。

大藏省书记官滨田德海提到台湾鸦片经验，并将其作为华中鸦片政策的参照。

不仅如此，台湾在供应鸦片、毒品方面，在这场毒品战中也扮演着重要角色。在相当长的时间内，大连、青岛、上海等日本进行贩毒走私基地的鸦片、吗啡等毒品来源，其中有大部分来自台湾总督府专卖局及其控制下的"星制药"，在日本侵华战争全面爆发后，台湾依然是日本毒品进攻中国大陆、获取"战费"的区域之一，远东国际军事法庭判决书写道："日本陆军在1929年从船载货物中没收了约达1000万盎司的大量鸦片，把它储藏在台湾，准备作为将来日本军事行动的费用。在台湾另有一个非法的制毒厂。日本大藏大臣高桥是清在1936年被暗杀前，他在新营（sinei）所经营的科卡因工厂，每月生产了200至300公斤的科卡因。这是为了取得战费的目的，特别准许贩卖其制品的唯一工厂。"①

除了充当鸦片、毒品来源供应地之外，台湾还是大陆制毒专门技术人员的供应地。当华南厦门等城市沦陷后，日军不仅在占领区仿照台湾的鸦片政策，实施"鸦片渐禁"，还从台湾专卖局聘来了鸦片专门技术人员竹内文雄、林田枝年、木佐贯弘、片寄等人。②

可见，日本在台湾推行的鸦片政策对这场毒品战的"贡献"是多方面的，毫不夸张地说，日本在台湾建立起鸦片殖民政权、推行鸦片政策的意义，远远不止停留在为台湾殖民政府提供了进行殖民统治的财政来源，也远不止在当时向日本中央政府上缴了一定额度的财政资金、扩充了日俄战争时期日军军费的层面上，而是对这场毒品战全面的影响，是日本进行这场对华毒品战积累经验、进行具体实践的关键阶段，是日本对华毒品战的开端。从日本在台湾推行鸦片政策开始，这场毒品战就具有以下几方面特点：

第一，日本在中国走私贩毒，起始之初就有日本政府官员的参与。在《马关条约》缔结当年，后藤新平向伊藤博文内阁的内务大臣提出《台湾的鸦片制度意见》，认为日本政府在台湾实行鸦片专卖，可以榨取数额可观的收益；1898年1月25日，后藤新平向大藏大臣井上馨提出"台湾统治救急案"，其中说："鸦片至少在30、50年间，可以成为台湾有利的财源，所谓

---

① 张效林译：《远东国际军事法庭判决书》，群众出版社1986年版，第317页。
② 《林济川的陈述书》，1946年7月26日。厦门市档案馆等编：《厦门抗日战争档案资料》，厦门大学出版社1997年版，第426页。

采取以毒制毒的政策，鸦片可以成为整理财源的资料"。可见后藤新平的鸦片策略曾得到伊藤博文内阁的内务大臣、大藏大臣井上馨等人的首肯与支持，后藤新平自己也曾经担任日本内务省卫生局长与内务大臣之职，因此，台湾殖民统治时期的"毒化活动"与日本政府有着密切联系。

1902 年 12 月 26 日，后藤新平因在台湾施行鸦片制度，让台湾人吸毒、为日本获取暴利有功，因此获得了日本天皇"勋二等旭日奖章"，"并约定以后由他出任'满铁'第一任总裁。"①这些事实可以说明，从伊藤博文、大藏大臣井上馨，再到日本天皇，他们支持台湾殖民政府施行的鸦片政策。1902 年，在后藤新平荣获天皇"勋二等旭日奖章"的这一年，台湾鸦片专卖收入达 300 万円，占岁收的 25.3%，这使台湾殖民政府的财政由此实现了独立，日本中央政府也因此免掉了七个年度的对台湾财政拨款，当时的日本财政也赢得了重要的财源。

从台湾殖民政府开始，日本对华毒品侵略一直就有日本政府参与。在侵华战争全面爆发前，日本在中国进行毒化活动的进展情况都会详细反馈给日本政府。以伪满洲国为例说明：1932 年 9 月 7 日，日本驻长春田中代理总领事致电内原外相称："'满洲国'政府为充实财政，实施鸦片专卖。最近在国务会议上通过并公布了暂行鸦片专卖法及实施细则，估计鸦片制度可以得到根本上的确立。"1933 年 1 月 16 日，日本驻天津总领事桑岛主计致电内田外相称："'满洲国'鸦片专署的的官员，到现在于京津两地已买进鸦片 5668 公斤，因运输困难，故暂时委托当地驻军贮藏所看管。"另在奉天设置鸦片制膏厂和大满号、大车号两公司，专门进行鸦片收购和贩卖活动。1935 年 8 月 6 日，日本驻珲春代办处片桐主任致电广田外相称："从 7 月 24 日起，该地的鸦片收买社开始收买鸦片，已收买 6 万两，合款 9 万元。"为积极推进日本在中国的毒化活动，日本政府还会根据在中国开展毒化活动的具体需求，制定具体措施，1932 年 4 月 11 日，日本内阁为配合满洲专卖制度，即决定将朝鲜产鸦片除按原料供给台湾总督府及关东专卖局之外，还应向满洲转让鸦片（详见第六章《伪满洲国的毒品形势》）。②侵华战争全面爆发后，日本政府

---

① 〔日〕山田豪一著，穆传金译：《1910 年前后日本对华走私鸦片吗啡的秘密组织的形成》，《国外中国近代史研究》第 12 辑，第 255 页。

② 中共河北省委党史研究室编，邓一民主编：《日本鸦片侵华资料集(1895—1945)》，中共河北省委机关文印中心 2002 年版，冀出内刊第 1085 号，第 14—17 页。

更是明目张胆地进行这场毒品战，江口圭一在《日中鸦片战争》一书中指出"日本的鸦片政策是由以首相为总裁，外务大臣、大藏大臣、陆军大臣、海军大臣为副总裁的兴亚院及兴亚院以后的大东亚省制定和掌握的"，是作为国策有计划地施行，这种毒化政策不是驻外军方或机关搞的，也不是偶然发生或一时性的，而是日本国家有组织、有系统地实施。①

第二，在台湾经营鸦片的日本殖民统治者，积极推进在中国大陆的鸦片侵略活动。作为台湾鸦片专卖的最初提出者，后藤新平曾雄心勃勃地欲向中国推行鸦片专卖制度。1906 年 11 月，后藤新平担任新成立的南满洲铁路公司的总裁。在后藤新平就任之前，儿玉源太郎率兵渡过鸭绿江进入满洲，曾下令部下去调查东印度公司的事情，目的是在后藤新平担任南满洲铁道会社总裁后，像从前英国东印度公司在中国贩卖鸦片一样，在中国东北推行在台湾试验成功的鸦片专卖制度以获取暴利。

日俄战争日本的胜利，不仅为后藤新平这样靠鸦片起家的侵略者获得了向东北推行鸦片政策的机会，也使那些曾在台湾总督府任职、从事鸦片业务的日本人野心勃勃。曾任职于台湾总督府鸦片专卖烟膏制药所的石本贯太郎，一直在台湾从事鸦片的批售与取缔业务，深知鸦片业务具有丰厚的利润，他设想在中国东北推行鸦片专卖，"满洲的人口，概算为 2000 万人，跟在奉天（沈阳）的洋药局谈妥，将鸦片专卖权收归过来，计划以官营的名义，出售台湾总督府专卖局制造的三等烟膏，一年就可以贩卖 1080 万円"。②

食髓知味！那些在台湾尝到鸦片专卖甜头的日本侵略者，企图在中国大陆推行鸦片专卖制度、进行鸦片侵略，1910 年代中期，台湾总督府专卖局长加来佐贺太郎又构思了以全中国为对象的鸦片政策。

1916 年 9 月，加来佐贺太郎向首相大隈重信提出《支那鸦片制度意见》。在"意见书"中，加来佐贺太郎批评中国政府的十年禁烟计划是伪善的，他说："作为东洋文明主国的日本帝国，在对友邦支那的鸦片政策方面，应不惜以文明进步之手段给予援助。应当发奋进取……使中国政府仿照我帝国根据渐禁政策所建立的专卖制度以确立他们的政策，并在实行中把它置于我最有管理经验的帝国的指导之下……"

---

① 〔日〕江口圭一著，宋志勇译：《日中鸦片战争》，天津人民出版社 1988 年版，第 127 页。
② 许介鳞著：《后藤新平——一个殖民地统治者的纪录》，文英堂出版社 2008 年版，第 12 页。

在"意见书"中，加来佐贺太郎还提出了以下设想，中国人口 4.2 亿人，假设其中 5% 吸食鸦片，那么每年需要 770 万贯的鸦片。日本应该在北京、汉口等 11 个大城市里，设立鸦片烟膏工厂，实施鸦片专卖制，贩卖鸦片，每年能赚取 5.54 亿日元的利润，"意见书"甚至对北京、汉口等 11 个大城市设立鸦片烟膏工场所需要的机械设备、建筑经费、工场位置、吸烟人数、烟膏消费量以及运输路线都作了周密计划。关于此设想，日本学者山田豪一在《1910 年前后日本对华走私鸦片吗啡的秘密组织的形成》一文中写道："这不单单是一个设想，而是一份具体的实施计划了。"[1]

1916 年 12 月，时任内务大臣的后藤新平，以加来佐贺太郎的《支那鸦片制度意见》为底本，提出以巨资创立"新东洋银行"的新案，借口救济中国北洋政府的财政困难为手段，"内面指导（暗中指导）"北洋政府实施鸦片专卖制度，并认为这是在中国抓住鸦片专卖的绝好机会。[2]

无论是加来佐贺太郎的《支那鸦片制度意见》，还是后藤新平的"新东洋银行"新案，都在谋划着在中国内地走私毒品，他们贪婪的目光越出了台湾，很早就盯住了中国大陆，后滕新平的鸦片政策对中国内地的影响下文将叙述。这里将要补充的是，除了加来佐贺太郎等人构想在中国大陆实施鸦片贸易以外，那些具有日本国籍的"台湾籍民"在台湾总督府的支持与计划下，也已经在开发通向中国内地的鸦片贩卖路线了，与台湾隔海相望的厦门即成为这些"台湾籍民"踏上内陆的重要城市，厦门很快成为日本毒品走私基地。根据厦门领事井上庚二郎在 1926 年编写的报告证实，居住在厦门的 6831 名"台湾籍民"中，以贩卖鸦片为生的就有 2051 人，在这些"台湾籍民"中竟有 30% 是鸦片贩卖者。[3]

第三，从台湾殖民当局的鸦片政策开始，就开始了日本对华鸦片政策的两面性阴谋，日本侵略者在日本人与中国人之间做出明确区分，严禁前者沾毒，纵容后者染毒与吸毒，并使之沉溺于毒品中，最终被侵略者奴役与消灭。[4]

---

① 〔日〕山田豪一著，穆传金译：《1910 年前后日本对华走私鸦片吗啡的秘密组织的形成》，《国外中国近代史研究》第 12 辑，第 257 页。

② 许介麟著：《后藤新平——一个殖民地统治者的纪录》，文英堂出版社 2008 年版，第 14 页。

③ 〔日〕山田豪一著，穆传金译：《1910 年前后日本对华走私鸦片吗啡的秘密组织的形成》，《国外中国近代史研究》第 12 辑，第 265 页。

④ 梅桑榆：《日本侵华时期的毒化政策(1895—1945)》，《百年潮》，2001 年第 4 期，第 24 页。

日本殖民当局一面专卖鸦片给台湾人，一面严禁在台日本人沾染鸦片，这是台湾鸦片政策极其重要的原则。台湾第一任总督桦山资纪就一再颁布严禁在台日本人吸食鸦片的命令，1895 年 9 月，即颁布了日本人严戒鸦片令，"今台澎之新入我版图，至吏驻军，及其渡台军民与办发之人糅居杂处，当知遏防烟毒之急切……凡将鸦片烟及其器具交予我军人，军属及军中从业人员者，处以死罪……凡我各部团队长，须防其微，杜其渐，莫使所属染此恶俗"。①同年 11 月 17 日，在日本急律令第二十号《台湾住民刑罚令》又规定，以鸦片或其吸食器具交与军人、军属或其他来台之帝国臣民者处以死刑，采取严厉法制保护日人防止其染毒。②

鸦片专卖制度严格区分"本岛人"或"土人"（日方称台湾岛民为土人）与日本人，对前者采取名义上"禁"，实质上则是纵毒，对后者才是真正意义上的"禁"。鸦片专卖制度相关规定，也严禁在台日本人吸食鸦片，严禁所有鸦片营业人向日本人提供鸦片烟、吸食器、吸食场所，所有违反规定的鸦片经营者都处以"死刑"。

严厉禁止在台日本人吸食鸦片这一台湾殖民政府坚持的原则，随着日本向中国内地侵略扩张，在日本人控制的中国内地区域，严禁日本人吸食鸦片，甚至出售鸦片给日本人的商贩，也与台湾殖民当局严惩售卖鸦片给日本人的鸦片营业人一样，遭到日本殖民政府的严厉惩罚。

远东国际军事法庭检方证人里奥·坎德尔（奥地利国籍）医生作证说：鸦片不允许出售给日本人，鸦片生意只针对中国人开放，医院都会随意给中国病人使用吗啡，但其他病人不行。[检方文件 1711 号（法庭证据号 403）]③；检方证人郭三余在证词中也作证："所有的鸦片烟馆都收到了日本宪兵队通过行业协会下达的命令，禁止日本人到烟馆吸食鸦片。日本宪兵队会经常进烟馆搜查。如果在那里发现有任何日本人吸食鸦片，就会将他拖出去，有时甚至会毒打一顿，而烟馆经理也会受到严厉警告，要求今后永远不再发生此

---

① 洪敏麟主编：《日据初期之鸦片政策》（第一册），台湾省文献委员会 1978 年版，第 9 页。

② 黄静嘉著：《春帆楼下晚涛急——日本对台湾的殖民统治及其影响》，商务印书馆 2003 年版，第 177 页。

③ Transcripts of the Proceedings of the International Military Tribunal For the Far East（《远东国际军事法庭庭审记录》），第 4814 页。本书标出的[检方文件 X X 号（法庭证据号 X X）]，这是东京国际军事法庭庭审记录检方文件编号，以及法庭作为证据采纳的法庭证据号，下文注同。

类情况。"[检方文件 1707 号(法庭证据号 402 号)][1]

　　严格将吸食毒品的恶习限制在中国人范围之内，这是日本对华毒品战一直坚持的原则。1931 年，台湾总督府卫生课出版了《台湾鸦片瘾者之矫正》一书，该书清晰地描述了"鸦片的作用"、"滥用鸦片的动机"，及其"鸦片的毒化"等方面内容，书中写道：

　　"鸦片因其中含有吗啡等，所以能对神经系统起到镇静、镇咳及麻痹和麻醉的作用。这些作用不仅能暂时缓解肉体的痛苦，而且能给人一种精神上的快感，这即是鸦片的伟大魅力，并终至滥用成癖，使可怕之毒害及于身心的原因。

　　"就我台湾的现状来看，则主要是用于缓解疾病（胃病、腹痛、咳嗽、喘息、咯血、淋病、痢疾、神经痛、疟疾等）的痛苦。但鸦片的魅力会最终促成滥用成瘾，很容易从初期的镇痛目的发展到追求享乐。到了这种程度，鸦片就变成了嗜好品。通过吸食，能感到一种心神恍惚的爽快感，进入一种不可名状的佳境，遂万事皆休，贪睡无够。吸鸦片的习惯是越吸对鸦片的欲望越强。要得到与以前同种程度的快乐，就会要求增加鸦片的吸食量。而且，不知不觉地瘾入膏肓（所谓'瘾入膏肓'就是不易治疗之意）。以至于所谓鸦片犹如情死，不落入谷底而不能止的状态。

　　"吸食鸦片的习惯渐入膏肓，会严重损伤人的身心健康。其外貌骨瘦如柴、宛如包着外皮的骸骨。此外，还表现出意志消沉，经常心神不安的样子。除了专心吸食鸦片之外，没有其他的意念。以致最终气力殆尽，完全陷入悲惨的状态。鸦片的毒害绝不止于这些。瘾者为了购置鸦片而不择手段，如倾财、赎身、出卖妻儿，乃至诈骗偷盗等，在鸦片面前，毫无恩爱、正义可言，不少人作恶却恬不知耻。这种毒害不仅毁了瘾者个人，而且必然会累及社会和国家。"[2]

　　日本侵略者对鸦片、毒品危害认识可谓深刻！因为清朝禁烟失败的教训、因为深知鸦片毒品泛滥对一个国家、民族的危害，日本人因此积极筹谋、制订向中国大陆走私贩毒的周密计划，极力将"鸦片的伟大魅力"从台湾一路推向中国内地，当日本侵略者占领了"关东州"、东三省、热河等中国大片领

---

　　[1] Transcripts of the Proceedings of the International Military Tribunal For the Far East(《远东国际军事法庭庭审记录》)，第 4811 页。

　　[2] 〔日〕江口圭一著，宋志勇译：《日中鸦片战争》，天津人民出版社 1988 年版，第 9—10 页。

土后，在日本占领者、日本扶持的傀儡政府与台湾殖民当局一样很快推行鸦片专卖制度时，也同样在中国人与日本人之间做出泾渭分明的严格区分。

日本关东军司令部曾印发一本名为《日本人服务须知》的秘密手册，对在伪满洲国任职的日本官吏做出三十条规定，其中第二十一条规定："绝对禁止日本人吸食鸦片、海洛因、吗啡等毒品和赌博行为，尤其是日人官吏，违犯者予以免职或其他处分，对于其他民族则放任不问。"在关东军司令部发给士兵的小册子中的第十五条说："毒品的使用不配于像日本这样的优秀民族的。只有像中国人、欧洲人和东印度人这样颓废的民族，才会沉溺于毒品之中。这就是他们注定要成为我们的奴隶以及终将消灭的原因。"另有一条说："日本的兵士如使用毒品，就不配穿皇军的制服，也不配尊敬我们神圣的天皇。"①

美国《远东时事评论》曾在 1940 年 3 月号上发表了一篇名为《毒品——日本人的新式武器》的文章，文中明确指出日军在中国严禁其士兵吸毒，却又引诱中国人吸毒的毒辣计谋。文章中说："日军严禁其士兵吸毒，但却诱使中国人入此圈套，其目的让华人丧失反抗力后，日军官兵可以从中渔利……"②

1913 年出任美国驻华公使、美国当时著名的远东事务权威之一芮恩施（Paul Samuel Reinsch）对日本在中国的毒化行为，曾作如下评价：日本的贩毒是其侵略中国政策的一个重要组成部分，其目的就是加重中国的衰弱与腐败，这是腐蚀一个国家的邪恶阴谋。③对日本侵略者来说，他们一面利用鸦片加重中国的衰弱、削弱中国人民反侵略的力量与斗志，一面又以巨额毒品利润加强武力侵略与殖民统治，这是不争的事实。因此，在东京国际军事法庭上，中国检察官向哲浚严词指出："证据将显示日本人扶植的鸦片与毒品交易有以下两个目的:(1)削弱中国人民抵抗的毅力和意志;(2)为资助日本军事和经济侵略提供巨额的收入来源。"④

---

① 梅桑榆:《日本侵华时期的毒化政策(1895—1945)》,《百年潮》,2001 年第 4 期,第 59 页。

② 中共河北省委党史研究室编,邓一民主编:《日本鸦片侵华资料集(1895—1945)》,中共河北省委机关文印中心 2002 年版,冀出内刊第 1085 号,第 29 页。

③ 王宏斌著:《鸦片——日本侵华毒品政策五十年(1895—1945)》,河北人民出版社 2005 年版,第 30 页。

④ Transcripts of the Proceedings of the International Military Tribunal For the Far East（《远东国际军事法庭庭审记录》）,第 3892 页。

第三章
战前日本在中国的贩毒活动

日本全面侵华战争爆发之前，除台湾之外，日本在中国大陆的毒化行为已达到非常猖獗的地步。华北的大连、青岛、天津，华中汉口、华东上海与华南厦门等大城市，已经成为日本走私鸦片、吗啡等毒品的基地，也已经形成了借鉴台湾殖民当局"治台经验"的鸦片政策，在牟取毒品暴利的同时，积极配合与服务于日本对华侵略扩张。

第一节　日侨贩毒与日本国旗

从 19 世纪 90 年代，日本人就往中国大陆走私鸦片。早期在中国大陆走私鸦片的日本人，他们或是日本浪人，或是流氓投机者、日本娼妓，或是臭名昭著的"大陆冒险家"，以及一些台湾籍民与朝鲜人。[①]这些日本鸦片贩子，他们在领事裁判权的保护下，成群结队来到中国，深入中国不同的地方走私鸦片。

日俄战争后，日本人开始进入东北，在中国的日侨人数不断增多。第一次世界大战前后，除日租关东厅之外，日侨在中国的人数约有十万人，很多都是从事勾结中国土匪、贩卖军火与贩毒的日本浪人。到 20 世纪 30 年代初，日侨总人数已经达到 261153 人，在中国内地的各国侨民中，日侨尤为

---

①《远东国际军事法庭判决书》上指出"日本在 1910 年并吞朝鲜，从而间接扩大了日本在中国的权利。于是在东北的朝鲜移民成了日本帝国的臣民。在东北的朝鲜人数，1928 年 1 月 1 日约达 80 万人"。在这些移居中国的朝鲜人中，有不少人在华从事毒品活动；在判决书的另一处又指出："凡日本陆军在中国的所到之处，立即跟随着军队而来的，就是朝鲜人或日本人的鸦片商人。"张效林译：《远东国际军事法庭判决书》，群众出版社 1986 年版，第 28 页、318 页。

众多，约占中国内地外侨之百分之七十二强，他们分布在中国的辽东半岛、安东、牛庄、营口、旅顺、沈阳、通化、哈尔滨、齐齐哈尔、吉林、张家口、天津、青岛、上海、苏州、南京、九江、杭州、宜昌、重庆、成都、长沙、厦门、香港、广州、云南等城市，自中国北方至中国南方，都有日侨分布。侨居中国内地的日本人，他们表面上从事运输、水产、洋货、药业等正当生意，实际上利用治外法权，不惧中国政府惩治，在中国恣意横行，无恶不作。除假造纸币、冒设中国银行、杀害国人、强占地亩等恶行之外，很大部分日侨民在大连、上海、哈尔滨、长春、沈阳、青岛、济南等地走私鸦片、私运吗啡高根、私运与私贩吗啡针与海洛因、私贩鸦片、开设烟馆与妓院等。

有资料显示，自1912年到1937年日本全面侵略中国截止，在华日侨无视中国法规，在广东、福州、苏州、山东、汉口、长沙、南京、上海、天津、青岛、沈阳、长春、哈尔滨等地，犯下了种种恶行——日侨"四出杀害国人"、"强杀华军"、"聚众捣毁我警署及税关"、"私运军火"、"私贩军火"、"日轮撞沉我商船四只溺毙国人百余"、"日工厂枪毙华工"等，在这些恶行之中，包括大量日侨走私贩毒的罪恶行径——日侨"私贩海洛因"、"贩运毒品毒器"、"贩卖鸦片"、"开设烟馆"、"私运吗啡高根"、"强住我房屋贩卖鸦片"、"私运吗啡针"、"日当铺私售毒品"等。①

曾在后藤新平麾下担任调查员的野波静雄，非常清楚日本人在中国走私贩毒的行径，他在1917年的《支那鸦片问题解决意见》中，对彼"邦人"在中国"经营下流行业"有精辟的叙述，野波静雄写道：

"我邦人在中国居住者达10万人（关东州除外），其天资不及欧美者虽然为数颇多，然欧美人之中无赖汉者流亦不乏其人。至肯去承担土匪行为，经营下流行业，乃至对支那人进行讹诈者，屈指算来——实属遗憾，不得不首推邦人为第一也……此种情况之出现，虽然与我帝国在国外势力给予扶植有其不小的影响……此外，也与邦人敢于冒险，肯深入腹地，熟悉当地情况的有利条件亦不无关系……所谓下流行业经营者多数属卖药行商，他们几乎无一不是吗啡和可卡因的零售者。此等违禁品由于利润极大，操此业者又多善于伪装成姿态坦然，又能潜入满洲内地神出鬼没，因此中国当局很难

① 邹鲁著：《日本对华经济侵略》，国立中山大学出版部1935年版，第19-31页。

查获。"①

在这段文字中，野波静雄虽指出日本人在中国内地走私毒品是"土匪行为"、"下流行业"，是"讹诈"中国人，但又以"敢于冒险、肯深入腹地"文字描述其走私贩毒的"邦人"，这在一定程度上反映了日本政府、日本人对其"邦人"在中国走私贩毒的态度，诚如野波静雄所言："我帝国在国外势力给予扶植"，而正由于"帝国在国外势力给予扶植"，使得这帮侨居中国的无赖流氓，成群结队地深入中国内地走私贩毒，所到之处，烟毒流入，在城市、乡村，甚至在偏僻之地的"山野寒村"，也都飘扬着属于鸦片、毒品售卖标志的日本旗，于是，就形成了这样的局面：日本人到哪里，鸦片、吗啡等毒品就被贩卖到哪里。

曾担任日本关东军副总参谋长的池田纯久，在《陆军葬仪委员长》（1953 年）中有这样一段文字，具有讽刺意味地说明了日本人擎着日本旗在中国土地上贩卖毒品，其贩毒足迹远至中国偏远之地，那些"帝国的国威"还没有"威慑"到的地方，日本的鸦片贩子与日本贩子的鸦片已提前抵达了，池田纯久写道：

战前有个日本名士到中国内地旅行，他坐在车子上，顺着车窗往外眺望，看到山野寒村的上空飘着日本的国旗，他不禁流下了惊喜的眼泪，并自言自语地说：想不到大日本帝国的国威已威慑到如此偏僻之地……

池田纯久在这段文字中的"日本的国旗"，事实上是售卖鸦片的标志，并不是日本国旗。中国人经营鸦片店，为了避免惹上麻烦而雇佣一两个日本人或者朝鲜人，这样就可以有权在店门上挂上日本国旗，这种状况使许多中国人误认为日本国旗是鸦片的标志，池田纯久笔下的这位"日本名士"又错误地将代表鸦片的日本旗视为"日本的国旗"，其实此处的"日本的国旗"与野波静雄笔下的"我帝国在国外势力"的"扶植"实质上是同样的性质，早期在中国各地走私贩毒的日本浪人、地痞无赖，他们之所以敢于违反国际禁毒条例、无视中国国内法与破坏中国的禁烟运动，是因为有"帝国在国外势力"的大力"扶植"，有日本的国旗在"扬威"，这充分说明了日侨在中国大陆的

---

① 大内丑之助：《支那鸦片问题解决意见》，第 200—203 页。引自〔日〕山田豪一著，穆传金译：《1910年前后日本对华走私鸦片吗啡的秘密组织的形成》，《国外中国近代史研究》第 12 辑，第 260 页。

贩毒行为就是日本毒化中国战略的一部分，是日本对华毒品战的局部。

第二节 在"关东州"的毒化活动

日俄战争后，日本从俄国手中攫取了辽东半岛租借地，利用强占、强买、修路与移埋界石等各种手段，蚕食"关东州"①租借地附近土地，并将其划入"关东州"地界，南满洲铁道株式会社成立后，满铁附属地也被划入"关东州"辖地。1906 年 9 月，日本在此设置了"关东州"都督府，由陆军任关东军司令，"关东州"成为在"九一八"事变之前日本帝国主义侵略中国最主要的根据地。

"关东州"不仅是日本侵略中国的桥头堡，在日本对华毒品战中，也是自台湾殖民地之后日本在中国经营鸦片的又一重要地方，是日本最早在中国大陆占领地实施鸦片专卖的地区，日本对中国大陆的毒化政策首先从这里开始实施，"关东州"推行的鸦片政策成为日本在中国大陆鸦片政策的源头，毋庸置疑，这是日本对华毒品战迈出的又一关键的一步。

1.走私与输出鸦片的中心地："关东州"大连与青岛

日本在"关东州"的统治，经历了军事管制、军政统治与民政统治三个时期，随着"关东州"政权机构的演变，其鸦片政策也经历了自由营业、特许和官营三个变化时期，而每一时期的演变，都主要是为了牟利而采取相关措施，即加强"关东州"殖民当局控制诸如鸦片生产、贩卖、吸食等方面，保证"关东州"当局从鸦片业中榨取最大利润。

为了控制鸦片业，"关东州"引入了台湾总督府推行的鸦片特许制度，并经过了从鸦片输入、制造、贩卖等方面实施个人特许制度到特许大连宏济善堂经营鸦片的演变过程，从 1915 年 1 月开始，日本"关东州"当局将鸦片特许权授给了大连宏济善堂，特许其开展鸦片输入与贩卖等相关业务。

表面上，大连宏济善堂是由中国人经营的"公益团体"，但实际上是由

---

① "关东州"是沙俄强行租借我国东北、大连、旅顺地区的辽东半岛时的称呼。日俄战争后，日本攫取了该地区，并在此成立了"关东都督府"等政权，"关东州"成为该地区地名。

日本"关东州"政府假借中国民间名义设置的专门处理鸦片事务、操纵鸦片供给等的机构。大连宏济善堂分为"慈善部"与"戒烟部"，其中"戒烟部"专门从事鸦片业务，在行政事务上与宏济善堂没有实际的隶属关系，其重大事项由"关东州"都督来裁决，"戒烟部"理事和职员任免、预算、采购鸦片、批发价格全部均直接受控于民政署长与关东州都督。"戒烟部"的收益除了维持营业所需费用外，全部作为特许费上交关东厅。

对于走私进入"关东州"的鸦片、吗啡等，经"关东州"都督府"以日趋低廉的国际价格一手买进"，"倒卖给关东州内的走私商人"，再经过大连宏济善堂"戒烟部"经营鸦片、吗啡的走私贩卖活动，将所得纯收益上交关东厅。其运作流程为：伊朗鸦片由宏济善堂经关东厅及大连民政署长批准、委托三井物产株式会社大连支店从波斯方面进口，由宏济善堂加价后批给零售商；边土是关东厅没收走私者物品，以一定代价卖给宏济善堂，宏济善堂加价后，批发给零售商。宏济善堂从批发利润中扣除购买费、员工工资和"戒烟部"经费后，将纯利作为特许费上交关东厅。"关东厅以地方费杂收入名目收取，其数额每年约达四五百万元之巨"。[①]

在大连宏济善堂"戒烟部"经营下，一方面，"关东州"对鸦片、吗啡、可卡因需求量迅速增加，成为当时日本麻醉品走私的一个中心地区。根据最初对"关东州"吸食鸦片人数的统计，大约有2785人，规定每人每日限制吸食量是一钱，总计每年需要不过6200斤，5年则需要31000斤，然而，从1916年到1920年，关东都督府卖出的鸦片至少有127840斤，远远大于该地的鸦片需求量。[②]不仅鸦片需求量迅速增加，毒品吗啡、可卡因的消费量也很大，从1932年到1933年，在"关东州"每一百万人消费吗啡的平均消费量是27到44公斤，这个数字与"关东州"平均每年消费的可卡因数量相当，在全世界来说是最高的。[③]

在鸦片、麻醉品消费量剧增的同时，"关东州"也成为当时日本人进行鸦片、毒品走私中心与基地。"关东州"主要从陆路与海路向中国走私鸦

①　刘成虎、高宇：《旅大租界的鸦片专卖与毒品走私》，《中国经济史研究》，2012年第3期，第108页。

②　王宏斌著：《鸦片——日本侵华毒品政策五十年(1985—1945)》，河北人民出版社2005年版，第34-35页。

③　〔日〕江口圭一著，宋志勇译：《日中鸦片战争》，天津人民出版社1988年版，第22页。

片，陆路方面从印度经由西藏向内地走私、从缅甸经由云南向内地走私、从欧洲经由西伯利亚铁道到库伦（今乌兰巴托）再经张家口向内地走私；海路方面经天津、上海方面输入、从南满进入的货品经由大连向上海输入、从印度波斯输入香港和广东。①

1921 年 11 月，中国代表施肇基以"关东州"已沦为对华鸦片走私中心为由，在华盛顿会议上强调日本违反了原订租借条约，要求收回大连、旅顺。而在日本人自己编写的文献中也反映了"关东州"走私贩毒的情况，日本当局编写的《关东局施政 30 年史》就是一例。《关东局施政 30 年史》中说：大连"成了日本麻醉品走私的一个中心地区。1934 年 9 月 8 日，日内瓦国际会议日本国事务局长代理横山正幸，在呈给广田弘毅外相的《关于取缔由大连方面向中国走私麻醉品贸易的文件》中作了如下汇报：综合来自天津、芝罘（现在的烟台）、青岛等地日本人有关走私麻醉品的报告，其被没收的大部分有从大连方面走私运入的迹象，给人以关东州特别是大连乃是一个麻醉品走私输出中心地之感"。②当时的关东州就是鸦片、麻醉品走私输出中心地，是日本向中国内地流入鸦片、高纯度毒品的窗口，山东和满铁附属地的高纯度毒品很多都是自大连走私进口。③

另一方面，"关东州"鸦片特许费猛涨，"1915 年的特许费一跃上升到头一年的 11 倍，两年后的 1917 年则超过了 500 万日圆"。④1914 年特许费是204000 日元，1915 年则增至 2288000 日元，1916 年是 2521000 日元，1917年高达 5314000 日元。这样的厚利，以"特许费"的名目入账，基本用于补充"关东州"的地方财政收入上，稳固了关东州都督府殖民统治的经济基础。

与"关东州"临近的山东半岛，不仅与"关东州"一样成为日本当时在中国走私输入鸦片、吗啡等毒品的中心地，也是日本进行毒品战的重要地方。在第一次世界大战期间，日本人攫取德国在山东的权益后，也在青岛、济南等地大肆进行鸦片走私活动，藤原铁太郎在 1923 年的《鸦片制度调查

---

① 杨洋：《日本在"关东州"鸦片制度研究（1906—1931）》，辽宁大学硕士学位论文 2013 年，第 37 页。

② 〔日〕江口圭一著，宋志勇译：《日中鸦片战争》，天津人民出版社 1988 年版，第 18—19 页。

③ 刘成虎、高宇：《旅大租界的鸦片专卖与毒品走私》，《中国经济史研究》，2012 年第 3 期，第109—110 页。

④ 〔日〕山田豪一著，穆传金译：《1910 年前后日本对华走私鸦片吗啡的秘密组织的形成》，《国外中国近代史研究》第 12 辑，第 263 页。

报告》中就指出，当时在济南的日本人有 2000 人，其中一半以上是违禁品经营者。这些以走私鸦片、贩卖吗啡等毒品为业的日本人，他们"挂着馒头店、土产店、表行、古董店等牌子，但这不过是些文字招牌"、是经营毒品业的伪装而已。

日本人在山东半岛设置了青岛军政署，贩卖鸦片所得是军政署主要的财政来源，"军政署直接参与生鸦片的输入活动，仿照关东都督府的做法，在日本占领军的庇护之下，以不断麇集于山东一带各个城市中的日本下流业的经营者们为帮手，进行了大批量的贩卖活动，其结果使青岛军政署的鸦片收益每年都超过了 300 万日圆"。①

为了牢牢控制鸦片业，青岛军政署与日本"关东州"政府一样采取了鸦片专卖制度。中国人刘紫山（也叫刘子山）缴纳了 20 万日元的保证金后，获得了鸦片经营权，"挂起了'大日本鸦片局'的招牌，在总局和 7 个分局进行鸦片的批发和零售"。根据规定，经营鸦片所得利润，"7 成归军政署，3 成归刘子山。原料除当地产品外，还进口了台湾和印度的产品，其成品用日军护卫的列车运送。大连是麻醉品走私的中心地，而青岛则是日本鸦片的交易中心"。②

2.对华毒品战的重要一步

"关东州"当局的毒化活动是日本对华毒品战的重要阶段之一。日据台湾时期推行鸦片政策，这是日本走私贩毒、进行毒品战为侵华战争增加资金资助的开端与第一阶段；经过日俄战争与第一次世界大战，自 1910 年至 1920 年形成的日本向中国走私鸦片吗啡机构的建立，这是第二阶段。③在"关东州"的毒化活动即在第二阶段中占据了开端的重要位置。

首先，"关东州"作为日本在中国大陆的第一个殖民地，其所推行的鸦片制度在日本对华毒品战中据有特别的位置。"关东州"的鸦片制度是台湾殖民政府鸦片制度的继续，它巩固了近代日本在中国打着禁烟旗号、通过合法与非法的两种手段向中国销售鸦片与毒品、利用鸦片谋取巨大利益的总政

---

① 〔日〕山田豪一著，穆传金译：《1910 年前后日本对华走私鸦片吗啡的秘密组织的形成》，《国外中国近代史研究》第 12 辑，第 265 页。

② 〔日〕江口圭一著，宋志勇译：《日中鸦片战争》，天津人民出版社 1988 年版，第 20—21 页。

③ 〔日〕山田豪一著，穆传金译：《1910 年前后日本对华走私鸦片吗啡的秘密组织的形成》，《国外中国近代史研究》第 12 辑，第 251 页。

策、总方针，为日本在华走私鸦片贩卖毒品的第三阶段——"九一八"事变后日本在中国建立鸦片走私网的全面铺开时期做了积极铺垫，并对整个日本侵华时期的鸦片制度产生了直接影响。

前文已述，后藤新平等人早就企图将台湾的毒网拉向中国大陆。南满州铁道株式会社成立之前，后藤新平因在台湾经营鸦片、为扩军备战的日本财政提供了重要的财源有功而被授予勋章，并"约定以后由他出任'满铁'第一任总裁"。①此后，后藤新平等台湾总督府官员诸如石冢英藏、石本贯太郎等人从台湾调任至辽东半岛，石冢英藏担任"关东州"民政署民政长官、石本贯太郎在民政署担任翻译，这些曾在台湾推行鸦片专卖制度的殖民者，将台湾管理鸦片的经验带到了"关东州"，在解决了台湾销售鸦片困境的同时，开辟了"关东州"销售鸦片的新市场，并将调查辽东半岛实际情况与台湾鸦片制度结合起来，推进了日本在"关东州"执行有关鸦片的一系列政策。

日本在"关东州"发布的第一个专门针对鸦片业的法律条令《鸦片贩卖业及烟馆业营业税规则》，即使"关东州"的烟馆业、鸦片贩卖业等与鸦片相关的各行业整个置于"关东州"当局的管辖之下；继后实行了来源于台湾鸦片专卖制度的特许制度，向当地的个人——中国人授予经营鸦片的特许权，但在其背后，却完全受制于日本"关东州"当局。以获得特许经营鸦片资格的从业者潘国忠为例，潘国忠被委任在大连设立鸦片总局，并在旅顺、金州、貔子窝、小平岛设立鸦片分局。民政署对特许从业者的管理十分严格，根据特许令，潘国忠须将购入鸦片烟膏的种类、数量、价格及销售价格上报民政署财务科，潘国忠"只是表面上作为特许从业者进行烟膏的制造和贩卖，其背后是民政署委任的石本贯太郎在实际管理和操作鸦片烟膏的制造和贩卖"，如此，"关东州"将鸦片的生产与贩卖严格地控制在自己手中。②如前文已述，此后的宏济善堂的"戒烟部"更进一步将鸦片业控制在日本人手中，所有的鸦片利润也尽入日本侵略者囊中，这与之前日本殖民者控制台湾鸦片业的目的完全一致，即在获取维持与加强殖民地统治经费的同时，又

---

① 〔日〕山田豪一著，穆传金译：《1910年前后日本对华走私鸦片吗啡的秘密组织的形成》，《国外中国近代史研究》第12辑，第255页。

② 杨洋：《日本在"关东州"鸦片制度研究(1906—1931)》，辽宁大学硕士学位论文2013年，第15页。

为日本在中国进一步侵略扩张增加了军费来源。

其次，日本在"关东州"推行的鸦片制度，成为日本在中国内地进一步推行鸦片政策的基础。在"关东州"之后的伪满洲国、全面侵华战争爆发后在华中成立的华中宏济善堂等，尽管具体情形有所相同，但都不同程度受到"关东州"当局的鸦片政策影响。

"九一八"事变后，日本向中国走私鸦片贩卖毒品、资助军费进入第三阶段，此阶段是"日本对中国建立鸦片走私网"全面铺开的时期，此前日本在"关东州"的鸦片经营活动对鸦片走私网在中国全面铺开功不可没。1932年伪满洲国建立后，日本在中国走私鸦片毒品活动重心由"关东州"转向了伪满洲国，并开始在伪满洲国实施与台湾殖民政府、"关东州"日本当局有直接联系的鸦片专卖制度，在伪满洲国设置了鸦片专卖机构，在中央设置专卖公署，在地方设置专卖分署，进行生产鸦片、制造与销售鸦片烟膏，"罂粟的栽种、鸦片的制造、买卖、持有、接受，鸦片吸食器具的制造、贩卖、持有、接受等均被置于政府统制之下，违反者处以徒刑、罚款"。①鸦片专卖制使伪满洲国烟毒泛滥，迅速成为全中国毒品泛滥的中心。在第六章《伪满洲国的毒品形势》中，可以发现伪满洲国的鸦片专卖制度，与台湾殖民政府、"关东州"日本当局鸦片制度的总方针、总目标一致，在具体措施方面、譬如种植鸦片以满足鸦片供应、对吸食鸦片者颁发特许证等特许制度方面均有很多相似的地方。

为了控制"关东州"的鸦片业，日本当局特许实质上由日本人控制的大连宏济善堂为"关东州"的鸦片专卖机构，这种指定机构经营鸦片的经验，影响到了全面侵华战争爆发后日本在华中与华南的鸦片经营活动。1939 年 6月，成立于上海北四川路的华中宏济善堂，系仿 1908 年成立于大连的鸦片贩卖机构——宏济善堂而得名。②华中宏济善堂不仅在名字上沿用了"宏济善堂"，在伪装形式与实质上也与大连宏济善堂一般——对外宣扬是慈善机构，实质是受日本人全面掌控的毒品贩卖机构。"第一个宏济善堂是日本当局于 1915 年在大连建立的，目的是接管满洲的鸦片活动，它表面上看来与

---

① 〔日〕江口圭一著，宋志勇译：《日中鸦片战争》，天津人民出版社 1988 年版，第 26 页。

② 大连奖学金研究部编『大连地方ニ二オケ支那人ノ社會事業』(1930 年 5 月 2 日)，大连市档案馆藏。引自曹大臣：《日本侵华毒化机构——华中宏济善堂》，《抗日战争研究》，2004 年第 1 期，第 115 页。

中国富人设立的慈善机构类似。"①第二个宏济善堂就是华中宏济善堂。

与大连宏济善堂的鸦片管理方针由日本内阁决定一样，华中宏济善堂也在日本政府的直接管辖之下，华中宏济善堂"秉承日本兴亚院和大使馆之命，全权管理汪伪辖区内的鸦片业务及行政，成为日本毒化政策由伪满向华南波及的一个重要关节点"。②因此，自大连宏济善堂，到华中宏济善堂，再到华南福裕公司、福民堂等日本侵略者控制的毒品贩卖机构，它们均是侵略者毒品进攻链条上的一个个重要贩毒机构，它们利用所谓的"戒烟"机构——戒烟总局、戒烟分局、各地分堂和日驻地宪警，结成了一张在中国进行毒品侵略的毒网。

第三节　日租界的贩毒活动

在近代中国历史上，帝国主义列强通过不平等条约强行在中国获取租借地，并拥有独立于中国之外的行政自治权和治外法权，从而使租借地成为不受中国政府行政管理的国中之国，租界为日本进行鸦片和毒品贸易提供了有利环境。在日本对华毒品战中，日本人利用日租界以及其他国家在华租界，在治外法权的掩护下，进行走私贩毒、经营鸦片烟馆、设厂制毒等鸦片侵略行径。

在各国租界中，尤以日本租界的毒品犯罪活动最为猖獗。在日本租界，鸦片贩子在免于遭到中国法律惩罚的同时，还能获得日本领事馆的默许与租界内军队的暗中支持。在日租界，盛行买卖与吸食鸦片，秘密办工厂生产鸦片、吗啡、海洛因等毒品，鸦片贩子与鸦片、毒品从日租界流向中国的其他地方，日租界由此成为全面侵华战争爆发之前日本在中国进行鸦片侵略的大本营与神经中枢。

天津日租界的毒品活动尤为猖獗。与前面的旅大日租界相比，天津日租界的走私贩毒活动过之无不及。1898 年 8 月 29 日，根据《中日通商行船条

---

① Jenning,John M.: The Opium Empire: Japanese Imperialism and Drug Trafficking in Asia, 1895—1945.Wesport:Praeger,1997.P48.

② 曹大臣:《日本侵华毒化机构——华中宏济善堂》,《抗日战争研究》,2004 年第 1 期,第 117 页。

例》，清政府和日本政府签订了《天津日本租界协议书及附属议定书》，划定日本租界。天津日租界成立后，在日本总领事馆的支持下，租界内毒品行业合法化，毒品泛滥、鸦片烟馆与妓院林立、赌局兴隆，吸毒、贩毒与经营毒品都呈现出"一派任其自由的景象"，完全就是走私贩毒的"天堂"。

关于天津日租界日本人贩毒的情况，关东厅藤原铁太郎的调查报告进行了较为具体的描述。藤原在调查报告中说："日本驻天津总领事说，此地的稽查活动并不像大连那样严厉，可以相信走私数量是相当大的。在天津有日本侨民 5000 余人，据说 70% 从事吗啡等违禁品的批发业务。从中药铺到饭馆、杂货店，鲜有不经营违禁品的。而且都是做大宗现货交易，很少有搞小量零售的。因此，日租界中日本人的繁荣应该归功于吗啡交易。经营吗啡与经营鸦片一样，可以带来巨大的利益。因此，想在此地大赚一笔的人们很快就作出了走私吗啡的计划。从天津某高级饭馆雇有 158 名艺妓一例就可以看出日本人的富有。然而这些财富全都是吗啡的结晶，这也是令人惊愕的事实，天津警方稽查不如大连严厉，所以领事馆的方针也是睁一只眼闭一只眼。这样，毒品贩子只有在被中国海关发现，或因他事牵扯出来时，才能受到法律的追究。尚未有被领事当局检查而暴露罪行者。如果彻底取缔贩毒分子及其贩毒活动，那么天津将没有日本侨民了。从这一点上说，日本领事馆的地位是够尴尬的了。"[1]

藤原的调查报告至少在以下三方面证实了日租界毒品猖獗的情况：第一，日租界绝大部分日本侨民在从事吗啡等违禁品的批发业务，而且是大宗现货交易；第二，经营鸦片、吗啡等毒品的日本侨民赚取了大量财富；第三，日本领事官员在取缔贩毒分子与贩毒活动上无所作为，对非法的毒品活动持默许态度。作为日本对华毒品战计划的一部分，日本领事馆是保护日本侨民从事非法毒品活动的保护伞，对于日本侨民从事肮脏的贩毒营生，日本领事馆不会感到"尴尬"，自然也不会出现没有从事贩毒营生的日本侨民的"尴尬"局面。

除藤原的调查报告外，当时在天津担任领事、战后任日本首相的吉田茂在叙述 1922 年 12 月天津的毒品形势时，也讲述了与藤原调查报告中同样的

---

① 〔日〕江口圭一著，王玉平、唐克俊译：《抗日战争时期的鸦片侵略》，中国社会科学院近代史研究所《国外中国近代史研究》编辑部编：《国外中国近代史研究》第 19 辑，中国社会科学出版社 1992 年，第 88—89 页。

内容。①此外，在石井伊太郎的回忆录中也叙述了日本领事官只是做样子、象征性地对毒贩进行惩罚的例子，"石井伊太郎在他的回忆录中记述了1918年对一个朝鲜人的审判，在这次审判中他担任法官。当他宣布将该人关押六个月后，领事馆的警察局长把他拉到一边对他说：'看吧，要是我们白养那家伙六个月，我们的开支就会大幅增加。要是吉田领事，他会说顶多判两个月。'石井评论道：'我毕竟是一个地道的生手，我的第一次经历确实太鲁莽，经过三四次审讯后，我就好多了"。②

为了庇护日人、朝鲜人走私贩毒活动，日本总领事馆竟借口保护日、朝侨民，践踏中国主权，在租界以外的中国管辖地区三义庄强设警察机构，当时三义庄地区住着400多名朝鲜人，"多属从事于贩卖毒品及押当的不法分子"。③

东京审判庭审记录中日本"鸦片侵华"证据证明了在日租界进行的走私贩毒行为，也证明了日租界领事官对制止、惩罚毒贩毫无作为的事实。首先，日租界是毒贩的来源地，其他在华租界的租界警察稽查到的贩毒分子，通常是来自日本租界的日本人或朝鲜人，而当这些毒贩被交给日本领事官时，常常是不了了之、没有具体处理的下文，或仅仅在受到很轻的惩罚后，这些毒贩很快又回到走私鸦片的行列里，甚至还有同一名贩毒重犯被抓获多次。其次，日租界也是毒品的来源地，其他在华租界的租界警察稽查到的贩毒分子，据这些贩毒分子供称，他们贩卖的毒品来源于日本租界。

东京国际军事法庭检方证人英国人皮特·J.劳莱斯，他在中国居住了将近36年，1912年10月起在天津英国市政委员会担任警督，1938年7月至1941年年初在北平担任使馆区警察局长兼外交委员会秘书。在军事法庭上，劳莱斯作证，在1937年前，从天津英租界内烟馆搜查缴获的鸦片和麻醉毒品的来源地是日本租界，当将抓获的毒贩移交日本相关机构后，日本官方从

---

① 吉田茂叙述的内容是："居住在天津的5000日本人中，70%在从事吗啡或其他非法物品的买卖。几乎所有行业都在染指这些物品的非法贸易，不仅医药公司在做这个行当，就连餐馆和一般的商店也在做。……这里警察的镇压措施没有大连的那么严厉，领事馆的政策是，只整治那些最为恶名昭著的违法者。我们只起诉那些被中国海关当局抓获或在其他犯罪活动中不受保护的罪犯。我们不主动逮捕罪犯或调查罪行。我们要是真这样做的话，就没有日本人能留在天津了。"冈田芳政、多田井喜生、高桥正卫合编『续·现代史资料(12)鸦片问题』，东京、美玲书店、1986年、190—191页。引自〔加〕卜正民、〔加〕若林正编著、弘侠译：《鸦片政权：中国、英国和日本(1839—1952)》，黄山书社2009年版，第18页。

② 石井伊太郎『外交官の一生』，东京、中央公论社、1986年、38—40页。引自〔加〕卜正民、〔加〕若林正编著、弘侠译：《鸦片政权：中国、英国和日本(1839—1952年)》，黄山书社2009年版，第18页。

③ 天津市政协文史资料研究委员会编：《天津租界》，1986年版，第87页。

未作出回应，或采取任何措施惩罚被抓的毒贩，所以才会出现多次重犯的同一名贩毒者被抓获的情况。

下引检方证人皮特·J.劳莱斯在东京国际军事法庭上，回答检察官询问的部分证词：

（检察官）问：在你们（将毒贩）移交给领事警察后，什么部门会处理这些案件？

（劳莱斯）答：日本的领事机关，领事警察机关。

问：你们是否听说过这些案件的处理？

答：这就说来话长了，因为作为外交委员会秘书和警察局长，我必须从警局角度向所有的使馆和法务部门报告使馆区发生的事情。另外，外交委员会中包括了三名使馆官员（一名英国人，一名美国人和一名日本人）和两位平民成员——共由5人构成，在外交委员会的会议上，每次都会向日本代表强调这些案件，而他总是承诺说将对这些案件进行调查，如果可能的话，将在委员会的下次会议上进行报告。但在委员会召开下一次会议上时，如果还没有报告案件情况，就会再次询问同样的问题，对于这些问题，我们从来没有从日本代表口中得到任何令人满意的回答。①

皮特·J.劳莱斯的证词证明了日本领事警察包庇毒贩、没有采取措施惩罚毒贩的事实，但具体事实比这还更恶劣，日本警署官员、日本警察、日本宪兵直接促成了日租界贩毒、吸毒、制度的繁荣。"日租界内的旭街一带，公开制贩吗啡、海洛因的厂商就有松本盛大堂、广济堂等，中国人经营的高级旅馆德义楼、乐利、新旅社、息游别墅、大北饭店等均开灯供客吸毒，其他贩卖鸦片的土庄、烟馆约500家。日本警察署的官员则直接参与贩毒，每于大宗烟土抵天津时，即由官员负责押运至大盘中心德义楼卸货，然后再分售给中、小盘的土庄、烟馆。在日租界开设烟馆的手续非常简便，只须向日本'居留民团'交一笔'工艺费'，再向日宪兵、警察纳些贿赂，便可营业。"②

随着日军在华北的军事扩张，天津日租界的毒品活动更加活跃，租界内集聚了众多的毒贩、大烟馆与销售鸦片的商店，日租界的毒品活动也不可遏

---

① Transcripts of the Proceedings of the International Military Tribunal For the Far East（《远东国际军事法庭审记录》），第2676页、第2684—2685页。

② 李恩涵：《日本在华北的贩毒活动(1910—1945)》，《中央研究院近代史研究所集刊》第27期，ⓒ中央研究院近代史研究所1997年，第56页。

制地蔓延至其他在华租界，前述在东京国际军事法庭上作证的劳莱斯说："1935 年以后，天津英租界的麻醉毒品交易量大幅上升，租界内有每周可生产五六十磅吗啡或两三磅海洛因的制毒工厂，其鸦片来源均来自日租界。"在 1935 年至 1936 年前后，随着日军对华北侵略的加深，"多数制毒工厂已由热河、满洲及关东租借地移至天津及唐山一带"，天津日租界几乎全为制毒工厂，"区区四方哩之市区，有售吸所 1000 家以上，制造厂 200 家以上，新厂仍如雨后春笋，逐日增加"。这里的海洛因制造厂，工作完全公开，所生产的大量毒品，除走私至中国其他地方外，还私运到远东各国，远销全世界，成为全世界鸦片海洛因等毒品的渊薮。而当这些毒品偷运至美国，被美国某埠巡缉队缉获时，美国新闻报纸就会报道缉获毒品"自上海"，或者"自中国"的消息，日本人企图以此伎俩掩盖其贩毒真相、欺骗国际舆论，并栽赃国人、破坏中国的国际形象。

日本侵华战争全面爆发之前，不仅天津日租界如上所述是制毒、贩毒的大本营，在公共租界、华中汉口日租界等，也同样在治外法权的保护下，在日租界总领事馆、日本法官、日警包庇与相互勾结下，进行毒品犯罪活动。1937 年汉口日租界，即是日本在华中一带制毒贩毒的大本营。汉口日租界"有贩卖红丸场所 6 处，制造吗啡厂 2 处，出售吗啡店 20 处，经营鸦片营业所 2 处，皆由日本领事予以保护，复有大批毒品以军车装载，在日军监护下运往界外"。在侵华战争全面爆发后，这些租界的走私贩毒活动更为猖獗。以天津为例，天津在日本侵华期间，被称为当时"世界制造海洛因之中心"，卢沟桥事变不久，1937 年 7 月 19 日《解放周刊》第 12 卷第 11 期刊文说："天津日租界蓬莱、福岛、伏山、侨立等街，白面馆林立，总数共有 173 家之多。"平均每一家至少一日要吸引 80—150 名吸客。[1]在天津生产的毒品，不仅在华北地区泛滥，更流毒于国统区、根据地甚至中国境外的国家与地区。1945 年日本投降前，共有土膏店 180 余家，土药店 30 余家，每日销售鸦片 4 万两，烟民约有 15 万人之多。[2]

东京审判庭审记录中日本"鸦片侵华"证据证明了日租界内日本人的贩

---

① 中共河北省委党史研究室编，邓一民主编：《日本鸦片侵华资料集(1895—1945)》，中共河北省委机关文印中心 2002 年版，冀出内刊第 1085 号，第 20 页。

② 齐霁：《抗日根据地禁毒立法问题研究》，《抗日战争研究》，2005 年第 1 期，第 130 页。

毒制毒行为，美国代表富勒（Stuart J. Fuller）在 1938 年国联第 23 届禁烟会议上，披露了天津日租界的制毒贩毒情形，在天津日租界内仅一家贩毒机构，在 15 个月内便向美国偷运纯海洛因 655 公斤，这样的数量足以供应 10000 人一年内的吸食量，而在天津日租界类似的贩毒机构为数众多。[检方文件 9557 号(法庭证据号 388)]①以上所述，证明了在日租界内的毒品犯罪情况，以及由日租界滋生蔓延出去的毒祸在日本对华毒品战中的作用。

---

① Transcripts of the Proceedings of the International Military Tribunal For the Far East（《远东国际军事法庭庭审记录》)，第 4757 页。

第四章

破坏中国禁烟运动　违反国际禁毒公约

进入 20 世纪，鸦片流毒不仅在中国、在东南亚国家也同样十分严重，毒品对人类的危害引起了国际舆论的高度重视，贩卖、制毒、吸食毒品遭到世界各国的强烈谴责，为了限制鸦片的生产、贩运与消费，制止毒品在全世界范围内迅速蔓延，在 20 世纪初年至 30 年代，先后有 1909 年上海国际鸦片委员会的成立、上海国际第一次禁烟会议、三次海牙国际禁毒会议与三次日内瓦国际禁毒会议的召开，并在 1912 年、在 1925 年与 1931 年，国际社会相继签署了的国际禁毒公约，这些公约是：《海牙禁烟公约》、《日内瓦禁烟公约》与《限制制造及调节分配麻醉药品公约》，日本是这三个国际禁毒公约的签字国与缔约国之一。

第一节　日本是国际禁毒公约的签字国

国际禁毒公约《海牙禁烟公约》、《日内瓦禁烟公约》与《限制制造及调节分配麻醉药品公约》是世界反对毒品传播的国际重要文件。1912 年 1 月 23 日，由十二国签订的《海牙禁烟公约》，相关条约明确规定鸦片及其他毒品，只能限于医学及科学上之需要，国际社会协助中国扑灭鸦片毒品、设法不让鸦片进入中国、查禁租界内吸贩鸦片等。作为国际禁毒公约的签字国，日本必须履行公约、承担禁止毒品的责任与义务。然而，恰恰相反，日本践踏了国际禁毒公约。对日本鸦片侵略中国而言，国际禁毒公约犹如一张废纸，毫无约束力。

日本侵华战争全面爆发前后，日本均从未履行国际禁毒公约。在日本侵华战争全面爆发前，无论在清政府的十年禁烟运动期间，还是在国民政府的禁烟禁毒运动中，日本人均扮演了向中国非法输入大量毒品等破坏中国禁烟运动的破坏者角色，日本侵华战争全面爆发之后，国民政府失去了在沦陷区的行政管辖力，在日本的战时体制管制下，日军的毒化政策很快取代了日战区国民政府的禁烟禁毒禁政，在这样的背景下，中国政府禁烟努力所取得的成效，迅速在日军及傀儡政府的毒化活动下化为乌有，中国禁烟事业由此出现严重倒退的现象，更无从说起日本人对国际禁毒公约的遵守。

1946 年 8 月 15 日，在东京国际军事法庭上，中国检察官向哲浚进行开场陈述。向检察官陈述了日本违背了它参与签署的国际禁毒公约、以毒品侵略中国的事实。向检察官指出：证据显示，"作为征服中国计划的一部分，日本领导人使用鸦片和麻醉毒品作为准备进一步侵略中国的武器。这违反了关于禁止鸦片和麻醉品的三个公约规定的义务。这三个公约已被采纳为证据，证据文件编号分别是 17、18 和 19 号，日本也是这三个公约的签署国"。①

1946 年 9 月 3 日，在东京国际军事法庭上，检察官桑德斯基陈述日本人在中国占领区支持鸦片和麻醉品生意的证据。在宣读检察方提供的证据文件之前，桑德斯基首先向法庭指出了证据文件第 17、18 和 19 号，它们分别是 1912 年、1925 年、1931 年签署的国际禁烟公约，日本签署了这三份文件。

桑德斯基紧接着宣读了 1912 年《海牙禁烟公约》中与中国禁烟问题密切相关的第 15、16、17 与 18 条，条约规定了各国不能向中国贩卖与走私鸦片、海洛因、吗啡和可卡因等毒品。桑德斯基宣读：

1912 年公约的第 15 条：缔约各国与中国有条约者，应会同中国政府设立必需之办法，以阻止在中国地方及各国之远东殖民地、各国在中国之租借地将生熟鸦片、吗啡、可卡因及其化合质料，并本约第十四条所指各物私运进口。一面由中国政府设立相同之办法以禁止将鸦片及以上所指各物从中国私行运往各国殖民地、租借地。

第 16 条：中国政府应订颁制药律以施诸本国人民。将吗啡、可卡因及其化合质料并本约第十四条所指各物之售卖散布一概政策，并将此项制药律通知与中国有条约之各国政府，由驻京公使转达。凡缔约各国与中国有条约

① Transcripts of the Proceedings of the International Military Tribunal For the Far East（《远东国际军事法庭庭审记录》），第 3889 页。

者应研究此项制药律，如以为可允，即设立必须之办法，使此律实行于在中国之各该国人民。

第 17 条：缔约各国与中国有条约者，应从事于采用必需之办法，以限制及检查在中国之各国租借地、殖民地及租界内吸食鸦片之习，并与中国政府同时进行，以禁绝现在尚有之烟馆及与烟馆相类之所，其公众娱乐所及娼寮内，亦禁止吸食鸦片。

第 18 条：缔约各国与中国有条约者，应设立切实办法与中国政府所设办法同时进行，务令在中国之各国租借地、殖民地及租界内现在尚有之售卖生熟鸦片烟店逐渐减少，并采用有效力之办法，以限制及检查租借地、殖民地及租界内之零碎鸦片营业，其已有办法以规定本条所指之事项者不在此例。[检方文件 191 号（法庭证据号 17）][1]

桑德斯基通过宣读上述各项国际禁毒条约，"清楚地表明日本与其他所有缔约国关于中国的禁烟问题应承担的特殊责任"，接下来，桑德斯基继续宣读了检方文件 9559 号，这是美国政府于 1939 年 6 月 1 日对一份国联通知的答复，美国政府认为，日本政府本应该与美国政府以及其他政府一起，共同承担国际禁毒公约规定的禁止生鸦片生产和销售的义务，但事实却是日本在占领区大肆进行毒化活动，这违反了国际禁毒公约，是"严重犯罪"。桑德斯基宣读：

"美国政府观察到，日本政府允许向其军队控制下的中国地区进口大量的高吗啡含量鸦片，并试图找借口说是用于国际禁烟公约所允许的技术目的，希望以此来逃避全世界其他国家针对这种严重犯罪的起诉或对他们的干涉。美国政府坚持认为，日本政府应与美国政府以及其他政府一起，共同承担国际公约下的公认的禁止生鸦片生产和销售的义务，有效地将麻醉药品的生产限制在只用于合法的医疗和科学用途上，努力控制或呼吁控制所有生产、进口、销售、经销和出口麻醉药品，并以其他合作方式为这些公约的实施提供支持。然而，那些在中国日战区发生的有关麻醉药品的行为却无法被视为是限制麻醉品生产或控制销售的行为。"[检方文件 9559 号（法庭证据号 372）][2]

---

① Transcripts of the Proceedings of the International Military Tribunal For the Far East（《远东国际军事法庭审记录》），第 4665-4666 页。

② Transcripts of the Proceedings of the International Military Tribunal For the Far East（《远东国际军事法庭审记录》），第 4668 页。

二战期间日本在中国的鸦片政策及其毒化行径，与检方文件 9559 号所叙述的一致，"无法被视为是限制麻醉品生产或控制销售的行为"，而是违反国际禁毒公约的严重犯罪。东京国际军事法庭判决书第三章《日本的义务和权利》开篇即指出："在起诉书所述期间以前，即在一九二八年一月一日以前，业已发生过某些事件，使日本获得了某些权利，也负担了某些义务。"[①]在这些义务中，包括了日本作为 1912 年、1925 年国际禁毒公约签字国，在起诉书中所关联的全部期间，日本应该受禁毒公约约束并承担公约规定的义务。

东京国际军事法庭判决书列出了 1912 年各参与国签署的鸦片公约与中国禁烟有密切关系的条款，"日本及其他各缔约国均同意下列各点：

"(3) 日本应采取措施禁止此类毒品[②]偷运至中国或在华的日本租借地、居留地和租界； (4) 日本采取措施与中国政府同时进行，禁止在中国的日本租借地、居留地和租界内贩卖和滥用这些毒品； (5) 中国政府公布的为取缔此类毒品之贩卖散布的法令，日本为协助该法令的实行，应使其适用于居住中国的日本人民。"[③]

然而，大量事实却证明，日本政府没有履行作为国际禁毒公约签字国的义务，他们偷运鸦片到中国，在日本租借地、居留地和租界走私贩毒、设厂制造毒品，日本侨民，包括台湾籍民、朝鲜人，在治外法权与日本馆领事庇护下，无视"中国政府公布的为取缔此类毒品之贩卖散布的法令"，成为向中国偷运毒品、在中国生产毒品、走私贩卖毒品的骨干。诚如《泰晤士报》驻华首席记者莫理循（George Ernest Morrison）对日本人贩毒行为发表的评论一样："日本是禁止向中国输入吗啡公约的签字国之一。然而再也没有比进口日本吗啡的生意更兴旺的了。"[④]

---

① 张效林：《远东国际军事法庭判决书》，群众出版社 1986 年版，第 23 页。
② "此类毒品"指鸦片、吗啡、高根（Cocaine）及由此等质料制成或提取之药物能发生或可能发生同样毒害的药品。参见张效林译：《远东国际军事法庭判决书》，群众出版社 1986 年版，第 39 页。
③ 张效林译：《远东国际军事法庭判决书》，群众出版社 1986 年版，第 39 页。
④ 〔澳〕骆惠敏编，刘桂梁等译：《清末民初政情内幕（1912—1920）》上卷，上海知识出版社 1986 年，第 740 页。

第二节　破坏十年禁烟计划

在中国近代史上，留下了太多毒品肆虐的履痕，英国殖民主义者对华推行鸦片贸易曾致毒品泛滥，给中国造成了极其严重的危害。18 世纪后半叶，英国东印度公司开始向中国输入鸦片，到 20 世纪初年，这项罪恶的鸦片贸易已使中国陷入严重的鸦片灾祸之中。鸦片流毒不仅危害中国，也流毒欧美等地，从而引起各国政府尤其是欧美一些大国对中国鸦片灾祸的关注与警惕，英国对华鸦片贸易由此遭受到越来越多的国际舆论谴责。

在这样的背景下，中英两国代表经过长期谈判，于 1908 年 3 月，双方达成限制鸦片贸易协定：规定印度鸦片以运往各国之全数为限制，以印度出口 5.1 万箱之数为定额，输入中国的鸦片逐年递减 5100 箱，该协定自 1908 年开始实行，十年减尽，到 1917 年停止鸦片进口中国。与此同时，英国声明，限制进口鸦片先试办 3 年，届期若中国禁种、禁吸鸦片果然有效，英国政府则照约减少，否则，英国有单方废止该条约的权力。[①]

1906 年 5 月，英国自由党在大选中获胜，一名自由党议员要求立即采取措施结束鸦片贸易。清政府对此作出反应，于 1906 年 9 月 20 日发表禁烟上谕，颁布了禁烟章程，宣布吸食鸦片损耗健康、动摇国本，下令关闭鸦片烟馆，并提出以十年为期逐渐限制国内种植生产鸦片与吸食鸦片的限禁鸦片计划。

在限制中国国内种植鸦片、运输、贩卖与吸食鸦片方面，中国政府采取了一系列积极措施，展开了将鸦片置于国家控制之下的全国性禁烟运动。在 1910 年前半期，中国政府开展的这场禁烟运动就收到了成效。1907 年 8 月 7 日，莫理循在致瓦·姬乐尔的信函中说："……中国以前的任何这种运动都没有这样大的成功希望。在北京已经取得了很多成就，我认识的很多中国人，我的仆役的亲戚们和其他一些有鸦片烟瘾的人，都不再把钱花在这种麻

---

① 马模贞、王玥、钱自强编著：《中国百年禁毒历程》，经济科学出版社 1997 年版，第 57 页。

醉剂上，人数之多是很惊人的。"①

1911年9月，东三省、山西、四川发布了禁种禁销鸦片的声明。辛亥革命更有利地推进了禁烟运动，②孙中山于1912年3月2日、3月6日相继颁布严禁鸦片通令，指出"鸦片流毒中国，垂及百年"，"方今民国成立，为此央告天下，其有饮鸩自安，沉湎忘返者，不可为共和之民"，号召"屏绝恶习，共作新民"，厉行禁烟，拔除百年病根，强国保种。③从1913年到1915年，有十个省发布了禁绝鸦片成功的声明。在这些声势的影响下，从1912年起，英国每年消减了从印度输华的鸦片5100箱。④1917年3月末，中国禁止鸦片输入，同年底又发布了禁烟令，1918年1月，中国政府在上海销毁了1207箱鸦片。

中国这场全国性的禁烟运动，在中国禁烟史上占有重要地位，从清廷发布禁烟谕令开始，在短短5年里，全国在禁种、禁售、禁贩、禁吸各方面，都收到显著效果。⑤这场禁烟运动的成效与进展程度得到了国内外的肯定，1911年1月，中英约定3月试验期限届满，中国的禁烟成绩就赢得了世界各国的认可。1911年国内评论说："综观各省禁烟之成绩，欲作违心之论，谓非良好而不可得。"英国政府也认为"中国于禁种一事立意成笃，且成效卓著"。⑥

而正因为中国禁烟运动卓有成效，赢得了国际社会的同情与支持。在中国政府的要求下，外国租界采取了一些禁烟措施，上海法租界在1909年封闭烟馆25家，驻天津的法、俄、意、奥等国领事宣布，在租界不准开设烟馆及经营鸦片贸易；汉口俄租界由工部局宣布禁止吸烟；1909年2月，上海

---

① 《莫理循致瓦·姬乐尔函》(1907年8月7日)，〔澳〕骆惠敏编，刘桂梁等译：《清末民初政情内幕(1912—1920)》上卷，上海知识出版社1986年版，第517页。

② "辛亥革命不但并未中断，反而更为有利地推进了这一活动。鸦片贸易虽同其他贸易一样都遭受革命所引起的政治、军事动乱的冲击，但没有像一般商业那样恢复过来。"中共河北省委党史研究室编，邓一民主编：《日本鸦片侵华资料集(1895—1945)》，中共河北省委机关文印中心2002年版，冀出内刊第1085号，第62页。

③ 《大总统令禁烟文》，《临时政府公报》，第27号；《大总统令内务部通饬禁烟文》，《临时政府公报》第30号。中共河北省委党史研究室编，邓一民主编：《日本鸦片侵华资料集(1895—1945)》，中共河北省委机关文印中心2002年版，冀出内刊第1085号，第68—69页、第2页。

④ 〔日〕山田豪一著，穆传金译：《1910年前后日本对华走私鸦片吗啡的秘密组织的形成》，《国外中国近代史研究》第12辑，第257页。

⑤ 马模贞、王玥、钱自强编著：《中国百年禁毒历程》，经济科学出版社1997年版，第58页。

⑥ 《国风报》第一年第18号《各省禁烟成绩调查记》。《清宣统朝外交料》卷22，第21页。引自王宏斌：《二十世纪英美对华鸦片政策与清末禁烟运动》，《南开学史》1991年第2期。

召开了由美国发起的万国禁烟大会，这次大会肯定了中国禁烟的真诚努力和显著成绩，大会通过了9项决议，给中国禁烟运动给予了道义上的支持。①

在这样的背景下，印度提前了停止向中国外销鸦片的相关期限，在1913年的最后5个月，印度再没有一箱鸦片运抵上海，1913年成为印度最后一批合法鸦片销往中国的最后一年。中国人民坚忍不拔的禁烟决心与成效，最终实现了禁止外国鸦片进口的目标。

但是，也就在这样的背景下，日本侵略者违背中国人民、世界各国杜绝鸦片、消灭毒品的意愿，违背中国政府在1906年与各国政府之间有关禁止在中国国内制造和运输医疗用以外的吗啡和注射器问题上达成的协议，违反中国国内法，破坏中国禁烟运动，扰乱中国市场秩序，向中国走私贩卖鸦片、吗啡、海洛因与可卡因等毒品。

在清政府发起的十年禁烟运动中，日本侵略者不仅趁着英国从中国鸦片贸易中撤走之际，递补上来向中国贩卖鸦片，还趁中国政府开展禁烟运动、禁止鸦片买卖之际，扮演着向中国输入鸦片、在中国秘密制造与销售毒品以谋取厚利的毒贩角色。

随着禁烟运动进一步开展，鸦片这一毒品的官价不断飙升，其价格已经达到同等重量白银的7倍。而当鸦片交易转入地下之后，鸦片的价格更是涨到令人难以置信的地步。在中国有些地方，鸦片价格有时比同等重量的黄金还要贵重。1912年6月25日，进入中英《禁烟条约》规定的十年禁烟期的第6年，英国根据条约规定，每年减少向中国输入5100箱印度烟土，加之中国政府的禁烟法令，于是中国市场鸦片缺乏、烟价暴涨，以上海为例，从1912年起，由于英国每年削减从印度输入中国的鸦片，致使上海鸦片市场1914年的价格比1906年暴涨了10倍。

在鸦片缺乏、烟价暴涨的背景下，日本利用公开出口与秘密贩运的方式，趁机向中国输入鸦片，将大批鸦片投入中国市场，以牟取暴利，不仅如此，日本还利用中国市场对鸦片副产品需求大增的机会，向中国秘密输入吗啡等鸦片副产品，在中国市场开创经营吗啡这一比鸦片更具毒性的瘾品市场，1911年，仅吗啡一项，日本就向中国输入5.5吨（17.6万英两）；1912

---

① 马模贞、王玥、钱自强编著：《中国百年禁毒历程》，经济科学出版社1997年版，第59页。

年，输入中国 7.5 吨（24 万英两）。[①]吗啡输入中国，这对日本人是一有利可图、可继续扩张、前景看好的赚钱生意，但对中国的禁烟运动，以及对受烟毒危害的中国人而言，无疑是灾难的深渊。[②]有日本学者曾撰文道："对1910 年代前半期高涨起来的中国禁烟运动进行暗中破坏，并给予致命打击的也正是这些日本吗啡走私犯们。"[③]

《晨报》曾刊文指出："我国对于烟禁一节迭申严令，极力铲除，并经与英国政府协定条约，近来鸦片之入华者日见减少。惟日本方面则乘此时机冀图牟利，最近数年间，售卖吗啡于吾国者逐渐增加。据某外报载：日本自1898 年至 1907 年之 10 年间，输入吗啡已达可惊人之数目。"[④]

表 4-1　日本输入吗啡数量（1898—1907）[⑤]

年　代	输入吗啡数量
1898 年	133376 两
1899 年	6324 两
1900 年	25570 两
1901 年	13795 两
1902 年	17668 两
1903 年	25849 两
1904 年	12730 两
1905 年	23201 两
1906 年	32713 两
1907 年	26433 两

表中显示，在清政府实施"十年禁毒"计划之前，日本已向中国输入了相当数量的吗啡。清政府的禁烟令并未阻止日本人向中国贩毒，1915 年后，

---

① 中共河北省委党史研究室编，邓一民主编：《日本鸦片侵华资料集(1895—1945)》，中共河北省委机关文印中心 2002 年版，冀出内刊第 1085 号，第 2 页。
② "据说，一个鸦片中毒者平均每天需要注射 0.3 克吗啡，鸦片吸食者通过吸食鸦片吸收到体内的吗啡成分是有限度的，然而倘若注射吗啡则能全部被吸收，由于毒性过大，不要几个月的时间即可致死。由此可见，大量走私吗啡造成了多么可怕的危害。"〔日〕山田豪一著，穆传金译：《1910 年前后日本对华走私鸦片吗啡的秘密组织的形成》，《国外中国近代史研究》第 12 辑，第 260 页。
③ 〔日〕山田豪一著，穆传金译：《1910 年前后日本对华走私鸦片吗啡的秘密组织的形成》，《国外中国近代史研究》第 12 辑，第 261 页。
④ 《日本输入吗啡数目之可惊》，北京《晨报》，1920 年 4 月 28 日。
⑤ 本表根据《日本输入吗啡数目之可惊》制成，北京《晨报》，1920 年 4 月 28 日。

日本的星制药株式会社、大日本制药、三共、内国制药等日本各家公司所制造的吗啡，全部通过走私输往了中国，走私吗啡的数量在 1916 年后逐年增加，日本人成为走私吗啡货源的供应者。到了 1917 年，输入中国的吗啡"已有 600228 担之多"。1919 年 11 月，"美国 15 商会曾联合讨论拒绝吗啡输入办法，我国亦派有代表与议，结果英国决定执行 1912 年万国戒烟会议处置生土鸦片制药吗啡等毒物之办法。惟日本方面仍籍口于租界地内其贩卖吗啡特议权之执照，故对于广东、上海、满洲一带，年年均有输入，分配全国"。[①]

下面再以日本自 1911 年至 1918 年从欧美直接转输与间接经手转输贩卖到中国的吗啡数量为例，说明在中国开展禁烟运动查禁鸦片、烟价上涨，导致对鸦片副产品需求增加的背景下，日本趁机向中国大量输入鸦片副产品吗啡等毒品的情况。

表 4-2　日本自欧美直接和间接经手转输贩卖到中国的吗啡数量
（1911—1918）[②]

年代	输入吗啡数量
1911 年	5.50 吨（176000 英两，约合 5588 公斤）
1912 年	7.50 吨（240000 英两，约合 7620 公斤）
1913 年	11.25 吨（360000 英两，约合 11430 公斤）
1914 年	14 吨（448000 英两，约合 14224 公斤）
1917 年	18.5 吨（600000 英两，约合 18796 公斤）
1918 年	17—29 吨（544000 英两至 640000 英两，约合 17272 公斤至 20320 公斤）

表格中没有 1915 年、1916 年日本输入吗啡数量的记录，这并不意味着这两年日本没有向中国输入吗啡。下表是 1916 年至 1921 年上海海关查获日本走私吗啡、海洛因等毒品的情况。

---

① 《日本输入吗啡数目之可惊》，北京《晨报》，1920 年 4 月 28 日。
② 表格根据以下参考资料制成，Thomas D.Reins，"China and International Political Opium, 1900—1931:the Impact of Reform, Revenue and the Unequal Treaties,"Ph.D.Dissertation, Claremont Graduate School，1981,p.219;黑羽清隆：《十五年战争史序说》，东京：三省堂，第 209 页；China Weekly Review，68:1(March 3,1934),"Narcotics in China:A Billion Dollars Problem,"P.52.引自李恩涵：《日本在华北的贩毒活动(1910—1945)》，《中央研究院近代史研究所集刊》第 27 期，©中央研究院近代史研究所 1997 年，第 52—53 页。

表4-3　上海海关查获吗啡、海洛因等各类毒品走私数量

(1916—1921) 表[①]　　　　　　　　单位：盎司

年代	1916	1917	1918	1919	1920	1921
吗啡	2403	116	3876	3392	1986	702
海洛因	——	1	364	2333	2721	5537
可卡因	102	20	926	452	156	1049
其他鸦片副产品及查禁药品	668	163	421	214	948	1621

以上两份表格，均说明了日本趁中国禁烟、鸦片价格猛涨之机向中国输入吗啡、海洛因、可卡因等毒品的情况。日本将输入中国的毒品走私贩卖至中国各地，牟取了厚利，其毒化行径使中国的禁烟事业出现严重的倒退现象。

而日本在辽东半岛、山东半岛等"管辖地区内"的毒化活动则更严重地破坏了中国禁烟运动，日本当局自己也承认这一点，"中国的鸦片取缔日益森严的结果，我方管辖地区内的鸦片制度成为中国禁烟运动的妨碍，且成为违法行为的根源"[②]。因为中国禁烟、取缔鸦片日益森严，更显出"关东州"都督府、青岛守备军的走私贩毒活动的猖獗，以及对中国禁烟运动的严重破坏。

第三节　国民政府禁毒运动与日本的毒化活动

1927年，刚成立不久的南京国民政府决定在财政部下设禁烟处，9月颁布了《禁烟法律》，公布自1928年起限3年内鸦片烟在全国禁绝。1928年9月颁布了《禁烟法》、《禁烟法实施条例》，同年11月，在南京召开了第一次全国禁烟会议，会上发表了《全国禁烟会议宣言》，宣言在最后部分表达了希

---

① 中共河北省委党史研究室编，邓一民主编：《日本鸦片侵华资料集(1895—1945)》，中共河北省委机关文印中心2002年版，冀出内刊第1085号，第65页。徐雪筠、陈曾年、许维雍、蒋学桢、陆延译编，张仲礼校订：《上海近代社会经济发展概况(1882—1931)——〈海关十年报告〉译编》，上海社会科学院出版社1985年版，第65页。

② 关东厅警务局卫生科《密关东州鸦片及麻药事情》，1929年12月，第7页。

望国际社会支持中国禁烟，宣言说："最后，本会对于各友邦不能不更进一言：禁烟事业，必赖国际同情之援助。倘使云贵禁烟，而缅甸、安南输进毒物；东北禁烟，而日本方面加运吗啡。外轮入口，拒绝中国政府之检查；外人经商，不受中国法律之裁判，租界久在化外，铁路强驻外兵，则来源不断，节制无从，禁烟之事功，永难奏效，本会所决议者，亦将等于具文矣。故世界如犹存正义，国际应与以同情，我方自身固愿策励，而尤愿友邦之赞助焉。谨此宣言，普告天下。"①

1929 年 7 月，国民政府根据会议决议，修正公布了"禁烟法"22 条，采严禁政策的精神，禁止鸦片与其代用品的种、制、运、售、吸，违禁者一律科刑，并修正了刑法中的鸦片烟罪，加重违禁者的罪刑。②

通过国民政府中央与地方的努力，禁烟在一些城市与省份取得了一定的成效。1929 年 4 月 25 日，北平市市政府禁烟处在天坛烧毁烟土 10360 余两，烟具 7540 件，这是所查 511 起烟案之所获；湖南烧毁烟土烟具数以万计；1929 年，福建共查获烟土 34300 余两，烟犯 2666 人，铲除烟苗 149000 余亩。据中华国民拒毒会调查 92 处法院，即全国 9/10 的法院数目，1929 年共受理鸦片烟案 16772 起，男女烟犯 23552 人。栽种罂粟者占 3%，贩运鸦片者占 5.4%。全国路局查获鸦片 31457 两，人犯 203 人。全国江海各关查获鸦片 708170 两。1930 年比 1929 年减少 47.4%。③

与清末禁烟运动一样，在此次禁烟运动中，日本人也无视中国政府的禁烟法规，不遵守中国的禁烟命令，阻挠禁烟措施正常执行，他们凭借日本领事裁判权的保护，照常开烟馆售卖鸦片，并利用中国政府禁烟取缔中国烟商烟馆、烟土烟馆骤减的时机，以领事裁判权保护日籍售卖烟土的贩子与日籍土栈烟馆营业，趁机牟取暴利，致使禁烟成效明显降低。以福建厦门禁烟遭遇日本方面阻挠的情况为例，1929 年 3 月 6 日上海《申报》报道：

"福建全省去年 11 月实行禁烟以来，雷厉风行，各地颇能实行，惟厦门

---

① 《全国禁烟会议宣言》(1928 年 11 月)，国家禁毒委员会办公室组织编写，马模贞主编：《中国禁毒史资料(1729 年—1949 年)》，天津人民出版社 1998 年，第 877 页。

② 孙凤瑜：《中日战争期间日本在华鸦片政策》，国立政治大学历史研究所硕士论文，1991 年 6 月，第 9 页；引自李恩涵：《日本在华北的贩毒活动(1910—1945)》，《中央研究院近代史研究所集刊》第 27 期，ⓒ中央研究院近代史研究所 1997 年，第 63 页。

③ 马模贞、王玥、钱自强编著：《中国百年禁毒历程》，经济科学出版社 1997 年版，第 107 页。

日本籍民台湾人所开之烟馆土栈，因受日本领事裁判权之保护，独能照常营其售土售吸之业。且因中国烟商烟馆受取缔之结果，日籍土栈烟馆营业转为之激增，虽经厦门交涉署尽力交涉……日领仍根据旧约之领事裁判权，保护其卖烟籍民。……至现在厦门日籍民之烟馆，计公安局警察第一区署辖原有烟馆193家、中国人营业者156家，均已勒令歇业，尚有日烟馆37家，照常营业。第二区署辖原有烟馆162家、土栈36家，中国人营业者均已勒令歇业，计烟馆139家、土栈15家，日籍未歇业者烟馆23家、土栈21家（厦门土栈均在二署区城区内）。第三区署辖内烟馆已歇业126家，日籍未歇业者63家，目前此未歇业之土栈烟馆，营业乃数倍于曩昔。且全是土栈歇业者极少，且歇业均小资本者，大资本之土栈均日籍，其贸转盛，可证厦门之禁烟实质无大成效，其原因即日人为梗。"①

1930年4月13日，《民国日报》报道：福建省自1928年10月设立禁烟委员会以来，毒气几已肃清。"乃有日籍台民，假日本领事为护符，公然开设烟馆土栈，破坏我国烟禁。现据实地调查，福建厦门二埠，台民所设大小烟馆土栈，总数在400家左右，营业总额每日在10万元以上，购吸者几全属我国之苦力小贩不惜以血汗所得之金钱，易此戕害身体之毒物。而日籍台人坐收其利……"中国官厅无法过问，"有时竟敢开枪拒捕，殴伤员警，屡与日领交涉，迄无办法"。日籍台民在福州所开烟馆土栈，共计139家，厦门日籍台民所开烟馆土栈，共计203家。②日本人在福建、厦门的贩毒行径正是此时期日本人破坏中国政府禁烟的缩影。

为了使禁烟取得更大的成效，1935年至1940年，南京国民政府发起了"两年禁毒、六年禁烟"运动，这是一场在中国禁毒史上，乃至在世界禁毒史上均具有重要意义的禁烟禁毒运动。这场运动的目标是从1935年起到1936年年底，以两年为期，禁绝毒品；从1935年起至1940年底，以六年为期，禁绝鸦片。为此，中国政府为禁毒禁烟制定了详细规划，颁布了禁烟禁毒的法律法规，出台了严厉禁毒禁烟的具体实施条例，以及为吸毒者开设讲习所、禁毒所、向各省划拨禁毒基金等。[检方证据9557号（法庭证据号

---

① 《厦门禁烟与日本籍民》，上海《申报》，1929年3月6日。
② 《日人在闽庇烟纵毒》，《民国日报》，1930年4月13日。

388)]。①"两年禁毒、六年禁烟"的运动成效显著，在一定程度上遏制了烟毒泛滥，减少了大规模制毒贩毒的现象。

东京国际军事法庭检方提出的证据文件指出，中国政府采取的禁毒禁烟措施已经产生了"非常令人满意的效果"。中立方官方信息充分肯定了中国政府禁烟禁毒的成效，东京审判检方证据文件提供了以下几份报告：

1938年上海公共租界的年度报告说："在今年的最后一个季度，流通中供本地消费的海洛因几乎已经没有了，海洛因烟馆也实际上停止营业了。在这方面，值得一提的是今年共抓获了85名瘾君子，而1927年抓获的瘾君子数量为329名……警察局从根本上将这个令人满意的成绩归功于公共租界内的中国法庭对1936年6月1日颁布的《禁毒条例》的严格执行，该条例使中方加紧了对海洛因烟馆经营或毒品贩卖的查处。"报告在后面补充说："在租界内红丸贩卖一直未发展成为严重问题，到去年也基本上都消失了。这也要归功于公共租界内的中国法庭执行《禁毒条例》，其中规定生产麻醉品者可获死刑或终身监禁，贩毒者将被处以12年到15年的监禁。"

1937年印度非法贩毒报告曾评论说："由于中国政府对亚洲中部地区的大麻种植采取了禁止措施以及对大麻出口的禁令，在旁遮普省和西北边境省份的走私大麻已大幅减少。"1937年印度支那年度报告中关于老挝非法毒品贩卖的阐述："随着云南省禁烟计划的实施，流入云南的鸦片越来越少了。"关于东京（越南北部地区的旧称）的非法贩卖，报告说："山区和偏远地区不再有关于大量毒品货运的报告了：现在只有非常少的货运量……数量已大幅减少。"报告还指出"云南禁烟计划的努力"是走私减少的原因之一。[检方文件9557号（法庭证据号388)]②

中国政府在禁烟禁毒上的努力以及成效，不仅使上海公共租界的毒品形势得到遏制，也使中国周边的国家越南、老挝、印度走私毒品数量减少。此外，在中国境内，在"两年禁毒、六年禁烟"运动下，也取得了相当的成绩。以罂粟种植为例，种植面积已逐渐减少，"鸦片种植在不同地区已被其他作

---

①　Transcripts of the Proceedings of the International Military Tribunal For the Far East（《远东国际军事法庭庭审记录》），第4754页。

②　Transcripts of the Proceedings of the International Military Tribunal For the Far East（《远东国际军事法庭庭审记录》），第4754页。

物分别替代，如棉区、粮食、蔬菜、大麻、果树、烟草、油料作物或甘蔗"。并且，在"六年禁烟"计划下，"所有的鸦片罂粟种植将于1940年终止"。

如果没有战争爆发，没有沦陷区日本人疯狂的毒品进攻，中国政府的禁烟计划十之八九当能如期完成。然而，正当禁毒工作取得成效之时，日本侵略者挑起了蓄谋已久的"七七"卢沟桥事变，日本全面侵华战争的爆发使中国政府的禁烟禁毒工作遭到极大挫折，在日军的军事进攻下，禁烟成效在沦陷区功亏一篑，鸦片烟毒重新泛滥，在傀儡政权与日军军事控制力量合力推展毒化的态势下，占领区的鸦片烟毒更胜于之前。

东京审判法庭判决书上说："在卢沟桥事变之前，为禁绝吸食鸦片，中国政府决然地进行了持久的努力"，"至1937年已基本肃清了鸦片"。但是，"卢沟桥事变爆发后，一切努力皆付之东流，情况一下子就改变了"。①日本在占领区推行毒化政策，他们在占领区一方面废除了中国政府颁布的禁烟禁毒的法律法规以及鸦片毒品控制制度，一方面通过扶持傀儡政府建立起受日本人统一控制的鸦片制度，以垄断占领区鸦片贸易活动、积极推行"毒化政策"，实现"以毒养战"、"以毒制华"的对华毒品战战略目标。

东京审判法庭检方所提供的证据文件指出，在华北地区，"七七"事变之前，日本人即在北平、青岛建立管理与控制、走私毒品的相关机构，事变后，又在山东济南、天津等城市，以及华中、华东与华南等中国区域设置毒品管理机构，颁布毒化活动条例，公开进行毒品侵略。

美国驻上海财务公使在1937年1月13日的调查报告中说：1936年9月，日本人在通县与北平建立了由华北日军保护的毒品机构，北平的机构称为"东亚同乐分社"，负责人是日本人早川五郎，地点设在使馆区日本兵营的一处建筑内，通县的机构称为"东亚同乐社"，负责人是本田祯助。此两处机构与日军勾结走私毒品，检方证据指出："当通县的日军被召集进入北平时，他们携带了大量的毒品，以逃避中国警方的搜查。在毒品被带入北平后，浪人们会将毒品利润的35%分给日军。"[检方文件9519号（法庭证据号399)]②

---

① 〔日〕江口圭一著，王玉平、唐克俊译：《抗日战争时期的鸦片侵略》，中国社会科学院近代史研究所《国外中国近代史研究》编辑部编：《国外中国近代史研究》第19辑，中国社会科学出版社1992年，第84页。

② Transcripts of the Proceedings of the International Military Tribunal For the Far East（《远东国际军事法庭庭审记录》），第4800页。

东京审判军事法庭检方文件还称："(1) 1929 年 4 月 28 日，临时政府在北平与亚洲发展委员会的华北联络处就禁烟法和在华北的实施规定草案进行了讨论，目的是在华北建立一个统一控制鸦片的制度。但还没有生效。(2) 在青岛……1934 年 7 月，成立了青岛特别市禁烟调查委员会，作为一个控制管理机构；同年的 8 月 1 日，开始实施禁烟调查临时条例。(3) 在济南，1939 年 1 月 26 日颁布了药剂师贸易协会临时条例，贸易协会也于同一天建立。(4) 在天津，根据天津税务征收办公室禁烟调查临时条例，限制毒品流通控制办公室的临时规定从 1938 年 1 月起开始执行。"〔检方文件 1045 号，(法庭证据号 382)〕①

在日本人的毒品管理机构与毒化政策下，各沦陷区毒品形势恶化。北平在日军占领前后，情况发生明显变化，日军控制下的北平，大批烟土从绥远包头以及热河（今承德市）等地，贩运至北京，1939 年运入北平的鸦片就有 1088 万两。为了控制北平毒品业利润，华北伪政权"在各地成立所谓'禁烟局'，名为禁烟，实则是当地伪政权设立的专卖毒品机构"。原来由"私人偷摸暗售大烟土，此时变成了官方专利公开销售，一时间，土药店、土膏店于北平几乎随处可见。前门一带是繁华区，烟馆林立，生意尤为兴隆"。②于是，吸毒人数激增，到 1944 年，吸毒者估约 20 万人。

前述东京国际军事法庭检方证人劳莱斯，以及在第七章《华北毒品形势》将叙述的检方证人北平信义鸦片烟馆的经理郭余三等人的证词，也证实了在北平沦陷后，日军进行的毒化活动对北平已经取得的禁烟成效的破坏、北平毒品形势恶化的事实。上海、南京等华中沦陷区的城市，在沦陷前，国民政府采取禁烟禁毒的积极措施、严惩毒贩、建立戒烟设施，禁烟成绩明显，有统计显示，"仅 1935 年，因犯鸦片罪而被处死刑的达到 964 人。在戒烟设施方面，建立了瘾者疗养院 17 家，戒烟所 695 处，设有戒烟设施的医院 98 家，共计 810 家"。③到 1937 年，包括南京等华中大城市，除租界以外，基本禁绝了鸦片吸食，毒品形势发生了显著变化。

---

① Transcripts of the Proceedings of the International Military Tribunal For the Far East (《远东国际军事法庭庭审记录》)，第 4777—4778 页。

② 陶广任：《旧北京的烟毒》，中共河北省委党史研究室编，邓一民主编：《日本鸦片侵华资料集 (1895—1945)》，中共河北省委机关文印中心 2002 年版，冀出内刊第 1085 号，第 291—292 页。

③〔日〕江口圭一著，宋志勇译：《日中鸦片战争》，天津人民出版社 1988 年版，第 15 页。

第四节　贝茨证词

　　上海、南京等城市一旦被日军侵占，国民政府在这些城市的禁烟禁毒事业随即严重受挫，鸦片、海洛因等毒品的消耗量呈明显上升趋势，毒品形势迅速恶化，南京即是一明显的例子。南京作为国民政府的首都，禁烟成效显著。关东厅事务官藤原铁太郎在 1923 年《鸦片制度调查报告》中，就曾描述过南京戒烟后的良好情形，藤原铁太郎写道："南京却是另一番景象。贩卖鸦片、经营烟馆的一切活动完全没有，抽大烟的人基本上没有……迄今尚未听到有人吸鸦片而触犯刑律者。若有吸食鸦片者的消息传播开来，那么该人将会被社会所摒弃，人们耻于与之为伍，他也因之失去社会地位。之所以如此想，必是南京地区教育昌明，知识分子较多，洞悉鸦片为害之烈，故而无人吸食鸦片吧！"①再经过国民政府持续地戒烟努力后，到抗战前夕，南京已基本实现了禁烟。

　　日军占领南京后，南京的毒品形势迅速恶化。东京国际军事法庭检方证人贝茨博士出庭作证，证明日军占领南京后进行毒品侵略的犯罪事实。贝茨博士（1897—1978），美国人，自 1920 年开始一直旅居中国。贝茨是美国在华传教士和宣教学学者，曾在金陵大学担任历史系教授。1937 年 11 月 22 日日军攻陷南京防线前夕，留驻南京的外国人给来不及撤退的中国难民提供避难所，建立南京安全区，成立南京安全区国际委员会。南京安全区国际委员会在非战斗区建立了难民营，以帮助与保护战争中的中国难民。安全区委员会以书面或口头形式向日本军官通报了数百起在安全区内发生的日军严重伤害平民的事件。这些通报文件后来由金陵大学的徐淑希教授编辑，通过上海的英国凯利沃尔什（Kelly & Walsh）出版公司在 1939 或 1940 年出版。②

---

　　①〔日〕江口圭一著，王玉平、唐克俊译：《抗日战争时期的鸦片侵略》，中国社会科学院近代史研究所《国外中国近代史研究》编辑部编：《国外中国近代史研究》第 19 辑，中国社会科学出版社 1992 年，第 83-84 页。

　　② Transcripts of the Proceedings of the International Military Tribunal For the Far East（《远东国际军事法庭庭审记录》），第 2624-2627 页。

南京安全区国际委员会留下的这些文件，成为日军在南京犯下战争暴行的部分重要证据。

贝茨参加了"南京安全区国际委员会"与"南京国际救济委员会"的工作。在南京沦陷期间，贝茨曾对日伪在南京地区的毒品贩卖政策和南京地区毒品泛滥情况进行过专门调查，对日军在南京的毒化政策与鸦片贸易情况有调查材料与亲身感受。战争结束后，贝茨作为检方证人到东京国际法庭出庭作证，有 200 多页的证词留予后世，其中有较大部分内容涉及日军在南京的毒化活动对南京禁烟成效的巨大破坏。

下面以贝茨作证东京国际军事法庭部分证词为对象进行说明。1946 年 7 月 29 日，在东京国际军事法庭上，贝茨博士作为检方证人出庭作证，检察官萨顿询问贝茨。

问：贝茨博士，你是否对占领区内的鸦片和麻醉药问题进行专门研究？

答：我进行了研究。1938 年夏季到秋季，在我进行一些救济项目时，我注意到鸦片和海洛因的消耗量令人震惊的增长。我们发现有一些小贩劝说那些贫穷的难民吸食鸦片，他们说："如果你吃了这些东西，你就不会受到胃疼的折磨了。"稍后，海洛因也以同样的方式被推销给难民，他们也说"只要你吃一些这些东西，你就不会觉得疲劳，你会觉得你可以跳过一座高山"。在很短的时间里，这种迅速膨胀的毒品贸易成为自治政府公开建立的行业。当公开的（毒品）商店，也就是官方的商店开张时，当南京唯一的报纸——一份官方报纸上刊登鸦片广告时，我认为必需调查这件事情。

问：你是代表自己进行的调查呢，还是代表美国政府进行调查的呢？

答：美国政府与这些事情毫无瓜葛，在这些报告被公开前，美国政府对此也一无所知。

问：在 1937 年 12 月日本占领南京之前，南京的鸦片和毒品销售情况如何？

答：在 1937 年事件前的大约 10 年里，没有公开的、声名狼藉的鸦片交易和吸食。吸食鸦片只是在深宅之内，多是老人、绅士与商人阶层中吸食较多，他们既不公开吸，也不在年轻人面前吸。从 1920 年到 1937 年，我在旅居的地方从未见过鸦片，也没闻过鸦片的气味。

……

答：关于毒品贸易的调查进行得很不容易，因为尽管毒品销售是公开的，但是关于其管理与财政情况的信息却是非常保密的，自然也没有任何清晰的、诚实的官方报告。

1938 年秋天，确切的是 1938 年 11 月份，通过几位老朋友的帮助，我参观了几个鸦片商店和众多的吸食鸦片的场所，我们还得到了一份文件的副本，该文件是官方的垄断机构为下属的经销商们制定的规章，还得到了一些税单和税务报告，这些都是他们呈交给垄断机构的。当时，正常的销售体系为 175 家得到许可的鸦片吸食场所和 30 家鸦片商店提供鸦片，这 30 家商店向那些鸦片吸食场所供应鸦片，并通过这些场所消费鸦片。官方的销售量被定在每天 6000 盎司，而销售商们都报告说实际销售量超过了这一数字，因为南京城外的农村地区对鸦片的需求量非常巨大。销售价格是每盎司 11 元，如果以每天销售 6000 盎司计算的话，每个月的销售额就可以达到 200 万元。

一名在特务机关工作的中国特务告诉我们，在这一时期，由特务机关负责的海洛因的销售额每月也达到了 300 万元，而由南京市警方控制的毒品销售数额更为巨大。我们非常保守地估计有 5 万人吸食海洛因，占当时南京人口的八分之一。吸食海洛因上瘾的那些人越来越多地进行抢劫，这已经成为所有人都要面临的严重问题，其中包括金陵大学。

垄断鸦片销售的那些官员们试图迫使那些吸食海洛因的人改为吸食鸦片，他们的手段是逮捕并起诉那些吸食海洛因的人们。

我把这份报告全文递交给了日本总领事，请他做出评论，或就一些事实进行纠正，10 天后我在上海发表了这份报告，在当时和后来，都没有受到当局的反对或抗议。

到第二年秋天，这一销售体系已经发展得非常成熟了，我们再次进行了调查。这一次，我们得以在很短的时间内阅读了负责 175 家得到许可的鸦片吸食场所的主要负责人的报告，我们还得到了一个女孩的报告，这个女孩负责分配南京城内每天 3000 盎司鸦片的销售。我们通过这种途径得到了毒品消费量和收入的数字，这些数字与当时叫做维新政府的财政部报告中的数字非常接近。这份没有发表的油印报告显示，在 1939 年秋季，每月的收入达到了 300 万元，这些收入来自每月销售的 100 万盎司鸦片的税收（每盎司收取 3 元的税）。这些财政官员们不断地抱怨说在官方渠道外，还有大量的鸦片销售，这 100 万盎司的鸦片按比例分配给当时维新政府所管辖的 3 个省。

1939年夏天，我访问了东京，在那里，一位朋友带我去拜访了一位外务省的鸦片专家八贺先生，他刚刚对华中进行了为期两个月的视察。他告诉我，他在汉口和长江流域其他城市所看到的吸食毒品上瘾的情况令他非常悲伤。我问他，情况有没有改善的希望，他难过地摇了摇头，说："没有希望。那些将军们告诉我只要战争继续，就没有任何改善这种情况的希望，因为维新政府没有其他的税收来源。"

我在提交给日本官员并且随后发表的一份报告中写道："来自鸦片的300万元的收入是维新政府的主要支柱，日本官员和中国官员都声称在目前的情况下，这笔收入是不可或缺的。"当时鸦片的零售价格是每盎司22元，包括在大连购买时的8元基本价，向日本人支付的运输费用2元，所谓的税费3元，和9元的利润，这些利润是由特务机关和宪兵队瓜分。

宪兵队对我的这种指责提出抱怨，并要求我删除这一点，同时要求我告诉他们我是从什么人那里得到这些信息的，我告诉他们我将非常高兴就一些事实上的错误进行纠正，并予以发表，但我不会作其他的修改，他们就不再理会此事了。

在几十年的时间里，在中国的传教士积极从事教育，必要时还从事政治活动抵制鸦片。在日本(发动)战争前的10年里，这些努力已经变得不再重要、不再必要。但是在1940年夏季，形势恶化，变得极为严重，《中国基督教年鉴》（China Christian Yearbook）的编辑们让我就整个中国的毒品问题准备一个报告，《中国基督教年鉴》是中国基督教总会（National Christian Council of China）的出版物。我把我在南京准备的报告和一系列的问题寄给我在中国各地的朋友们，我希望他们能够通过在当地进行毒品问题的调查来回答这些问题。尽管当时实施的审查制度以及由此而产生了焦虑不安，但多半的朋友都认真地回答了这些问题。

例如，燕京大学社会学系主任赛勒教授在报告中说，北京在1940年春天有600多家得到许可的鸦片店，而吸食海洛因的人超过了吸食鸦片的人。汉口的吉尔曼主教发现在汉口有340家合法的鸦片吸食店，还有120家饭店得到许可供应鸦片，而当时汉口的人口只有40万人。

……

答……吉尔曼主教特别强调了战前战后的强烈对比：在战前，鸦片贸易受到严厉镇压，而到了 1940 年，鸦片贸易已经成为非常公开的、大肆刊登广告的行业。我不必再用其他各省省会和主要城市的数字来打扰各位，这些数字大致相同，但是我想提一下广州市，广州医院的主管汤姆逊博士的发现，当时这个城市里只有 50 万人，却有 852 家登记在册的吸食点和大约 300 家未经登记的吸食点。

在占领区，整体的形势就是官方商店和得到许可证的商店公开销售鸦片，同时海洛因的销售也日益增长。有时鸦片的广告非常诱人。有时日本士兵把鸦片支付给妓女和在军用物资供应站干活的劳工。经销商和官员们都说鸦片几乎全部来自大连，但是在 1939 年，从伊朗运来了大量的鸦片。

海洛因的销售商们说他们的货主要来自天津，其次来自大连。在整个占领区，没有任何真正取缔这些交易的努力。唯一明显的限制或控制就是迫使那些不经常购买的人到需要向政府交税的渠道进行采购。①

贝茨的证词显示，南京沦陷前后，在毒品控制、销售与吸食毒品等方面形成了强烈对比，南京由沦陷前中国政府严厉禁烟、镇压毒贩与几乎无人吸食鸦片的局面，迅速变成了沦陷后非常公开的，甚至大肆刊登广告宣传、引诱吸毒、纵毒的糟糕形势。日本人操纵的垄断机构控制了鸦片商行、鸦片吸食场所等，日本特务机构与傀儡政府从毒品业中榨取了大量利润。

贝茨证词不仅证明了日本的毒化活动破坏了国民政府在南京禁烟成效，也证明了与南京一样遭遇日军毒化活动的北京、汉口与广州等城市的毒品形势，这些城市一旦沦陷后，鸦片、海洛因等毒品合法化并随即公开销售，销售量也日益增加，中国政府积极倡导的禁烟运动在这样的毒化活动下遭受极大的挫折。

日军在沦陷区推行毒化政策对中国禁烟事业更具破坏力的，是在日军的毒化活动下，在迅速扩大的吸毒人群中，年轻人、公职人员人数明显增加，这是日本对华毒品战对中国禁烟运动的深层破坏。以青岛为例，美国驻中国青岛领事于 1941 年 2 月 26 日起草了一份报告，该报告局部反映了日本人控制下的青岛的毒品形势。这份报告收录了 1941 年 2 月 13 日《大青岛报》上

---

① Transcripts of the Proceedings of the International Military Tribunal For the Far East（《远东国际军事法庭庭审记录》），第 2624-2627 页、第 2648-2675 页。

的一篇文章，《大青岛报》是日本人在青岛办的一份报纸，因此，这篇文章可能由一名日本人撰写，文章写道：

"目前最繁荣的生意就是在县城开鸦片馆。它们不需要打广告，也不需要名人推荐。稳定的客户群会日复一日地光顾这些生意兴隆的地方。店老板和店员一直都非常忙。很多最初注册为三级的鸦片馆已升级成为二级，而二级鸦片馆已重新注册为一级。还有很多原先是三级的店跳过二级直接晋升为一级。这一事实使我们可以大致了解鸦片馆的繁荣景象。

"我们试着分析一下光顾这些店的不同客户类别。平心而论，大部分客户都是商人。但是，还是有相当多数量的公职人员、二十出头的小伙子和风华正茂的年轻女子。可惜由于没有准确的统计数字，我们无法给出这些'烟客'的精确数字。

"根据华北地区正在执行的法规，年龄不足 30 岁的人禁止吸食鸦片；同时还规定，公职人员、教师和民众领袖也禁止吸毒。因此，看到那些公职人员以及年轻男女走入烟馆，我总是感到非常难受。"[检方文件 9523 号（法庭证据号 398）][1]

文章的撰写者显然对青岛毒品形势的"繁荣景象"有所遗憾，这可能说明了青岛当地的某些日本侨民对日本当局推行的毒品政策也存有异议。前述伪满洲国毒品形势时，《盛京时报》日本籍主编 M.T.菊地曾撰文叙述了由于关东军与傀儡政府推行"禁烟"政策，致使伪满洲国大量吸毒人员惨死的情况，文章批评日本当局的麻醉品政策，可见任何有良知的人，在面对日本所谓的"禁毒"，实质却进行纵毒的毒品侵略时，正常反应都会"感到非常难受"。

19 世纪末开始的"十年禁烟计划"，日本人是破坏者；20 世纪 30 年代中期，当中国政府在持续努力禁烟的基础上提出禁烟禁毒计划、展开禁烟禁毒运动时，日本人仍然是破坏者。1932 年底，中华民国拒毒委员会代表黄嘉惠提出一项报告说：中国的禁毒措施事实上已经失败，不只鸦片之祸，已使中国陷入穷况，禁烟机构亦陷于崩坏之途状，而之所以如此，"其主要原因系由于日本军队在其（侵占之）支配地区，将麻药（海洛因、吗啡等）之

---

① Transcripts of the Proceedings of the International Military Tribunal For the Far East（《远东国际军事法庭庭审记录》），第 4799 页。

祸蔓延开来"。日本人在中国大规模走私贩毒、制造吗啡、海洛因等毒品已成为国家的最大威胁，1937年5月24日至6月12日，在鸦片毒品委员会会议的年度会议席上，针对日本在伪满洲国与华北贩毒、制毒等毒化活动，中国代表在该议席上指出："外国人特别是某国人（即指日本人）之在中国走私鸦片，特别是走私与制造海洛因，已瘫痪了中国政府的努力。"①

　　全面侵华战争爆发后，在日军的军事攻占下，中国政府的禁毒计划遭到最大程度的破坏，尤其在沦陷区，情况完全朝着相反的方向发生变化，尽管中国政府对于禁毒工作仍然在努力坚持，但在中国任何城市或地区，一经被日军军事占领，中国政府就不能取缔鸦片买卖，中国政府控制毒品的条例即被取消。在日军控制区内，无论在华北的北平、天津、济南、青岛、太原等城市，还是在华中、华南的上海、南京、汉口、广州、厦门等城市，都是一样，②整个毒品形势均朝着与中国政府努力禁毒相反的方向发展了。

　　① 参见李恩涵:《日本在华北的贩毒活动（1910—1945）》,《中央研究院近代史研究所集刊》第27期,ⓒ中央研究院近代史研究所1997年,第59页,注释53;第65页。
　　② LN, Advisory Committee, Report to the Council on the work of the 23rd Session , Geneva, June 7-24,1938,p.14.引自李恩涵:《日本在华北的贩毒活动(1910—1945)》,《中央研究院近代史研究所集刊》第27期,ⓒ中央研究院近代史研究所1997年,第56页。

第五章
日本藏匿与销毁对华毒品战证据

战时日本当局曾严密封锁日本对华进行毒品战的真相，日本政府与侵华日军对在中国的毒品侵略活动的内部文件、第一手资料采取极其严密的控制措施，对相关核心材料、重要数据，尤其是贩毒利益分配等相关内容，甚至采取不留文字记录的"藏匿"方式，以防止资料的泄露，战后，日本各政府部门与占领区当局大肆销毁战时档案，在被销毁的档案中，其中也有日本对华毒品战档案。

然而，与任何战时日本当局严密封锁的战争暴行真相一样，虽曾严格控制新闻舆论与刻意捏造文字、图片以掩盖与粉饰其侵略暴行，甚至战后文字档案又遭大规模焚毁，但事实终究是事实，历史真相终将因相关档案资料的逐渐披露、文献资料的整理而展现在世人的面前。

第一节　隐藏与销毁罪证

1.隐藏罪证

日本对华鸦片政策与毒化行为，违反了国际禁毒公约与中国国内法，不仅破坏与中断了中国政府的禁烟运动、削弱了中国人民消灭鸦片与杜绝毒品的决心，且加深了毒品对中国的毒害，给中华民族带来深重的灾难。为了掩盖罪证、逃避国际社会的谴责，日本侵略者一面在毒化过程中使用阴谋手段、玩弄两面伎俩，从日本殖民当局控制台湾鸦片业开始，就着手实施鸦片"渐禁"政策、政府统制的鸦片专卖制度，到"关东州"都督府的"戒烟部"、青岛军政署的鸦片专卖制、伪满洲国的鸦片"渐禁"政策和专卖制度、

"蒙疆政权"的鸦片清查制（即专卖制度）、华北"临时政府"的禁烟局、华中维新政府的"戒烟总局"等，无一不是在所谓"禁"与"戒"的幌子下，一面在中国占领区放任鸦片吸食、扩大鸦片毒祸，用毒品大规模污染中国，进行着毒品贸易活动的罪恶勾当；一面又严格管制进行毒品犯罪的档案记录，蓄意藏匿其制毒贩毒的各类档案资料。

在进行毒化行为的过程中，日本侵略者极尽掩饰、欺骗之能事，在实际具体操作时使用瞒报鸦片毒品数量、伪装运输、伪装记录或不留记录等伎俩，隐瞒或减轻其毒品犯罪罪责。日本人向中国输入毒品以及在中国境内运输毒品，不仅"假军用品"为名进行运输，甚至在相关"册报"中不留痕迹，无一字提及。"1917年海关报告，十年输入青岛之熟土共45担。至其确数，则当50倍之多。盖输入之土，皆假军用品三字为名，用巨箱运装。此项粘贴军用品字样之巨箱，沿山东铁路一带各日本药房中，无不处处可见。1917年运入大连为租借地所用之吗啡册报中，共载2吨之数。至由租借地而入，满洲之吗啡多寡若何，并无所载。至是年运入青岛之吗啡，为数几何，册报中更无一字提及。"①日人隐瞒与藏匿对华毒品战档案的情况由此可见一斑。

以下是一份与"蒙疆"联合自治政府的鸦片政策直接相关的表格，这份表格显示，凡涉及鸦片收益、"鸦片供需计划"、鸦片"岁入岁出决定计划书"等方面内容，在其"备考"栏均注明了"极秘"与"秘"的字样，以示保密程度。

表5-1 《沼野资料》之内容②

作成部署	作成时期	资料名	分量(页)	备考
厚生省卫生局	1941.9	参考资料	9	
满铁·北支经济调查所	1941.5	"蒙疆"之鸦片	198	极密
蒙古自治邦政府经济部烟政盐务科	1943.4	"蒙疆"之罂粟鸦片	298	极密

---

① 《日人之吗啡鸦片两贸易》，《东方杂志》第16卷，第1号，1919年1月15日，第203页。中共河北省委党史研究室编，邓一民主编《日本鸦片侵华资料集(1895—1945)》，中共河北省委机关文印中心2002年版，冀出内刊1085号，第244-245页。

② 此表依据〔日〕江口圭一『资料：日中戦争期阿片政策——「蒙疆政権」资料を中心に』(東京、岩波書店、1985年)制成。引自〔韩〕朴橝著、游娟镖译：《中日战争与鸦片(1937—1945)：以内蒙古地区为中心》，国史馆印行1998年版，第249-253页。

作成部署	作成时期	资料名	份量（页）	备考
——	*1942	成纪 736 年度罂粟栽种及鸦片收纳贩卖实绩概况	59	秘
——	*1942	成纪 736 年度鸦片收纳事业概况及实绩调查	12 附表 16	极密
——	*1942	成纪 736 年烟政事业概况	12	秘
——		成纪 736 年罂粟栽培区域及面积指定协议会议案	8	秘
经济部		成纪 736 年经济部所管清查榷运特别会计岁入岁出决定计划书	14 附表 12	秘
兴亚院	1942.8	昭和 17 年度支那鸦片供需计划量	1	极密
*兴亚院		南方占领地鸦片制度考	22	
兴亚院"蒙疆"联络部	1942.8	有关"蒙疆"鸦片事情之报告及意见	18	秘：标题有沼野经济部次长收之字样
兴亚院"蒙疆"联络部	1942.9	"蒙疆"北支间经济调整会议申合事项	3	
兴亚院华北联络部				
兴亚院华中联络部次长	1942.3	有关透过大东亚共荣圈各地区确立鸦片政策之事项	12	使用蒙古联合自治政府驻日代表部用纸
兴亚院华中联络部次长		南方占领地区之鸦片政策暂定要领	9	
清查总署		成纪 735 年度鸦片收纳实绩一览表	表 12	极密
三井物产株式会社商业部商品课	1942.3	有关东亚共荣圈内之鸦片供需状态及满蒙政策之一考	7	秘
——	——	"满洲国"之鸦片政策	18	使用清查总署·榷运总署用纸
——	——	成纪 734 年度财政部所管清查榷运特别会计岁入岁出决定计划书	9 附表 5	秘
——	——	成纪 735 年度财政部所管清查榷运特别会计岁入岁出决定计划书	13 附表 9	秘
	1941.9	"蒙疆"经济概况（附）"蒙疆"鸦片事情概说	69	秘：部分使用蒙古联合自治政府用纸
		鸦片买卖契约书	3	
		鸦片买卖契约书	3	
——	1942.3	最近"蒙疆"经济特殊事情	11	使用蒙古联合自治政府用纸
	1942.8	现地状况报告及意见开陈	19	
——	——	鸦片蒐荷对策	7	使用蒙古联合自治政府用纸
		鸦片蒐荷工作状况	2	
		丰镇县缴土工作实施要领	4	——
——	——	鸦片特殊收买方策案	4	秘
		成纪 737 年度收纳鸦片贩卖预定	2	使用蒙古联合自治政府用纸
		鸦片让渡契约书	4	
——	——	成纪 738 年度鸦片蒐荷方策案	9	秘
——	——	依据大陆联络会议之鸦片蒐荷紧急对策案	7	极密

除了前述蓄意藏匿其制毒贩毒资料之外，日本人还采取销毁相关档案的方式掩盖其毒化活动的犯罪证据，这是"由于鸦片·麻醉品的犯罪性质及阴谋气味太强烈，有关者根本就不想保留可能成为证据的记录等。尤其是在有关处理收入这种最深层的部分，以及向消费者贩卖这种最前沿的部分，更是如此"。①

在日军占领区，受其操纵的伪政权推行鸦片专卖制度，通过对种植罂粟、制造、贩卖到吸食毒品等诸环节的控制，开创占领区鸦片毒品市场，从中榨取相当可观的特许费、各项与毒品相关的税收，而这笔可观的特许费与税的收入数据，以及收入分配等方面的资料，即属于日本人"根本就不想保留可能成为证据的记录"，以及在相关记录中被有意删去的部分。

以"关东州"都督府为例，都督府设立"戒烟部"后，鸦片特许费迅速增长，使得"关东州"都督府当年的鸦片收益甚至达到了台湾总督府的两倍多。根据规定，"关东州"都督府的地方财政是无需向"帝国"会议报账的，因此这笔巨额的特许费收入就变成了殖民地官厅的一笔"黑财源"。在汇总关东都督府最初10年业绩而刊行的《关东都督府施政志》的地方会计栏目里列上了特许费的收入数字，但是《二十年志》却把它删去了，到了出《三十年志》的时候却连会计数字表也撤去了。很明显，"关东州"殖民当局对于公布特许费收入的数字很有顾忌。②日本在中国不知榨取了多少如"关东州"都督府特许费收入的"黑财源"！在侵华战争中又不知多少这样的巨额黑钱成为侵华战争的军费与沦陷区傀儡政府的财政收入！

除了隐藏在华毒化活动有关"可能成为证据的记录"之外，对毒品犯罪更深的隐瞒是那些曾经参与对华毒品侵略的当事人，这些人明知在中国的毒品活动不可告人、完全没有辩解余地，是违反人道的、明明白白的犯罪，所以对当年在华毒品侵略的犯罪事实保持深度沉默，战后丝毫不愿触及他们曾经犯下的罪恶。以前日本首相大平正芳为例，大平正芳从1939年7月开始担任伪蒙疆联络部经济课课长，任职一年又四个月，1940年10月回国。在此期间，大平正芳成为伪蒙疆鸦片基地的实际负责人，对"蒙疆"联合自治

---

① 〔日〕江口圭一著，宋志勇译：《日中鸦片战争》，天津人民出版社1988年版，第5—6页。
② 〔日〕山田豪一著，穆传金译：《1910年前后日本对华走私鸦片吗啡的秘密组织的形成》，《国外中国近代史研究》第12辑，第263—264页。

政府的鸦片政策、这个日本侵华战争全面爆发后日本在华鸦片政策，以及对日本垄断"蒙疆"鸦片生产均发挥了极其重要的作用。对于这段不光彩的历史，大平正芳讳莫如深，在他撰写的《我的履历书》中，千方百计加以掩饰；在大平财团出资编著的《大平正芳传》中，也故意忽视了大平正芳在这方面的罪恶活动。①

江口圭一教授认为，毒品贸易是日本帝国主义的悲剧性产物，"日本人，尤其是战前或战时生活在中国的日本人知道日本在毒品贸易中扮演的角色，但负罪的伤痛使他们不愿回忆这段往事"。因为这样的原因，在战后初期，日本就远离毒品贸易问题，并避免对它做历史性的分析。②这或许也是当事人对曾经犯下的罪恶讳莫如深的原因之一，然因为如此，阻碍了世人对日本"鸦片侵华"真相的了解，更湮灭了揭示日本对华毒品战真相的重要史料。

20世纪80年代，江口圭一讲授偶然发现了一批伪蒙疆自治政府有关鸦片毒品的档案资料。这是伪蒙疆政府经济次官（1941年6月—1942年10月）沼野不二（1896年—1981年）③所藏"蒙疆政权"与兴亚院的内部档案文件，这些未曾公开发表的内部文件"是'蒙疆政权'制订的有关鸦片生产·配给的方针、意见、报告、记录或契约文书及统计之类的东西"。这些内部文件所披露的日本对华毒品战真相与犯罪事实，以直接的权威证据资料证明了日本有计划大量制毒贩毒的犯罪行为。江口圭一教授利用这些资料，在1985年公开出版了《资料·日中战争时期的鸦片政策——以"蒙疆政权"资料为中心》，并在前面加上了从学术角度撰写的介绍文章，揭露日本战时对华鸦片侵略活动。④

---

① 王宏斌：《"毒品问题与近代中国"学术讨论会综述》，《近代史研究》，2002年第1期，第295页。

② 小林元广：《日本人在天津从事的毒品活动》，收入〔加〕卜正民、〔加〕若林正编著：《鸦片政权：中国、英国和日本（1839—1952）》，黄山书社2009年版，第170页。

③ 沼野英不二：1896年（明治二十九年）生于东京，1922年（大正十一年）东京帝国大学法学部毕业后，进入大藏省专卖局任职。1941年（昭和十六年）4月任烟草事业部烟草课课长，继而任盐脑部长（负责盐和樟脑油的专卖）。6月14日，被任命为蒙古联合自治政府经济部次长。1942年10月27日辞职。后来担任神户海关关长、神户海运局长等。日本战败后，任公司董事，1981年7月去世。〔日〕江口圭一著，宋志勇译：《日中鸦片战争》，天津人民出版社1988年版，第2—3页。

④〔日〕江口圭一『資料：日中戦争期阿片政策——「蒙疆政権資」料を中心に』，东京、岩波书店，1985年。江口圭一教授所披露的蒙疆伪政权的鸦片政策与毒化活动的权威档案资料，对揭露日本鸦片侵华起到了重要的作用，"在江口圭一偶然发现了不为人知的关于战时合作政权——'蒙疆政权'——的第一手资料之前的几十年内，大部分历史学家都否认这个问题"。参见小林元广：《激烈的鸦片竞争：日本对汪精卫政权》，引自〔加〕卜正民、〔加〕若林正编著：《鸦片政权：中国、英国和日本（1839—1952）》，黄山书社2009年版，第375页。

继江口圭一之后，在日本又公开出版了有关日本鸦片侵华的重要资料集《续·现代史资料（12）鸦片问题》①，该资料又披露了日本战时在中国从事鸦片活动——譬如兴亚院有关确保大东亚共荣圈各地区鸦片政策、向中国计划供给鸦片数量、有关华北鸦片麻药对策、日本外务省有关鸦片往来电报及文件等重要的档案文献，尽管这些重要的资料正如江口圭一所言，对于弄清鸦片·麻醉品问题，尤其是中日战争时期日本的鸦片政策，这些资料还极为有限，②对全面清算日本侵华时期鸦片烟毒罪责也存有局限性，但是，这些被历史学家相继发掘的日本方面内部的档案文献，以及中外学者不断整理的有关日本在华毒化活动的各种载体的文字记录，如报刊资料、个人回忆资料与专题资料等，这些文献既可以弥补资料有限的不足，也反过来证明了当年被日本侵略者严格管制、秘不示人的记录毒品侵华的档案资料，尚待挖掘与披露的还有很多，日本对华毒品战的历史真相，尚待进一步深入研究。

2.销毁罪证

1945 年 8 月 15 日日本宣布投降前后，日本政府与军部为了销毁战争罪证、逃避战争责任，作为实施日本国策的一部分，分别命令销毁大量日本侵华的战时档案，命令"一定要销毁秘密文件，一张纸也不许留下"。③"外务省记录"、"陆海军文书"，这些现代日中关系最重要的第一手档案资料在销毁之列，大量战时档案由此被销毁。

以"外务省记录"为例。1945 年 8 月 7 日，离日本投降还有一周的时间，外务省即作出了"烧毁记录"的重大决定。同日，外务省召开了相关会议，拟定了《关于外务省文书的处理方针及设置临时外务省文书委员会的文件》；也在同一天，外相东乡茂德对于该文件予以裁定。④

关于外务省的处理方针如下：

一、记录文书中，根据内容，需要绝对防止委诸第三者的文书，迅速予以挑选，然后在任何情况下，都要优先转移到有充裕时间的地方，进行保

---

① 冈田芳政、多田井喜生、高桥正卫合编：『続·现代史资料(12)鸦片问题』、东京、美玲书店、1986 年。

② 〔日〕江口圭一著，宋志勇译：《日中鸦片战争》，天津人民出版社 1988 年版，第 6—7 页。

③ Arnold C.Brackman, The other Nuremberg: the untold story of the Tokyo war crime trials. New York:William Morrow,1987,p.40.

④ 外务省百年史编纂委员会编：《外务省の百年》下卷，东京，原书房 1979 年再版，第 1295—1297 页。引自臧运祜：《现代中日关系史研究上永远的缺憾——关于日本投降前后烧毁文书的情况及其他》，《近代史研究》，2005 年第 5 期，第 154 页。

管；情况更加紧张之时，则予以烧毁。为了达到上述目的，要迅速选定适当的场所。

二、用毕或不要的文书，即刻废弃。

三、不属于上述一、二的重要文书，隐蔽于现在的疏散地方，务必全面保护；根据事态变化，予以烧毁（注）。

四、关于条约原本等作为国际关系基础的文书，如果可能，也按照上述办法办理。

五、未整理的资料，由有关局课合作，迅速处理。

六、电报稿，特别为了保护旧暗号的机密之目的，需要个别处理。

七、文书课暂时保管的天皇亲书及玉照，迅速归还宫内省。

为了迅速且无遗憾地实施上述文书的处理（多数要动用外务省义勇队），设立以外务次官为委员长的临时外务省文书委员会，详如另纸。

（注）外务省记录文书，不管其内容如何，在任何情况下，都不要委诸第三者利用。然而，现在文书的数量，本省内藏有约三万五千卷、疏散于各地者约四万卷，将其转移到其他场所，依目前的运送力量，实际上不可能。为了不要委诸第三者，可以采取下列方法：1.充分、尽快地全部烧毁；2.埋藏于现地附近的土地中；3.面临紧急事态时，迅速烧毁。绝对有效的方法大致如此，此外其他方法难保完璧。

从上述内容中，可以清楚地发现日本销毁文书的明确目的——销毁战争罪证，那些"不要委诸第三者"的文书是要烧毁的重点文书，其中与中国有关的文书，则必然被大量烧毁。根据日本学者与日本外交史料馆等权威部门的说法，可以确认：昭和战前期（1925—1945）的关于中国关系的外务省记录，大部分已经被烧毁了。日本外交史专家臼井胜美曾在文章中说："高度机密的与中国关系的记录类，多数被烧毁，造成了战前外务省记录的重大欠缺。与二十一条、田中外交、满洲事变以及此后的华北问题等重要事件相关的文书，因之在外务省记录中造成了欠缺。"[①]1981年出版的《日本外交文书·满洲事变》的编者曾经坦承："关于满洲事务的外务省记录，约有半数

---

① 臼井胜美『外務省記録と「日本外交文書」』、『みすず』第 200 号、1976 年 9—10 月、56 页。引自臧运祜：《现代中日关系史研究上永远的缺憾——关于日本投降前后烧毁文书的情况及其他》，《近代史研究》，2005 年第 5 期，第 158 页。

被烧毁了。"①

与"外务省记录"一样，"陆海军文书"也属于被烧毁的重要机密。陆军部在 1945 年 8 月 14 日日本政府阁议决定接受《波茨坦公告》的同时，分别向各自的部队、机关、学校等，发出了烧毁机密文书的命令。8 月 14 日下午到 16 日，日本大本营陆军部、陆军省等陆军中枢机关所在的东京市谷台上，焚烧机密文书的浓烟不断。在大本营海军部、海军省等海军机关所在的东京霞关地区，也同样烧毁了机密文书。②

关于日本鸦片侵华的档案，由于鸦片毒品问题上的犯罪性质，档案本身即属于高度机密类，相关参与者根本不想保留这类可能成为犯罪证据的记录，因此，在日本政府烧毁档案的国策中，有关毒品侵华的档案资料毋庸置疑属于重点销毁的对象。这样的背景下，即便是那些已经形成的毒品侵略资料，不是被严密隐藏起来，也多半消失在战后大规模销毁档案文件的行动之中了。日本对华实行殖民统治的重要机构、与毒品侵略中国有着密切关系的"兴亚院"，以及后来合组的"大东亚省"在东京本部的重要机密文书，就已经被大规模烧毁了。③

1945 年日本接受《波茨坦公告》宣布无条件投降之后，8 月 16 日盟军接受了日本的投降。但一直到 8 月 28 日，美军的第一批空降部队才开始在东京着陆，9 月中旬，美军才正式进驻东京。

美军正式进驻东京时，距离日本投降已经有一个多月的时间，这为日本在签订投降书后，拥有充分时间自行首先处理销毁战争罪证，日本乘机进行清除秘密档案，把所有暴露他们策划、发动和实行侵略战争，策动侵占别人领土、奴役各国人民等事实真相的各种文件都付之一炬。④"在日本，不但

---

① 清水秀子『日本外交文書「満州事変」について』、『軍事史学』第 18 巻第 2 号、1982 年 9 月、38 頁。引自臧运祜：《现代中日关系史研究上永远的缺憾——关于日本投降前后烧毁文书的情况及其他》，《近代史研究》，2005 年第 5 期，第 156 页。

② 原剛『陸海軍文書の焼却と残存』、『日本歴史』第 598 号、1998 年 3 月、56 頁。引自臧运祜：《现代中日关系史研究上永远的缺憾——关于日本投降前后烧毁文书的情况及其他》，《近代史研究》，2005 年第 5 期，第 159 页。

③ 关于"兴亚院"文书的烧毁的情况，参见井村哲郎《〈兴亚院调查报告总目录〉解说》，《兴亚院刊行图书·杂志目录》，东京，不二出版 1994 年版，第 7 页。引自臧运祜：《现代中日关系史研究上永远的缺憾——关于日本投降前后烧毁文书的情况及其他》，《近代史研究》，2005 年第 5 期，第 159 页。

④〔苏〕米·尤·拉金斯基、〔苏〕斯·雅·罗森布立特著，萨大为、李世楷、方蔼如、王庶译：《日本首要战犯的国际审判》，世界知识出版社 1954 年版，第 88—89 页。

拥有烧毁文书所需要的充足时间，而且拥有连纸灰也处理掉、不留任何烧毁痕迹的充裕时间。"

就这样，大量犯罪证据被销毁，其销毁盛况之烈，日本学者后来形容道：遥望军部机关，白昼青烟终日滚滚升天，夜晚上空久久红照。[①]西方学者的笔下也同样描写了大量档案被疯狂销毁的盛况：在陆军省办公室里，火焰日夜不熄，成吨的记录被烧毁，在其他政府大楼里也同样在销毁罪证，几乎整个国家的陆军、海军机构，神风特工队总部和其他一些秘密警察机构中也是如此。这些被销毁的文件中包括所有帝国会议的文件，所有最高军事指挥会议的记录，所有内阁和秘密会议的决议，所有关于战俘的档案，所有关于攻击菲律宾和东南亚的命令和计划，所有关于在满洲和中国行动的文件。[②]

日本军国主义不仅在东京销毁秘密文件，在东京以外，凡是有日本陆海军兵团与部队司令部的地方都在销毁文件。各战俘营、监狱、省府、警察厅、宪兵厅都把秘密文件烧毁了。[③]日本投降前后如此大规模地烧毁档案，对日本侵华史、中国抗战史等领域的研究形成了无法弥补的缺憾，更为第二次世界大战后东京国际军事法庭为审判日本战犯收集其战争暴行证据、清算其战争罪责，尤其收集日本方面的内部档案文件证据，制造了巨大的障碍，而更因为日本有意烧毁与中国有关的档案资料，这更直接影响了军事法庭对日本侵华暴行罪责的清算，其中尤其是对日本"鸦片侵华"战争罪罪责的清算。

东京国际军事法庭判决书指出，当日本投降时，日本政府命令烧毁一切显示罪行的文件，判决书中说："当显然看出来日本已不能不投降的时候，就以一种有组织的努力去烧毁关于虐待俘虏及被拘禁平民的一切文件及其证据，或用其他办法来销毁它。一九四五年八月十四日，曾向所有的军司令部颁发命令，要其在当天立即烧毁秘密文件。宪兵司令部向各宪兵部队发出指令，详细叙述迅速烧毁大批文件的方法。陆军省军务局俘虏管理部所辖的俘虏收容所长，在一九四五年八月二十日，向台湾军参谋长发出了同样文字内容

---

① 田中宏巳编『米議会図書館所藏　占領接収陸海資料総目録』、東京、東洋書林、1995 年、"解説"、10 頁。引自臧运祜：《现代中日关系史研究上永远的缺憾——关于日本投降前后烧毁文书的情况及其他》，《近代史研究》，2005 年第 5 期，第 159、158 页。

② Arnold C.Brackman, The other Nuremberg: the untold story of the Tokyo war crime trials. New York:William Morrow,1987,p.40.

③〔苏〕斯米尔诺夫、〔苏〕扎伊采夫著，李执中、史其华、林淑华译：《东京审判》，军事译文出版社1987 年版，第 14 页。

的电报。其中说：'被敌方获得时不利于我们的文件，也与秘密文件一样，在用毕后必须销毁。'这封电报是分发给朝鲜军，关东军，华北方面军，香港，沈阳，婆罗洲，泰国，马来亚及爪哇各地的。在这封电报中，俘虏收容所长说：'对于虐待俘虏及军中拘留者，或极端为俘虏所怀恨的职员，可以作如下处理，即立即迅速令其转职他处或将其行踪完全隐蔽起来。'"①为了隐瞒罪行、逃避罪责，日本政府下令销毁的文件及其证据，其地域不仅仅限于中国，还包括中国以外的泰国、马来亚等其他遭遇日本侵略的国家与地区；而且，除了销毁那些显示罪行的文件及其证据外，还包括藏匿那些犯下战争罪的战犯。

由于前述原因，当东京国际军事法庭追究日本对华毒品战罪责时，在检察方所提供的书面证据文件中，缺少了来自日本方面的内部证据资料，譬如后来被江口圭一发掘的"蒙疆"联合自治政府进行鸦片活动的档案证据。然而，尽管因日本方面烧毁档案、毁灭犯罪证据的行为给东京国际军事法庭搜集证据清算日本对华毒品战罪责留下了太多的遗憾，但依然有日本人无法藏匿，也无从销毁的日本"鸦片侵华"的历史文献留存于世，这些形成于当时、来源于不同渠道的历史文献，在经过不断发掘与整理后，从不同角度与层面相互补充、相互印证以揭示日本对华毒品战的真相。

第二节　藏不了、毁不掉的罪证

在日本战后销毁的战时档案中，固然有大量日本对华毒品战的秘密文件。战时处心积虑地隐藏、战后疯狂地销毁，唯恐他们扛着太阳旗、用带血的刺刀使罂粟花开得更妖艳的丑恶行径被世人知晓。然而，近半个世纪的烟毒侵害罪行，又岂能因侵略者费尽心机的隐藏与疯狂销毁而抹掉。日本对华毒品战的罪证，除了日本方面形成的档案资料外，还因中国各级政府组织、各相关行业、中国海关、中国媒体舆论、各国驻华机构、传教士团体、在华外国观察家及国际组织等密切关注日本对华鸦片政策、毒化活动，并由此在

---

① 张效林译：《远东国际军事法庭判决书》，群众出版社1986年版，第562页。

中国政府档案、中国报刊、中国海关贸易报告、国际联盟禁烟报告、国外驻华机构相关调查报告、国外观察家著述、亲历者回忆资料等各类档案文献之中，留下了日本"鸦片侵华"的犯罪证据。

1.西方文献中的日本"鸦片侵华"证据

日本对华鸦片政策及在华贩毒活动，受到国际社会普遍的密切关注，并遭到国际舆论的强烈谴责。早在20世纪10年代，西方在华人士、观察家、欧美各国媒体就在关注日本在华毒品贸易，相关新闻报道、驻华领事官报告、驻上海、广州等大城市的财务官报告等，均从不同的角度记录与披露了日本走私贩毒犯罪事实与真相。

1918年12月21日，英国人在上海发行的《北华捷报》报道了日本人走私鸦片、日本银行予以资金优待，以及日本邮局助其邮寄各处、鸦片数量一年可达18吨的新闻。1919年2月14日，《纽约时报》转载了1918年11月21日《华北先驱报》上的一篇文章：《对日本人走私鸦片的谴责》，该文揭露了日本官民一体从事走私鸦片交易的内幕。

1919年山东问题发生时，旅居中国的欧美人士向西方披露日本在中国走私贩毒，以使日本的毒化行为受到关注。美籍马克林博士，在华居住30年之久，曾在金陵大学任教，他因目睹了日本人在华私运大宗烟土，于是撰写相关报告，并将报告带到华盛顿，当"马博士到华盛顿时，上院外交委员会已议及修改山东问题，得其报告，遂将该问题加入议程。马博士曰：中国购买1400万元之烟土而焚毁之，损失巨大，而日人私运烟土，日臻月盛，日人之邮官满布中国，经过中国海关时，又不许其检查。在南方诸省，吗啡当街贩卖，皆有日之护照，充台湾之顺民。中国各处之东洋药店大卖吗啡，日人药师视为厚利。吗啡由青岛蔓延满洲、安徽及甘肃诸省，复由台湾之渔船运至福建及广东。而北方日人倚治外法权为护符，明目张胆为所欲为。吗啡既如是之畅销，鸦片亦大获其利。加尔各答城中，日商卖印度烟土最多，运至台湾提取吗啡。此□鸦片经印度政府出卖，许日本运至神户、至青岛获利甚巨，日本大洋行颇有营此业生涯者。惟此等鸦片并不运入日本，乃由神户埠之关税概由日人管理，各埠皆有军人把恃，禁止干涉"。[①]

---

① 《美人揭穿日人运土黑幕》，《大公报》，1919年10月3日。

20 世纪 30 年代，在东三省旅行的一名外国人曾写有一篇观感文，文中描写了东三省日侨贩卖鸦片及私运枪弹的暴行事迹，这名外国人写道："日本虽尽力活动开发各种富源，然仅有之显著的结果，而为我个人观察所得到的，不过盗贼充斥，流氓横行，以及贩卖人口之公然无忌而已……日本所得之利益的重要来源，即为鸦片吗啡之贩卖，我曾亲见沈阳长春两处，许多鸦片馆，吗啡窟之充斥，而彼吗啡生意，几尽为日本人及朝鲜人所经营。华人之售卖鸦片烟的，则匿居日本人之拘留区域内，受日本当局之保护，日本开设的药房，几尽是吗啡，鸦片，火药，军械等等之营业店，如长春之大和旅馆（译音）实为日本人之诸经营中，首屈一指的藏匿盗匪之大本营。我曾遇一盗魁于监狱中，对我说：'你若欲购办枪械，可於一日本人之药房取得之。'在该大药房之墙后，特设一庭院而无水之井即位置于该院中……有一大窖发现，窖内则尽是枪炮子弹鸦片，应有尽有，为数至巨，购者可随意购买，毫无困难，最近国民政府严厉禁绝鸦片及其他类似毒物之令，适于此处日人贩卖鸦片大获利之机会，沿南满铁路一带之日本人之营此业者，比比皆是。"①

1932 年 2 月 14 日，中国籍意大利人、国际著名间谍万斯白，在日本特务头子土肥原贤二威迫下为日军在哈尔滨的特务机关效力，1936 年 9 月初逃到上海后，撰写了《日本在华的间谍活动》一书。万斯白在书中数处叙述了日本在东北的毒品侵略活动，并指出日本驻满洲情报处处长曾对他狂妄地说，"中国人将成为鸦片及其他毒品的牺牲者"，最终"被我们日本消灭"。书中还列出专节"毒品和麻醉剂"，揭露了日本军国主义在伪满洲国贩毒、纵毒的罪恶行径。万斯白这样写道：

"日本专利公司系统地在满洲推广色情业，想起来固然可怕，然而日本毒品专卖公司可怕的程度不知道要比色情业大多少倍。

"日军侵略满洲不到几个月，整个满洲尤其是大城市便完全成了毒品的世界，沈阳、吉林、哈尔滨没一条街没有烟馆或毒品发售所。在许多街道上，日本和朝鲜毒贩以一个简单有效的办法建立了毒品销售网络。如果瘾君子们手里没有鸦片、可卡因或者海洛因了，他们根本不需要与毒贩见面就能

---

① 邹鲁著：《日本对华经济侵略》，国立中山大学出版部 1935 年版，第 18 页。

买到毒品。犯了毒瘾的人走进路边的特定小店，只需在门上轻叩一下，门上便开出一个小洞，他撩高衣袖，伸手进去，手上放着两角钱，店主取了钱，就在他手臂上给他打上一针。

"国联曾经发布了一个报告，分析日本占领东北前后的毒品贸易状况的变化。这个报告描绘了这样的一个场景，今天的中国东北由于日本蓄意推行贩毒政策，已经变成了人间地狱。中国东北的大街小巷时常可以见到吸毒而死的人，日本为了牟利，想把整个东北的居民变成瘾君子，他们想用毒品控制整个东北的社会。

"正如鲁塞尔·帕沙最近指出的那样，日本的多家大财团通过毒品贸易牟取暴利已经不是什么秘密，还有一些规模稍小的公司也在毒品贸易中分一杯羹。'满洲国'是日本毒品贸易的重灾区，很多毒品都是在'满洲国'中转和消费。'满洲国'的军政当局非常乐于推行毒品政策，它在实施毒品政策方面与日本政府是一丘之貉，而且它正在紧锣密鼓地为更多日本的毒品公司在中国东北打开更大的销路。

    ……

"日本毒商派人四处去劝农民停种农作物，改种罂粟。如果你在中国东北旅行，种植着罂粟的农田四处可见，比例极高。种着大烟的农田通常是连田阡陌，面积极大。满洲有无数顷亩的土地上种着罂粟，鸦片的产量已达到惊人的数量，日本用这样的方法征服中国人：尽可能地毒害当地人民，因为染了毒瘾的人很快就会失去'抵抗'的思想了。

    ……

"除了哈尔滨，日本人在大连、沈阳、吉林、天津等城市都建有制造毒品的工厂，他们制造鸦片、海洛因和可卡因，盈利每年达数百万元之巨。世界其他各地都在为抵制毒品而努力，而日本却把'毒手'长长地伸至各地。毒化全世界无疑成为日本对外扩张政策的一部分。日本企图通过这种损害身体和精神的毒品秘而不宣地征服其他国家。这种方法非常巧妙，比赤裸裸的军事侵略容易多了。日本政府和军队正在有计划地推行他们的毒品战略是毫无争议的……"①

---

① 万斯白著，康狄泽，多国丽校译：《日本在华的间谍活动》，重庆出版社 2014 年，第 54 页、第 90—93 页。

万斯白笔下记录的日本在东北的毒化活动，与东京审判庭审记录检方所提供的书面证据，其内容是何其相似！万斯白关于日本在东北的毒化活动记录，是东京审判庭审记录检方所提供的日本在东北"鸦片侵华"文件的有力佐证。

1934 年 2 月 24 日，伦敦《星期六晚报》刊登了美国驻中国记者斯诺的报道，报道揭露了日本侵占满洲后鸦片烟毒泛滥的情况，斯诺指出："日本侵占二三月之后，全满洲各大都市的毒害即到处蔓延。奉天、哈尔滨、吉林及其他城市所设立的烟馆、麻药贩卖所（店），无街无之……日本军舰在中国沿海运送，日本炮舰在中国大河区也做同样的事。"①

1938 年 6 月 27 日，美国《纽约时报》发表社论《罂粟地》，社论指出："日军在中国的占领地罂粟花盛开，这表明日本以武力和麻醉药并用侵略中国。这十年内，日本是世界上的主要鸦片配给者。"社论还说"日本是鸦片的兵工厂"，它"一只手撒布罂粟种子，一只手搜集经费"。②

1938 年 7 月 11 日，美国著名的以报道严肃新闻为主的《基督教科学箴言报》发表评论说："日本通过把中国置于自己的统制之下，使欧美各国长期以来防止鸦片买卖的人道努力化为泡影，这一事实是不能隐瞒的。以上事实表明，仅用半个世纪左右的时间就加入世界列强行列的日本，尽管在模仿西洋文明外表方面即限于工业、军备及自然科学方面出现了比欧美各国并不逊色的效率，但在道德方面并未达到现代世界的标准，而是落后了一百年。"③

1939 年 11 月 25 日，美联社报道了金陵大学教授贝茨关于在维新政府领导下的鸦片交易现状的调查报告。《晚邮报》全文刊登了该调查报告。报告中指出："维新政府行政院的鸦片收入每年有 300 万元，是该政权的主要财源。日中双方的现行鸦片政策，是维持政府开支不可缺少的。其余如宪兵特务机关也需分割一块利益……"次日，《晚邮报》又以《中国的冲击》为题发表评论指出："对于目前的事态，只谴责日本商人是不够的，应由日本政府及国民承担全部责任。在过去 50 年里，凡日本征服之处，无不伴随着毒

① 中共河北省委党史研究室编，邓一民主编：《日本鸦片侵华资料集（1895—1945）》，中共河北省委机关文印中心 2002 年版，冀出内刊第 1085 号，第 16—17 页。

② 中共河北省委党史研究室编，邓一民主编：《日本鸦片侵华资料集（1895—1945）》，中共河北省委机关文印中心 2002 年版，冀出内刊第 1085 号，第 22—23 页。

③〔日〕江口圭一著，宋志勇译：《日中鸦片战争》，天津人民出版社 1988 年版，第 119 页。

品而来。过去一年华人吸毒事态的进一步恶化，也证明了日本的确在私下鼓励着毒品交易。日本对华政府的本质是，让中国国民中毒的同时，又把其他外国人驱逐出中国。"①

20世纪40年代，欧美观察家们的文章、专著揭露日本在中国的毒品犯罪行为，弗里德里克·梅里尔在其所著的《日本与鸦片的威胁》一书中，介绍了日本入侵中国后中国的鸦片、毒品情况，披露了日本在中国走私贩毒的行为。该书不仅向欧美世界揭露了日本与鸦片威胁中国之间的关系、鸦片侵华的罪恶事实，也提供了了解日本在华贩毒的珍贵史料。②

以上所引各项材料，虽仅为西方社会反映日本对华毒品战文献的小部分，然而，却已经证明了西方文献有关日本"鸦片侵华"的重要性文献价值，在当时的历史背景下，这些文献起到了欧美驻华机构、在华人士谴责日本对华鸦片政策与毒化行为、支持与同情中国抵制日本鸦片侵略的主要作用；在今天，则成为揭露日本对华毒品战的历史记录，以及证明日本毒品侵华的有力证据。在东京国际军事法庭审判日本对华鸦片·毒品政策犯罪时，检察方所提交的书面证据，就有相当部分来自当时在中国的外国人对日本毒化行为亲见亲闻而形成的调查报告、新闻报道、会议材料与个人记录等。这些来自西方观察视角的历史文献，不仅在东京国际军事法庭上发挥了证明日本对华毒品战犯罪事实的重要作用，同时也为今天留存了日本"鸦片侵华"的历史证据。

2.记录日本"鸦片侵华"的中国文献

在日本"鸦片侵华"长达半个世纪的时间里，中国方面一直鲜明地抗议、谴责日本走私鸦片贩卖毒品的卑劣行径，并通过各种途径披露日本鸦片侵略中国的事实，在中国政府档案、政府公报、政府出版物、海关年度报告、专题调查报告、报刊资料、回忆资料等各类档案文献中，都留下了中国人民抵制日本"鸦片侵华"，以及日本在华进行毒品贸易活动的历史记录。这些历史记录产生于当时的历史背景之下，及时地反映了日本在中国各个时

---

① 中共河北省委党史研究室编，邓一民主编：《日本鸦片侵华资料集（1895—1945）》，中共河北省委机关文印中心2002年版，冀出内刊第1085号，第27—28页。

② Frederick T. Merrill. Japan and the opium menace. Merrill. New York : Published Jointly by the International Secretariat, Institute of Pacific Relations and Foreign Policy Association. New York 1942.

期进行毒品活动的情况，既是我们了解日本对华鸦片政策及毒化活动的档案文献，也是证明与揭露日本"鸦片侵华"罪行的重要证据。

面对日本的毒化行为，中国政府为了维护国家主权与利益、抵制日本走私贩毒，一直采取积极措施，与日本领事馆就日本人违反中国禁令走私鸦片、私种鸦片等犯罪行为进行外交交涉，强烈抗议日本人在中国走私贩毒的非法行径，严正要求日本人遵守中国国法，要求相关政府部门调查日本人的毒化情况，形成调查报告以提供给国际禁毒委员会，寻求国际社会支持，遏制日本在中国进行毒化侵略。1912 年 12 月 7 日，民国伊始，民国政府即因日本人租地种烟、私售鸦片吗啡等违反中国政府禁令的犯罪行为与日本使馆交涉，"外交部致日本伊集院节略：中华民国元年十二月二日准吉林都督咨称：吉省禁烟查察罪难，日本烟土外运之途一日不绝，即一日多一密卖之窟，禁令格不能行。大连一带，竟公然租地种烟，盈阡累陌，弥望数十里，既有产地，又有消（销）场，故屡禁而不能绝……。去年因金州貔子窝各租界等处，日本人民私行栽种贩运者不少，经前外务部商由贵大臣协力禁阻在案。如吉林都督所称，仍有此项情事，殊非贵国赞助禁烟之意。……应请贵大臣迅饬驻大连各官员，务将私种烟亩设法禁除，并严杜外运密卖等弊……"①

中国政府方面的官方调查资料，记录了日本人用各种手段非法经营鸦片的犯罪行为，吉林省德惠县"日人租给华人房屋开设烟馆、吗啡铺"，并竭力庇护纵容经营鸦片烟馆就是一例，以吉林省德惠县属第四区警察分所长陈凤笙调查日本人租给华人房屋，用以开设烟馆、吗啡铺的姓名家数列表进行说明：

---

① 外交部抄存件，二史馆藏：《外交部请饬禁日人种烟与日本使馆往来文件(1912 年 12 月—1913 年 1 月》。中共河北省委党史研究室编，邓一民主编：《日本鸦片侵华资料集(1895—1945)》，中共河北省委机关文印中心 2002 年版，冀出内刊第 1085 号，第 70 页。

表5-2 吉林省德惠县日本人租给华人房屋开设烟馆、吗啡铺调查表[①]

烟馆名称	计 开	
	日本人	中国人
宽仁堂烟馆	日本人大金牙	中国人李三
福寿堂烟馆	日本人首藤	中国人美升
五福堂烟馆	日本人立川	中国人于云波
顺天堂烟馆	日本人井口	中国人董澜亭
大丰当烟馆	日本人首藤	中国人李子林
松本洋行烟馆	日本人松本	中国人赵子培
大世药房烟馆	日本人大野	中国人褚兴九
开进楼烟馆	日本人松尾	中国人刘姓
大兴号烟馆	日本人粕（米各）清吉	中国人孟广福
柴田洋行吗啡铺	日本人柴田	
长生堂吗啡铺	日本人柏谷	

为了积极抵制日本在中国的毒化行为，国民政府行政院、禁烟委员会、内政部等调查、搜集日本人在敌占区各区域的毒化情形，提供给外交部并翻译转交国际禁毒委员会，揭露日本违反国际禁烟公约在中国制毒贩毒，以引起国际社会注意日本在中国推行贩毒政策与毒品战略，从而赢得国际社会对中国禁烟的支持。1935年5月22日，国民政府行政院发出了要求搜集伪满毒化政策材料的训令，称："……据密报，热河烟土官收私运情形，常有大批烟土运进关内，并于平津上海等处秘密设有分销处。其大东公司为密运热河烟土起见，组织异常扩大，总公司设在长春，日人五十岚少将为总理，古北口、榆关、天津、上海等处均设有分公司。沈阳吗啡、海洛因等毒品制造厂，规模宏大，承销毒品者共有九家，以日人冈村及古贺两家资本最雄厚，古贺销华北，冈村销华南。……此不徒违反国际禁烟政策，尤于我国烟禁大有妨碍，应由该部外交部将此种情形转知胡公使，设法促使国际注意，并

[①] 根据吉林省档案馆藏《吉林省长公署关于调查日人庇纵烟馆训令(1918年8月)》绘制;吉林省档案馆藏《吉林省长公署关于调查日人庇纵烟馆训令(1918年8月)》,中共河北省委党史研究室编,邓一民主编:《日本鸦片侵华资料集(1895—1945)》,中共河北省委机关文印中心2002年版,冀出内刊第1085号,第73-73页。

应由禁烟委员会随时搜集此类报告……"[①]此类调查报告以大量的事实证实了日本侵略者违我国法、辱我主权、贻害中国社会与人民的毒化行为。调查报告对伪满洲国、"蒙疆"、察哈尔、湖北、河南、山西、贵州、上海、厦门、香港等沦陷区的日本侵略者设立鸦片专卖署，控制鸦片毒品贸易，遍设烟馆、胁迫中国人吸食、鼓励栽种鸦片、制造毒品、日军庇护毒品制造与运输、日警庇护日侨私售吗啡毒品等情况，都有详实的反映。[②]报告中之内容，不仅向国际社会提供了日本人毒品侵略中国的事实，同时也以报告形式保存了日本对华毒品战大量的第一手史料。

在记录日本"鸦片侵华"的中国文献中，中国新闻媒体、报刊资料以强烈谴责日本毒化行为的鲜明立场，密切关注、跟踪、及时报道披露日本毒化行径，形成抗议日本对华毒品侵略的强大社会舆论，时《大公报》、《申报》、《晨报》、《民国日报》、《禁烟纪念特刊》、《新华日报》、《东方杂志》等各大报刊，都发挥了及时反映真实情况、揭露与谴责日本侵略者走私贩毒的积极作用，这些新闻报道，从新闻媒体的角度留下了日本"鸦片侵华"的历史证据。

1919年1月15日，《东方杂志》刊文《日人之吗啡鸦片两贸易》，该文从"输入吗啡机关"、"售卖吗啡方法"、"制造吗啡地点"、"鸦片贸易内容"等几方面，介绍了日本在中国的毒化情形，内容涉及多方面，从中可了解日本往中国输入吗啡，在中国制造与贩卖吗啡等全部流程，下面举"输入吗啡机关"部分内容以进行说明：

"1915年9月15日，本报（字林）访员，曾于报中详述日本在中国所营吗啡业之大，并以日人经营此业，为日人对华贸易中之最有大利者。文中并指出大连一埠之吗啡贸易，在1913年已有六又四分之一吨之多。经营此业者，从欧洲贩至东亚售卖，仅六又四分之一吨之吗啡，已可获利840万元。至今吗啡贸易仍极发达。较1913年更甚，惟此时无从由欧洲购买，故制造

---

① 二史馆藏《行政院关于搜集伪满毒化政策材料给外交部、禁烟委员会的训令(1935年5月22日)》，中共河北省委党史研究室编，邓一民主编：《日本鸦片侵华资料集(1895—1945)》，中共河北省委机关文印中心2002年版，冀出内刊第1085号，第89-90页。

② 参见《禁烟委员会关于日本在华中一带制毒和贩毒情况》(原载1937年《禁烟年报》)、二史馆藏1938年《内政部就上海日人经营鸦片近况呈报国际禁毒委员会》、二史馆藏1941年1月24日《内政部关于日本在湖北钟祥县毒化情形致外交部并请译转国联电》、二史馆藏1941年3月26日《河南省民政厅关于敌伪毒化情形向国民政府报告》等。中共河北省委党史研究室编，邓一民主编：《日本鸦片侵华资料集(1895—1945)》，中共河北省委机关文印中心2002年版，冀出内刊第1085号，第91-143页。

之中心点，已迁至日本，由日人自行制售。日本虽尚签字于条约，禁将吗啡及制造此物之器具运到中国，亦不得在中国施用吗啡，而以该业为大利所在，并有日本银行之经济的补助，日政府竟直接允准经营斯业，且又加以奖励焉……一年之中，每年从中国输出金钱，以偿还输入之吗啡，其数不下数千万日圆。在中国输送吗啡之最大机关为日本邮便局，盖此物系由小包运入，日本在中国所设邮局，向不准中国海关检查包裹邮件……"①

上文所述，揭露了日本向中国输入吗啡、经营吗啡业，以及日本政府支持、奖励在中国进行吗啡贸易等毒化活动的罪恶事实。《东方杂志》属当时忠实记录历史风云变迁的大型综合性杂志，杂志经常选录各种报刊的时论、记事、要闻等，对时局大事及时反映，正如《日人之吗啡鸦片两贸易》一文所披露内容一样，兼具客观性与真实性，资料性强，是记录当时事实真相、揭露侵华日军毒品战的有力证据。

作为揭露与谴责日本侵略者毒化行为的舆论阵地，各类新闻报刊紧跟时局，不断报道与登载具有文献价值、资料性强的新闻。这些报刊资料记载了日本"鸦片侵华"的大事记，既披露了侵华日军"鸦片侵华"的共相，也在具体地点、销售量、销售价格、赢利多少、收买鸦片制毒、所制毒品毒性等差异方面揭示了不同的事实，而正因为新闻报刊这种密切关注现实、向社会公众披露真相的真实性、准确性，以及及时报道的时效性，使得报刊中揭示日本对华毒品战的材料具有一手史料的文献价值。

1943 年 6 月 3 日，《新华日报》登载文章，披露日伪在沦陷区各地积极实施毒化政策情况，文章说："据悉敌近在沦陷区各地，大量利用汉奸推行其毒化阴谋，企图吸取各地民间资金，供其作战之消耗。顷悉：①华中敌利用汉奸主持所谓宏济堂，受敌军部代表指导，在沦陷区各地进行毒化政策。该堂在各地要道分设大小分行，利用敌人特别势力，向我沦陷区同胞直接间接引诱，受其毒化。在上海南京市一隅，即有大分行 50 家，小分行 350 家，大行按月销售烟土 12 只，小行按月销售 10 只，每只价值 15000 元，而发价竟达伪币 8 万元，除缴纳敌人捐税，敌宪兵部及伪特工组织按月保护费 2500 万元外，盈利甚丰。②华北张家口、万全等地，敌人复借其势力，径

---

① 《日人之吗啡鸦片两贸易》，《东方杂志》第 16 卷第 1 号，1919 年 1 月 15 日，第 201 页。

向各村落按期负责配销海洛因毒品至少 2 两，每两值伪钞 700 元。③敌人在包头开设大阪公司，建立大规模制毒工厂，高价收买大宗鸦片，供其工厂提炼毒品之用。据闻该工厂已发明一种毒品，性质极强，与海洛因比较几乎强出一倍以上，尝试者一经吸食，成瘾甚大，不易戒绝，一二年内，即可丧命，现在大量赶制中，不久可运销各地销售。"①

这篇媒体文章，在内容上可谓详细、具体与深刻，事情发生在某区域、具体参与者、所作何为等均有较为细节性的叙述，诸如这样的报刊资料不仅对史实具有很强的保存性，而且还具有对史实多角度描述的灵活性，内容涉及面广且丰富，从中可以获得不同方面、来源不同的日本对华毒品战的证据材料。1948 年 11 月 11 日《文汇报》登载了东京国际军事法庭宣判日本三菱三井公司在华贩毒罪行的新闻，该新闻称："（中央社东京 10 日电）此间国际军事法庭今宣读法庭最后判决书中指出，日本三菱及三井公司，战时在中国东北及本部贩卖鸦片。……今晨宣读判决书中称：此二大财阀公司，曾在华垄断鸦片贸易，其与外务省共同拟订之办法，为日本及中国东北鸦片之买卖，续归三菱公司经营，而华中及华南则由三井负责。至于华北是由二公司共同经营。1937 年时，二大财阀公司曾向伊朗采购大量鸦片，运销日本、东北九省及中国本土。判决书中指出，凡日军到达之所，则鸦片交易亦随之而盛。"②这则报道将东京国际军事法庭宣判三菱、三井公司的消息迅速传播出去，以媒体的形式为今天的我们留下了东京国际军事法庭经过军事法庭审理、法庭最终做出的三菱、三井公司在华贩毒罪行的庄严宣判，这则新闻内容与东京审判庭审记录判决书关于三菱、三井公司在华走私贩毒犯罪的宣判形成互证，是我们今天证明日本对华毒品战不可辩驳的有力证据。

此外，在中国人民揭露日本毒品战文献资料的组成部分中，还有不少亲历者的回忆资料。这些基于个人亲身经历、来源于广泛社会层面的珍贵回忆资料，既是记录日本烟毒侵华历史的第一手材料，也可以与其他途径来源的历史记录相互印证，成为证明日本对华鸦片政策犯罪事实的有力佐证。对日

---

① 《日伪在沦陷区各地积极实施毒化政策》，《新华日报》，1943 年 6 月 3 日。
② 《国际军事法庭宣判日本三菱三井公司在华贩毒罪行》，《文汇报》，1948 年 11 月 11 日。

本在"关东州"、旅顺、大连租借地、天津日租界、伪满洲国、伪热河省、北平、上海、武汉、厦门等沦陷区各大城市的毒化政策、毒化行为，回忆资料均有所涉及，是证明日本毒品侵华罪行的重要资料。

综上文所述，尽管由于日本方面严格管制有关"鸦片侵华"的档案文献，战败前后又销毁很多重要的档案资料，这的确影响到了我们对真相的了解、对其罪责的清算，影响到了东京国际军事法庭搜集日本"鸦片侵华"证据及军事法庭对其罪责的追究，然而，所幸的是，在长达半个多世纪日本鸦片侵华的过程中，凡是目睹了日本毒化活动、遭受日本烟毒之害的所有中外人士，他们都是这场毒品战的见证者；凡是记载日本在华毒化活动的文字，都是证明日本"鸦片侵华"的历史证据。东京国际军事法庭利用掌握的证据，起诉、审判与最后判决了日本对华鸦片政策的犯罪，宣判了日本在华进行毒品战的甲级战犯的战争暴行，尽管与彻底清算日本对华毒品战罪责的目标还有距离，但随着更多、更权威的档案文献披露于世，我们离真相就越来越近，犹如江口圭一发现了"蒙疆政权"的第一手资料，揭开了数十年来不为人知的关于战时合作政权——"蒙疆政权"的鸦片档案，从而揭露了日本政府战时在中国从事鸦片侵略活动一样，真相在一点一点地揭开；又犹如一份重要史料《宏济善堂纪要》被发现一样，这份史料的出现不仅使日本战时体制控管下的鸦片贸易与华中宏济善堂贩卖鸦片的部分机密披露于世，还以确凿的事实证明了在远东国际军事法庭上，有"鸦片王"之称的华中宏济善堂的负责人、日本特务里见甫与兴亚院总务长兼政务部长及川源七中将所做证词存在撒谎的地方。[①]

第三节　搜集日本对华毒品战证据

日本战败投降后，同盟国准备在远东设置国际军事法庭审判日本战犯，在军事法庭准备起诉、审判日本战争犯罪的罪状中，包括了指控日本人实行

---

① 详见第八章《华中、华东毒品形势》第三节《一份重要的证据与外交照会》。

鸦片·麻醉品政策的战争罪行，为此，日占区总司令部积极采取措施，下令日本政府要完整地保存全部现存的关于鸦片和麻醉品的记录，远东国际军事法庭检察方开始搜集日本对华鸦片政策的犯罪证据，军事法庭国际检察处整理了日本战时鸦片与麻醉品活动报告，法庭检察方依据所搜集证据，在起诉书中指控日本对华鸦片政策上的相关罪行，中国检察官在法庭上也全面陈述了日本鸦片侵华战争罪罪行。

在东京国际军事法庭开庭之前，为了在法庭上起诉日本对华鸦片政策犯罪，美国财政部曾于 1945 年 11 月 30 日向华盛顿陆军军法署署长办公室下的战争犯罪办公室的陆军中校威廉·T.霍纳迪发出一封信，信的内容是关于霍纳迪中校向海关局提出授权，使用某些保管在海关局档案室文件的请求，这些文件将在日本战犯接受国际军事法庭审判时作为证据使用。[检方文件 9532B 号（法庭证据号 384）][1]

1945 年 10 月 12 日，日占区总司令部为了控制与管理日本的麻醉品，向日本政府提交了一份名为《日本的麻醉品控制和记录》的备忘录，在备忘录中，除宣布禁止毒品种植、生产及进出口以外，还向日本政府下令要完整地保存全部现存的关于鸦片和麻醉品的记录。

然而，尽管日占区总司令部在备忘录中下达了有关完整保存全部现存的关于鸦片和麻醉品记录的命令，但东京国际军事法庭所获日本方面鸦片和麻醉品的内部档案资料极少，这可从东京国际军事法庭检察方提供的书面证据报告内容中得知。

1946 年 6 月 12 日，日本兴业银行通过日本政府财政部向国际检察局提交了《伪满洲政府建设债券承销合同》等文件[检方文件 2173 号（法庭证据号 375）][2]，这些文件证实了在伪满洲国财政遇到很大困难之时，关东军参谋部为解决伪政府的财政之需提出建议后，日本政府采取与伪满洲国鸦片专卖局专卖利润密切相关的措施，证明了全面侵华战争爆发之前日本政府支持并参与了鸦片侵华活动，也证明了伪满洲国政府代表、财政部总务处处长星野

---

① Transcripts of the Proceedings of the International Military Tribunal For the Far East（《远东国际军事法庭审判记录》），第 4731 页。

② Transcripts of the Proceedings of the International Military Tribunal For the Far East（《远东国际军事法庭审判记录》），第 4683-4684 页。

直树——日本甲级战犯与日本毒品犯罪有直接的关系。然而，像这样来自日本方面、对军事法庭追究日本鸦片侵华罪行具有重要证据作用的档案资料，在军事法庭检察方举证日本鸦片侵华罪行的证据中并不多见。

前文已述，日本战败前后，在大量被销毁的侵华日军战时档案文件中，包括了日本"鸦片侵华"的档案资料，又因日本对有关"鸦片侵华"的档案文献管制极严且蓄意隐藏等因素，均直接影响了东京国际军事法庭搜寻、收集日本在中国鸦片政策犯罪的定罪证据。尽管如此，通过努力，1945 年 12 月 27 日，东京国际军事法庭国际检察处巴纳德（L. H. Barnard）整理了一份日本战时鸦片和麻醉品活动的报告，报告中列举出了 60 名日本人、13 名中国人和 9 名台湾人的名字，在这份名单中，有军事官员，也有政府官员。[1]材料来源主要是美国驻华领事和驻沪美国财政官员留下的调查材料。

中国曾为法庭搜集日本毒品侵华证据作出了贡献，并向法庭提供了日本在中国的毒品犯罪证据，1946 年 2 月，当参加东京审判的中国检察官抵达日本后，曾致电中国外交部及行政司法部，要求提供日本利用鸦片毒化中国的"详细事实与证据"。[2]东京国际军事法庭开庭后，中国检察官向哲浚做了开场陈述，陈述了日本在中国使用鸦片和其他麻醉毒品的罪行，中国第十一战区盟军总司令部军事法庭法官姜震瀛上校提供并宣读了关于日本在中国使用鸦片和麻醉品毒化中国的证据，中国公民郭余三作为检方证人出庭作证，以自己亲身经历陈述了日本在北平进行毒化活动的毒品犯罪行为。

在东京审判中，涉及中国部分的法庭审理共有 120 日，留下了 49858 页英文版的东京审判庭审记录。在这 120 法庭审理日中，从 1946 年 8 月 30 日到 9 月 6 日，法庭追究了日本在第二次世界大战期间对华推行鸦片政策的罪责，留下了约 400 余页日本毒品犯罪的审判记录。东京审判关于日本对华鸦片政策犯罪的庭审记录包括检察方提供的证据文件、检察方出庭作证的证人证词与法庭交叉质证等内容，其中检方证据文件来源于美国驻华财务公使报告、美国驻上海领事报告、国际联盟顾问委员会报告、国际联盟"鸦片与其他危险品走私顾问委员会"第 22 届与第 24 届大会会议纪要、美国政府对中

---

① 小林元广：《日本人在天津从事的毒品活动》，〔加〕卜正明、〔加〕若林正编著，弘侠译：《鸦片政权：中国、英国和日本(1839—1952)》，黄山书社 2009 年版，第 169 页。
② 中国第二历史档案馆等编：《侵华日军南京大屠杀档案》，江苏古籍出版社 1997 年版，第 800 页。

国相关区域鸦片麻醉毒品的调查报告、日本外务省条约局出版物、日本外务省条约局第三课官方报告等；检方证人包括中国、英国、美国、日本等国公民。证据文件与证人所陈述的证词，在内容上覆盖了日本在中国台湾、东北、华北、华中、华南各区域、所在大城市与农村的日本毒品犯罪行为，是对日本战争时期侵华鸦片政策与毒化罪行的揭露，也是日本对华毒品战的缩影。

在所有提交给军事法庭有关日本对华鸦片政策犯罪的证据资料中，日本方面向军事法庭提供的内部文件与第一手资料很少，①提供给法庭的"文献证据都是由中国发起人或在华外国人提供的"。②在庭审记录中，也没有留下为日本在中国推行鸦片政策犯罪辩护的实质性辩护词，这种情况在东京国际军事法庭审判日本侵华战争罪时是少见的，在"九一八"事变、"七七"卢沟桥事变等问题上，辩方利用证据在法庭上为日本蓄意挑衅、发动侵略战争的罪行辩护，在庭审记录中留下了与历史事实不相符的辩护词。至于日本对华鸦片政策问题上，检察方将其作为独立的审理阶段，分别审理日本在东北、华北、华中与华南中国区域进行"鸦片侵华"战争罪行，而辩护方尽管在交叉质证时留下了一些讯问记录，却没有设置独立的辩护阶段，所以整个庭审内容更多的是检方提供的各种书面证据材料与检方证人证词等。

尽管没有确凿依据说明这是为什么，但根据东京国际军事法庭审理日本战争暴行通常出现的情况，以及日本一贯严格保密有关"鸦片侵华"的档案资料及战争结束前后销毁罪证的事实，在此，至少可以做出这样的推断：日本方面深知对华鸦片政策与毒化行为是明明白白的犯罪，没有也不可能存在可以为毒品犯罪辩护的资料、证据，甚至证人，也没有任何可以推卸责任、减轻罪恶的辩解理由与余地。

在经过证据搜集等一系列努力后，东京国际军事法庭审判了日本对华鸦片政策的犯罪罪行。国际军事法庭采取了东北、华北、华中与华南分区域进行审理的顺序，审判日本对华鸦片政策犯罪，法庭检察方分别对日本在东北、华北、华中与华南各区域的毒化行为提出起诉以及检方证据文件，例

---

① 〔日〕江口圭一著，宋志勇译：《日中鸦片战争》，天津人民出版社1988年版，第5页。
② 小林元广：《日本人在天津从事的毒品活动》，〔加〕卜正明、〔加〕若林正编著、弘侠译：《鸦片政权：中国、英国和日本（1839—1952）》，黄山书社2009年版，第170页。

如，1948 年 2 月 22 日，东京国际军事法庭，检察官起诉日本在中国东北（伪满洲国）的毒化罪行，起诉中说："对满洲经济的开发，日本人的活动，并不全限于通常的农业的、商业的与工业的企业活动，其活动尚有为全文明人所嫌恶、促使民众为之大规模堕落的企业，此即其对鸦片与麻醉品的扩大处理。鸦片的（加工）制造，在关东州（即旅顺、大连）租借地内，既采取限制管理，以防止走私输入。麻醉毒品的习惯，则应被禁止，并为援助中国而采取有效的手段，受有关鸦片与麻醉品之国际协约的束缚（1912、1925、1931 年海牙与日内瓦公约禁止与限制鸦片与麻醉药品）；但是，日本表面上树立对上述条约的欺骗性机构，实际则在此机构之背后，定有自己实行的贩毒计划。"①

以下各章将根据东京国际军事法庭分区域审理日本对华鸦片政策犯罪的顺序，叙述遭受日本毒品侵略之下的中国东北、华北、华中与华南的毒品形势，将东京审判庭审记录日本"鸦片侵华"检方证据文件、检方证人证词与各类记录日本对华毒化活动的中外文文献资料结合起来，参考、借鉴近年来学者对日本烟毒侵略中国的研究，揭露日本在侵华战争期间对华毒品战的罪恶。

东京审判庭审记录不仅具有历史文献的价值，它对研究公共国际法、国际政治、国际关系、政府、经济事务、社会学、社会心理学等也都具有很高价值。东京审判在法庭审判程序、程序上的规则、证据制度、证据采纳、证词提供、检辩双方举证、被告个人辩护举证、辩方反证、检方反驳辩方反证、检方最终论告、检方回答等方面，都具有历史和法律上的重大意义。②鉴于此，本书在分别介绍了各区域毒品形势基础上，再将相关区域庭审记录的中译文附于其后，以供更多领域的研究者参考利用。

---

① 黑羽清隆：《十五年战争史序说》，东京，三省堂，1984 年版，第 204 页。
② 纽伦堡战犯审判前首席检察官特尔福特·泰勒先生说："远东国际军事法庭审判记录，使人们更好地了解了东京战犯审判过程，具有历史和法律上的重大意义。"李宏为编译：《〈东京战犯审判〉介绍》，《历史档案》，1988 年第 1 期，第 135 页。

第六章
伪满洲国的毒品形势

一位日本历史学家曾说，"'满洲国'就是从鸦片的青烟中飘出来的国家"。东北地区是继台湾之后、中国内地遭受日本鸦片侵略较早的地区，也是日本进行毒品渗透较深的地区之一，在整个对华毒品战中占有重要地位。日俄战争后，日本获得了在朝鲜半岛、中国东北驻军的权利，并获得了俄国在旅顺、大连湾并其附近领土领水的租借权以及有关的其他特权、俄国由长春（宽城子）至旅顺口的铁路及一切支线及附属之一切权利等。随着日本在东北的势力扩张，东北地区由此处于侵略者的毒化活动之中了。

从 1895 年到 1905 年，仅 10 年的时间，日本即获得了在中国东北驻军、租借地等进行鸦片侵略、毒品进攻的条件，在接下来的 20 世纪初年，日本在南满与北满地区经营鸦片已经达到相当惊人的程度。[1]"九一八"事变后，东北全境沦陷为日本殖民地。1932 年 3 月 9 日，日本侵略者在东北扶植了傀儡政权伪满洲国，也就在伪满洲国成立的同年 9 月，伪满洲国政府成立了鸦片专卖筹备委员会，11 月 30 日，傀儡政府公布了鸦片法与鸦片收买法，1933 年，伪满洲国鸦片专卖公署成立。从日俄战争到"九一八"事变，中间用时不到 30 年，东北的毒品贸易已受控于日本之手。

第一节 对华毒品战的重要阶段

从日本在台湾建立第一个鸦片殖民政权算起，在不到 40 年的时间里，又一个重要的鸦片殖民政权在中国大陆伪满洲国建立起来，犹如"九一八"

---

[1] "南满车站有平康里计妓寮十五六家，开灯供客，烟民视为世外桃源。至于各大客栈如天合东、天泰、悦来、盛奉台旅馆等，又有土贩常驻其间，每遇北来火车到站，无论大宗或零星烟土，概归该土犯等分购，然后密运城内售卖，来源如是畅旺，无怪烟民不思戒除此毒害也。该站又为我权力不及之处，故各土贩得以明目张胆为之，以求厚利……"《大公报》，1918 年 11 月 1 日。

事变是日本企图独占中国，将中国变为殖民地的重要步骤一样，中国大陆第一个鸦片殖民政权的建立，也同样使日本对华进行全面毒品战的目标进入了一个重要阶段。

前述日本从 19 世纪末对华鸦片侵略开始，到抗日战争结束，大致可以将其间分为三个阶段，第一、第二阶段在"九一八"事变前，"九一八"事变后为第三阶段。"九一八"事变前，日本对华鸦片输入主要多经日本浪人、日侨，以及在华日本殖民当局进行。"九一八"事变后，日本浪人、日侨与在华日本殖民当局仍然在走私贩毒之列，但在"九一八"事变后，日本在东北所据有的"重要而特殊的地位"，"以完全的主权统治着租借地"，"日本在满洲许多地方驻有军队：在租借地的关东军，在铁道地区内的铁道守备队，和散布于各地的领事警察……这种情势，恐怕世界上任何地方也是无可比拟的"。①在这样的背景下，日本具有控制伪满洲国鸦片业的权力。通过在伪满洲国建立起鸦片殖民政权，日本政府与日本军队明显加强了对这场毒品战的参与程度与控制程度。

伪满洲国鸦片政权一面制定行使控制鸦片业的政策，建立庞大的鸦片专卖体系与机构，强迫农民种植罂粟，推行鸦片专卖制度，控制从生产、销售与吸食毒品全部鸦片专卖流程；一面利用鸦片专卖攫取的巨额利润，加强了对东北地区殖民统治的经济基础，更加严厉地控制东北鸦片贸易，使伪满洲国的鸦片政策与强化日本殖民统治东北紧密结合起来。

在伪满洲国首都长春，伪政权设置了鸦片专卖局，专卖局下设分局 10 处，购买处 20 处，管理局 80 处，购买局收买各县鸦片，各县设鸦片委员会，征收鸦片由专卖局日本人监收，由日本大东号收买或将鸦片送往沈阳鸦片工厂，再由该工厂分成等级，打成包裹，之后重新分配于各专卖分局，卖给领有执照的零售者，每年零售者须缴纳 500 元执照费。②通过这样的层层把控，日本人操纵下的傀儡政权将罂粟种植、鸦片制造、买卖、鸦片吸食器具制造等有关鸦片经营的全部环节置于政府统制之下，并由此完全掌控了巨额的鸦片业收入。

---

① 张效林译：《远东国际军事法庭判决书》，群众出版社 1986 年版，第 284-285 页。
② 魏宏运：《三四十年代日本的鸦片侵华政策》，中共河北省委党史研究室编、邓一民主编：《日本鸦片侵华资料集(1895—1945)》，中共河北省委机关文印中心 2002 年版，冀出内刊第 1085 号，第 503 页。

在日本人的经营下，伪满洲国成为日本进行毒品进攻、对华毒品战的重要阵地，其重要之处首先体现在伪满洲国采用了台湾殖民当局在实质上纵毒、无限制扩大鸦片吸食的鸦片"渐禁政策"与专卖制度，并为此后日本军事侵占中国北部、中部与南部广大区域后，采用"在满洲所行的类似方针"准备了实践经验。

其次，伪满洲国的重要之处还体现在日本利用傀儡政府，加强对伪满洲国鸦片业的控制，这使得中国东北成为中国，乃至世界各地毒品的来源地，东京国际军事法庭判决书即指出，日本"借着伪满洲国在名义上的独立，但实际上是假的独立，来对全世界进行麻药交易，而将罪名归之于这个傀儡，这就是日本所找到的方便机会。在朝鲜出产的大部分鸦片都输往满洲。把满洲所栽培的以及自朝鲜与其他地方输入的鸦片，在满洲精制后再运往世界各地"。[1]

第三，伪满洲国从鸦片业中榨取了巨额利润，这不仅为傀儡政府统治伪满洲国提供了充足的财政来源，也为日本继续向华北军事扩张以及在日本侵华战争全面爆发后整个战争期间，持续供给并不断增加了日本侵略中国的军费，有资料显示，仅1944年，伪满洲国的鸦片收益达到了3亿元，除收支相抵外，约有2亿元的利润。[2]

第二节 吸毒者的惨状

日本控制下的东北地区，烟毒泛滥，吸毒人数均呈明显上升趋势，达到前所未闻的程度。1931年"九一八"事变前，东北瘾民只有3万多人，1933年为5万多人，1934年则达11万多人，1935年增至21万多人，1936年近50万人，1937年更高达81万多人，[3]烟民人数在5年间增加了近14倍。

---

[1] 张效林译：《远东国际军事法庭判决书》，群众出版社1986年版，第317-318页。

[2] 《金名世证词》，中共河北省委党史研究室编，邓一民主编：《日本鸦片侵华资料集(1895—1945)》，中共河北省委机关文印中心2002年版，冀出内刊第1085号，第853页。

[3] 中央档案馆等合编：《东北经济掠夺》，中华书局1991年版，第825页。

伪满洲国的鸦片政策制造了大量的瘾君子，因吸食日人贩卖的鸦片，很多染毒者沦为乞丐，毒品毁掉了他们的健康，夺走了他们的生命，更使他们尊严尽失，活着时如行尸走肉、皮肉腐臭不堪，死后暴尸街头，或浸泡于臭水沟中，其状惨不忍睹。据哈尔滨卫生局报告，1937年1月至7月，城内各街巷发现无主死尸1993具，其中1485具为吸毒者。①在伪满洲国，1938年因吸食鸦片而中毒死亡者14万至15万人。②

在东京国际军事法庭上，检方提供的证据文件中即描述了伪满洲国的瘾君子在毒品危害下的凄惨、恐怖的情形——吸毒者头部臃肿、皮包骨头、头发蓬乱、面容肮脏、形似白痴，有一些吸毒者甚至"整个胸部都是烂肉和坏蛆，身上的洞足以让人把整个手掌放进去。吸毒的针头就是从这些腐烂的、行尸走肉般的身体上推进去"。[检方文件9558号（法庭证据号383）]③

检方证据还指出：每天都能看见吸毒者的尸体，"在这些吸毒妓院后面的灰堆上，躺着7具赤裸的尸体……这种场面每天都能见到，尽管世界红卍字会定期来将这些尸体运走"。[检方文件9528号（法庭证据号379）]④"在哈尔滨非常寒冷的冬天，有很多吸毒者暴尸街头；尸体经常躺在街上很多天，因为没有人愿意将尸体运走；甚至有时候连狗也不愿意吃这些尸体。""在富家店的颓朵而（音译）区……每天都能见到吸毒者的尸体；只需付10元钱，其他瘾君子就会把尸体运走掩埋……没有任何仪式。"[检方文件9558号（法庭证据号383）]⑤

这些每日出现在哈尔滨、奉天等地街头、灰堆上的毒品瘾者死尸，其惨状甚至引起了日本侵略者在东北地区的主要言论机关《盛京日报》日本籍主编M.T.菊地的关注，菊地曾公开批评伪政府的鸦片政策，指出伪满洲国推行的鸦片制度使更多的人染上毒瘾。菊地认为："（1）鸦片许可零售制度并没

---

① 《国联第二十三届禁烟会议美国代表富勒演说词》，中国第二历史档案馆未刊档案，第41宗第154号。

② 姜念东等：《伪满洲国史》，吉林人民出版社1981年版，第424页。

③ Transcripts of the Proceedings of the International Military Tribunal For the Far East（《远东国际军事法庭庭审记录》），第4730页。

④ Transcripts of the Proceedings of the International Military Tribunal For the Far East（《远东国际军事法庭庭审记录》），第4705页。

⑤ Transcripts of the Proceedings of the International Military Tribunal For the Far East（《远东国际军事法庭庭审记录》），第4730页。

有遏制毒品使用的蔓延；（2）大量年轻人开始对毒品上瘾；（3）政府一方面倡议改善公众健康，但另一方面又允许使用麻醉品来毒化人民，这是相互矛盾的……"

1937 年 2 月 18 日，《盛京日报》发表了菊地撰写的一篇评论，题目是《孔符石（音译）土堆上的死尸》。菊地写道："位于大西城门外面的孔符石（音译）土堆是奉天的吗啡中心。每天都会有几个吗啡成瘾者死在那里，这已成为尽人皆知的一件事。据说农历新年的几天后，在那座土堆下面又发现了 13 位年龄约在 20 岁左右年轻人的尸体。他们头发蓬乱，面容肮脏，一眼就能看出是吗啡成瘾者。他们的上衣和裤子都被扒走了。有几个脸朝下趴在地上；还有几个的脸被东西盖上；另外一些尸体躺在臭水沟里。场面非常凄惨。直到当月的 16 日，这些尸体仍然在那个地方。"[检方文件 9558 号（法庭证据号 383)][①]

据美国当时报刊估计，仅东北地区每年死于鸦片者不下数十万，[②]而东北地区的烟毒状况只是日本毒品侵略中国一隅之缩影。在近半个多世纪里，这场毒品战致使无数人染上毒瘾，1944 年末，沦陷区吸毒人数愈 3000 万，仅华北地区海洛因瘾君子就达 170 万之多，每年因吸毒而死亡者不计其数，在华北、华中、以及北平、天津等中国的城市与农村，有无数毒品成瘾者，因此，前述染毒者的种种惨状又岂止只出现在伪满洲国的"王道乐土"上？

第三节　美国驻上海财政公使的报告

20 世纪 30 年代，为了抵制鸦片和麻醉品进入美国，美国国务院与财务部派代表调查中国的鸦片现状[检方文件 9568 号（法庭证据号 373)]，[③]美国

---

① Transcripts of the Proceedings of the International Military Tribunal For the Far East（《远东国际军事法庭审记录》），第 4730 页。

② 张效林译：《远东国际军事法庭判决书》，群众出版社 1986 年版，第 350 页。

③ Transcripts of the Proceedings of the International Military Tribunal For the Far East（《远东国际军事法庭审记录》），第 4669 页。

驻上海财政公使 M.R.尼克森应美国政府需求，曾派员前往东北进行特别的实地调查，并由此形成了调查报告：《关于伪满洲国辽宁省的毒品形势》。该报告对安东、凤城、岫岩、庄河四县城构成的辽宁毒品重灾区——"三角地区"的真实情况进行了描述，对从 1931 年 10 月到 1934 年 12 月在"三角地区"的鸦片、吗啡、海洛因等毒品数量、鸦片烟馆数量、吸毒人数等进行了统计归纳。美国麻醉品副专员托马斯·J.戈尔曼认为该调查报告从各种角度对东方麻醉品局势描述了一幅非常清晰的画面，是"关于远东地区鸦片局势的最为全面的一份报告"。

这份调查报告将辽宁省的安东、凤城、岫岩、庄河四地区的毒品形势划分为两个阶段，第一阶段是从 1931 年 10 月至 1933 年 3 月，据调查成员观察，在"九一八"事变之前，很多年来，安东一直是东北地区一个非常重要的鸦片中心，但主要局限于日本租界内，在中国城区的私人烟馆数量不超过 20 家，日本租界内则开设有 500 多家烟馆。但在"九一八"事变之后，鸦片烟馆数量迅速增加，不仅日本租界内的烟馆数量大增，中国城区亦然。从事变之后到 1932 年 7 月，中国城区注册的烟馆达到 80 多家，到 1933 年春天又增加至 145 家，而这段时期日本租界内的鸦片烟馆已增加至 684 家。

根据调查报告，满洲事变爆发后，安东城里所有的主要街道都开设了鸦片烟馆，"如前后聚宝街、中富街、大道口等。许多烟馆雇佣年轻女孩当服务员，这些地方很快就发展成了社交中心，尤其是吸引了很多商人和官员。烟馆里使用的鸦片多数是从新义州和马连洞进口的朝鲜鸦片，质量比热河鸦片好。朝鲜鸦片的成本大约为每两 3.5 元，通常是同鸦片灰和麻醉药品混在一起制作。这样，每两鸦片可分为 70 份，每份卖 30 分，利润几乎是 600%。从七道沟的一家鸦片烟馆得知，通常每天这种制成的鸦片能卖出价值 400 元的数量"。

安东县的总人数约为 26 万人，其中一半住在城区。调查团发现，住在城里的 13 万人口中，"超过 2 万的人已成为鸦片和麻醉毒品的瘾君子。他们每人每天消费 3 钱（十分之三两）鸦片。每年消费的鸦片总量大约为 2160000 两，按每两 3 元计算，总成本至少为 6480000 元。在农村……使用鸦片开始公开化，因此，目前在大东沟和其他村里共有超过 100 家鸦片烟馆。鸦片吸食者可能已增长至人口的 15%……"在第一阶段，据调查团估计，在安东、凤城、岫岩、庄河四县 90 万总人口中，有 8 万人已经开始对鸦片上瘾。平均每个吸毒者每天需要 3 钱鸦片，一年的鸦片总消费量就超过了 8640000 两，每年浪费的金钱将在 25000000 元左右（按每两 3 元钱计算）。

调查报告还指出，吗啡、海洛因等毒品对安东、凤城、岫岩、庄河四县的影响，在"九一八"前后情况有很大的不同，之前仅在日本租界偷偷出售，也只有小部分人偷偷使用海洛因，但事变之后，情况发生了明显的变化。以安东为例，"在满洲事变前，吗啡的毒害对安东的影响非常小，因为它仅在日本租界内偷偷出售。中国政府执行了严厉禁烟措施来制止这种邪恶的增长，在那段时期他们的努力也获得了很大的成功。但在日本吞并了满洲后，情况发生巨变。日本和朝鲜浪人（无赖）利用他们的政治影响力从鸭绿江东岸的新义州公开进口吗啡和其他麻醉品到这个地区。他们还在七道沟设立了批发总部。日本人和朝鲜人开的妓院被当作销售机构……到了 1932 年上半年，整个县区都完全受到了这种非法交易的毒害"。

与销售吗啡、海洛因情况一样，"九一八"事变之后，吸食吗啡、海洛因的人数在明显上升，甚至已经影响到农村地区，调查显示，"由一个位于辻山精米所附近的日本机构出口至安东县东部几个县区的吗啡数量每天不少于 200 磅。这还不包括卖到安东城内的数量。据估计，使用吗啡的人数，包括那些用吗啡作为鸦片代替品的人，仅在这个城市就有 10000 多人。还有至少 5000 人在农村地区，如浪头和其他地方。如果每位吸毒者每天只需要注射一针吗啡，每次成本为 20 分，每年在这上面的总花费就将超过 1000000 元。

"……如果将这四个县区加在一起——共有 60000 名吗啡瘾君子，在这上面的每年花销共计 4300000 元。

"关于这些地区的海洛因情况……在满洲事变前，只有一小部分人偷偷地使用海洛因，也仅限于城市和沿铁路线的几个村。但'战争'爆发后，这个恶魔也开始影响到农村地区。"根据调查，调查团估计，在安东、凤城、岫岩、庄河四个县区的 90 万总人口中，至少有 13 万人对麻醉毒品成瘾。每年与此相关的总花销不少于 900 万元。

第二阶段为 1933 年 4 月至 1934 年 12 月，报告显示，随着日本加强对东北局势的控制、日军军事上的优势，烟毒更深入影响、渗透东北地区，日本人操纵傀儡政府颁布法令鼓励农户种植罂粟，日本军队用武力为日本、朝鲜鸦片贩子敞开了贩毒的大门，农村既成为日本制毒的原材料供应地，也是毒品的消耗地。在安东城，作为伪满洲国设立新省份后的一个重要政治中心，人口迅速增长，鸦片烟馆增多，不仅日本租界内的鸦片烟馆增加到860家，中国城区的烟馆也激增至346家，"在安东160000总人口中，有超过40000人吸食鸦片成瘾，也就是说，这座城市中至少25%的人是鸦片瘾君子。以每人每天使用3钱鸦片估算，该地区每年消费的鸦片不少于7000000两，总成本合计超过9000000元"。

在这一时期，鸦片副产品吗啡等毒品也迅速蔓延，1933年9月以后，安东"有毒瘾的人数已超过了30000人，每年的总花费估计超过2160000元"，累计安东、凤城、岫岩、庄河四县吗啡成瘾人数共有140000多，"他们一年的花费保守估计为10800000元左右"。而"随着四县人口超过了100万，吸食鸦片和麻醉品的人数也增长到近340000人，大约占总人口数的三分之一。每年浪费在鸦片、吗啡和海洛因上的花费总共大约为80000000元"。[检方文件9525号（法庭证据号374）]①

此外，调查报告还反映了奉天、哈尔滨、长春等东北其他地方的毒品情况，与辽宁省一样，其他地区的毒品形势随着"九一八"事变后日本全面吞并东北而恶化，日本人控制了伪满洲国的鸦片业。在奉天，报告显示从"九一八"事变后，"奉天城内新开了很多家鸦片行，如日本人开的颂茂、三义、永义、永盛、永昌等。从去年3月开始，大多数以前从事纯商业活动的日本商行都转成了鸦片行。总数量超过600家,它们除了提供吸食鸦片的场所，还销售鸦片和其他麻醉品。在奉天城外的大西关、小西关、公爷处、公府师以及南北两市场，我们发现了超过150家鸦片行，其中50%的店是朝鲜人开的，40%的店是日本人开的，还有10%是中国人开的。在日本租界内和南满铁路区的情况更严重"。在哈尔滨，自从日本人占领后，"他们在Ki-tasky街和大正街所在的区域开设了500多家鸦片商行，超过了开在其他区域的鸦片行总数"。

---

① Transcripts of the Proceedings of the International Military Tribunal For the Far East（《远东国际军事法庭庭审记录》），第4694-4698页。

调查报告对吉林市、哈尔滨、长春等城市的鸦片商行、每天的销售额、吸毒人数进行了统计——"吉林市大约有40家鸦片商行，每家每天销售价值200元的鸦片，这样每天销售总额大约为8000元"，哈尔滨鸦片行每天销售收入总计达16000元；"长春有60家鸦片商行，每天总收入约为10000元；在兴安、热河和黑龙江的省会城市，每个城市每天的收入约10000元。这些大城市每天销售鸦片的总收入接近50000元"。"根据'满洲国'民政部的官方报告，在满洲的30000000总人口中，超过9000000人吸食鸦片成瘾，也就是总人口的三分之一。其中13%的瘾君子不足15岁，23%在25岁以下，33%在30岁以下。每个瘾君子平均每天需要吸食4钱（十分之四两）鸦片，总量约为292500磅。1钱（十分之一两）鸦片的成本约为4角钱。一年的总消费量超过500000000元。"[检方证据9524号（法庭证据号377)]。①

第四节　强迫农民种植罂粟　扩大朝鲜罂粟种植面积

在关东军操纵下，伪满洲国傀儡政权鼓励、引诱农民种植罂粟，继续加重对民众的经济掠夺。由于伪满洲国控制下的"王道乐土"对鸦片、吗啡等毒品的需求量迅速增加，伪政权采取了鼓励、诱骗农民种植罂粟以供给制毒原料的措施。1936年伪满洲国官方指定合法种植罂粟的总面积超过150000亩，而且"没有任何迹象显示非法种植会受到限制"。[检方文件9528号（法庭证据号379)]②1933年热河被日本侵略者占领后划入伪满洲国，日本人即鼓励热河各县农户种植罂粟，并向14个县提供总金额达1410000元的贷款，收获鸦片时农户被强制以"比市场价低得多的固定价格悉数卖给日本大满堂公司"，种植罂粟的农民"根本没有任何利润。收割鸦片后，由于很多农民

---

① Transcripts of the Proceedings of the International Military Tribunal For the Far East（《远东国际军事法庭庭审记录》），第4690页。

② Transcripts of the Proceedings of the International Military Tribunal For the Far East（《远东国际军事法庭庭审记录》），第4701页。

无法偿还贷款，他们的土地就被日本人没收了"。[检方文件9510号（法庭证据号378）]①

为了供给伪满洲国鸦片，日本政府除了以欺骗的手段引诱农民种植罂粟、增加鸦片来源外，与指挥、安排三菱与三井两家大公司在中国经营鸦片一样，也统筹安排受其军事控制的殖民地区域，比如殖民地朝鲜种植罂粟的面积，以及朝鲜所产鸦片的输入地与输入鸦片数量等。事实上早在20世纪初年，日本政府就插手种植罂粟，1905年，为了向台湾殖民地供应鸦片，日本内务省曾同意在日本大阪府的三岛郡种植罂粟，1913年以后日本罂粟种植面积年年扩大，内务省管辖罂粟的栽种与鸦片生产，日本政府全部收买鸦片。随着日本占领朝鲜、关东州，吞并东北后，日本政府进一步掌控了占领区罂粟种植的主导权，操纵着占领区每年罂粟种植面积、所收割鸦片供给何处等项的决定权。

1933年4月11日，日本内阁决定："在朝鲜总督府托管下的生鸦片可以暂时转交给'满洲国'政府。此后根据上述内阁决定，为了配合它的专卖制度，朝鲜生产的生鸦片除了向台湾总督府鸦片专卖局和关东专卖局供应原料外，也可以向'满洲国'政府转让。随后，昭和十三年（1938）12月12日向鸦片委员会建议，向台湾总督府、关东租界地和'满洲国'政府供应或转交的生鸦片数量以及为了生产出要求数量鸦片而需要种植鸦片的面积，都应当在同有关政府磋商后决定。委员会于同一天批准了这项建议，随后，内阁也于同年12月23日在考虑后作出了以下决定：

"昭和十四年（1939）的鸦片种植面积将增加2000町步（4000英亩），这一年总的鸦片种植面积预计将达到7000町步（17150英亩）。"[检方文件1043号（法庭证据号381）]②

在日本内阁的决定下，"从1939年起的朝鲜鸦片生产情况如下：在增加了2000町步（4900英亩）种植面积后，1939年的鸦片种植总面积被扩大到了7060町步（17297英亩），从中可提炼出78366公斤生鸦片。分配方案

---

① Transcripts of the Proceedings of the International Military Tribunal For the Far East（《远东国际军事法庭庭审记录》），第4700页。

② Transcripts of the Proceedings of the International Military Tribunal For the Far East（《远东国际军事法庭庭审记录》），第4709页。

如下：

表 6-1　分配方案表[①]

'满洲国'	62000 公斤
关东租界地	13000 公斤
台湾	5000 公斤
合计	80000 公斤

"同时，为了满足不断增加以至于超出朝鲜、'满洲国'和关东租界地总生产能力的鸦片需求，根据内阁于 1938 年 12 月 12 日的决定，内阁管理局于 1939 年 11 月 9 日通过了一项决议，批准朝鲜在 1940 年再增加 5000 町步（12250 英亩）鸦片种植面积。在这次增加后，加上之前的 7060 町步，总种植面积将提高到 12060 町步（29547 英亩）。"[检方文件 1045 号（法庭证据号 382）][②]鸦片种植面积不断扩大，鸦片供给数量大幅度激增，足见日本在中国占领区毒化行为的嚣张、伪满洲国鸦片业的"昌盛"！

曾任伪满洲国总务厅次长的古海忠之谈到伪满洲国的鸦片政策时说，到伪满洲国灭亡为止，生产鸦片合计达 3 亿两，1944 年的鸦片利润达到 3 亿元。[③]在伪满洲国毒化政策下，东北人民吸毒走上死亡的人数又是多少呢？根据 1954 年 4 月 17 日金名世供词："因鸦片中毒死亡的人，据禁烟局总局的统计，从 1939 年鸦片瘾者登记后，到 1944 年年末止，6 年间已登记的鸦片瘾者和吗啡瘾者死亡 7.4 万人。在瘾者登记以前，1933 年到 1938 年的 6 年间，是归专卖公署所管。这个时期只是由警察发给吸食证，对鸦片瘾者死亡数目大概没有统计。但根据 1939 年登记时的情况，可以知道那个时候鸦片瘾者最少 150 万人，再以登记后的 100 万瘾者 6 年间死亡 7 万人作标准，可以推定 150 万瘾者在 6 年间死亡人数是 10.5 万人。加上登记后鸦片瘾者和吗啡瘾者的死亡人数，就可以证明了：从鸦片毒害政策开始至伪满崩溃的 12 年时间，新染鸦片嗜好中毒死亡的人数 17.9 万人。"[④]

---

① Transcripts of the Proceedings of the International Military Tribunal For the Far East（《远东国际军事法庭庭审记录》），第 4711 页。

② Transcripts of the Proceedings of the International Military Tribunal For the Far East（《远东国际军事法庭庭审记录》），第 4711 页。

③〔日〕江口圭一著，宋志勇译：《日中鸦片战争》，天津人民出版社 1988 年版，第 102 页。

④《金名世证词》，中共河北省委党史研究室编，邓一民主编：《日本鸦片侵华资料集(1895—1945)》，中共河北省委机关文印中心 2002 年版，冀出内刊第 1085 号，第 854-855 页。

一面是日本侵略者榨取了巨额的鸦片利润，一面是冷冰冰的、带有毁灭气息的死亡人数，17.9 万人，这不是一个小数目，那些躺在灰堆上、浸于脏水沟中、倒卧街边的曾经鲜活的生命，他们不是抵抗侵略而倒在日本人的枪炮下，而是死于日本人的毒品侵略中；他们原本应该是仇恨侵略者、勇敢抵御侵略的战士，却不幸在毒品的麻醉下醉生梦死，丧失战斗意志，成为日本人用毒品戕害中国人的牺牲品。用枪炮杀人要花钱，但是用毒品，却既能杀人又能获利。对日本人来说，贩毒真是一门好生意，它不仅是好生意，而且具有巨大的军事价值。①

附：东京审判庭审记录：满洲、热河、朝鲜毒品贸易相关证据提出②

1946 年 9 月 3 日，星期二

日本东京都旧陆军省内远东国际军事法庭

根据休庭规则，本法庭于 9 时 30 分开庭。

……

萨顿检察官：如果法庭允许，这就结束了检察方关于日军在中国针对平民和其他人所犯暴行的证据陈述，这些证据所显示的行为构成了日本人进行战争的方式。

我们下面将陈述关于日本人在中国占领区支持鸦片和麻醉品生意的证据。其中的一些证据已经提供了。我们特别指出这些已提供证据包括：7 月 29 日 M.S.贝茨博士的证词，庭审记录页码 2624；7 月 29 日皮特·J.劳莱斯的证词，记录页码 2676；以及 8 月 28 日哈罗德·弗兰克·基尔的证词，记录页码 4407。

在本阶段案件，我要向法庭介绍一位我的同事，亚瑟·A.桑德斯基检察官，他是美国怀俄明律师协会成员和国际检察局助理检察官。他将陈述下面的证据。

韦伯庭长：桑德斯基检察官。

桑德斯基检察官：庭长阁下，在关于鸦片和麻醉品案件阶段陈述证据的开始，我希望首先向法庭指出三份有关的文件，这些文件被本法庭标记为证

---

① 万斯白著，康狄译，多国丽校译：《日本在华的间谍活动》，重庆出版社 2014 年，第 93 页。

② Transcripts of the Proceedings of the International Military Tribunal For the Far East（《远东国际军事法庭庭审记录》），第 4664-4751 页。

据文件 17、18 和 19 号。它们分别是 1912 年、1925 年和 1931 年签订的有关鸦片与麻醉品国际禁烟公约,日本签署了这三份文件。为了更充分地了解这些证据的含义,为了清楚地表明日本与其他所有缔约国关于中国的禁烟问题应承担的特殊责任,我请求本法庭允许我简短地从检察方文件 191 号,即《1912 年海牙禁烟公约》和《禁止鸦片和其他药品最终协议》,援引一些内容。

桑德斯基检察官:庭长阁下,这份文件的证据编号为 17。

(宣读)

1912 年公约的第 15 条。

缔约各国与中国有条约者,应会同中国政府设立必需之办法,以阻止在中国地方及各国之远东殖民地、各国在中国之租借地将生熟鸦片、吗啡、可卡因及其化合质料,并本约第十四条所指各物私运进口。一面由中国政府设立相同之办法以禁止将鸦片及以上所指各物从中国私行运往各国殖民地、租借地。

第 16 条。

中国政府应订颁制药律以施诸本国人民。将吗啡、可卡因及其化合质料并本约第十四条所指各物之售卖散布一概政策,并将此项制药律通知与中国有条约之各国政府, 由驻京公使转达。凡缔约各国与中国有条约者应研究此项制药律,如以为可允,即设立必须之办法,使此律实行于在中国之各国人民。

第 17 条。

缔约各国与中国有条约者,应从事于采用必需之办法,以限制及检查在中国之各国租借地、殖民地及租界内吸食鸦片之习,并与中国政府同时进行,以禁绝现在尚有之烟馆及与烟馆相类之所,其公众娱乐所及娼寮内,亦禁止吸食鸦片。

第 18 条。

缔约各国与中国有条约者,应设立切实办法与中国政府所设办法同时进行,务令在中国之各国租借地、殖民地及租界内现在尚有之售卖生熟鸦片烟店逐渐减少,并采用有效力之办法,以限制及检查租借地、殖民地及租界内之零碎鸦片营业,其已有办法以规定本条所指之事项者不在此例。

为了表明日本知道其他国家都正在关注着它采取的行动而非所谓中国的自治政权采取的行动,我希望引用一下检察方文件 9559,这是美国政府对一份国联通知的答复，包含在 1940 年 5 月国联关于鸦片与其他危险药品走私顾问委员会的第 25 届大会的会议纪要中。

我现在提出文件 9559 号作为证据，请允许我引用其中的一部分内容。

韦伯庭长： 按惯例采纳。

法庭书记员： 检察方文件 9559 将作为证据被采纳，证据号 372。

（随后，上面提到的文件被编为检察方证据第 372 号，并被采纳为证据。）

桑德斯基检察官： 摘自文件第 4 页：（宣读）

美国政府于 1939 年 6 月 1 日收到日期为 1939 年 5 月 15 日的文件，作为答复，我们做出以下声明。

下接文件第 5 页。

美国政府观察到，日本政府允许向其军队控制下的中国地区进口大量的高吗啡含量鸦片，并试图找借口说是用于国际禁烟公约所允许的技术目的，希望以此来逃避全世界其他国家针对这种严重犯罪的起诉或对他们的干涉。美国政府坚持认为，日本政府应与美国政府以及其他政府一起，共同承担国际公约下公认的禁止生鸦片生产和销售的义务，有效地将麻醉药品的生产限制在只用于合法的医疗和科学用途上，努力控制或呼吁控制所有生产、进口、销售、经销和出口麻醉药品，并以其他合作方式为这些公约的实施提供支持。然而，那些在中国日战区发生的有关麻醉药品的行为却无法被视为限制麻醉品生产或控制销售的行为。

如果法庭允许，向检察官在开场陈词中概述的指控罪行的证据，大部分都是以美国政府官员对中国及远东地区鸦片和麻醉品情况的官方调查报告形式。虽然这些报告具有官方文件的特征，但这些调查是美国财务部和国务院派出代表在一段时期内进行的调查，它是美国政府为了抵制鸦片和麻醉毒品进入美国而实施的项目的一部分，因此，也许能为本法庭收集证据提供一些背景资料。为此，我们提出文件 9568 号作为证据。

韦伯庭长： 按惯例采纳。

法庭书记员： 检察方文件 9568 将作为证据被采纳，证据号 373。

（随后，上面提到的文件被编为检察方证据第 373 号，并被采纳为证据。）

桑德斯基检察官： 这份文件是 1934 年 10 月 20 日美国财长助理发给海关专员的信函，内容如下：（宣读）

我在此提及的是由驻上海财政公使尼克尔森提交的一份报告以及1934年8月17日副专员戈尔曼发来的备忘录。

这份报告是财政部迄今为止读到过的有关中国鸦片现状的最全面的一份调查。

麻醉品专员希望与我一起对尼克尔森先生的优异工作成果表示赞赏，这对我们制订出一份应对目前局势的计划将有不可估量的价值。我们将对尼克尔森先生提出的所有建议都进行认真考虑。

谨上

（签名）斯蒂芬·B.吉本斯

财长助理

附后是副专员发给财长助理吉本斯的备忘录，日期为1934年8月17日，内容如下：（宣读）

附件是驻上海财政公使就目前东方的麻醉品形势所进行的一份非常全面的调查报告。这次调查是根据去年12月在你办公室召开的一次会议而决定开展的，当时出席会议的有国务院、劳工部、麻醉品管理局以及海关部门。

虽然这份报告很长，却应该仔细阅读，因为它从各种角度对东方的麻醉品局势描述了一幅非常清晰的画面，尤其是关于我们在把走私挡在美国之外这件事上能从日本官员方面得到多大程度的合作。这份报告是我所读过的关于远东地区鸦片局势的最为全面的一份报告。

我建议将尼克尔森先生的报告复印件提供给国务院和麻醉品专员，在他们阅读后，再由你召集一次会议，对尼克尔森先生在报告最后提出的建议进行讨论。

（签名）托马斯·J.戈尔曼

史密斯辩护律师：如果庭长阁下允许，我要反对刚才宣读的这份文件，理由是完全没有证据价值。

韦伯庭长：反对无效。

桑德斯基检察官：在几周前，本法庭曾经暂时改变了常规的陈述顺序，先听取了必须马上返回中国的几个证人提供的证据。这些证人中有一位是M.S.贝茨博士，他关于鸦片和麻醉品的证据在庭审记录的第2648页开始。为了使记录能够体现原计划的连续性，我想向本法庭指出，贝茨博士的证词原本安排在这个时间提出。

韦伯庭长: 这种联系是我们要求和鼓励你们来做的,这是一种最为有效的方式。

桑德斯基检察官: 是的,阁下。我们希望在这个案件阶段一开始就使法庭了解鸦片和麻醉品走私的秘密性质,尽管这在中国现有的体制下披着合法的外衣。

韦伯庭长: 你是在提出另一份文件,是吗?

桑德斯基检察官: 是的,阁下。我希望下面提出另一份文件。

韦伯庭长: 是9525P-1吗?

桑德斯基检察官: 是的,阁下。

韦伯庭长: 按惯例采纳。

法庭书记员: 检察方文件9525将作为证据被采纳,证据号374。

(随后,上面提到的文件被编为检察方证据第374号,并被采纳为证据。)

韦伯庭长: 包括P-1到P-10。

桑德斯基检察官: 如果法庭允许,我希望指出,我们试图按时间和地理顺序来对证据进行排序,所以我们将首先陈述满洲的鸦片和麻醉品形势,这包含在文件9525中。在这个文件和其他文件后都附有类似于财务部和国务卿之间的书信传送文件,显示了报告在不同部门间的传递。如果法庭允许,我会提及这些文件,但不在法庭上宣读。

韦伯庭长: 本法庭同意在类似情况下使用这种方式。

桑德斯基检察官: 我现在翻到报告正文,第3页,日文版也是第3页。(宣读)

海关专员,海关代理处,华盛顿关于"满洲国"辽宁省的毒品形势。

阁下:在过去几年中,辽宁省("满洲国")的毒品形势已发生完全改变,从原来的鸦片吸食转变为使用吗啡和海洛因等鸦片衍生品。

下接第4页第一段的第三句,日文版的第3页上。(宣读)本报告是根据我们派往满洲的人员进行的特别调查,报告将试图对辽宁"三角地区"的真实情况进行描述。

(1)第一阶段——(从1931年10月至1933年3月)。

(A)安东、凤城、岫岩、庄河的鸦片情况。

很多年以来，安东一直是一个非常重要的鸦片中心，但局限于日本租界内。满洲事变爆发后，城里所有的主要街道都开设了鸦片烟馆，如前后聚宝街、中富街、大道口等。许多烟馆雇佣年轻女孩当服务员，这些地方很快就发展成了社交中心，尤其是吸引了很多商人和官员。烟馆里使用的鸦片多数是从新义州和马连洞进口的朝鲜鸦片，质量比热河鸦片好。朝鲜鸦片的成本大约为每两3.5元，通常是同鸦片灰和麻醉药品混在一起制作。这样，每两鸦片可分为70份，每份卖30分，利润几乎是600%。从七道沟的一家鸦片烟馆得知，通常每天这种制成的鸦片能卖出价值400元的数量。

至于安东的鸦片烟馆数量，满洲事变爆发前，中国城区的私人烟馆数量不超过20家，而日本租界内则开设有500多家。但到1932年7月，中国城区注册的烟馆达到80多家，到1933年春天又增加为145家。而这段时期日本租界内的鸦片烟馆已增加为684家。安东县的总人数约为26万人，其中一半住在城区。现在住在城里的13万人口中，超过2万人已成为鸦片和麻醉毒品的瘾君子。他们每人每天消费3钱（十分之三两）鸦片。每年消费的鸦片总量大约为2160000两，按每两3元计算，总成本至少为6480000元。在农村，由于有中国志愿者不断地抵制非法贩毒和吸食鸦片，情况基本没有什么变化。但从1933年1月起，中国志愿者逐渐分散到其他地区，而且使用鸦片开始公开化，因此，目前在大东沟和其他村里共有超过100家鸦片烟馆。鸦片吸食者可能已增长至人口的15%。

下面翻到第6页的第一段，日文版的每7页。（宣读）

在这段时期，在这四个县的90万总人口中，有8万人已经开始对鸦片上瘾。平均每个吸毒者每天需要3钱鸦片。因此，一年的鸦片总消费量就超过了8640000两（一两等于一又三分之一盎司），每年浪费的金钱将在25000000元左右（按每两3元钱计算）。

下接第7页的最后一段，日文版的第10页。（宣读）

安东、凤城、岫岩、庄河的毒品情况。第一阶段（从1931年10月至1933年3月）安东。在满洲事变前，吗啡的毒害对安东的影响非常小，因为它仅在日本租界内偷偷出售。中国政府执行了严厉禁烟措施来制止这种邪恶的增长，在那段时期他们的努力也获得了很大的成功。但在日本吞并了满洲后，情况发生巨变。日本和朝鲜浪人（无赖）利用他们的政治影响力从鸭绿江东岸的新义州公开进口吗啡和其他麻醉品到这个地区。他们还在七道沟设立了批发总部。日本人和朝鲜人开的妓院被当作销售机构。同样，当铺也被用于这个目的。贫穷的吸毒者由于需要获得麻醉毒品来满足自己的欲望，可能会拿衣服或其他财物在这些当铺换取鸦片。于是，这个地区所有的当铺都把销售麻醉毒品作为自己的一个副业。此外，贩毒者还鼓励当地无赖、受日本人雇佣的中国汉奸以及其他不良分子加入销售毒品的行列，把这作为一个良好的收入来源。

于是，到了1932年上半年，整个县区都完全受到了这种非法交易的毒害。我们的调查显示，由一个位于辻山精米所附近的日本机构出口至安东县东部几个县区的吗啡数量每天不少于200磅。这还不包括卖到安东城内的数量。据估计，使用吗啡的人数，包括那些用吗啡作为鸦片代替品的人，仅在这个城市就有10000多人。还有至少5000人在农村地区，如浪头和其他地方。如果每位吸毒者每天只需要注射一针吗啡，每次成本为20分，每年在这上面的总花费就将超过1000000元。

桑德斯基检察官： 下面我将宣读第9页的第一段，日文版是第13页。

（宣读）

如果将这四个县区加在一起——共有60000名吗啡瘾君子，在这上面的每年花销共计4300000元。

关于这些地区的海洛因情况，这是一个比较新的问题。在满洲事变前，只有一小部分人偷偷地使用海洛因，也仅限于城市和沿铁路线的几个村。但"战争"爆发后，这个恶魔也开始影响到农村地区。而且，由于非法使用海洛因在"满洲国"士兵中很普遍，随着中日战争爆发后军事活动的增加，也使得对这种毒品的需求增加。于是，这些地方的人就受到了影响，开始将其作为一种鸦片的替代品。安东的情况最为严重，然后是凤城和庄河。岫岩是受影响最小的地区。这种毒品大多是由鸦片烟馆、吗啡窝点和鸦片零售店进行销售。

跳到下一句话：

很难可靠估计出需要习惯性吸食这种毒品的瘾君子数量，因为他们中的大多数都是鸦片吸食者。他们使用海洛因只是作为鸦片的替代品。但是可以肯定地说，吸食这种毒品的人数在不断上升。

在这个第一阶段，据估计，四个县区的 900000 总人口中至少有 130000 人对麻醉毒品成瘾。每年与此相关的总花销不少于 9000000 元。

如果本法庭允许，我想把这份文件中的剩余部分推迟到稍后再宣读，这样就可以与同一时期相关的其他文件结合起来宣读。

韦伯庭长：那样会保持文件的逻辑顺序吗？

桑德斯基检察官：是的，阁下。此外，如果法庭允许，为了使陈述更有连贯性，我希望提请法庭注意一个已被采纳的证据，作为下一份将要提出文件的背景。我指的是文件 613 号中的一份声明，证据编号 227，这是 1932 年 6 月 4 日由关东军参谋长发给陆军次长的一份电报，在庭审记录的第 2844 页。考虑到这份声明与在"满洲国"建立鸦片专卖制度的相关性，我十分恭敬地请求允许我从庭审记录第 2838 页上引用一小段话。

韦伯庭长：从庭审记录上引用内容不是件好事，但我们试一下，看看这种情况会发生什么。也许能为法庭成员节省掉很多麻烦。

桑德斯基检察官：我引用："满洲国"的财政目前遇到很大困难，由于在维持和平与秩序上面临的困难，很难实现在建国时估计的 6400 万元收入。由于这个数字中包括了 1900 万元海关收入和 1000 万元鸦片专卖收入，而"满洲国"的估计支出为 9300 万元，除非它能迅速找到一种方法增加收入，否则"满洲国"将会处于困境中。

韦伯庭长：这段陈述是谁说的？

桑德斯基检察官：那是由关东军参谋长发给军部的一份电报。

为了说明关东军参谋部提出建议后日本政府采取的行动，我们下面提出文件 2173 号作为证据。

韦伯庭长：按惯例采纳。

法庭副书记员：检察方文件 2173 将作为证据被采纳，证据号 375。

（随后，上面提到的文件被编为检察方证据第 375 号，并被采纳为证据。）

桑德斯基检察官：这份文件是关于承销"满洲国"政府发行国债的合同。

文件附录了日本兴业银行有限公司提供的一份证明，内容如下：

东京，1946 年 8 月 15 日。致国际检察局。

我们在此证明日本兴业银行于 1946 年 6 月 12 日通过日本政府财政部向贵局提交了以下文件。

1."满洲国"政府建设债券进行承销的合同。（副本）

2.教令编号109.《建设债券法》。院令编号17.《发行建设债券规定》。由日本兴业银行行长伊藤谦二签名。

宣读文件正文：

"满洲国"政府建设债券承销合同。

"满洲国"政府（以下简称为"甲方"）与日本兴业银行（以下简称为"乙方"）关于承销"满洲国"政府即将发行的30000000日元国家建设债券签署以下承销合同。乙方代表日本国家兴业银行，横滨正金银行，朝鲜银行，安田银行，川崎第一百银行，三十四银行，住友银行，鸿池银行，山口银行，名古屋银行，爱知银行，三井信托公司，三菱信托公司，安田信托公司和住友信托公司。

第1条。甲方应遵照1932年11月16日颁布的《国家建设债券规定》根据下列基本要求在日本发行总价值为30000000日元的国家建设债券；乙方应承销全部金额的债券。

接下来看第2页上的第4条。如果法庭允许，我只宣读相关的部分。第4条，第2页。

这些债券将以鸦片专卖局和吉林—黑龙江公路收费局的利润作为担保。专卖的利润应优先偿还债券的本金和利息。

接下来是第3页上的第9条：

有关这些债券，除了上述条款，还应适用1932年11月16日颁布的《"满洲国"建设债券规定》和1932年11月19日颁布的《"满洲国"事务委员会条例》。

本合同以日文起草，一式两份，由甲、乙双方代表签字后生效。正本由乙方持有，副本由甲方持有。

日期：1932年11月19日。

"满洲国"政府代表。财政部总务处处长。星野直树（签名）。满洲中央银行副行长，山成乔六（签名）。

上述银行及信托公司的代表。日本兴业银行。行长结城丰太郎（签名）。

请注意，庭长阁下，此文件中提到的名字星野直树是本案的被告。

我们将刚才宣读的贷款合同第1条中提到的债券法和相关法规提出作为

证据，但不在法庭宣读。

韦伯庭长：按惯例采纳。

法庭副书记员：检察方文件2120将作为证据被采纳，证据号376。

（随后，上面提到的文件被编为检察方证据第376号，并被采纳为证据。）

桑德斯基检察官：检察方现在提出文件9524-B号作为证据，这是美国财政部针对文件9524进行验证的一份证明。文件9524是驻上海财政公使的一份报告，带有签名的证明原件被附在那份文件的后面。

韦伯庭长：报告及其证明按惯例视为一份文件采纳。

法庭副书记员：检察方文件9524和9524-B将作为一份证据被采纳，证据号377。

法庭执法官：远东国际军事法庭现在继续开庭。

韦伯庭长：桑德斯基先生。

桑德斯基检察官：检察方文件9524-B，证据编号377，这是财政部长证实9524号文件的一份证明。

现在宣读9524号文件第6页上的标记部分：

新开鸦片零售所的新闻每天都会出现在满洲的各种报纸上。下面是几个例子。

东丰县

根据省局的指令，东丰县警察局委任施钱一、王兰芳、岳营阁和其他人作为第一批官方鸦片零售商。警察局总部在公告中表示："由于他们已经为获得许可证支付了必要的存款，按要求完善了组织，而且他们的代理人实力也非常雄厚，相信他们将生意兴隆。"据称，很快将为第二批和第三批零售商发放许可证。

根据省警察分局对昌图县下发的第26号令，居住在本城西街的王宪章已被任命为鸦片零售商，并获准开设一家鸦片零售所。零售所开业典礼时，很多人都到场祝贺。

下面翻到文件的第11页：

吉林市大约有40家鸦片商行，每家每天销售价值200元的鸦片，这样每天销售总额大约为8000元。在哈尔滨，鸦片行每天的销售收入总计达到16000元；长春有60家鸦片商行，每天总收入约为10000元；在兴安、热河和黑龙江的省会城市，每个城市每天的收入约 10000 元。这些大城市每天销售鸦片的总收入接近 50000 元。

根据"满洲国"民政部的官方报告，在满洲的 30000000 总人口中，超过 9000000 人吸食鸦片成瘾，也就是总人口的 1/3。其中 13% 的瘾君子不足 15 岁，23% 在 25 岁以下，33% 在 30 岁以下。每个瘾君子平均每天需要吸食 4 钱（十分之四两）鸦片，总量约为 292500 磅。1 钱（十分之一两）鸦片的成本约为 4 角钱。一年的总消费量超过 500000000 元。

奉天

自从"九一八"事变后，奉天城内新开了很多家鸦片行，如日本人开的颂茂、三义、永义、永盛、永昌等。从去年 3 月开始，大多数以前从事纯商业活动的日本商行都转成了鸦片行。总数量超过 600 家：它们除了提供吸食鸦片的场所，还销售鸦片和其他麻醉品。在奉天城外的大西关、小西关、公爷处、公府师以及南北两市场，我们发现了超过 150 家鸦片行，其中 50% 的店是朝鲜人开的，40% 的店是日本人开的，还有 10% 是中国人开的。在日本租界内和南满铁路区的情况更严重。每家中国人经营的鸦片商行必须最少雇佣一两名日本人或朝鲜人，以防范可能出现的麻烦，每人的日工资为 2—3 日元。如果这样做了，商行就可以享有悬挂日本国旗的特权。

从 1933 年 5 月的第二个星期开始，为招徕顾客，大多数鸦片烟馆都雇佣了年轻女服务员来侍奉烟客。在引入这个服务项目后，烟馆的生意增加了三倍。

哈尔滨的情况

自从日本人占领哈尔滨后，他们在 Kitasky 街和大正街所在的区域开设了 500 多家鸦片商行，超过了开在其他区域的鸦片行总数。以前鸦片是从松花江和绥芬河的下游走私进入，但自从日本人占领这个地区后，鸦片必须从长春进口。为防范强盗和损失，通常会雇佣日军士兵对鸦片运输进行保护。

哈尔滨的烟馆也招募了女服务员来侍奉烟客。哈尔滨有 1000 多家烟馆，每家烟馆里都有几个女孩，每个女孩的日薪从 1.5 到 3 日元不等，此外每天还有 8 至 20 日元的小费收入。

吉林市有 900 多家烟馆；黑龙江市有 500 多家；安东和营口各有 400—500 家烟馆。所有这些店都在"满洲国"鸦片专卖局进行了注册。每家商行的许可证费用为 500 日元。另外，无论销售了多少鸦片，都必须从鸦片专卖局以每两 0.6 日元的价格进货。

这些烟馆的女服务员实际上是打着幌子的妓女。由于提供了这种服务项目，很多二三十岁的青年男性就成了烟馆的常客。

"满洲国"政府从鸦片专卖中获得收入的第一年预算为 5000000 日元。鸦片专卖局出售的鸦片总金额为 33000000 日元。

下面我要再返回到 9525 号文件，证据文件编号 374：调查第二时期的情况。关于这个时期的报告从第 6 页第二段开始，日文版第 7 页，宣读如下：

第二时期——（从 1933 年 4 月到 1934 年 12 月）。

安东，凤城的鸦片情况

安东。在 1933 年上半年，"满洲国"政府颁布了一条旨在鼓励农户种植鸦片罂粟的法令。由于农户们被种植这种产品所能实现的高额利润所吸引，该法令得到了广泛响应。同年秋天，日军和满洲军队针对分布在农村地区的义勇军展开了一场战役。日本和朝鲜毒贩跟随日军来到这些村庄，在这些地方开设了很多鸦片烟馆。此外，在"满洲国"设立新省份后，安东成为一个重要的政治中心，那里的人口数量也迅速增长。更多的鸦片烟馆开业，为了吸引生意，都雇佣了女服务员侍奉烟客。位于安东市中国政府旧址的海关督察办公室也被改为省鸦片专卖局的办公地点。日本租界内的鸦片烟馆增加到 860 家，中国城区的烟馆也激增为 346 家。在安东 160000 总人口中，有超过 40000 人吸食鸦片成瘾，也就是说，这座城市中至少 25% 的人是鸦片瘾君子。以每人每天使用 3 钱鸦片估算，该地区每年消费的鸦片不少于 7000000 两，总成本合计超过 9000000 元。

我接下来宣读第 9 页的最后一段，在日文版的第 15 页。

韦伯庭长： 我这儿没有第 9 页的内容。第 9 页——等一下，现在有了。

桑德斯基检察官： （宣读）

第二时期的麻醉品情况。

（1933 年 4 月至 1934 年 12 月）

安东。1933 年 9 月以后，随着满洲军和日军对中国义勇军战役，吗啡的罪恶也迅速蔓延。此外，由于大量的朝鲜人移民到这个地区，他们除了销售麻醉毒品以外没有什么固定工作，这种罪恶也自然被扩大到更广泛的区域。根据最近的数据，有毒瘾的人数已超过了 30000 人，每年的总花费估计超过 2160000 元。

现在翻到第 10 页最后三段，关于第二时期的结论，在日文版的第 17 页：

这一时期，这四个县区共有 140000 多人对吗啡成瘾，他们一年的花费保守估计为 10800000 元左右。

至于这些地区的海洛因局势，情况不如吗啡这么严重，但作为鸦片替代品使用海洛因成瘾的人数在这些城市不断增加。从吗啡消费的快速增长情况来看，两年之内海洛因也将成为一种常见的祸害。

在第二时期，随着四县人口超过了 100 万，吸食鸦片和麻醉品的人数也增长到近 340000 人，大约占总人口数的三分之一。每年浪费在鸦片、吗啡和海洛因上的花费总共大约为 80000000 元。这对于那些在满洲以外的人而言，也许显得有些夸张，但对那些亲眼见到这些事实以及那些了解日本人实施他们的麻醉政策目的的人来说，都会赞同上述的估算。

谨上

（签名）M.R.尼克尔森

财政公使

检方下面要提出文件 9510 号作为证据，这是驻上海财政公使日期为 1935 年 4 月 1 日的一份报告。

韦伯庭长： 按惯例采纳。

法庭书记员： 检察方文件 9510 将作为证据被采纳，证据号 378。

（随后，上面提到的文件被编为检察方证据第 378 号，并被采纳为证据。）

桑德斯基检察官：（宣读）

上海，中国

1935 年 4 月 1 日

海关税务司，

    报关部，

        华盛顿特区。

        关于——日本倾向于鼓励在热河种植鸦片。

阁下：

对于种植粮食的农户，每亩地贷款 0.3 元，年利率是 7%。但对于种植鸦片的农户，每亩地贷款 2 元，年利率只有 2.3%。同时，还将汤玉麟将军时期对每亩征收的 10 到 20 元鸦片税减少为每亩 5 元。于是，那些希望多贷款、少付息的农户都开始重新种植鸦片。

1934 年，日本人在热河各县为鼓励农户种植罂粟而提供的小额贷款总额如下：

下面是一个按县划分的图表，14 个县的总金额达 1410000 元。

很多期待着能从种植罂粟中获得丰厚利润的农户最后发现，由于强制他们将种植的鸦片，并按照比市场价低得多的固定价格悉数卖给日本的大满堂公司，他们根本没有任何利润。收获后，由于很多农民无法偿还贷款，他们的土地就被日本人没收了。

谨上

（签名）M.R.尼克尔森

财政公使

我们下面要提出文件 9528 号作为证据，这是美国驻奉天总领事日期为 1936 年 10 月 31 日的一份报告。

韦伯庭长： 按惯例采纳。

法庭书记员： 检察方文件 9528 将作为证据被采纳，证据号 379。

（随后，上面提到的文件被编为检察方证据第 379 号，并被采纳为证据。）

桑德斯基检察官： （宣读）

美国总领事，

奉天，满洲，1936 年 10 月 13 日

机密——仅供内部使用。

主题：关于麻醉品的近期观察报告。

尊敬的阁下

纳尔逊·特拉斯勒·约翰逊，

美国大使，

北平，中国。

阁下：

我很荣幸地转发给您一份鸦片专卖局公告的翻译件，内容是关于1937年获准种植罂粟的地区。

请注意，"满洲国"官方去年指定合法种植罂粟的总面积超过150000亩（约25000英亩）。但没有任何迹象显示非法种植会受到限制。

在下面几段中提到的针对鸦片零售商的法规，它们看起来不过是在粉饰过失。

10月27和28日，美国财政部长的特别助理B.M.汤普森先生来到奉天。在他停留期间，为了避免遭到当地政府的批评，他要我派人带他去看一下这些麻醉品场所。10月27日，我手下的一名职员陪同他去了一家有许可证的鸦片零售所，这家店位于奉天的一条主干道上，旁边就是一家当地很多中上阶层的人光顾的说书馆。显然任何人都可以进入这家鸦片零售所。汤普森先生和我的下属官员一进去，服务员没有问他们任何问题就直接将他们领到一个吸食鸦片的房间，就像去一家餐馆被领到一张餐桌前一样。没有问任何问题。当他们说不需要鸦片时，服务员露出了一丝惊讶，但仍然没有表现出怀疑或任何不安。如果在这家零售所吸食，出售的鸦片价格为每剂2角钱，如果外卖，同样剂量的价格是2角5分。他们停留在那里时，瘾君子们进进出出，店员除了礼貌地询问需要哪种级别的鸦片外，不会问其他任何问题。

现在翻到文件第5页的最后一段，也就是下一页：

从上述内容可以明显看出，自从A.S.蔡司领事去年秋天就这一主题提交了基本报告后，在控制麻醉品方面没有取得任何进展。

谨上

威廉·R.兰登

美国领事

由于公告的实质内容已在这封信的正文部分，我就不宣读文件第7页上的翻译了。

韦伯庭长：你是否有意略去了威廉·R.兰登先生报告第5页的倒数第二段关于拾荒者市场的内容？这种贸易或者说所谓的贸易所造成的后果和它本身相比也同样重要，即便不是更加重要的话。

桑德斯基检察官：如果庭长阁下允许，我将很愿意来宣读这部分内容。

韦伯庭长：我认为那应该被记入庭审记录中。

桑德斯基检察官：是的，阁下。

（宣读）

在拾荒者市场旁边有一条散发着臭气的露天阴沟，附近有大约 50 多间简陋房屋，里面居住着最低等的妓女，同时她们还出售麻醉品。警察都不会去那个地方。那种环境非常令人嫌恶。也许是显示了从因到果的奇妙力量，在这些吸毒妓院后面的灰堆上，躺着 7 具赤裸的尸体，显然他们的毒友剥走了他们的破烂衣服。这种场面每天都能见到，尽管世界红卍字会定期来将这些尸体运走。只能说，这些人是因为吸毒而最终落到这个下场。

检察方下面要提出文件 9530 号作为证据，这是美国驻朝鲜首尔的总领事日期为 1937 年 2 月 4 日的一份报告。

韦伯庭长：按惯例采纳。

法庭书记员：检察方文件 9530 将作为证据被采纳，证据号 380。

（随后，上面提到的文件被编为检察方证据第 380 号，并被采纳为证据。）

桑德斯基检察官：发自美国总领事，首尔，朝鲜，1937 年 2 月 4 日；主题：关于从总督府专卖局增加对"满洲"专卖局的鸦片供应。（宣读）

尊敬的阁下，国务卿，华盛顿。

阁下：关于威廉·R.兰登领事于 1935 年 6 月 14 日发来的密函第 64 号，有关从朝鲜发往满洲的麻醉品货物事宜，我很荣幸地转给您一份 1937 年 2 月 2 日出版的《京城日报》(总督府下的一份日语刊物) 上文章的翻译件，内容是关于总督府专卖局增加了对"满洲"专卖局的鸦片供应。

如附件中媒体文章所显示，每年向满洲出口 41335 磅鸦片，但在满洲政府的要求下，这一数量将会增加。为满足这些增加的出口需求，朝鲜的鸦片年产量将由 57870 磅增加到 82670 磅。另一个事实是，这个国家生产的鸦片中有 71%是运往满洲。

谨上

O.盖洛德·马什，美国总领事。

以下是《京城日报》在 1937 年 2 月 2 日刊登报道"鸦片产量将增长"的全文翻译：

（宣读）

当从东京的商务旅行返回后，总督府专卖局董事栋居在第一时间向媒体作出以下声明：

"我们每年向满洲出口约 41335 磅鸦片。最近在东京召开的部门鸦片秘书会议上，决定根据满洲的需求以及提高咸镜南道和咸镜北道鸦片种植的需要，相应地增加出口量。

"我计划于三、四月份访问满洲，关于此事签署一份合同。

"目前支付给鸦片种植农户的价格大约是每贯（8267 磅）120 日元。如果产量从 7000 贯（57870 磅）增加到 10000 贯（82670 磅），鸦片种植农户可最少获得 1000000 日元。"

检察方下面要提出文件 1043 号作为证据，这是从日本外务省条约局的一份出版物《1938 年商业报告》中摘录的内容。

韦伯庭长： 按惯例采纳。

法庭书记员： 检察方文件 1043 将作为证据被采纳，证据号 381。

（随后，上面提到的文件被编为检察方证据第 381 号，并被采纳为证据。）

桑德斯基检察官： 我现在只打算宣读一下文件第 8 页上第 8 节的内容，是有关在朝鲜持续扩大的鸦片种植。同时，这份文件还有一个目的是为了显示关于鸦片和麻醉品的决定并非简单地由当地或所谓的自治国民政府来决定，而是由日本人决定——在内阁层面的决定。

（宣读）

VIII.关于扩大朝鲜鸦片种植面积。

根据昭和八年（1933）4 月 11 日的内阁决定，在朝鲜总督府托管下的生鸦片可以暂时转交给"满洲国"政府。此后根据上述内阁决定，为了配合它的专卖制度，朝鲜生产的生鸦片除了向台湾总督府鸦片专卖局和关东专卖局供应原料外，也可以向"满洲国"政府转让。随后，昭和十三年（1938）12 月 12 日向鸦片委员会建议，向台湾总督府、关东租界地和"满洲国"政府供应或转交的生鸦片数量以及为了生产出要求数量鸦片而需要种植鸦片的面积都应当在同有关政府磋商后决定。委员会于同一天批准了这项建议，随后，内阁也于同年 12 月 23 日在考虑后作出了以下决定：

昭和十四年（1939）的鸦片种植面积将增加 2000 町步（4000 英亩），这一年总的鸦片种植面积预计将达到 7000 町步（17150 英亩）。

我们下面要提出文件 1045 号作为证据，这是"日本外务省条约局第三课的 1939 年官方报告"。

韦伯庭长： 按惯例采纳。

法庭书记员： 检察方文件 1045 将作为证据被采纳，证据号 382。

（然后，上面提到的文件被编为检察方证据第 382 号，并被采纳为证据。）

桑德斯基检察官： 我希望宣读一下第 1 页上标注为 1 的段落，从中可看出，根据日本内阁的决定，朝鲜的鸦片种植面积在 1940 年连续第三年呈增加趋势。（宣读）

日本外务省条约局第三课的 1939 年官方报告。

内部的鸦片问题。

第五章第 3 节。

1.朝鲜的鸦片生产增长计划。

从 1939 年起的朝鲜鸦片生产情况如下：

在增加了 2000 町步（4900 英亩）种植面积后，1939 年的鸦片种植总面积被扩大到了 7060 町步（17297 英亩），从中可提炼出 78366 公斤生鸦片，分配方案如下：

"满洲国"	62000 公斤
关东租界地	13000 公斤
台湾	5000 公斤
合计	80000 公斤

同时，为了满足不断增加以至于超出朝鲜、"满洲国"和关东租界地总生产能力的鸦片需求，并根据内阁于 1938 年 12 月 12 日的决定，内阁管理局于 1939 年 11 月 9 日通过了一项决议，批准朝鲜在 1940 年再增加 5000 町步（12250 英亩）鸦片种植面积。在这次增加后，加上之前的 7060 町步，总种植面积将提高到 12060 町步（29547 英亩）。

检察方下面要提出文件 9558 号作为证据，这份文件摘录了 1937 年 5 月 24 日至 6 月 12 日在日内瓦召开的国联"鸦片与其他危险药品走私顾问委员会"第 22 届大会的会议纪要。

韦伯庭长： 按惯例采纳。

法庭书记员： 检察方文件 9558 将作为证据被采纳，证据号 383。

（然后，上面提到的文件被编为检察方证据第 383 号，并被采纳为证据。）

桑德斯基检察官： 从打印文件原标记的第 56 页开始宣读，这是我们摘录部分的第 2 页。（宣读）

富勒先生（美国代表）作出以下陈述：

"关于生鸦片的生产，我们从国内收到的信息显示，没有受日本人影响的中国省份为减少生鸦片生产做出了极大的努力，且这些努力已取得了令人瞩目的成功。委员会应当记得，在中国长城以南地区，鸦片的主要生产省份历来是云南、四川和贵州。委员会还应记得，在以往的几年里，云南的产量估计每年有 4500 吨，四川的产量也差不多，贵州通常在 400 吨左右。

"我很高兴地告诉大家，根据我所得到的信息，在上述三省（占长城以南鸦片产量的大部分），中国政府所采取的严格限制措施现在已开始有了明显收效。云南在 1936/37 作物年的产量估计已减少了 50%，四川也有差不多幅度的减产，目前停留在通常产量的一半左右。

"然而，当我们来到日本人控制或影响下的省份，我们发现了截然不同的情况。在东北三省——也就是满洲——我们发现当地政府在 1937 年指定的合法鸦片罂粟种植面积是 156061 英亩，比 1936 年的 133333 英亩增加了17%；而非法种植也已达到了一定程度，以至于政府认为有必要在 1937 年 2月 6 日向非许可种植者发出一个公共警告令。1937 年满洲政府鸦片销售的毛收入预计比 1936 年增加 28%。由于人民的福祉与这种向他们销售更多鸦片的政策相互矛盾，因此人们自然会认为这种遏制非法鸦片种植的措施只是为了阻碍商业竞争。"

现在翻至第 3 页和第 4 页上的标记部分：（宣读）

1937 年 1 月下旬，在满洲中央政府所在地新京（以前称作长春），召开了一次省长会议。

在省长会议上发表了演讲之后，《盛京时报》（南满铁路管理下在奉天发行的一份中文日报）的日本籍主编 M.T.菊地公开批评了政府的麻醉品政策。他指责说：（1）鸦片许可零售制度并没有遏制毒品使用的蔓延；（2）大量年轻人开始对毒品上瘾；（3）政府一方面倡议改善公众健康，但另一方面又允许使用麻醉品来毒化人民，这是相互矛盾的；（4）鸦片及其衍生物是对"满洲国"荣誉的一个污点。如果委员会允许，我将读一下菊地报纸上的三篇很有勇气的文章。

如果法庭允许，我想只宣读其中的一篇，在第 3 页的最末端：（宣读）

（1937 年 1 月 27 日《盛京时报》社论。）"鸦片零售制度和保护健康"。

从鸦片零售制度建立开始，我们就发表了相关社论作为警示。与预期相反，经过几年鸦片零售制度的实施，没有任何鸦片成瘾者停止吸食，而且有大量年轻人也开始吸食。因此为了保护人民的健康，在省长会议上提出了重新研究许可鸦片烟馆的问题。

近年来，政府对人民的健康非常关注，努力进行改善。但采纳许可鸦片烟馆的制度以及允许人们随意进入有许可的烟馆吸食鸦片要比不卫生的环境对他们的健康影响更加严重。鸦片，以及海洛因和吗啡，已导致了很多人死亡（在满洲）。

也许有人会说，既然已为公众治疗毒瘾开设了戒毒所，如果人们自己想要麻醉品，那就如同飞蛾扑火，政府也没有其他办法。但我们认为，如果购买鸦片需要经过适当的程序，如果减少获得许可的鸦片烟馆数量，就有可能减少吸食鸦片的人数。毕竟，对任何文明国家而言，允许公开出售麻醉品是一种耻辱。为减轻过错，也许有人会说他们国家采取这种鸦片零售许可制度只是一种临时措施，他们已决定逐年减少鸦片种植面积。但比较现实的做法还是为戒除毒瘾规定一定的年限，即使不是出于对公众健康的考虑，至少也是坚持执行原定的减少鸦片消费的目标。

这次省长们在重新研究鸦片问题上与我们的观点一致。也就是说，人们必须享有健康的普遍权利。目前这种保护健康的可笑形式留下了一个污点。而且，一方面讨论公众健康，另一方面却任由人们受到毒化，这种逻辑似乎是相互矛盾的。目前情况也许是去劣存优的一个计划。但是，尽管存在鸦片戒毒所和公众健康组织，但允许人们继续视毒品如甘饴一样食用是一种耻辱。如果政府颁布了法令，没有吸毒者敢违背。但如果要等到局势发展到最严重时才进行控制，那就太迟了。

有人说，既然鸦片吸食者已不可能恢复正常健康，最好由他们自己选择或生或灭。我们要问，如果严格禁止他们吸食鸦片会造成什么危害吗？由于政府禁令而死亡的人只是少数。但如果有了这些禁令，对毒品上瘾的年轻人数量就会得到遏制。这自然会极大地保护了人民的健康。

有人说鸦片是政府收入的一项重要来源。如果突然将这一来源切断，政府将无法填补损失。但我们认为，"满洲国"地大物博，用其他农作物代替鸦片将能够弥补这一损失。

为什么要继续留下这个耻辱，让这个国家到处充满身体不健康的人呢？我们已建议省长会议对鸦片零售的问题进行重新研究。虽然我们还没有听到有任何结果，但我们觉得中央政府为了人民的身体健康，必将认真考虑这一问题并采取适当的解决措施。

现在翻至第 5 页上的社论评论，打印件标记的第 65 页，在日文版的第 10 页。（宣读）

奉天和哈尔滨的灰土堆已经变得如此臭名昭著，以至于菊地被触动后写了下面的一篇社论，我将引用它的翻译件：

如果法庭允许，我相信翻译官手里没有这部分内容，所以，如果允许，我将引用富勒先生在这一页中间开始的最后两段所做出的结论。富勒先生说：（宣读）

政府已经——

韦伯庭长：我认为你应该读得更多一些。我们将暂时休庭，使译员可以确保拿到翻译件。

桑德斯基检察官：好的，阁下。

韦伯庭长：你遗漏了最重要的东西，虽然不是故意的。

（然后，11 时 55 分休庭。）

下午的庭审：

根据休庭规则，本法庭于 13 时 30 分开庭。

法庭执法官：远东国际军事法庭现在继续开庭。

韦伯庭长：桑德斯基检察官。

桑德斯基检察官：我继续宣读检察方文件 9558，证据文件编号 383，摘录文件第 5 页上的标注部分，打印页标注的是第 61 页。

（宣读）

奉天和哈尔滨的灰土堆已经变得如此臭名昭著，以至于菊地被触动后写了下列一篇社论，我将引用它的翻译件：

（《盛京时报》，奉天，满洲，1937 年 2 月 18 日。）"孔符石（音译）土堆上的死尸"。

　　每个人都知道吗啡的危险。每年都有很多人死于吗啡。这些对吗啡上瘾的人实际上是在自掘坟墓，这是非常可悲的事。位于大西城门外面的孔符石（音译）土堆是奉天的吗啡中心。每天都会有几个吗啡成瘾者死在那里，这已成为尽人皆知的一件事。

　　据说农历新年的几天后，在那座土堆下面又发现了 13 位年龄约在 20 岁左右年轻人的尸体。他们的头发蓬乱，面容肮脏，一眼就能看出是吗啡成瘾者。他们的上衣和裤子都被扒走了。有几个仰面躺在地上；还有几个的脸被东西盖上；另外一些尸体躺在臭水沟里。场面非常凄惨。直到当月的 16 日，这些尸体仍然在那个地方。

　　为表现人道精神和改善市容，希望市政府和慈善组织尽快为这些尸体穿上衣服并进行安葬。

　　继续宣读富勒先生的演讲。

　　对满洲人民的福祉负有责任或应当负责的政府就这些问题都做过什么事情？在这次省长会议上，没有听说实施了任何纠正措施。政府 1937 年的鸦片计划销售量比 1936 年增加了 25%。针对可耻的吗啡和海洛因生意没有任何采取遏制的打算。主席先生，我要说的是，这是一个非常悲哀但又最能说明问题的例子，它显示出贪婪的后果，显示出为获取利润而大规模地毒害自己的同胞，而且完全不顾对其他政府负有的实际或是法律上的义务，这些是任何一个希望得到尊重、信任和认可的政府都应尽到的义务。

　　在座的许多人也许还记得不久前，就在这个委员会，对某个国家的非法鸦片生产以惊人速度突然增加的现象进行了揭露——当时我们有一位最年长也最受人尊重的同事说："欧洲脸上的这一癌症必须被根除。"我们做到了。现在我们又遇到了另外一个癌症，这次是在亚洲脸上。这些应该对哈尔滨、奉天、山东、天津和北平的灰土堆负责的人能否在对他们的报复来临之前采取什么行动仍有待观望。但这些报复是倾其所有的非法所得收入也无法避免的结果。

　　主席感谢富勒先生所作的详细陈述。

　　罗素·帕沙（埃及）进行了以下陈述：

　　我们都已经听到了富勒先生关于长城以北日占区和部分中国本土目前情况的全面和真实的陈述。

我不知道那些第一次听到这些事的委员会成员会有什么印象。如果反应是怀疑或自我满足地希望事实并非像描述的这样严重，那么，我所能告诉他们的就是，我这里也有目击者提供的全面和充足的报告，可以充分证实富勒先生和其他人所讲述的内容。

由于海洛因的生产和销售在满洲和热河显然属于一种完全公开和获准的生意，任何聪明的旅行者都有能力判断出这种生意目前已达到的巨大规模，亲眼目睹它对民众所产生的可怕影响以及对文明世界的其他国家带来的威胁。

我并不想试图向你们完整讲述满洲和热河的麻醉品行业与情况，而是引用一些报告中的段落：

"在哈尔滨市，目前有不少于 300 家海洛因烟馆，其中不包括实际上也属于哈尔滨一部分的富家店市里的烟馆。

"每天来这些烟馆的大约有 50000 人，包括中国人、俄国人和日本人。

"除了这些海洛因烟馆，哈尔滨和富家店还有 102 家获许可的鸦片会所，也销售海洛因。每天光顾这些场所的客户数量大约有 20 位欧洲人和 300 位中国人。

"这两个城市的 100 万居民中事实上有四分之一的人有毒瘾。

"在过去两年中，哈尔滨有许多日本嗜毒者，尤其是日本军队中的士兵和军官。

"在哈尔滨非常寒冷的冬天，有很多吸毒者暴尸街头；尸体经常躺在街上很多天，因为没有人愿意将尸体运走；甚至有时候连狗也不愿意吃这些尸体。

"毒品供应并不是在哈尔滨本地生产的，完全来自奉天的日本租界地或大连。从大连有几千封装有毒品的信件被寄往美国、埃及和其他地方。

"在富家店的颇朵而（音译）区到处都是海洛因烟馆，那里肯定有一千多家。顾客都是来自最底阶层的劳苦大众；这个地区的旁边就是一个市场，那里可以出售二手货物和偷来的物品，以换取海洛因……在这里每天都能见到吸毒者的尸体；只需付 10 元钱，其他瘾君子就会把尸体运走掩埋……没有任何仪式。

"农民每天来富家店出售他们自己种的东西；付给他们的是海洛因，吸毒在他们中间也很普遍；他们把自己的马、牛甚至房屋都典当出去换成海洛因，直到彻底沦为乞丐，然后他们的土地就会被鸦片专卖局接管。"

罗素·帕沙（继续）

这些引证可以一直进行下去。正如大家可以看到的，这些地区的情况让任何对自己同胞怀有尊敬和怜悯心的人都会感到非常惊愕。

然而，这种罪恶是如此普遍，蔓延到非常广泛的地区，让我们这些生活安逸的人很难集中精力来想象这些事情意味着什么。

富勒先生刚才已经进行了描述，而且其他一些目击证人也对天津的日占区情况进行了书面陈述；有一些目击证人向我进行了如下描述：

"天津的日租界现在已成为全世界海洛因制造和吸食的神经中枢。以洋行命名的鸦片和海洛因烟馆的数量已超过了一千家，此外，还有几百家旅店、商店和其他机构公开销售白粉。在面积仅有 4 平方英里的日租界内，最少分布着 200 家海洛因工厂，有 1500 名日本专家和 10000 中国工人在从事海洛因制造。由于这种生意的利润很高，而且原料供应充足，每天都有新的工厂开业；工厂经营也是完全公开的。

"桥立街是中国海洛因地带的中心。那里有 50 多家店，在所有的店都可以自由地购买到海洛因。优质的海洛因没有掺入杂质，物美价廉，每克的零售价格是 1 元中国钱，批发价格为每公斤 500 元（约 45 磅）。"

为了进行比较，罗素·帕沙补充说，"目前在开罗 1 公斤纯海洛因的售价为 L500 到 L600 之间。"

继续引用：

"每天晚上，我们都能看到苦力和商人在街上兜售海洛因。继著名的满洲及热河的烟馆和工厂之后，天津的日租界成了中国本土与世界的海洛因中心。不仅中华民族，而且世界上所有其他国家的人，都因为这个地方而变得虚弱和堕落。

"当然，对贩毒者来说，与外国尤其与美国的生意最有利可图。大部分在国外截获的麻醉品上都带有中国的原产地标记。原因很简单：日本法律不允许向国外出口毒品，因此有必要通过上海将货物运往外国港口，有时也会直接从天津发货。

"我认真地做过一个计算，每星期直接从天津发货的海洛因估计超过 500公斤。这个数量大致可以进行以下细分：60%直接运往美国，30%经由欧洲国家和港口运往美国，剩下的 10%运往包括埃及在内的其他国家。

"我们的估计应该不会有太大误差，世界上所有的非法白面毒品中有90%的原产地是日本。无论在天津日租界、天津附近、大连及其附近或是满洲、热河与中国的其他城市生产，总是由日本人制造或在日本人的监管下制造。至于日租界内的烟馆情况，我无法用语言来描述那里令人厌恶和恐怖的情景。烟馆内灯光昏暗，即使对一个像我这样见多识广的人而言，那种污秽的场面也非常令人恶心和恐惧；在烟馆旁边的妓院，年轻女孩为了多卖一些海洛因而进行淫秽表演；中国人、俄国人以及其他国家的人都躺在肮脏的木板上，像是两三岁的小孩子。他们的头部臃肿、皮包骨头，已经由于毒瘾而变得像白痴一样。

"在进入烟馆的第一个房间，朝鲜妇女（她们自己从不吸毒）一直在忙着往海洛因中掺入杂质。一小份剂量卖 1 角钱，质量较好的或是注射用的吗啡一剂卖 5 角钱。注射使用肮脏的针管，一般是自制的；针头从来不进行清洗、消毒或更换，因此梅毒会通过针头轻易地从一个人传染到另一个人。我见过一些吸毒者，他们的整个胸部都是烂肉和坏疽，身上的洞足以让人把整个手掌放进去。吸毒的针头就是从这些腐烂的、行尸走肉般的身体上推进去。"

我引用完了。

桑德斯基检察官：检查方下面要提出文件 9532B 号作为证据，这是对文件 9532 来源的证明文件。

韦伯庭长：按惯例采纳。

法庭书记员：检察方文件 9532B 将作为证据被采纳，证据号 384。

（随后，上面提到的文件被编为检察方证据第 384 号，并被采纳为证据。）

桑德斯基检察官：（宣读）

财政部副部长，华盛顿，1946 年 5 月 31 日，致尊敬的战争部长，尊敬的部长阁下：1945 年 11 月 30 日，财政部曾向华盛顿的陆军军法署署长办公室下的战争犯罪办公室的陆军中校威廉·T.霍纳迪发出一封信，内容是关于霍纳迪中校向海关局提出的授权使用某些保管在海关局档案室的文件正本的请求，这些文件将在某些战争罪犯在日本接受审判时作为证据使用。

在此知悉霍纳迪上校，财政部不反对他使用这些文件。

我们注意到，战罪办公室特别提到了一份由前美国驻上海财政公使尼克尔森于 1937 年 10 月 27 日提交的标题为《"满洲国"鸦片专卖公署的组织、活动和 1937 年"满洲国"的鸦片情况》的报告，并希望被告知这是否为一份正式报告。

请知悉，标题为《"满洲国"鸦片专卖公署的组织、活动和 1937 年"满洲国"的鸦片情况》的报告是由美国驻上海财政公使办公室提交的一份正式报告，该文件从海关局的档案室中提取出来，目的是在日本的战争犯罪审判庭上作为证据。

敬启，O.马克斯·加德纳，财政部副部长。

文件 9532 的标题如上所述。

（宣读）

尽管有很多关于"满洲国"的反鸦片和反麻醉品"整肃"活动的讨论，但"'满洲国'鸦片专卖公署"的组织和活动并没有发生什么变化。唯一明显的变化是它在 1937 年的活动增多以及收入增加。

根据我的谨慎判断，任何由"满洲国"总理张景惠颁布的、旨在"整肃"国内鸦片和麻醉品毒瘾的新法律，在当时的环境下都只是一种"掩饰"而已，下面将对这一点作出解释。

迄今为止（至 1937 年 10 月初），"'满洲国'鸦片专卖公署"仍然与它在 1932—1933 年建立时基本一样，只是组织范围更广泛。如诸位所知，在将该国划省份前，"'满洲国'鸦片专卖公署"只有五个区域办公室，但在划分为 14 个省、后来（1937）又划分为 16 个省之后，"'满洲国'鸦片专卖公署"在所有的省份都开设了区域办公室。

目前，"'满洲国'鸦片专卖公署"已发展为一个健全的管理系统，因此可以比以前更方便地来观察和研究它的工作。

除了省级和区域办公室外，"'满洲国'鸦片专卖公署"还在哈尔滨建立了一个实验室，在奉天和承德建了麻醉品工厂，并在新京、奉天、齐齐哈尔、吉林和承德各设一个专门治疗鸦片和麻醉品成瘾者的戒烟所。实验室和工厂的设立是根据"满洲国"政府于 1933 年 10 月 25 日颁布的法令；而成立戒烟所是根据 1935 年 1 月 15 日发布的政府令。

无论是政府还是"'满洲国'鸦片专卖公署"，都从未允许开设制造麻醉毒品的私营工厂。而且，"'满洲国'鸦片专卖公署"及其设在全国的办公室还要认真检查，确保在"满洲国"内没有这样的私营工厂，因为这些工厂的存在意味着政府和"'满洲国'鸦片专卖公署"的收入损失，同时也会影响那些从"'满洲国'鸦片专卖公署"获得了许可证的各种组织和个人的营业收入。

然而直到1937年7月前，"满洲国"内存在的私营工厂和麻醉品制造厂多数都设在奉天的日租界和关东租界地内，这些工厂在当地日本警察和宪兵队的保护下"经营"。

"'满洲国'鸦片专卖公署"多次要求"满洲国"政府和关东军关闭这些"非法的"工厂，但直到1937年7月前，所有这些工厂仍继续存在。

当国联开始公开指责日本政府和"满洲国"政府应当对远东地区"非法"麻醉毒品的生产负责时，"'满洲国'鸦片专卖公署"利用国联发起的"反对声音"，最终成功地使政府同意了它的要求，1937年7月19日"满洲国"枢密院通过了新的法律，1937年7月22日"满洲国"政府正式颁布了这些法律。

新"法律"共包括了32条，根据这些法律，在没有获得"满洲国"政府许可的情况下，各种麻醉毒品的生产、销售和进出口被严格禁止。违反新法的人将被处以7年以下监禁或不超过7000日元的罚金。

也许你们已经注意到了，这些新法律主要是针对麻醉毒品的生产和使用。瘾君子中发现有一些日本人。另外，由于吸食鸦片需要携带专用工具，鸦片相对比较容易控制，但几乎无法识别出麻醉品成瘾者，例如海洛因吸食者，因为他们只需要一支香烟就行了，而且也不会留下任何气味。

韦伯庭长：这里漏掉了一些内容。你跳过了第3页，所以不对。

桑德斯基检察官：阁下，我相信我正在读的就是第3页。

韦伯庭长：不，你漏掉了。也许你故意想这样，只是没有说。

桑德斯基检察官：对不起，庭长阁下。我看到了，我的确是漏掉了第3页。非常抱歉。从第3页最上面开始：

（宣读）

新法律规定，希望生产、进口或出口麻醉品的人必须获得政府许可。这些法律还禁止普通公众使用麻醉品，除了以下四种情况以外，不允许出售麻醉品：

1. 麻醉品的生产、进口和出口获得了有关政府部门的许可。

2. 当医师、牙医或兽医认为有必要使用麻醉品时。

3. 如果麻醉品购买者为一名执业医师、牙医或兽医。

4. 当麻醉品将用于科学目的时。

从上述可看出，新法律的颁布主要是为了协助"'满洲国'鸦片专卖公署"控制麻醉品的使用，而不是如"满洲国"总理张景惠于1937年8月11日在新京发表的官方声明上所称的，为了遏制对鸦片和麻醉品的毒瘾。

此外，政府还依照新法律关闭了奉天、哈尔滨以及后来在大连和邻近地区的几家私营工厂，日本和朝鲜的工厂老板也被处以罚金。因此，据我所知，目前在"满洲国"和关东租界地都找不到私营工厂了。

然而，众所周知的事实是，当政府关闭上述工厂时，曾半公开地"暗示"这些工厂主，当华北和察哈尔的政局稳定之后，他们可以在这些地区重新恢复"工作"。我希望向您提交一份这些在华北和内蒙古新开工厂的详细报告，因为我已得到消息，许多原先在"满洲国"和大连经营工厂的日本人和朝鲜人，为了继续进行他们的"生意"，现在已移民到了上述这些地区。

最新报告显示，到目前为止，"'满洲国'鸦片专卖公署"已发放了大约2000张鸦片零售的许可证。

也许你们已经注意到了，这些新法律主要是针对麻醉毒品的生产和使用。瘾君子中发现有一些日本人，另外，由于吸食鸦片需要携带专用工具，鸦片相对比较容易控制，但几乎无法识别出麻醉品成瘾者，例如海洛因吸食者，因为他们只需要一支香烟就行了，而且也不会留下任何气味。

这样，新的法律也帮助了日本政府打击吸毒的日本人。据报告，尽管对吸毒者采取了严厉的惩罚措施甚至驱逐回日本，但吸毒的日本人还是明显增加。

关于鸦片的种植和使用，新的法律并未规定新限制，而仅仅是给予了"'满洲国'鸦片专卖公署"更多权力，从附件中的详细报告和地图中可以看到，鸦片的种植面积和使用人数都增加了。这些增加的另一个原因是，1937年春天，在华北开设了很多日本人保护下的麻醉毒品工厂，从而对生鸦片的需求量大幅提高。

目前只有哈尔滨的"实验室"和奉天政府下的麻醉品工厂在制造麻醉毒

品，包括吗啡、酯类、吗啡酯，可卡因等。我现在还不知道在这个哈尔滨"实验室"中生产的麻醉品数量，但我得到确切信息说"'满洲国'鸦片专卖公署"的奉天工厂每天的产量是75到100公斤，其中一部分将出口到欧洲和美国。

"'满洲国'鸦片专卖公署"在承德的工厂目前只为华北和察哈尔的巨大需求生产"基础原料"。据报告，8月下半月至9月上半月，日本军队向天津运输了大约200000公斤的"基础原料"，1937年10月份将进一步增加这些"运输"货物。

然后看第5页上的标注部分。（宣读）

在接下来的12页中，我提交了一份关于"满洲国"在1937年种植罂粟情况的详细报告。

从上面可以看到，罂粟的丰收情况非常好，根据我所得到的确切信息，至7月底和8月初，从"满洲国"的各省收购了约1800000磅的生鸦片运到新京的一个中央仓库。另有大约1000000磅被留在各省办公室作为"当地"使用，也就是，出售给获得"'满洲国'鸦片专卖"许可的零售商。

从这份详细报告中您将看到，"满洲国"的罂粟种植面积已增加了30%—35%，鸦片收购成本大约提高了50%。

在丰收之年，尽管每公顷收获的生鸦片平均产量从1936年的40磅下降为1937年的36.5磅，但事实是罂粟的种植面积要比1936年增加了30000公顷，从而使1937年的总产量大大增加。

图表："满洲国"各省1937年鸦片种植数据的综合报告。

韦伯庭长：你读得够多了，桑德斯基先生。再继续提出证据的话就要出现堆积了。

桑德斯基检察官：如果法庭允许，我们还有另外两份文件，但都没有刚才宣读的那份文件那样长。这两份文件是关于满洲，然后我们就会进行华北部分。剩余的文件涉及了不同的时间阶段，阁下。

韦伯庭长：列文辩护律师。

列文辩护律师：庭长阁下，我想提请法庭注意证据文件383号中已经被宣读过的内容。我已检查了证据文件的原件，这些刚才宣读的内容被用铅笔画了出来，正如我们手上副本上显示的一样。我们认为，在没有法庭的允许下，不应在证据文件的原件上作任何标记。但如果检查证据文件原件，就像我们这次所做的这样，就会发现原件上做了与我们手中副本一样的标记。

韦伯庭长：但上面的铅笔标记是检察方在向本法庭提出证据之前做的，他们当然可以根据自己的意愿行事。如果你们想要提出文件中被删去的、未被纳入证据文件的内容，你们有这样做的自由。我们不会被铅笔标记误导，列文先生。

桑德斯基检察官：庭长阁下，我想也许我能就辩护方提出的问题进行一下澄清，原件中只有作了标记的内容被提出为证据文件，这是我们可以识别这些内容的唯一方式。

韦伯庭长：史密斯先生。

史密斯辩护律师：如果庭长阁下允许，关于今天上午法庭采纳的几份证据文件，我的理解是，虽然提出的是整个文件，但本法庭并没有采纳整份文件，检察方也仅仅读了其中一部分。如果事实不是这样，那就是不公平的。

韦伯庭长：如果提出的一方希望只将文件中的一部分内容采纳为证据，这在所有的法庭都是很常见的一种做法。另一方，在本案中也就是辩护方有机会在适当的时间将余下的文件提出为证据。这非常普遍，事实上，在大多数案件中也是无法避免的。

史密斯先生：庭长阁下，请允许我用一点时间陈述我的观点。今天上午采纳的一份文件其实只是对一场讨论的记录。我相信，他们是将帕沙先生的话摘录出来，而且只有他的话。但是删去了日本代表回答时所说的所有内容，而且——

韦伯庭长：我注意到日本代表的话也被标注了，但没有被宣读，不过也没有理由宣读这些内容。辩护方可以以后找机会宣读，而且，如我之前所述，也许那样我们可以更清晰地理解到日本代表说了什么，然后另一个人又说了什么。辩护方没有什么好抱怨的。

列文辩护律师：庭长阁下，我不想过分地拖长这个讨论，但我希望关于这件事有一个澄清。我的理解是，当提出一份文件作为证据时，整份文件都将被纳入证据，但检察方只宣读了其中他们希望引起本法庭注意的那部分内容。

韦伯庭长：我们的规则是，在处理文件翻译的问题时，检察方或辩护方可以只使用文件中的部分内容。这里遵循的是这种规则。这也是很常见的做法。

现在，这些图表中包含了如每亩平均产量这样的信息。这对我们没有任何用处。逐年的种植面积扩大和产量增加当然是很重要的信息。但"满洲国"各省的产品销售量对比对我们也没有什么帮助。我已经快速浏览了一下你还没有宣读的内容，在我看来并不值得宣读，但是也许你可以提出建议这样做。这里面有没有你希望引起本法庭注意的任何特别内容呢？

桑德斯基检察官：如果法庭允许，我不打算宣读图表的细节。这些图表被包含在证据文件中，是为了帮助本法庭了解这些调查的细节，从而对调查的证据价值有一个更好的认识。

韦伯庭长：这些图标表明这个调查很全面、详细，因此是可靠的。

桑德斯基检察官：是的，阁下。如果法庭允许，我们下面将提出检察方文件9533号作为证据。

韦伯庭长：这是关于什么内容？关于同一主题吗？按惯例采纳。

法庭书记员：检察方文件9533将作为证据被采纳，证据号385。

（随后，上面提到的文件被编为检察方证据第385号，并被采纳为证据。）

桑德斯基检察官：提出这份文件是为了显示贩卖鸦片和麻醉品对"满洲国"政府财务上的重要性。

（宣读）

美国驻满洲奉天总领事，1939年1月27日。"满洲国"的鸦片政策。

尊敬的国务卿阁下，华盛顿。阁下：

我很荣幸地在此提及近期有关"满洲改革后的禁烟禁毒政策"的信函。您也许还记得，关于新政策的目的是政府真正地希望根除或至少是减少毒品罪恶，还是仅仅为了使政府加强控制鸦片和麻醉品收入的措施找一个合理借口，本办公室对此一直存有犹豫。

通过研究1938年专卖特别账户的预算，逐渐消除了关于政府发起所谓禁烟政策改革的动机的不确定性。从下面对比之前预算和目前预算的统计数字显示出：

1937[①]年购买生鸦片2900万日元；1938年的数据是3200万日元。1937年鸦片销售额为4785万日元；1938年销售7104.52万元。

---

① 原文是1938年，根据日文版订正。

生鸦片的价值没有上涨，但加工鸦片的费用有略微增长。因此，上面的数据表示鸦片销售呈现增加趋势，这与政府所称的遏制毒品使用的意图是不相符合的。

谨上

约翰·维斯,Jr.

美国副领事

韦伯庭长： 史密斯先生。

史密斯辩护律师： 在刚才宣读的信中，我手上的副本显示出最后一行被划掉了，很难辨认出上面写的是什么，但我注意到最后的一个词是"欺诈"，我觉得应该要求检察方宣读整封信函。

韦伯庭长： 在本法庭任何成员以这种方式中断法庭程序之前，他应当先查看原件。那是你应当已经做的事。如果原件不清楚，你才有权做你现在做的事情，但你应当去看一下原件是否能辨认出来。

史密斯辩护律师： 是的，庭长阁下。今天上午宣读的这一大堆文件以及接下来要宣读的文件在上星期五下午都堆在我们的桌子上，当时我不在办公室。直到今天早晨才看到这些文件。我甚至还没有机会读完副本。

桑德斯基检察官： 庭长阁下，我相信这些文件是周四3点钟从检方办公室发出去的。

韦伯庭长： 这和那没有关系。把原件给我，让我们马上来解决这个问题。作为一份美国的文件，它应当是英文的。

（然后，有一份文件交给了庭长。）

韦伯庭长： 这是原件，它非常清晰。

史密斯辩护律师： 庭长阁下，原件显示出信的最后一句被一条线划掉了，我希望询问一下为什么检察方没有把这句话读出来。

韦伯庭长： 这表示改变了想法。检察方没有理由读出这句话。

史密斯辩护律师： 我想向庭长阁下解释一下，我的当事人与贩卖鸦片并没有主要关联。我想坐在桌子中间的其他律师可能会提出这些反对意见。我不希望被理解为因为我当事人与本案有主要关系，所以我才会站出来请法庭注意这些事情。因为这封信很短，我认为政府应当把整封信都宣读出来。

韦伯庭长：我们已经白白地浪费了 10 分钟和很多纸。

桑德斯基检察官：检察方现在提出文件 9534 号。

韦伯庭长：是关于同一主题的事件。按惯例采纳。

法庭书记员：检察方文件 9534 将作为证据被采纳，证据号 386。

（然后，上面提到的文件被编为检察方证据第 386 号，并被采纳为证据。）

桑德斯基检察官：如果庭长阁下允许，这份文件是为第 2 页上的数据而进行的相关研究的陈述。我不打算宣读上面的表格。

检察方现在提出文件 9535 号。

韦伯庭长：关于同一主题的事件。按惯例采纳。

桑德斯基检察官：是的，阁下，它同样是关于贩卖鸦片和麻醉品的预算这一话题，但时间是在一年之后。

法庭书记员：检察方文件 9535 将作为证据被采纳，证据号 387。

（然后，上面提到的文件被编为检察方证据第 387 号，并被采纳为证据。）

桑德斯基检察官：这份报告是来自驻上海的财政公使——更正：美国驻奉天的总领事馆，日期为 1939 年 3 月 20 日。

翻到报告正文，它摘录自 1939 年 3 月 20 日美国驻奉天总领事馆关于"满洲国"1939 年预算的一份函电。专卖特别账户。这个账户值得进行研究。它显示的毛收入如下：鸦片销售：1939 年为 90908400 日元，相比于 1938 年的 71045200 日元。

我不宣读表格中的其余部分了。

（宣读）鸦片销售仍然是"满洲国"主要的收入来源之一，仅次于海关收入。考虑到鸦片专卖的收入，很难相信"满洲国"所宣称的在根除鸦片罪恶上的利益。去年，专卖机构购买鸦片的成本为 32653000 日元；今年将达到 43470000 日元，这相当于平均满洲的每一位男性、女性和小孩子预计都要从微薄的现金收入中拿 3 日元出来用于鸦片。

去掉向总账、储备基金和国家贷款基金支付的近 15000000 日元后，今年专卖的净利润预计超过 56000000 日元。

如果庭长阁下允许，这就结束了检察方对满洲鸦片和麻醉品阶段的证据陈述。

第七章
华北毒品形势①

---

① Transcripts of the Proceedings of the International Military Tribunal For the Far East (《远东国际军事法庭庭审记录》),第 4776-4819 页、第 2676-2692 页。

日军占领东北后，继续向关内挑衅、向华北进犯。侵略者在华北不断制造摩擦与挑起事端，进行军事扩张，策划使华北脱离国民政府的"华北自治"，从华北地区排挤中国政府与中国军队，推进日本政治、军事势力在华北的控制力量。在日军的扩张下，华北局势日益严峻，而日军入侵之处，毒品侵略则接踵而至。与在伪满洲国的毒化活动一样，日本也以华北为舞台，"大演其用鸦片等毒品毒化中国的丑剧"。[①]

第一节　在华北的军事扩张与毒品进攻

与东北地区一样，华北是日军较早进行毒品侵略的地区，在全面侵华战争爆发之前，日军在华北地区已经进行了长时期的毒品渗透，日俄战争之后，除关东厅的大连、旅顺与南满铁路沿线的所谓"附属地带"之外，华北的天津日租界已发展成受日本当局保护、在华北（甚至全中国）最大的一处贩制鸦片、吗啡与海洛因的中心，[②]山东青岛也成为对华鸦片销售的一大处理中心，由青岛内销的鸦片与吗啡，沿胶济铁路销行整个山东及安徽、江苏各地，[③]同时，天津日租界与青岛也是欧洲输入毒品的主要集中地。伪满洲国成立后，日军试图在华北获得"第二个伪满洲国化的立足之地"，以便下

①〔日〕江口圭一著，王玉平、唐克俊译：《抗日战争时期的鸦片侵略》，中国社会科学院近代史研究所《国外中国近代史研究》编辑部编：《国外中国近代史研究》第 19 辑，中国社会科学出版社 1992 年，第 96 页。

② Parks M.Coble, Facing Japan: Chinese Politics and Japanese Imperialism, 1931—1937. Cambridge: Harvard University Asia Center, 1991. p.306.

③ 李恩涵：《日本在华北的贩毒活动(1910—1945)》，《中央研究院近代史研究所集刊》第 27 期，©中央研究院近代史研究所 1997 年，第 54 页。

一步毒品进攻中国更广大区域。

在东三省被吞并之后，位于东三省与华北之间的热河省成为日本军事扩张的下一个目标。1933 年 2 月 23 日，日军开始攻占热河省，3 月，日本侵略军侵占了热河省，并将热河纳入了伪满洲国的版图，热河地区成为日军在占领区重要的鸦片产地；同年 5 月 31 日，国民政府被迫与日本陆军签订了《塘沽停战协议》。根据协议，在河北省东部设置了非武装区，中国军队撤出了规定的防线，伪满洲国由此扩展至长城一线。

《塘沽停战协议》签订后，日军推进"华北自治"与内蒙工作。日军利用叛军李守信进攻察哈尔省，逐渐逼迫中国方面撤出察哈尔省长城以北地区，并在多伦县设立了察东特别自治区；1935 年 6 月，根据《土肥原 – 秦德纯协定》，日军将宋哲元军排挤出察哈尔省东部与热河省相邻的地区，日本的政治、军事统治势力则推及到了这一地区；1935 年 6 月，根据《梅津 – 何应钦协定》，日军将国民党势力排挤出河北省，同年 11 月，在《塘沽停战协议》设置的非武装区内成立了冀东防共自治委员会傀儡政权；1935 年 12 月，在日本人的策划下，叛军李守信与内蒙古自治运动的领导人德穆楚克栋鲁普合作，制造了察东事件，向察哈尔省万里长城北侧的古北口 6 县发动进攻，日本人掌握了该地的行政权。

在经过上述一系列阴谋策划、军事进攻与占领，以及在日本扶持的傀儡政权控制下，华北地区完全处于日本关东军与华北驻屯军的威胁之下。日军向华北一步步军事扩张的过程，也是日军向华北进行毒品进攻、实施毒化政策的过程，日军一旦占领某一地区，即开始从多方面采取措施控制该地区的鸦片活动，日本政府在内阁层面也及时获得对这些地区的鸦片和麻醉品控制情况的完整信息。[检方文件 1045 号 （法庭证据号 382)][1]日本人在新占领区控制了鸦片活动，以《塘沽停战协议》签订和建立非军事区后的河北省为例，此时的河北省"中国政府就不能再使用军队打击贩毒行为了，整个河北省沦为日本在华北实施毒化政策的地区"。[检方文件 9518 号(法庭证据号 395)][2]英国

---

① Transcripts of the Proceedings of the International Military Tribunal For the Far East (《远东国际军事法庭庭审记录》)，第 4710–4711 页。

② Transcripts of the Proceedings of the International Military Tribunal For the Far East (《远东国际军事法庭庭审记录》)，第 4791 页。

现代史学家汤恩比形容"河北省已变成世界最广泛的非法海洛因毒品生产地了"。①河北东部的日本人、朝鲜人毒品走私活动尤为猖獗，昌黎县一地就有贩毒馆213处，其中由日本人经营的有166处，朝鲜人经营的有47处，均称"洋行"；唐山也到处是"洋行"，有467家，均为鸦片烟馆与海洛因馆。②据中国调查人员曹成功对冀东烟毒情况的调查报告，在滦东、临榆、秦皇岛、迁安等县，各有日、朝侨民数人至数百家不等，尽皆以贩卖鸦片为业。这正是日本人在新控制区域推行毒化措施——扶持傀儡政权、在中国官员身旁安插日本顾问、鼓励与强迫农民种植鸦片、扩大罂粟种植面积、建立收购鸦片的专门机构、经营制毒工厂、开办烟馆贩烟等一系列措施的结果，这样的情形正如史迪威（Joseph W.Stilwell）所言：整个冀东非军事区，已变成了一大鸦片烟场。③

1940年6月3日，在美国驻中国上海财务公使的报告中，就曾指出日本人在占领区推行上述各项措施以控制当地的鸦片活动，报告称："……1936年日军从满洲到达这里（察哈尔和绥远，笔者注）后，他们强迫为每位官员（县长）安排一名日本顾问，鸦片种植也被引入到所有地区。"1940年，"开始强迫所有农户，包括天主教徒在内，每100亩土地必须最少种植鸦片8亩，所有的人必须遵守"。[检察方文件9514号（法庭证据号390)]④

日本人占领热河后，热河的"海洛因公司也被日本公司'坂田组'接管。同时，还成立了'大满公司'从事鸦片收购。不仅从热河大量收购鸦片，还从甘肃、绥远、察哈尔和陕西也购买了很多鸦片。鸦片种子发给那些被迫种植的农户。与几年前的数字相比，目前在热河生产的鸦片和海洛因数量增加了三四倍。热河生产的海洛因被运送到大连、天津和上海出售"。这些运送到大连、天津的毒品，又大量地销往华北各地以及中国内陆城市，

① Arnold J.Toynbee , ed., Survey of International Affairs,1937,vol.I （London ： Oxford University Press, Royal Institute of International Affairs,1938),p.139. 引自李恩涵：《日本在华北的贩毒活动（1910—1945）》，《中央研究院近代史研究所集刊》第27期，ⓒ中央研究院近代史研究所1997年，第59页。

② 魏宏运：《三四十年代日本的鸦片侵华政策》，中共河北省委党史研究室编，邓一民主编：《日本鸦片侵华资料集（1895—1945）》，中共河北省委机关文印中心2002年版，冀出内刊第1085号，第43页、第71页。

③ 孙凤瑜：《中日战争期间日本在华鸦片侵华政策》，Jonathan Marshall，"Opium and the Politics of Gangsterism in Nationalist China ,1927—1945,"in Bulletin of Concerned Asian Scholars,8 (July-Steptember 1976),p.22.引自李恩涵：《日本在华北的贩毒活动（1910—1945）》，《中央研究院近代史研究所集刊》第27期，ⓒ中央研究院近代史研究所1997年，第59页。

④ Transcripts of the Proceedings of the International Military Tribunal For the Far East （《远东国际军事法庭庭审记录》），第4779页。

"以前在华北销售的毒品大多是来自绥远和察哈尔。来自绥远的毒品被称为'奖子'（音译），而产自察哈尔的则称为'比土'（音译）。最近，这两种毒品都被一种新的品种取代，这种来自大连的毒品价格更低且效果更强。日本人在新城、东鹿、涿县和石家庄都设立了商社，专售这种大连的毒品，并通过陇海和北平至汉口的铁路将毒品运往内陆城市。这种毒品的价格在每两2.50 至 3.50 元不等。据报告，每月销量大约有 100 万两，总价值超过 300 万元。仅在天津，每月就有价值 30 万元的海洛因被运往内陆城市"。[检方文件 9518 号（法庭证据号 396）][1]

很显然，日本人占领东北、建立伪满洲国后，伪满洲国即成了日本向计划中下一个将侵占的区域——中国华北地区进行毒品进攻的基地，在军事扩张的裹挟下，鸦片、毒品从伪满洲国运往华北，再经过华北的城市，甚至专门在华北设置商社销售毒品，数额庞大的海洛因等毒品经由陇海和北平至汉口的铁路，运往其他内陆城市，如 1934 年山内三郎所设立的南满洲制造株式会社即大量制造海洛因，通过走私进入冀东，再转运至华北各地，日本宪兵甚至发给贩毒者"安导券"，以保护其营业安全。[2]1933 年日军完全占领热河后，从热河走私贩卖鸦片至天津，然后再自天津贩运鸦片与当地日租界所制造的海洛因、吗啡等分销各地。[3]通过阴谋策划与武装军事占领，日军将东北、华北的毒品侵略连成了一片，进而形成了向中国更广大区域进行毒品进攻的态势。

这种与军事进攻随行的毒品进攻，正与中国检察官向哲浚在远东国际军事法庭上指出的一样："证据显示，当日本人占领中国的每个地方后，该地区就会成为向下一个地区进行毒品进攻的一个据点，这种形式的武装侵略被日本人称为'平定'。"[4]这样的武装"平定"侵略形式从台湾殖民地日本人建立起第一个鸦片殖民政权就已经开始了。

① Transcripts of the Proceedings of the International Military Tribunal For the Far East（《远东国际军事法庭庭审记录》），第 4792 页。

② Parks M.Coble,Facing Japan :Chinses Politics and Japanese Imperialism,p.306.

③ 李恩涵：《日本在华北的贩毒活动(1910—1945)》,《中央研究院近代史研究所集刊》第 27 期,©中央研究院近代史研究所 1997 年，第 59 页。

④ Transcripts of the Proceedings of the International Military Tribunal For the Far East（《远东国际军事法庭庭审记录》），第 3890 页。

第二节　全面侵华战争爆发与华北毒品形势

经过日本侵略者在华北地区的军事扩张与毒品渗透后，"七七"卢沟桥事变爆发之前，华北地区不仅处于日军的军事威胁之下，也在日军毒品进攻之中。正是在这样的背景下，1937 年 7 月 7 日夜，日军蓄意制造了卢沟桥事变，日本侵华战争全面爆发，日军很快占领了北平、天津，日军在华北地区的占领区迅速扩大，华北毒品形势进一步恶化。

1.兴亚院

全面侵华战争爆发标志着日本对华毒品战进入了战时体制管控阶段。战争爆发后，日本设立了专门负责处理侵华事宜的机构兴亚院，该机构重要的职能之一即是全面管理与加强对中国鸦片事务的控制。1938 年 12 月 16 日，日本政府组建了由日本首相、外相、大藏大臣、陆军与海军大臣等日本高层担任要职的兴亚院，该机构是日本负责对华关系的中央机构。兴亚院处理东亚事务，下设政务、经济、文化、技术各部。1939 年 3 月 10 日，兴亚院在华北、"蒙疆"、华中和厦门设立联络部，在青岛设置派出所作为地方机构，兴亚院各地方联络部成为战时日本在华推行其毒化政策的重要毒化机构。尽管日本政府一直在参与对华毒品侵略，但是，随着日本在中国侵略扩张形势的变化，尤其在卢沟桥事变后，日本政府参与这场毒品战的程度已经走到了视毒品侵略中国为国策的地步，毒品侵华"这种坏事和罪行已被日本奉为日中战争中的国策，明火执仗地干了起来"。[①]

卢沟桥事变后，上海、南京、武汉等华中重要城市相继沦陷，为了在占领区开展毒化活动，1939 年 3 月，兴亚院在华中建立起联络部，4 月 30 日，兴亚院华中联络部随即命维新政府公布实施《要纲》，《要纲》中包括了重要毒化机构——华中宏济善堂的设立要纲。华中宏济善堂成立后，该毒化机构秉承日本兴亚院的命令，加强控制沦陷区鸦片业各流程。

---

① 〔日〕江口圭一著，王玉平、唐克俊译：《抗日战争时期的鸦片侵略》，中国社会科学院近代史研究所《国外中国近代史研究》编辑部编：《国外中国近代史研究》第 19 辑，中国社会科学出版社 1992 年，第 97 页。

关于兴亚院，东京国际军事法庭判决书在《日本对华的侵略》部分提出："在兴亚院所掌管的种种事项中有鸦片这一事项。兴亚院研究中国各地的鸦片需要状况，办理分配鸦片到蒙古、华北、华中及华南各地的工作。"①通过兴亚院，日本在全面侵华战争爆发后加强了对中国鸦片事务的全面控制，为了统筹安排鸦片输入中国的问题，兴亚院通过设立鸦片采购协会加强了对三菱商事、三井物产经营鸦片采购相关方面的管理。东京国际军事法庭庭审记录检方文件日本"外务省条约局第三课的 1939 年官方报告"，报告相关内容证明了兴亚院对中国鸦片事务的全面管理与控制。报告中说：关于鸦片进口地点和三菱商事、三井物产两家公司各自的鸦片业务份额，日本外务省已作了相关协调，并使两家公司在鸦片进口地点与鸦片业务份额方面达成了协议，而为了促进协议顺利执行，保证鸦片的采购与输入中国，在兴亚院的要求下，两家公司又签署了一份建立伊朗鸦片采购协会的协议。以下是1939 年外务省第三课官方报告相关内容：

采购伊朗鸦片的问题：

（A）伊朗鸦片采购情况。

下述内容有关 1939 年购买伊朗鸦片的情况。（每箱 72 公斤，官方固定价格为 125 英镑。）

由三菱商事经营。

关东租界地进口 200 箱。

"满洲国"进口 2800 箱，一共 3000 箱。

由三井物产经营。

中国的复辟政府进口 1150 箱。

注：（2000 箱中短缺 850 箱。）总数量 4150 箱。（少 850 箱。）

备注：除上述外，台湾专卖局通过岩井公司从汉堡进口了 35 箱伊朗鸦片。

（B）三菱商事与三井物产间关于采购伊朗鸦片的协议。

关于进口地点和各自的业务份额，在外务省的协调下，两家公司的代表于 1938 年 3 月 14 日就日本、"满洲国"和中国三个国家采购伊朗鸦片的事宜签署协议如下：

---

① 张效林译：《远东国际军事法庭判决书》，群众出版社 1986 年版，第 352 页。

(a)两家公司应作为一个整体共同商议为日本、"满洲国"和中国采购伊朗鸦片的事宜。

(b)对日本和"满洲国"的销售由三菱经营，对华中和华南的销售由三井经营。华北地区由两家公司平分。

(c)日本、"满洲国"和中国的有关政府机构在今年9月确定了朝鲜和"满洲国"的实际鸦片收成后，应决定1940年的购买数量并通知两家公司。

(d)本协议应适用于1940和1941两年的交易情况。1942年以后将根据前两年的实际效果签署新的协议。

后来，在兴亚院的要求下，为了进一步促进协议的顺利执行，外务省敦促根据下列内容签署了一份仲裁协议，其结果是两家公司于同年的10月30日签署了一份建立伊朗鸦片采购协会的协议：

（1）关于日本、"满洲国"和中国采购伊朗鸦片，三国有关政府机构应作相应安排，允许由三菱商事和三井物产成立的协会进行垄断采购。

（2）上述协会经营的鸦片业务应在两家公司间平分。

（3）上述协会的组织、采购、运输、交付以及利益计算方法应由两家公司达成一致。

（4）日本、"满洲国"和中国相关政府官员在确定的朝鲜和"满洲国"的鸦片实际收成以及中国的供应与需求后，应每年决定各自的采购数量并通知该协会。[检方文件1045号（法庭证据号382）][①]

关于上述庭审记录内容的背景及其相关情况，在此进行一些补充说明，以进一步说明兴亚院成立后在中国鸦片事务上的作用。三井物产与三菱商事在输入、交易伊朗产鸦片问题上，很早就产生了激烈的竞争。全面侵华战争爆发前，暂协商决定当年的鸦片由三菱垄断，以后怎么办再行协商。到了1938年，三井与三菱在输入伊朗鸦片问题上激烈抗争，三菱试图继续获得垄断，于是三井一面"向日本公使馆提出严重抗议，一面将陆军订的428箱6.848万英镑（合30816公斤，85.6万两）、280.8万日元的鸦片从布希尔港用新加坡丸运出。这些鸦片1箱为160英镑，合72公斤、2000两"。围绕

---

① Transcripts of the Proceedings of the International Military Tribunal For the Far East（《远东国际军事法庭庭审记录》），第4861-4863页。

着鸦片的去向，"陆军、外务省甚至'满洲国'都卷入了进去。争吵的结果，默认新加坡丸4月12日进入上海港"。

而在三菱这方，获准了在1939年2月底以前向"满洲国"进口伊朗鸦片3000箱，1938年12月13日，三菱签订了该契约。于是，三井物产向驻伊朗公使中山洋一郎提出："如让三菱向日满输入鸦片，中国就应该是三井的市场。因此，希望外务省监视这3000箱三菱鸦片，不让其通过满洲、大连输入中国。"①

三菱商事与三井物产围绕伊朗鸦片的输入问题所展开的抗争，使外务省深感棘手。在外务省的协调下，两家公司的代表于1938年3月14日就日本、"满洲国"和中国伪政权三个国家采购伊朗鸦片的事宜签署了协议；为了进一步促进协议的顺利执行，后又在兴亚院的要求下，三菱与三井两家于同年的10月30日签署了一份建立伊朗鸦片采购协会的协议，于是形成了三菱与三井以等同的份额来办理鸦片。

1939年9月第二次世界大战爆发后，外国鸦片输入中国变得困难，最后在1940年中止了外国鸦片的输入，这样的局面，使得日本对华鸦片侵略所需鸦片来源不足，又因日军全面侵华以后，在战时情况下，日军军费与占领区伪政权财政支出所需经费迅速增加，因此，迫切需要解决鸦片来源问题。于是，兴亚院决定调整中国鸦片供应状况，采取相关措施，扩大中国占领区鸦片种植面积，从而摆脱依赖国外鸦片输入的困境。

1939年10月，在东京召开了兴亚院《调整中国鸦片供应关系洽谈会》，决定以"蒙疆"、华北、华南、华中的鸦片自给为根本方针，尽量在短时期内摆脱对外国鸦片的依存状况，要求"蒙疆"最大限度地增加鸦片生产，扩大华北与华中的鸦片种植面积，制订了1940年度的鸦片供需计划，此后又分别制订了1941年至1943年历年度的鸦片供需计划，加强对中国鸦片事务的管理与控制。②

在鸦片货源严重受阻的情况下，兴亚院为了解决毒品侵略所需鸦片货源供应问题，除了前述各项措施外，还考虑减少运费与增加利润因素，决定在日军

---

① 〔日〕江口圭一著，宋志勇译：《日中鸦片战争》，天津人民出版社1988年版，第60—63页。
② 中共河北省委党史研究室编，邓一民主编：《日本鸦片侵华资料集(1895—1945)》，中共河北省委机关文印中心2002年版，冀出内刊第1085号，第752页、第756—757页。

占领区划定烟区，种植罂粟。以兴亚院华中联络部为例，1940年，兴亚院华中联络部在安徽省划定烟区，布告民众种烟，实行种烟许可制度。同年3月，兴亚院安腾司长指示，在蚌埠成立"查禁安徽烟苗委员会"，委员会由戒烟总局、宏济善堂、所在地戒烟分局局长组成，规定凡罂粟种植面积、鉴定毒品品质、取缔私种、采办鸦片、包装、囤存和运输等事宜均由宏济善堂负责，[①]以此保证鸦片的来源与供应，最终解决侵华战争所需的巨额支出。

正是在兴亚院的统筹安排下，这场毒品战在全面侵华战争爆发后，更加密切地配合了日军的军事进攻，除了最大限度地攫取毒品侵略带来的利润以供给军费、维持殖民政权统治沦陷区的财政支出外，还成为日军烧、杀、抢、掠野蛮战争暴行之外的又一种杀戮中国人民的手段。"大体而言，在1937年7月卢沟桥事变前，这些贩毒活动就表现出一种与日本对华军事恐吓、政治渗透相密切结合的特色，当中日战争在无'宣战'形式但大规模地全面展开之后，日本针对中国所进行之鸦片、吗啡、海洛因等毒品的生产与销售，则是一直与军事行动中所进行的屠杀、掠夺、放火、'三光作战'、毒气战、细菌战、强抓劳工等'硬式'手段之外，作为一种渗透和腐化中国社会各阶层的'软式'手段，两者互相配合，以达到压服中国的抗日意识与弱化中国的目的。"[②]日军的军事进攻将各占领区连在了一起，同时也就将各占领区的毒品侵略连在了一起，与卢沟桥事变后侵华战争全面爆发同步，日军对华毒品战也在日本战时体制管控下更加野蛮地展开了。

2.及川源七的证词

及川源七中将曾担任兴亚院总务长官兼政务部长，他在东京国际军事法庭上的证词提供了有关兴亚院的成立、组织机构等方面的内容。及川源七的证词也提到了兴亚院主席由日本首相担任，各部职务由日本要职人物担任，如乙级战犯、日军华中第十军中将司令官、南京大屠杀的重要罪魁之一柳川平助曾担任兴亚院总务长官；甲级战犯、日本陆军中将铃木贞一曾担任兴亚院政治部负责人等。

在东京国际军事法庭上，及川源七作为检方证人出庭作证，他在宣誓证

---

① 《戒烟总局呈送调查登记烟浆及处罚私浆简则收毁暂行办法等》，中国第二历史档案馆藏，全宗号：二○一○，案卷号：6202。

② 李恩涵：《日本在华北的贩毒活动(1910—1945)》，《中央研究院近代史研究所集刊》第27期，©中央研究院近代史研究所1997年，第49页。

词中说：

"从 1940 年 4 月至 1941 年 4 月，我在中国上海的兴亚院华中联络部担任次长兼政务局长，从 1941 年 4 月至 1942 年 11 月，我在东京的兴亚院总部担任政务部长兼总务长官。兴亚院创建于 1938 年 12 月，总部设在东京，下面有 4 个分院，分别在上海、北平、厦门和张家口。还在广州和青岛设有两个支院。东京办公室下设 4 个部：政务部、经济部、文化部和技术部。分院下设有三个部门：政务部、经济部和文化部。兴亚院主席由首相担任，副主席由军部大臣、海军大臣、财务大臣和外务大臣担任。其他部门在委员会中也各自派出非大臣级别的代表。兴亚院的成立目的是改善中国的经济、文化、政治和技术局势。当兴亚院总部做出一项决定时，它会与分院进行沟通，再由分院向当地的中国政府提出。当双方就实施东京的决定达成协议后，兴亚院的技术顾问就会帮助中国政府来执行这些决定。在 1940 年 11 月成立南京政府后，沟通事宜交由外务省和中国政府处理。但由于外务省没有技术专家，因此兴亚院继续承担它在南京政府成立前所担任的职责，帮助实施东京做出的决定。

"在兴亚院分院和当地军队指挥官之间设有联络官。当我在兴亚院上海分院任职时，东京决定在上海地区的执行会与上海分院进行沟通。此外，与军事有关的决定还要通过军事渠道与当地的军队指挥官沟通。因此，在兴亚院和军队之间就有一些相互交叉。当地的军队指挥官下面还设有一个特务组织，负责实施经济、政治和文化方面的决定。

"我对鸦片和麻醉品的知识仅限于蒙古的鸦片生产。蒙古政府的主要收入来源是该地区的鸦片生产。兴亚院研究了中国不同地区对鸦片的需求，并安排从蒙古销售到华北、华中和华南地区。销售是通过中国组织。

签名：及川源七"

[检方文件 9575 号（法庭证据号 389）][①]

---

① Transcripts of the Proceedings of the International Military Tribunal For the Far East（《远东国际军事法庭庭审记录》），第 4762—4764 页。

3.富勒先生的陈述

《国联关于鸦片与其他危险药品走私顾问委员会第 24 届大会的会议纪要》（1939 年 5 月 15 日至 6 月 12 日）部分摘要作为东京国际军事法庭检方证据文件被提出。[检方文件 9557 号 （法庭证据号 388)]①美国代表富勒先生在 24 届大会上总结了有关 1937 和 1938 年在满洲、热河和中国其他地区的麻醉毒品贩卖情况，该内容收录于第 24 届大会会议纪要之中，并作为检方文件被法庭作为证据采用。富勒先生陈述如下：

1. 关于满洲和热河，有关吸毒、非法进口、非法贩卖或鸦片生产的问题，上一年的情况没有真正或有效地改善。

2. 在曾经被驻华北日军控制的黄河与长城之间的地区，情况比前一年更差。1937 年 8 月法律失控，非法贩卖显著增加。北平的"临时政府"在成立后不久就开始对麻醉形势进行掌控。通过 1938 年 2 月 24 日的第 33 号令，废除了中国中央政府临时的禁烟、禁毒法律法规；并立即释放在这些法律法规下被抓获的所有人。麻醉品的局势进一步恶化了。

3. 在 15 个月内，一个专门从事这个生意的组织从日本的天津租界地向美国出口了 650 公斤海洛因。要知道这个数量足以供应 10000 人在一年中的吸食量。

4. 在上海，除了法租界和公共租界区，其余地区看起来完全失去了控制。

5. 据可靠消息，大量的伊朗鸦片已被运到华北、上海和华南，收货人是日本商社，有时甚至是日本军官。还有很多的鸦片在同样的保护下正在运输途中，此外还有很多后续订单。

在这种情况下，我建议日本代表根据 1931 年《限制制造及调节分配麻醉药品公约》的规定，要求其政府进行调查和报告这些事实。但是我非常遗憾地说，日本政府至今都没有提交报告。

在富勒的陈述中，日本人武装控制的区域，毒品形势没有任何改变，而且变得更糟，全面侵华战争爆发后，日本人废除了中国政府颁布的禁烟、禁毒的法律法规，毒品形势失去控制，而这只是全面侵华战争爆发后这场毒品战发生的重大变化之一，又一重要变化是这场毒品战的危害越出了中国，迅

---

① Transcripts of the Proceedings of the International Military Tribunal For the Far East（《远东国际军事法庭庭审记录》），第 4757-4758 页。

速地波及东南亚各国、欧美国家与地区。东京国际军事法庭判决书指出，日本人在吞并东北、扶持伪满洲国后，就已经"把满洲所栽培的以及自朝鲜与其他地方输入的鸦片，在满洲精制后再运往世界各地"。而在侵华战争全面爆发后，更多的毒品远销欧美国家，富勒在1938年国联第23届禁烟会议上曾明确指出，从日本天津租界地向美国出口了足以供应10000人在一年中的吸食量、650斤海洛因，与此同时，数量庞大的鸦片从国外明目张胆地不断运到华北、华南与上海。不唯如此，还有更多被日本侵略的国家遭受毒品危害，"日军入侵之处，即伴随着鸦片交易。日军目前占领着菲律宾群岛、中国的部分领土、印度支那、泰国、缅甸、马六甲海峡、英属北婆罗、荷属东印度群岛、帖木岛等太平洋西南地区。人们普遍认为，这些地方公开销售鸦片和提炼物，其机构受到了日本军方的庇护"。①这场毒品战无论在毒品数量上，还是在毒祸危害范围上，都算得上是20世纪重大的毒品战争，它"不仅削弱中华民族的体魄，而且也在削弱世界上一切民族的体魄，使之堕落"。②

4.北平毒品形势

在"七七"事变之前，日本人的走私贩毒活动已活跃于北平。1935年至1937年上半年，日本浪人、朝鲜人旅居北平城内及四郊，肆无忌惮地进行毒品贩卖活动，据1937年6月《禁烟专刊》披露，约有1700多的日本浪民在北平城内外，多设置洋行于东城及日本使馆附近，专以贩卖海洛因、红丸为职业，其售卖方式类似牛奶公司，每日按时分送到户。③华北驻屯军也参与毒品走私活动，他们保护设立在北平使馆区日本兵营内的毒品走私机构"东亚同乐分社"。

1937年7月29日，日军占领北平。北平沦陷后，日本侵略者在北平扶持伪政府组织，1937年12月，日本在北平扶持汉奸傀儡政权伪"中华民国临时政府"，1938年2月24日，伪临时政府废止了战前南京国民政府的禁

① 王德溥著、郦玉明译：《日本在中国占领区内使用麻醉毒品戕害我国人民的罪行》，《民国档案》，1994年第1期，第56页。
② 〔日〕江口圭一著、王玉平、唐克俊译：《抗日战争时期的鸦片侵略》，中国社会科学院近代史研究所《国外中国近代史研究》编辑部编：《国外中国近代史研究》第19辑，中国社会科学出版社1992年版，第96页。
③ Frederich T. Merrill, Japan and opium Menace，p.40; 王金香：《日本鸦片侵华政策述论》，《抗日战争研究》，1993年第2期，第43页。

毒法令，将烟毒犯从狱中放出。[①]同年 6 月 1 日，临时政府正式准许吸食鸦片，设立戒烟局，在北平市内设置官办吸饮所 140—150 处，允许在旅馆、妓院吸食鸦片。贩毒者须经"特许"登记，不登记者罚款 2—10 倍。对未经许可，让他人吸食鸦片者征课 30—150 元的罚款。鸦片烟馆每户每月须交捐 10 元；吸烟者须有"限期戒烟执照"，每月纳捐 1 元手续费；这样伪政府每月仅鸦片印花税即可收入 20 余万元。[②]

为了加强对北平的管辖，1939 年 3 月 10 日，兴亚院华北联络部成立，华北方面军特务部长喜多诚一中将担任长官。同年 4 月 28 日，兴亚院与华北临时政府就鸦片、麻醉品问题举行会谈，在戒烟局、特许会社等方案上达成协议，在预算、结算鸦片收入方面采取蒙蔽第三国的"原则"，当时爱知揆一书记官（后任佐藤荣作内阁外相、田中角荣内阁藏相）这样解释说明鸦片收入特别结算："以鸦片收入用于戒烟费及社会设施的原则为宗旨，另一方面，鸦片收入在预算或决算上为外部所知，与第三国关系上不利，故而需要在对外发表充作戒烟费及社会设施限度的收入上下功夫。除此之外的收入，财政部解释说关照内部先将其收支情况彻底弄清。大家对此一致认可，我们也是这一意见。"[③]

在临时政府与日本华北联络部共同策划下，日本人在北平的势力，不只是太阳旗、黄制服与铁甲车，还有变相的侵略武器毒品——土药房、白面房子等。[④]北平的鸦片销售合法化了、买卖公开化了。推行毒化政策的专门机构"禁烟局"，"名为寓禁于征，实则种烟有费、运烟有费、售烟有费、吸烟有费，以及吸烟器具之制造批卖，亦莫不收费……遂致烟毒大开，烟毒弥漫，烟民增多"[⑤]，北平毒品形势迅速恶化。1939 年 7 月，北平"已有土店（批发商）107 家、膏店（零售商、烟馆）231 家，共计 338 家"。[⑥]

庭审记录检方证人森冈皋证词中说："1938 年 4 月，我被派往中国，在

---

① 参见 John R.Pritchard and Sonia M.Zaide ,eds., The Tokyo War Crimes Trials: The Complete Transcripts of the Proceedings of the International Military Tribunal For the Far East. N.Y.:Garland publishing , Inc., 1981.p.4157.

② 〔日〕江口圭一著，宋志勇译：《日中鸦片战争》，天津人民出版社 1988 年版，第 50—51 页。

③ 〔日〕江口圭一著，宋志勇译：《日中鸦片战争》，天津人民出版社 1988 年版，第 52 页。

④ 谢荫明：《由七七事变引起的北平社会动荡》，《中共党史研究》，2003 年第 3 期，第 47 页。

⑤ 中共河北省委党史研究室编、邓一民主编：《日本鸦片侵华资料集（1895—1945）》，中共河北省委机关文印中心 2002 年版，冀出内刊 1085 号，第 152 页。

⑥ 〔日〕江口圭一著，宋志勇译：《日中鸦片战争》，天津人民出版社 1988 年版，第 53 页。

日本派遣军司令部北平特务机关工作，由委员会的会长喜多将军领导。后来委员会重组为兴亚院北平办事处，喜多担任联络主任，我仍在他的领导下。……特务委员会完全由军队建立，它的继任组织兴亚院设置有日本政府所有的行政管理部门，负责向占领区的傀儡政府传达日本政府的命令，目的是进行有效控制。所谓的'新民会'是1937年根据华北的日军总部的明确指令而建立的。当时所谓的'临时政府'主席被任命为协会的会长，而一位名叫安藤市三郎（音）的日本人担任副会长。……在傀儡政府统治下，鸦片在所谓的'鸦片禁烟局'控制下可以公开买卖。"[检方文件1714号（法庭证据号401）][1]

北平信义栈鸦片烟馆的前经理中国人郭余三作为检方证人出庭作证，郭余三在证词中对比了日军占领北平前后鸦片销售、吸食等方面发生的变化，陈述了在日军占领后，尤其日本人控制的"地方维持会时期"，北平在鸦片销售、吸食鸦片人数、鸦片烟馆数量等方面的变化情况。郭余三证词指出："据我所知，在日本人占领期间，北平大约有247家鸦片烟馆，23000名注册或获许可的鸦片吸食者，80000名未注册的鸦片吸食者，还有100000名偶尔吸食的烟客。在卢沟桥事变前，鸦片不能公开销售。但在日本占领的几个月后，也就是所谓的地方维持会时期，鸦片销售合法化了。进入开烟馆行业需要获取许可，最初许可证由烟酒统税局发放，后来转由禁烟局管理。上述委员会从'蒙疆'鸦片公司拿货。北平的鸦片烟馆被划分为A、B、C三个等级。我曾担任经理的信义栈烟馆属于B级。每个月必须缴纳100元中储券（傀儡政府使用的货币），后来逐渐增加为每月1200元中储券。A级鸦片烟馆的付费加倍，而C级只需支付一半费用。……在日本人占领前，北平的烟片吸食者数量很少，而且他们只在自己家中吸食。但日本人占领之后，吸食人数肯定是以前的十倍之多。受日本顾问支配的禁烟局根本就不是为了禁止鸦片，而是为了使鸦片销售合法化。"[检方文件1707号（法庭证据号402）][2]

对于北平公开销售鸦片的情况，检方证人奥地利国籍里奥·坎德尔也作

---

　　① Transcripts of the Proceedings of the International Military Tribunal For the Far East（《远东国际军事法庭审记录》），第4805-4806页。
　　② Transcripts of the Proceedings of the International Military Tribunal For the Far East（《远东国际军事法庭审记录》），第4810-4812页。

证说，在 1939 年到日本投降期间，他在北平从事牙医职业，在这期间"鸦片一直在日本人控制的傀儡政府默许下公开出售。海洛因也有销售。……甚至医院都会随意地给中国病人使用吗啡"。[检方文件 1711 号（法庭证据号 403）]①

关于日军控制下的北平毒品形势，在日本投降后，北平市政府在禁烟禁毒方面所进行的情况汇总也反映了北平在沦陷后的毒品形势，因此，在此引用检方文件"北平市政府禁烟禁毒情况汇总表"作为本节内容的结尾。

（1）敌人占领时期的盛行情况。

A.鸦片烟馆数量：247。

（注：根据国民政府 1930 年实施禁烟政府的决定、相关禁烟措施条例以及在特定时期禁烟和在一定时间内戒除烟瘾的相关法令，至 1937 年 3 月，地方政府已在改革实施方面做出重大进展，基本完成了禁烟工作。但"七七"事变后，日本人彻底改变了国民政府的政策，使鸦片吸食合法化，同时，有 247 家鸦片烟馆获准开放，无论是否有许可也无论年龄，只要是烟客都可以随意进入。结果，吸食鸦片的人数每天都在增长。）

B.鸦片吸食者。

a.有许可的吸食者 23000。

b.无许可的吸食者 80000。

c.偶尔吸食者 100000。

……

（注：伪政权通过在中部和便利的地点开设大量鸦片烟馆来鼓励鸦片吸食，他们向 23000 名吸食者发放了许可，另外还有 80000 名未获得许可的烟客。偶尔吸食的烟客比前者的总数还要多，这样每天的总吸食人数就有 200000 左右。）

C.每天消费的鸦片总量达 3000 "两" （中国盎司）。

（注：这个数量是对有许可的鸦片烟馆每天销售量的官方估计数字，不包括鸦片商人偷偷运输和销售的鸦片，如果包括鸦片商人偷运和销售的鸦片，

---

① Transcripts of the Proceedings of the International Military Tribunal For the Far East（《远东国际军事法庭庭审记录》），第 4814 页。

数量大约有十倍之多。因此，每天实际的消费量估计可高达 30000 "两"。)

D.毒品的来源。

a."蒙疆"土业组合。

b.生鸦片行会。

c.鸦片烟馆行会。

d 鸦片烟馆。

e.鸦片制成品公司。

(注：生鸦片行会与鸦片烟馆行会负责运输鸦片，鸦片烟馆负责销售，鸦片制成品公司负责出售预制好的鸦片，而主要的供应来源都是"蒙疆政权"控制下的"蒙疆"土业组合，"蒙疆"土业组合种植鸦片得到了日本人的支持和鼓励。海洛因和吗啡的运输与销售主要由日本和朝鲜的浪人从事，他们的生意就是向中国人供应这些毒品，然后将这些因为吸毒而致贫的人们发展为毒友。)

(2) 自从现任市政府成立后的情况。

A.收缴和销毁的鸦片、海洛因、白粉等的数量。

a.海洛因 104604 两。

b.白粉 575025 两。

c.鸦片 958855.43 两。

……

[检方文件 1712 号（法庭证据号 404）][①]

第三节 "蒙疆政权"的鸦片贸易与日本对华政策

1.战前日本对"蒙疆"地区的势力渗透与毒化活动

全面侵华战争爆发之前，日本政府就已经注意到"蒙疆"地区在对华扩

---

① Transcripts of the Proceedings of the International Military Tribunal For the Far East (《远东国际军事法庭庭审记录》)，第 4815-4819 页。

张侵略中的战略地位。为了控制"蒙疆"地区，战前日本即展开入侵蒙古的计划，并着手对""蒙疆""地区进行所谓的"分离工作"。《塘沽停战协议》签订后，日军在推进"华北自治"的同时，也积极推进内蒙工作。在关东军策划下，1935年察哈尔省长城北侧的古北口六县被攻陷，日本人扶持了傀儡政府。于是，傀儡政府与日本人合作在察哈尔北部六县积极推行"毒化政策"，鼓励种植罂粟、设置制毒与收购鸦片的机构、开烟馆贩毒等毒化活动。

随着对"蒙疆"地区军事占领与行政控制力量的渗透，日本人对"蒙疆"地区的毒品侵略也在积极推进中。东京审判庭审记录检察方提供了证明日军侵略察哈尔、进行毒品进攻的相关证据。庭审记录检方证据指出，察哈尔北部六县陷落后，李守信率领的傀儡军队，"不仅鼓励农民扩大鸦片种植面积，而且还按照日本人的要求开始执行'毒化政策'。察北六县的每个县都有贩卖海洛因的烟馆，并在多伦开设了制造吗啡和海洛因的制毒工厂"。在察北六县，日本人经营的贩烟馆有55家，为了向察哈尔南部地区的10个县销售毒品，日本人"在张家口新开设了一家名为'板垣组合'的烟馆，……毒品从察北向张家口和察西运输是通过张家口－多伦铁路和张家口－库伦铁路，由傀儡军队派兵保护"。对日本人的毒化行为，张家口守军司令官张元荣先生毫无办法。[检方文件9512号(法庭证据号392)]①

为了满足毒品需求量，日军坂田组设置制度机构，大量生产海洛因。1936年5月9日，美国驻上海财务公使在相关调查报告指出："自从日军入侵察哈尔北部六县后，坂田组在张家口设立了分公司，拥有170名工人，每天可以生产80包海洛因，每包净重18两，价值600美元。张家口分公司的资金共有100000美元，被分为10股，每股10000美元。另外还有一股股份作为礼物送给了日本领事馆。"[检方文件9517号(法庭证据号391)]②

而为了增加鸦片数量，满足日本人进一步毒化活动需要，日本人在察哈尔鼓励种植鸦片、设立了收购鸦片的机构，并制定了与种植鸦片相关的奖励

---

① Transcripts of the Proceedings of the International Military Tribunal For the Far East (《远东国际军事法庭庭审记录》)，第4785页。

② Transcripts of the Proceedings of the International Military Tribunal For the Far East (《远东国际军事法庭庭审记录》)，第4781页。

措施与严惩措施。

庭审记录检察方证据证明：

为鼓励鸦片种植，日本当局在察北六县区以当地县令的名义发布通知，敦促人们按要求种植毒品，并针对种植者制定了以下奖励措施。

（1）按指定亩数种植的农户，免征地租。

（2）对种植 5 亩以上者，除（1）规定的奖励外，还可免除兵役。

（3）对种植 20 亩以上者，除（1）、（2）规定的奖励外，由县政府颁发名誉证书。

（4）对种植 50 亩以上者，除上述（1）、（2）、（3）规定的奖励外，授村及地区长老资格，并登记为县公职后补。

（5）在日本商社与当地县政府的联合支持下，察北六县将建立鸦片配给协会，以向农户收购鸦片，定价为每两 6 毛钱，在日本人的保护下转而输向华北。傀儡政权称，这种方式将使这些县的财政大大受益。

日本人还在六县设立了收购鸦片的机构，以固定的价格从农户手中购买鸦片。种植者的每亩罂粟必须卖给专营机构 100 两生鸦片。傀儡政权辖区内的吸食鸦片者也不允许减少他们的消费量。任何轻微违反规定的鸦片种植者或吸食者都将受到严厉处置。很多鸦片种植者被处以死刑，因为他们在出售给专卖局的鸦片中掺杂了其他物质。[检方文件 9516 号（法庭证据号 393）][1]

2."蒙疆政权"的毒化活动

日本侵华战争全面爆发后，关东军旋即进攻察哈尔省、山西省与绥远省，并于 1937 年 8 月 27 日占领张家口、9 月 13 日占领大同、10 月 14 日占领绥远、10 月 17 日占领包头，与军事进攻步步推进的同时，日本侵略者在占领区先后扶植傀儡政权，9 月 4 日察南自治政府在张家口成立，10 月 15 日晋北自治政府在大同成立，10 月 28 日，蒙古联盟自治政府在厚和浩特市成立。1937 年 11 月 22 日，三个傀儡政权代表在张家口成立了"蒙疆"联合委员会，金井章次、村谷彦次分别就任代理总务委员长，最高顾问和参议，接受关东军司令官的"秘密指导"。1939 年 9 月，察南、晋北与蒙古自

---

① Transcripts of the Proceedings of the International Military Tribunal For the Far East（《远东国际军事法庭庭审记录》），第 4786–4787 页。

治联盟在张家口合并为蒙古自治联合政府，这就是"蒙疆政权"。与伪满洲国一样，"蒙疆政权"是受日本人控制的傀儡政权，"关东军司令官通过特务机关长对'蒙疆'联合委员会和自治政府进行'内部指导'的统治体系，实现了关东军的蒙疆'第二伪满洲国'化"。①

"蒙疆政权"建立后，该伪政权辖区内大力施行鸦片政策。首先，日本人鼓励、引诱与强迫所有农户种植鸦片，大力扩大鸦片种植面积。前述在侵华战争爆发以前，日本人就在察哈尔、绥远向农民发种子，鼓励农民种植，尤其在察哈尔北部六县，还制定奖励措施，鼓励农民种植鸦片。全面侵华战争爆发后，日本人进一步强迫农民种植鸦片，1940 年 6 月 3 日，美国驻上海财务公使在一份报告中写道：在 1940 年春，蒙古自治联合政府在察哈尔、绥远开始强迫所有农户种植鸦片，"每 100 亩土地必须最少种植鸦片 8 亩，所有的人必须遵守"。[检方文件 9514 号(法庭证据号 390)]②

1940 年 7 月 16 日，美国驻上海财务公使在另一份报告中又指出，1940年，尽管绥远的农民因为粮食短缺不愿种植鸦片，但他们在今年年初先是被政府鼓励，继而被政府强迫种植鸦片。报告说日本当局"从飞机上向中国农田抛撒宣传单，鼓动农户种植罂粟；免费发放种植鸦片的种子；延展鸦片运输至归化的便利交通，归化有许多中国人经营的烟馆，他们在收到鸦片后会转运到张家口，那里是蒙古地区主要的鸦片输送中心。在归化大约有 40 家类似的贩烟馆。……罂粟就在这一年的 7 月份开始收获"。绥远的鸦片收获后，被运往张家口日本人的手里，然后再销往其他地方。[检方文件 9515 号(法庭证据号 394)]③

正因为日本人在"蒙疆政权"辖区内大力鼓励、强迫种植鸦片，扩大了鸦片种植面积与迅速增加了"蒙疆"地区的鸦片产量，以至于在日军占领华北、华中、华南中国广大区域后，在这些占领区域内，"作为鸦片生产基地而知名的只有'蒙疆政权'的领域"，特别是"蒙疆"地区的绥远省。"蒙疆"地区的鸦片种植面积，与全面侵华战争爆发之前相比有了明显增加。战

---

① 〔日〕江口圭一著，宋志勇译：《日中鸦片战争》，天津人民出版社 1988 年版，第 37、38 页。

② Transcripts of the Proceedings of the International Military Tribunal For the Far East (《远东国际军事法庭庭审记录》)，第 4779 页。

③ Transcripts of the Proceedings of the International Military Tribunal For the Far East (《远东国际军事法庭庭审记录》)，第 4789 页。

前，"蒙疆"地区的鸦片种植面积大约为25万亩，到1938年达到约44万亩，后来又增加到100万亩。[1]

1939年，张家口署、大同署、厚和署被指定为罂粟栽种区域，指定栽种面积分别为10000亩、155000亩、846000亩，共计1011000亩。[2]这样，不仅以往栽种罂粟的绥远省（厚和署管内）继续指定栽种外，战前中国国民政府已基本取消了鸦片种植的察南（张家口署管内）、晋北地区（大同署管内），又重新恢复了鸦片种植。[3]

第二，鸦片从"蒙疆"地区大量输往沦陷区，实现整个日战区的鸦片自给。"蒙疆"地区迅速扩大的鸦片种植面积，使"蒙疆"地区的鸦片产量增加，成为全中国沦陷区鸦片来源之地，在日本侵华战争全面爆发后日本政府限制外国鸦片进口的战略部署下，"蒙疆"地区供应日本占领下的中国华北、华中、华南地区不足的鸦片，"蒙疆"鸦片输出在战争全面爆发后呈现出输出盛况。

1938年，"蒙疆"的鸦片输出量就为9854779两，价值43821175日元，每两平均4.45日元，鸦片输出占输出总额的41%。向伪满洲国输出为946739两，向京津输出8908040两。其中，向平津输出的鸦片数量超出了日本侵华战争全面爆发前的水平，战前"蒙疆"每年输往平津的鸦片数量约700万两。[4]

从1939年至1942年，"蒙疆"地区一直在向各沦陷区输出鸦片。以下是对1939年至1942年"蒙疆"鸦片向沦陷区输出数量及地区分布不完全统计。

表7-1 "蒙疆"鸦片输往沦陷区数量及地区分布（1939—1942）

单位：两，1两＝36公克[5]

	1939年	1940年	1941年	1942年	合计
北京	300000	1205000	1200000	1300000	4005000
天津	100000	520000	——	——	620000
唐山	100000	——	——	——	100000
济南	100000	——	——	——	100000
上海	100000	2005000	3848000	5027000	10980000
满洲及关东州	——	80000	300000	2000000	2380000

① 〔韩〕朴橿：《抗战时期蒙疆的鸦片贸易与日本对华政策》，《档案与史学》，1995年第2期，第42页。
② 〔日〕江口圭一著，宋志勇译：《日中鸦片战争》，天津人民出版社1988年版，第45页。
③ 〔韩〕朴橿：《抗战时期蒙疆的鸦片贸易与日本对华政策》，《档案与史学》，1995年第2期，第42页。
④ 〔日〕江口圭一著，宋志勇译：《日中鸦片战争》，天津人民出版社1988年版，第41页。
⑤ 〔韩〕朴橿：《抗战时期蒙疆的鸦片贸易与日本对华政策》，《档案与史学》，1995年第2期，第45页。

表中显示，在日本侵华战争期间，"蒙疆"地区向各沦陷区输出了大量鸦片，鸦片主要销往华北、东北地区的大城市，以及华东的上海，其中向北京、上海等地鸦片输出量最大。从 1939 年至 1942 年，"蒙疆"地区向北京逐年输入鸦片，五年时间总计输出了 4005000 两鸦片，其次是上海，自 1939 年，"蒙疆"向上海输出 100000 两鸦片，以后逐年增加，到 1942 年，竟高达 5027000 两，五年时间竟输入鸦片 2380000 两。

在东京国际军事法庭上，检察方提出证据文件"北平市政府禁烟禁毒情况汇总图表"，该文件指出北平鸦片的来源——"主要供应来源都是'蒙疆政权'控制下的'蒙疆'土业组合，'蒙疆'土业组合种植鸦片得到了日本人的支持和鼓励"。[检方文件 1712 号（法庭证据号 404）][1]检察方证人北平信义栈经理郭余三，在东京审判法庭上也作证说北平的"鸦片由'蒙疆'鸦片公司输入"。[检方文件 1707 号（法庭证据号 402）][2]

"蒙疆"鸦片也输入华中，在东京审判法庭上，检察方汉默检察官询问里见甫：销售哪里出产的鸦片？销售了多少蒙古鸦片？里见甫回答说，开始是从波斯进口的鸦片，后来，是从"蒙疆"输入的蒙古鸦片。在他自己负责的六年中，销售蒙古鸦片的总数量大约为 1000 万两。

第三，"蒙疆政权"的鸦片政策与日本对华政策。

"蒙疆"地区处于苏联、外蒙及中国华北地区的中间地带，控制该地区，既可阻挡苏联经外蒙直接南下，又可以成为日本侵占中国华北和外蒙的根据地。侵华战争全面爆发后，"蒙疆"地区的战略重要性因苏日对抗从"蒙疆"地区扩大到中国西北地区，两国在"蒙疆"地区的对峙更加针锋相对而有所加强。为了服从日本在中国整个战略部署的需要，也为了避免日军在中国陷入腹背受敌的境地，确保蒙疆伪政权的稳固就成为一个十分迫切的问题。

控制与维持"蒙疆"地区、稳固"蒙疆政权"的统治，这是日本在"蒙疆"地区推行鸦片政策的首要目标，通过在"蒙疆政权"辖区内大量种植鸦

---

① Transcripts of the Proceedings of the International Military Tribunal For the Far East（《远东国际军事法庭庭审记录》），第 4817 页。

② Transcripts of the Proceedings of the International Military Tribunal For the Far East（《远东国际军事法庭庭审记录》），第 4812 页。

片与往管辖区之外的日本占领区外销鸦片，由此获得庞大的鸦片收益，从而在经济上稳固蒙疆伪政权的统治基础，也就是说，日本是将"蒙疆"地区的鸦片政策置于整个对华决策体系之中，在"蒙疆"推行鸦片政策，这是日本战略部署的需要。

"蒙疆"地区的鸦片政策由掌管中国占领区鸦片供需的兴亚院决定。1938年兴亚院成立后，次年张家口特务机关即撤销改组为兴亚院"蒙疆"联络部，张家口特务机关长酒井隆少将继续担任长官。日军侵略内蒙古地区的陆军部队驻蒙军与兴亚院"蒙疆"联络部控制了"蒙疆政权"，兴亚院每年举行会议制订鸦片供需计划，"蒙疆"地区的鸦片政策即在兴亚院的计划之中。①

为了提高鸦片收购量，增加政府财政收入，"蒙疆政权"积极推行鸦片政策。除了大量向占领区外销鸦片获取收益外，在"蒙疆政权"辖区内通过推行一系列管理措施，控制鸦片税收。1937年末"蒙疆"联合委员会要求各自治政府组织收买、贩卖鸦片的机关：鸦片公会，规定非公会会员禁止买卖、输入鸦片，严厉取缔麻醉品、鸦片私下买卖等；1938年6月，又规定只允许发给身份证明书的指定商人及持有收购认可书、收购许可证的商人买卖鸦片；此后又实行了鸦片生产、交易、吸食的申报制与许可制，以确保鸦片税收尽在"蒙疆政权"的掌控之中。

1939年7月，"蒙疆政权"的鸦片政策发生了重大变化，推行新的鸦片政策，即建立清查制度，清查制度更加强了"蒙疆政权"对鸦片税收的控制。对于建立清查制度，"蒙疆"当局指出："为了在适应和协助中国新政权及'满洲国'的鸦片政策"，"实施完全的管理统制。作为该政策实施的总管，将在张家口设置清查总署，并在张家口、大同及厚和设置清查署，以作为其下属执行机关。""蒙疆"当局还宣称，清查制度的实施，将"免除农民栽种者因鸦片暴涨暴跌给经营带来的不安及中间商人的非法榨取。以往从事鸦片业经营的土商及膏商，将分别被吸收到按新制度建立的收买机关土药公司及配给机关公会"。

---

① 蒙古自治邦政府经济部烟政盐务科，《蒙疆的罂粟与鸦片》，〔日〕江口圭一『資料：日中戰争期阿片政策——「蒙疆政権」資料を中心に』，382 頁。参见〔韩〕朴橿：《抗战时期蒙疆的鸦片贸易与日本对华政策》，《档案与史学》，1995 年第 2 期，第4页。

但在实质上，清查制度真正的目的，并非为了"免除农民栽种者因鸦片暴涨暴跌给经营带来的不安及中间商人的非法榨取"，而是鉴于"（1）鸦片在财政经济上的重要性；（2）随着日中事变的爆发，占领区内鸦片欠缺；（3）防止因输入外国鸦片导致资金流出日元集团之外……"等方面因素，"撤销以往各种各样的鸦片制度，谋求一元化，实行准鸦片专卖制度"，在"倾尽全力确保财源"、确立"蒙疆政权"的财政经济的同时，"以确立整个'蒙疆'、华北、华中、华南的鸦片自给政策为根本方针，为制订增产计划"而实施清查制度。[①]

通过上述鸦片制度与各项措施的实施，蒙疆伪政权的财政收入大幅度提高，获得了统治"蒙疆"地区的经济基础。日本侵华战争全面爆发后，在"蒙疆政权"的财政中，鸦片收入占据了重要地位。在1939年至1942年清查榷运特别会计的预算、决算中，鸦片专卖收入在蒙疆伪政权财政收入中占有很大部分，从1939、1940、1941、1942年的270万日元、760万日元、1060万日元、2000万日元呈逐年上升的趋势。[②]

此外，"蒙疆政权"的鸦片政策还在日本攫取"蒙疆"地区的矿产资源方面发挥了重要作用。除了战略因素外，日本对"蒙疆"地区的重视，也因该地区丰富的矿产资源。日本侵华战争全面爆发后，日本即着手在"蒙疆"地区实施开采矿产资源为中心的"战时动员计划"。为了获得开采"蒙疆"地区矿产所需的资本，采取出口"蒙疆"地区的农牧产品，以换取进口生产资料与生产设备。在"蒙疆"地区的总出口量中，鸦片出口量占很大比例。

---

① 〔日〕江口圭一著，宋志勇译：《日中鸦片战争》，天津人民出版社1988年版，第42—43页。

② 参见《1939—1942年度清算榷运特别会计的预算、决算》表，引自〔韩〕朴橿：《抗战时期蒙疆的鸦片贸易与日本对华政策》，《档案与史学》，1995年第2期，第44页。

表 7-2　1939—1941 年度 "蒙疆" 地区输出项目及输出金额

单位：千円[1]

输出项目	1939 金额	1940 金额	1941 金额
谷物谷粉类	36218	12678	19955
牲畜类	6531	2791	1234
药品类	5798	6034	37262
食品类	3702	2444	2820
兽毛类	1778	4673	3691
矿产类	3895	5433	15731
种子类	1214	3660	3001
麻类	418	460	351
木材类	66	143	395
调味嗜好类	602	1665	4706
机械金属类	171	1381	1458
燃料灯火类	173	145	558
纺织品类	3617	12233	8023
杂品类	2776	2757	4268
鸦片类	26866	64345	77598
计	97056	123647	183770

　　表格中显示，1939 年，输出鸦片类 26866 千円，1940 年，123647 千円，1941 年，183770 円，就鸦片一项，即占 "蒙疆" 地区输出之将近一半。也就是说，"蒙疆" 地区为换取进口生产资料与生产设备而出口的各类产品中，鸦片是重要的出口物资，在换回开采 "蒙疆" 地区矿产之所需中起到了极为关键的作用。

　　因此，"蒙疆政权" 的鸦片政策在开采 "蒙疆" 地区的矿产、向 "蒙疆" 地区之外的日本占领区输出矿产等军需物资、支持侵华日军的军事进攻发挥了重要作用。日本驻上海武官 Seuchi Kita 曾说："为抵消俄国人所装备外蒙古高度机械化的军队，我们（日本人）应卖飞机给内蒙古以帮助之"，

---

　　[1] 本表格资料来源，参见〔韩〕朴橿著、游娟镮译：《中日战争与鸦片 (1937—1945)：以内蒙古地区为中心》，国史馆印行 1998 年版，第 229 页。

"所称这些（内）蒙古人太穷无钱买坦克、武装军车与军火等，是不确定的；因为他们有巨量的鸦片收获财富，我们可接受以货易货方式"。①

此外，有关"蒙疆"地区的鸦片政策，还需要强调的是，除伪满洲国的热河外，"蒙疆"地区是日本占领区唯一重要的鸦片生产基地，在侵华战争全面爆发后，"蒙疆"地区也是日本在占领区重要的鸦片生产基地，处于"日本鸦片政策的中枢地位"②，尤其在侵华战争全面爆发后，日本除了在战略部署上、对华政策上考虑"蒙疆政权"的鸦片政策外，在日本国际收支恶化、为进口战争所需的战略物资而限制进口外国生产鸦片的背景下，"蒙疆政权"的鸦片政策还关乎着确保日本在占领区所需的鸦片供应量，"'蒙疆'地区的鸦片就此成为左右全日本鸦片政策成败之关键"。③

附1：东京审判庭审记录：陈述有关华北类似的情况④

下面我们将陈述有关华北的类似情况。检察方提出文件9557号作为证据。

韦伯庭长：那是什么文件？

桑德斯基检察官：1939年5月15日至6月12日国联关于鸦片与其他危险药品走私顾问委员会第24届大会会议纪要。

韦伯庭长：按惯例采纳。

法庭副书记员：检察方文件9557将作为证据被采纳，证据号388。

（然后，上面提到的文件被编为检察方证据第388号，并被采纳为证据。）

桑德斯基检察官：从摘录的第2页上标注作为证据的部分宣读：对远东局势的研究。胡世泽博士（中国）进行了以下陈述：

中国政府采取的措施产生了非常令人满意的效果，来自中立来源的官方信息和证据证实了这一点，我将引用其中的一两段。

1. 在印度有关1937年非法贩毒的报告中，我们看到了以下评论："由于

---

① LN,Advisory Committee,Minutes of the 22nd Session , Geneva, May 24—June 12,1937,p.56.引自李恩涵：《日本在华北的贩毒活动（1910—1945）》，《中央研究院近代史研究所集刊》第27期，ⓒ中央研究院近代史研究所1997年，第61—62页。

② 〔日〕江口圭一著，宋志勇译：《日中鸦片战争》，天津人民出版社1988年版，第37、38页。

③ 〔韩〕朴橿著、游娟镮译：《中日战争与鸦片（1937—1945）：以内蒙古地区为中心》，国史馆印行1998年版，第3页。

④ Transcripts of the Proceedings of the International Military Tribunal For the Far East（《远东国际军事法庭庭审记录》），第4751—4776页。

中国政府对亚洲中部地区的大麻种植采取了禁止措施以及对大麻出口的禁令，在旁遮普省和西北边境省份的走私大麻已大幅减少。"

2. 1938年上海公共租界的年度报告中说："在今年的最后一个季度，流通中供本地消费的海洛因几乎没有了，海洛因烟馆实际上也停止了营业。在这方面，值得一提的是今年共抓获了85名瘾君子，而1927年抓获的瘾君子数量为329名……警察局从根本上将这个令人满意的成绩归功于公共租界内的中国法庭对1936年6月1日颁布的《禁毒条例》的严格执行，该条例使中方加紧了对海洛因烟馆经营或毒品贩卖的查处。"报告在后面补充说："在租界内红丸贩卖一直未发展成为严重问题，到去年也基本上都消失了。这也要归功于公共租界内的中国法庭执行《禁毒条例》，其中规定生产麻醉品者可获死刑或终身监禁，贩毒者将被处以12年到15年的监禁。"

3. 1937年印度支那年度报告中关于老挝的非法毒品贩卖的阐述是："随着云南省禁烟计划的实施，流入的云南鸦片越来越少了。"关于东京（越南北部地区的旧称）的非法贩卖，报告说："山区和偏远地区不再有关于大量毒品货运的报告了：现在只有非常少的货运量……数量已大幅减少。"报告还指出"云南禁烟计划的努力"是走私减少的原因之一。

继续宣读下一页，胡博士的评论第（3）条：

（3）在行政院做出这些决定后，出台了具体的实施条例：（a）在各省、市和区为吸毒者开设讲习所的条例。这些条例为已经或将要参加戒毒的吸毒者提供住宿、食物和治疗，并对他们进行一系列的身体培训和道德修复过程。他们在那里将学习使用当地生产的原材料制作各种物品，这些东西必须能在附近地区可以很容易地出售。在讲习所里停留的时间为3个月到6个月。

（b）对划拨给各省、市和区的禁毒特别基金进行控制的条例。将在各省、市和区建立一些委员会对禁烟基金的使用进行监督，规定中包括了对这些委员会的组成和工作内容的要求。上述基金来源于从发放各种使用鸦片许可证的收入中收取的一定比例费用，以及对违反禁烟法律的人收取的罚金和财产罚没。基金将通过向戒毒医院和吸毒者讲习所拨款等形式，全部用于禁烟运动。这些条例中还对提取基金也进行了规定，同时还设立了中央政府的监督机构。

关于罂粟的种植，可从中国年报的表16中看出，自从实施了6年规划后，种植面积已逐渐减少。

鸦片种植在不同地区已被其他作物分别替代，如棉区、粮食、蔬菜、大麻、果树、烟草、油料作物或甘蔗。在 6 年规划下，所有的鸦片罂粟种植将于 1940 年终止。然而，鉴于已经取得的满意成果，中国政府现在宣布将从 1939 年底开始停止一切罂粟的种植。同时，中国政府还决定，之前日军允许种植鸦片罂粟的地区被收复后，这些种植将立即被禁止。和过去一样，将向禁止种植的所有地区派去检查员，以确保没有进行秘密种植。中国政府在打击鸦片种植方面所做的努力收到了令人鼓舞的进展，并且证明，如果下定决心打击贩毒，这个问题不是无法解决的。幸运的是，那些一直是长城以南地区最大鸦片生产基地的地区还没有被敌人占领；因此在这些省有可能根据时间表去禁止鸦片种植，甚至能够比预期更快速地完成目标。

继续宣读打印副本的第 37 页，在下一页：

富勒先生（美国）做出以下陈述：

请恕我首先对我在去年，也就是 1938 年 6 月 13 日和 21 日，所陈述的信息简单地做一下总结，内容有关 1937 和 1938 年在满洲、热河和中国其他地区的麻醉毒品贩卖情况。当时我强调了以下几点：

1. 关于满洲和热河，有关吸毒、非法进口、非法贩卖或鸦片生产的问题，上一年的情况没有真正或有效地改善。

2. 在曾经被驻华北日军控制的黄河与长城之间的地区，情况比前一年更差。1937 年 8 月法律失控，非法贩卖显著增加。北平的"临时政府"在成立后不久就开始对麻醉形势进行掌控。通过 1938 年 2 月 24 日的第 33 号令，废除了中国中央政府临时的禁烟、禁毒法律法规；并立即释放在这些法律法规下被抓获的所有人。麻醉品的局势进一步恶化了。

3. 在 15 个月内，一个专门从事这个生意的组织从日本的天津租界地向美国出口了 650 公斤海洛因。要知道这个数量足以供应 10000 人在一年中的吸食量。

4. 在上海，除了法租界和公共租界区，其余地区看起来完全失去了控制。

5. 据可靠消息，大量的伊朗鸦片已被运到华北、上海和华南，收货人是日本商社，有时甚至是日本军官。还有很多的鸦片在同样的保护下正在运输途中，此外还有很多后续订单。

在这种情况下，我建议日本代表根据 1931 年《限制制造及调节分配麻醉药品公约》的规定，要求其政府进行调查和报告这些事实。但是我非常遗憾地说，日本政府至今都没有提交报告。

韦伯庭长： 第 41 页上还有一处标记过的内容。你打算宣读吗？

桑德斯基检察官： 如果庭长阁下允许，报告第 41 页上的内容和我们在以后提到的问题密切相关，如果允许的话，我们希望在讨论那一问题时再进行宣读。

韦伯庭长： 我们暂时休庭 15 分钟。

（然后，14 时 45 分休庭，直到 15 时重新开庭如下。）

法庭执法官： 远东国际军事法庭现在继续开庭。

韦伯庭长： 桑德斯基先生。

桑德斯基检察官： 现在检察方要传唤下一位证人及川源七。

及川源七作为检察方证人出庭，首先宣誓，然后通过日本翻译员作证如下：

本方询问（由桑德斯基检察官询问及川源七证人）

问： 你的全名是什么？

答： 及川源七。

问： 你讲英文吗？

答： 我不讲。

问： 你能读英文吗？

答： 不，我不能。

问： 我向你出示日文的检察方文件 9575 号，这是否是你提供的宣誓证词？

答： 是的，这是我的宣誓证词。

问： 文件上的签名是否是你的？

答： 是我的签名。

问： 你在这份日文文件的英文版本上签名前，是否用日语向你翻译了内容？

答：是的，为我读了一遍。

桑德斯基检察官： 如果法庭允许，我要提出检察方文件 9575 号作为证据，这是及川源七的宣誓证词。

韦伯庭长： 按惯例采纳。

法庭书记员： 检察方文件 9575 将作为证据被采纳，证据号 389。

（然后，检察方证据第 389 号被采纳为证据。）

桑德斯基检察官： （宣读）

美利坚合众国等

指控

荒木贞夫等人

我叫及川源七，在此凭良心发誓以下所述真实无误：

1940 年 4 月至 1941 年 4 月，我在中国上海的兴亚院华中联络部担任次长兼政务局长，从 1941 年 4 月至 1942 年 11 月，我在东京的兴亚院总部担任政务部长兼总务长官。兴亚院创建于 1938 年 12 月，总部设在东京，下面有 4 个分院，分别在上海、北平、厦门和张家口。还在广州和青岛设有两个支院。东京办公室下设 4 个部：政务部、经济部、文化部和技术部。分院下设有三个部门：政务部、经济部和文化部。兴亚院主席由首相担任，副主席由军部大臣、海军大臣、财务大臣和外务大臣担任。其他部门在委员会中也各自派出非大臣级别的代表。兴亚院的成立目的是改善中国的经济、文化、政治和技术局势。当兴亚院总部做出一项决定时，它会与分院进行沟通，再由分院向当地的中国政府提出。当双方就实施东京的决定达成协议后，兴亚院的技术顾问就会帮助中国政府来执行这些决定。在 1940 年 11 月成立南京政府后，沟通事宜交由外务省和中国政府处理。但由于外务省没有技术专家，因此兴亚院继续承担它在南京政府成立前所担任的职责，帮助实施东京做出的决定。

在兴亚院分院和当地军队指挥官之间设有联络官。当我在兴亚院上海分院任职时，东京决定在上海地区的执行会与上海分院进行沟通。此外，与军事有关的决定还要通过军事渠道与当地的军队指挥官沟通。因此，在兴亚院和军队之间就有一些相互交叉。当地的军队指挥官下面还设有一个特务组织，负责实施经济、政治和文化方面的决定。

我对鸦片和麻醉品的知识仅限于蒙古的鸦片生产。蒙古政府的主要收入来源是该地区的鸦片生产。兴亚院研究了中国不同地区对鸦片的需求，并安排从蒙古销售到华北、华中和华南地区。销售是通过中国组织。

（签名）

及川源七

辩护方可以进行交叉质证了。

盐原辩护律师：我是盐原律师。

交叉质证（由盐原辩护律师质证及川源七证人）

问：在蒙古政府成立前与成立后，鸦片生产有什么不同？请回答。

韦伯庭长：（对证人）戴上耳机。

（对法庭执法官）告诉他如何戴耳机，上尉。

问：（继续）我是否应该重复一下问题？

答：不戴耳机我也听懂了那个问题。我不知道这个问题。

问：你是否注意到了有任何迹象表明，日本政府对"蒙疆"政府下命令或进行指导，鼓励政府生产更多鸦片？

翻译监督官：在"鼓励"一词后面，我想作一下更正：鼓励民众去吸食鸦片。

答：他们从来没有鼓励过这件事。

问：政府是否采取了一种放任政策，或者说它采取了使鸦片使用逐渐减少的政策？

答：他们采取了逐渐减少鸦片使用的政策，如果可能的话，再完全禁止。

答：他们所采取的政策，也就是逐渐减少民众对鸦片的使用，这种政策的基础是减少的程度不至于影响到和平与秩序以及人民的健康。

翻译监督官：略作更正：采取这种逐渐减少政策的原因是否根据中国人的传统，如果禁止使用鸦片，从维护和平与秩序的角度可能会造成严重的问题？

答：政府采取这个政策的原因正如你所述。

问：从表面上看吸食鸦片的人增加了。然而，你是赞同还是否认，这种所谓的增加是由于很多以前秘密使用鸦片的人逐渐开始公开地使用了？

答：我相信实际的使用者减少了——逐渐减少。

问：最后一个问题，请回答：我的理解是，华北、华中和华南的情况都是这样的，对吗？

答：我相信情况正如你所述的那样。

盐原辩护律师：我问完了。

鹈泽总明辩护律师：如果本法庭允许，由于被告铃木贞一的代理律师高柳贤三博士是议会贵族院宪法委员会的成员，今天无法出庭；如果法庭允许，助理律师戒能将代替他进行交叉质证。

韦伯庭长：他可以代替高柳博士。

交叉质证（继续，由戒能先生质证及川源七证人）

问：东京兴亚院的哪一个部门负责鸦片问题？

答：经济部。

问：你作证说，兴亚院采取了一种逐渐减少鸦片使用的政策。它是否在这个政策下有任何具体措施？

答：采取了适当的政策措施。

问：这些政策是什么？

答：兴亚院的总务长官柳川平助和政治部负责人铃木贞一采取了这个逐渐减少的政策。我相信是在1940年，发明了一种叫"I.M."的注射剂，并被制造出来专门用于治愈鸦片成瘾者。使用这种注射剂就是为了实施他们逐渐减少鸦片使用的政策。

翻译监督官：更正一下：我相信是在1940年，当时柳川平助是兴亚院负责人，铃木贞一是兴亚院政治部负责人。有一种名叫"I.M."的注射剂被发明出来，据说能够治愈鸦片成瘾者。

问：柳川平助和铃木贞一是否使用了这种药的发明人酒井由夫博士的服务？

答：酒井博士作为南京政府的顾问被派往南京。

翻译监督官：派往南京国民政府。

答：（继续）在中国，在中国的医院，酒井博士使用这种药物，在病人身上使用这种药物，收效非常好。

问：兴亚院是否对酒井博士的工作提供了大力协助？

答：兴亚院不仅给予酒井博士财务资助，还建立了一个研究所，帮助酒井博士完成或是进一步研究这种药物的生产。

翻译监督官： 此外，兴亚院建立了一个名为兴亚医学研究所，以进一步完善这种药物。

问： 酒井博士的药物，I.M.，在治愈鸦片成瘾者方面是否有效？

桑德斯基检察官： 证人不具备医学专家的资格。在本方询问中没有任何内容说明他能够对治疗鸦片瘾的功效做出合格的判断。我认为他在这方面的观点将是不合格的。

韦伯庭长： 你忽视了一点，就是他可以陈述他所听说的内容。如果他想说有任何医生告诉过他，他就可以提供证据。而且这与他在宣誓证词中的最后一句话也有相关性。

问： 是否有任何医生说——告诉过你这种药物是有效的？

答： 关于酒井博士的活动，我本人向他在这方面提供指导和帮助。所以，关于这个名为"I.M."的注射剂，我知道完整的——全部的细节。

翻译监督官： 因为我收到了详细的报告。

问： 如果你知道任何关于酒井博士的事情，能否告诉我们？

韦伯庭长： 兴亚院是否像销售鸦片一样销售药品？

证人： 它销售那种药物。

问： 当你在上海时，你是否认识一位名叫里见甫的鸦片商人？

答： 我见过他一次，和他交谈了几分钟。

问： 你是否和他谈了关于鸦片问题的事情？

答： 我和他见面是为了其他事情，没有和他谈关于鸦片的事。

问： 那么，据你所知，兴亚院的上海联络办公室与博士——与里见甫先生没有任何关系——根据你在职责范围内所了解的信息？

答： 在我在任期间，我与他没有什么联系。

问： 你说过，即使在兴亚院上海联络办公室建立后，军队继续保留了一个特务小组，是吗？

答： 存在着特务小组。

问： 它当时是被称为特务小组吗？

翻译监督官： 我想将"特务小组"更正为"特务组织"。

答： 它也被称为特务机关。

问：这个特务组织做什么工作？

答：大多是指导、执行有关上海及周边地区的政治、经济和文化政策。

问：兴亚院的想法是否与特务组织的想法发生过冲突？

答：在我就任该职务前，我的确听说过有这样的冲突。但在我就职后，没有发生过这种冲突。

翻译监督官：关系非常和睦。

问：在兴亚院成立后，除了上海以外，其他城市是否也有特务组织？

答：在大城市都有办公室。在内地的每一座大城市和小一些的城市也有办公室。

翻译监督官：有很多这样的办公室，不仅在大城市，甚至在农村地区的偏远乡镇。

列文辩护律师：庭长阁下。

韦伯庭长：列文辩护律师。

列文辩护律师：尽管戒能教授是我下面的一名助理律师，我还是要宣布，辩护方没有其他交叉质证问题了。

韦伯庭长：好。

是否有再次本方询问？

再次本方询问（由桑德斯基检察官讯问及川源七证人）

问：证人先生，酒井博士治疗鸦片瘾和毒瘾的药物是否经过了日本药物权威机构的批准？

列文辩护律师：庭长阁下，我们要反对这个问题，原因是这个问题不适宜。

韦伯庭长：我不能说这个问题不是在交叉质证的范围内；但在我看来，它没有抓住重点。证人说过他所在机构的确销售那种药物，不论价值如何。

列文辩护律师：那正是我要反对的原因，庭长阁下。

韦伯庭长：那应当澄清一下。

桑德斯基检察官：庭长阁下，我们想指出，销售的药物也许不是一种适当的药物，并且——

韦伯庭长：药物的价值完全不是重点。问题是，这是一位可信的证人吗？或他是否在讲述某个可信的组织？这些才是重点。

桑德斯基检察官： 没有其他问题了，庭长阁下。

韦伯庭长： 那么，很可惜。我认为我们应当介入一下。

桑德斯基检察官： 阁下，有一些可能被视为不利的证据将在我们今后向本法庭提出的证据中得到解决。检察方传唤本证人的主要原因是说明兴亚院的组织架构，这对以后的证据非常重要。

韦伯庭长： 关于他所说的该机构销售鸦片的问题，你是建议不将他视为一个可信证人吗？如果你要求我们关于他的部分证词将他视为可信证人，但关于其他证词不要视他为可信证人，这是一种非常奇怪的情况。

桑德斯基检察官： 证人的宣誓证词中提到，他关于鸦片的知识仅限于蒙古的收入大部分都来自鸦片这种普通知识。他并没有资格对鸦片销售提供专家意见。他没有作证——

韦伯庭长： 有一个更短的答复。辩护方没有对他有关组织构成的证据提出质疑。

这就行了。将他带离证人席吧。

（然后，证人离席。）

桑德斯基检察官： 庭长阁下，因为我们将在后面提出的很多文件中会出现对"Ko-A-In"这个词的不同翻译，我们请求法庭翻译官或翻译仲裁官指明对这个词可能的英文翻译。

韦伯庭长： 把问题再读一遍。我不理解它的意思。

（然后，桑德斯基检察官的上一个问题由法庭书记员宣读了一遍。）

韦伯庭长： 这是一个有关证据的问题。我们不能让翻译官对这个词进行翻译。这是关于证据的问题。

附2：东京审判庭审记录——华北地区毒品贸易相关证据提出[①]

1946 年 9 月 3 日，星期二

日本东京都旧陆军省内远东国际军事法庭

桑德斯基检察官： 如果法庭允许，检察方现在希望从我们今天上午提交的检察方文件 1045 号、证据编号 382 的文件中再次引用内容。我们将从文件的第 3 页第 4 节中引用。

---

① Transcripts of the Proceedings of the International Military Tribunal For the Far East（《远东国际军事法庭庭审记录》），第 4776-4819 页。

韦伯庭长： 好。

桑德斯基检察官： 在第 3 页的中部。（宣读）

第 4 节。中国的鸦片控制制度。

国民政府于民国十八年（1929）颁布了禁烟法，（自 1929 年 7 月 25 日起颁布并生效；民国二十二年（1933）3 月 16 日修订、颁布并生效），在那之后，从控制鸦片的角度而言，实施了完全禁止的政策。尽管普遍执行了完全禁止麻醉品的政策，但在日军占领区，自从事变爆发后，根据当地特殊环境，在某些情况下吸食鸦片也得到了认可。不管怎样，在某些地区制定并实施了控制措施，而另一些地区则在上面提到的国民政府禁烟法基础上执行暂时法。还没有建立一个统一的控制制度。

（1）华北。

（a）1929 年 4 月 28 日，临时政府在北平与亚洲发展委员会的华北联络处就禁烟法和在华北的实施规定草案进行了讨论，目的是在华北建立一个统一控制鸦片的制度。但还没有生效。

（b）在青岛，一直由税务办公室颁布的禁烟实施细则控制鸦片的使用，尽管青岛特别市老城区由于它的特殊环境，被划为一个例外的严格禁止区域。1934 年 7 月，成立了青岛特别市禁烟调查委员会，作为一个控制管理机构；同年的 8 月 1 日，开始实施禁烟调查临时条例。

（c）在济南，1939 年 1 月 26 日颁布了药剂师贸易协会临时条例，贸易协会也于同一天建立。

（d）在天津，根据天津税务征收办公室禁烟调查临时条例，限制毒品流通控制办公室的临时规定从 1938 年 1 月起开始执行。

如果法庭允许，我就不宣读有关华中、汉口和华南的类似数据了。

韦伯庭长： 那么蒙古呢？你忽略了蒙古吗？

桑德斯基检察官： 对不起，请再说一遍好吗？

韦伯庭长： 你忽略了蒙古吗？

桑德斯基检察官： 哦，还有蒙古。

庭长阁下，我不宣读这些部分，是因为这份文件的目的仅仅是为了表明政府——日本政府——在内阁层面一直都了解鸦片控制的情况——鸦片和麻醉毒品控制——中国所有地区的活动。一直都有联络及完整信息。

检察方下面提出文件 9514 号作为证据，这是一份由驻中国上海的财务公使于 1940 年 6 月 3 日起草的报告。

韦伯庭长：按惯例采纳。

法庭书记员：检察方文件 9514 将作为证据被采纳，证据号 390。

（随后，上面提到的文件被编为检察方证据第 390 号，并被采纳为证据。）

桑德斯基检察官：（宣读）

在察哈尔和绥远的鸦片种植。但当 1936 年日军从满洲到达这里后，他们强迫为每位官员（县长）安排一名日本顾问，鸦片种植也被引入到所有地区。开始时，并没有严格限制，因为道德上的压力使他们想办法去引诱农民赞同。当时有很多例外情况，尤其对天主教信徒，因为这被他们的良知所不容。去年，异教徒们也开始赞成在 1940 年实行禁烟，因为他们不得不以非常低的价格将鸦片卖给政府。因此，最近政府（1940 年春）开始强迫所有农户，包括天主教徒在内，每 100 亩土地必须最少种植鸦片 8 亩，所有的人必须遵守。（1 亩等于六分之一英亩）。

M.R.尼克尔森，财务公使。

韦伯庭长：我想基督徒的人数一定非常少，这些例外加起来也没有多少，根本就不值一提。

桑德斯基检察官：检察方下面提出文件 9517 号作为证据，这是一份由驻中国上海的财务公使于 1936 年 5 月 9 日起草的报告。

韦伯庭长：按惯例采纳。

法庭书记员：检察方文件 9517 将作为证据被采纳，证据号 391。

（然后，检察方证据第 391 号被采纳为证据。）

桑德斯基检察官：（宣读）

在察哈尔和热河的鸦片种植。

在满洲事变爆发后，东部四省相继失守，最后汤玉麟被迫辞职。因此，海洛因公司也被日本公司"坂田组"接管。同时，还成立了"大满公司"从事鸦片收购。不仅从热河大量收购鸦片，还从甘肃、绥远、察哈尔和陕西也购买了很多鸦片。鸦片种子发给那些被迫种植的农户。与几年前的数字相比，目前在热河生产的鸦片和海洛因数量增加了三四倍。热河生产的海洛因被运送到大连、天津和上海出售。

自从日军入侵察哈尔的北部六县后，坂田组在张家口设立了分公司，拥有170名工人，每天可以生产80包海洛因，每包净重18两，价值600美元。张家口分公司的资金共有100000美元，被分为10股，每股10000美元。另外还有一股股份作为礼物送给了日本领事馆。

根据一份对陕西、甘肃、绥远、热河和察哈尔生产的鸦片分析，甘肃鸦片最适合制作海洛因，因为它的味道好，价格便宜，而且能制造出更多的海洛因。陕西和绥远的鸦片味道也不错，但其中包含的海洛因成分不如甘肃鸦片多。察哈尔和热河的鸦片价格使其无法广泛用于制造海洛因。而另外三个省的鸦片经常被掺入其他杂质，生产者必须在收购前进行检查。

这就结束了对这份文件的宣读。

韦伯庭长：现在16时了。我们将休庭，直到明天上午9时30分。

（随后，16时休庭，直至1946年9月4日星期三9时30分。）

1946年9月4日，星期三

日本东京都旧陆军省内远东国际军事法庭

根据休庭规则，本法庭于9时30分开庭。

出席：

出席法官，一切照旧。

检察方，一切照旧。

辩护方，一切照旧。

（远东国际军事法庭语言部准备好了英日互译。）

法庭执法官：远东国际军事法庭现在开庭。

韦伯庭长：除了大川周明、松井石根和平沼骐一郎由其辩护律师代理外，其他所有被告都到场了。我这里有巢鸭监狱医疗负责人提供的证明，证实平沼骐一郎仍在病中。该证明将被记录并归档。

有没有律师希望提出任何问题？

桑德斯基检察官。

桑德斯基检察官：庭长阁下，我希望继续陈述有关华北地区鸦片和麻醉毒品的证据。

我们提出检方文件9512号作为证据，这是一份由驻中国上海的财务公使于 1936 年 6 月 8 日起草的报告。

韦伯庭长： 按惯例采纳。

法庭书记员： 检方文件 9512 将作为证据被采纳，证据号 392。

（随后，上面提到的文件被编为检方证据第 392 号，并被采纳为证据。）

萨顿检察官：（宣读）

察哈尔北部六县沦陷后遭遇的毒品威胁。

在指挥官李守信率领下的傀儡军队不仅鼓励农民增加他们的鸦片种植面积，而且还按照日本人的要求开始执行"毒化政策"。察北六县的每个县都有贩卖海洛因的烟馆，并在多伦开设了制造吗啡和海洛因的制毒工厂。

最近，在张家口新开设了一家名为"板垣组合"的烟馆，目的是向察哈尔南部地区的 10 个县销售毒品。张家口守军司令官张元荣先生对此也毫无办法。

毒品从察北向张家口和察西运输是通过张家口－多伦铁路和张家口－库伦铁路，由傀儡军队派兵保护。在这些地区销售毒品的大多是当地的无赖。

如果法庭允许，我会省略不读这些统计数据，而仅指出日本人经营的贩烟馆共有 55 家。

我们下面要提出检方文件 9516 号作为证据，这是一份由驻上海的使馆财务公使于 1937 年 4 月 8 日起草的报告。

韦伯庭长： 按惯例采纳。

法庭书记员： 检方文件 9516 将作为证据被采纳，证据号 393。

（随后，上面提到的文件被编为检方证据第 393 号，并被采纳为证据。）

桑德斯基检察官：（宣读）

上海，1937 年 4 月 8 日。

日本人鼓励在察北种植鸦片。

近期，为鼓励鸦片种植，日本当局在察北六县区以当地县令的名义发布通知，敦促人们按要求种植毒品，并针对种植者制定了以下奖励措施。

（1）按指定亩数种植的农户，免征地租。

（2）对种植 5 亩以上者，除（1）规定的奖励外，还可免除兵役。

（3）对种植 20 亩以上者，除（1）、（2）规定的奖励外，由县政府颁发名誉证书。

（4）对种植 50 亩以上者，除上述（1）、（2）、（3）规定的奖励外，授村及地区长老资格，并登记为县公职后补。

（5）在日本商社与当地县政府的联合支持下，察北六县将建立"鸦片配给协力协会"，以向农户收购鸦片，定价为每两6毛钱，在日本人的保护下转而输向华北。傀儡政权称，这种方式将使这些县的财政大大受益。

日本人还在六县设立了收购鸦片的机构，以固定的价格从农户手中购买鸦片。种植者的每亩罂粟必须卖给专营机构100两生鸦片。傀儡政权辖区内的吸食鸦片者也不允许减少他们的消费量。任何轻微违反规定的鸦片种植者或吸食者都将受到严厉处置。很多鸦片种植者被处以死刑，因为他们在出售给专卖局的鸦片中掺杂了其他物质。

我们下面要提出检方文件9515号作为证据，这是一份由驻上海的财务公使于1940年7月16日起草的报告。

韦伯庭长：按惯例采纳。

法庭书记员：检方文件9515将作为证据被采纳，证据号394。

（随后，上面提到的文件被编为检方证据第394号，并被采纳为证据。）

桑德斯基检察官：这份文件也是关于察哈尔的情况，只是比前一份文件的时间晚了三年。（宣读）

察哈尔和绥远的鸦片种植。

由于在之前曾大量种植鸦片的甘肃，现在已由常规农作物替代了白罂粟种植，绥远的鸦片生产逐渐取代了甘肃的地位。因为粮食短缺，很多绥远的农民宁愿种植粮食，但尽管如此，他们在今年年初先是被鼓励，继而被强迫，种植鸦片。

日本当局鼓励种植鸦片的方式有：从飞机上向中国的农田抛撒宣传单，鼓动农户种植罂粟；免费发放种植鸦片的种子；延展鸦片运输至归化的便利交通，归化有许多中国人经营的烟馆，他们在收到鸦片后会转运到张家口，那里是蒙古地区主要的鸦片输送中心。在归化大约有40家类似的贩烟馆。日本人不向种植罂粟的农户征收任何特别税，只收普通的土地税，这是农户无论如何都要支付的税项。农民每交付给归化烟馆一盎司鸦片，可收到4元——这里是指"蒙疆"银行发行的货币，等价于华北地区中央储备银行使用的元。罂粟就在这一年的7月份开始收获。

给我提供情报的人说他不知道绥远的鸦片到达张家口的日本人手上后又

被运往何处，但他认为，在蒙古地区的鸦片产量如此巨大，肯定会有大量的鸦片用于出口。生产鸦片的是居住在绥远、察哈尔等地的中国人，而不是蒙古人。蒙古人不信任日本人，而日本人也不信任蒙古人。

鸦片在北平出售的价格从 18 元到 24 元（中储券）不等。这种交易的公开程度在著名的东安市场可见一斑。很多外国人会去那个市场，那里有一个公共烟馆，任何路过的人都可以进去，旁边就是一个大饭店。

检方下面要提出检方文件 9518 号作为证据，这是一份由驻上海的财务公使于 1936 年 7 月 30 日起草的报告。

韦伯庭长：按惯例采纳。

法庭书记员：检方文件 9518 将作为证据被采纳，证据号 395。

（随后，上面提到的文件被编为检方证据第 395 号，并被采纳为证据。）

桑德斯基检察官：（宣读）

日本在华北的毒化政策。

自从签订了《塘沽停战协议》和建立非军事区后，中国政府就不能再使用军队打击贩毒行为了，整个河北省沦为日本在华北实施毒化政策的地区。

河北所有的农村人口估计为 2700 万人，据说其中有 500 万吸毒者。唐山、石家庄、清远、新苑、泊镇、固安和永清销售的毒品要比其他地区更多。仅在 5 月份，就有 70 名毒贩被处死。从 1 月至 4 月的短短四个月中，北平就有 700 多例涉及烈性毒品的案件。

以前在华北销售的毒品大多是来自绥远和察哈尔。来自绥远的毒品被称为"奖子"（音译），而产自察哈尔的则称为"比土"（音译）。最近，这两种毒品都被一种新的品种取代，这种来自大连的毒品价格更低且效果更强。日本人在新域、东鹿、涿县和石家庄都设立了商社，专售这种大连的毒品，并通过陇海和北平至汉口的铁路将毒品运往内陆城市。这种毒品的价格在每两 2.50 至 3.50 元不等。据报告，每月销量大约有 100 万两，总价值超过 300 万元。仅在天津，每月就有价值 30 万元的海洛因被运往内陆城市。制毒的朝鲜人在北平几乎到处都是，而且中国警察除非在特殊情况下否则不能对他们进行搜查。但即便在这种权力受到极大限制的条件下，北平的警察还是在 3 月份发现了 4 起毒案，4 月份发现 5 起。

这份文件宣读完毕。

检方下面要提出检方文件 9520 号作为证据，这是一份驻中国济南的美国领事于 1940 年 12 月 9 日起草的报告。

韦伯庭长： 按惯例采纳。

法庭书记员： 检方文件 9520 将作为证据被采纳，证据号 396。

（随后，上面提到的文件被编为检方证据第 396 号，并被采纳为证据。）

桑德斯基检察官： （宣读）

致：尊敬的国务卿，华盛顿。阁下。

接到第 2 页：

1940 年 4 月政治月报：

准官方媒体近期登载了一篇文章，以下是摘要内容：

根据省政府的调查结果发现，尽管三令五申禁止种植鸦片罂粟，但去年的实际种植面积却有所增加。为彻底清除鸦片种植，政府起草了有关的新条例，并分发至各级管理机构……此行动不是为了筹集资金或增加税收，而是为了根除鸦片毒害。

上述引用中的最后一句使人们想起了"此地无银三百两，隔壁王二不曾偷"的谚语故事。①

根据外国旅行者的报告，鸦片罂粟种植大多集中于日本人控制的山东地区。

1940 年 5 月政治月报：

最新报告指出，该地区唯一茂盛的作物就是鸦片罂粟。一名在山东济宁（日版为济宁）②的美国居民说：

只有一种作物长势良好，这就是提炼鸦片用的罂粟。我在中国以前这么多年所见过的罂粟放在一起也没有我们今年见到的这么多。我们的城市周围全是，甚至是在郊外的墙内也有。不管你去国内何处，你总是能看到开满罂粟花的农田。这些农田全都进行了灌溉，没有受到旱灾影响。

据可靠消息来源，由于来自中国各界的强烈谴责，傀儡政府的省长曾认真考虑过禁止鸦片种植，但他遭到了日本特务机构的反对（毫无疑问，是成功的反对）。日军在选择傀儡政府官员时对嗜毒者的偏好也是显而易见的，

---

① 原文是 "The last sentence quoted above reminds one of the proverbial small boy's denial of having stolen the plums before being accused thereof ." Transcripts of the Proceedings of the International Military Tribunal For the Far East（《远东国际军事法庭庭审记录》），第 4793-4794 页。

② 据日版订正。

明显地体现在公职人员中"大烟鬼"的数量上。

又据报道，新民会已起草了一些鼓励种植鸦片罂粟的新措施，将其与缴纳税赋挂钩，此项新措施将于近期开始实施。

继续到第 5 页：

1940 年 8 月政治月报：

据一名在当地的外国商人估计，每月在济南销售的鸦片价值达 500 万元中储券。由于鸦片的价格超过了一般苦力工人的购买力水平，所以通常是被中上层阶级购买。但是一般的苦力工人可以在他的购买能力内买到海洛因和其他种类的毒品，所以，即使是他们也可以获得麻醉剂带来的兴奋。在这个城市中，有几百名日本人和朝鲜人的部分或全部生活都要依赖于这些毒品的销售。

如果本法庭允许，我将省略不读文件中的统计数据。

检方下面要提出检方文件 9522 号作为证据，这是一份驻中国济南的美国领事于 1941 年 3 月 28 日起草的报告。

韦伯庭长：按惯例采纳。

法庭书记员：检方文件 9522 将作为证据被采纳，证据号 397。

（随后，上面提到的文件被编为检方证据第 397 号，并被采纳为证据。）

桑德斯基检察官："致：尊敬的国务卿，华盛顿。"如果法庭允许，我将省略不读第 2 页上标出的这部分内容，因为它主要是关于鸦片罂粟种植的程度叙述，然后接下来读文件第 3 页上的内容。

（宣读）

日军通过向中国伪军销售海洛因从中谋利。

根据可靠的外国来源报告，与日军合作的中国伪军中使用海洛因非常普遍，尤其是在山东省的东北部。他们将海洛因掺杂着面粉一起出售，而这种行为受到了日军的支持，其利润也主要归日军所有。这样一份剂量的价格为 3 元中储券，毒客吸食时通过燃烧吸入毒品烟气。据说一名吸毒者吸食这种掺假后的海洛因在一天中的总花费可达 45 元中储券。就这样，鲁东北的人受到了这些傀儡中国军队（中国同胞也称他们为"帮凶"）的无情掠夺，以满足他们对海洛因的欲望，并为日军提供资金。

美国副领事，谨上。

检方下面要提出检方文件 9523 号作为证据，这是一份驻中国青岛的美国领事于 1941 年 2 月 26 日起草的报告。

韦伯庭长： 按惯例采纳。

法庭书记员： 检方文件 9523 将作为证据被采纳，证据号 398。

（随后，上面提到的文件被编为检方证据第 398 号，并被采纳为证据。）

桑德斯基检察官： （宣读）主题：青岛成立新的禁烟局。对限烟实施情况的批评。

尊敬的国务卿，华盛顿。

文件第 3 页：

随函附上一篇登载在 1941 年 2 月 13 日《大青岛报》"小评论"专栏上文章的翻译件，其中对青岛的毒品局势进行了批评。由于这份报纸由日本人所有，而且本文很可能由一位日本人撰写，因此这可能显示出，即使是当地的日本居民对日本当局现有的毒品政策也不是很满意。

美国领事保罗·W.迈耶，谨上。

附后的翻译：

目前最繁荣的生意就是在县城开鸦片馆。它们不需要打广告，也不需要名人推荐。稳定的客户群会日复一日地光顾这些生意兴隆的地方。店老板和店员一直都非常忙。很多最初注册为三级的鸦片馆已升级成为二级，而二级鸦片馆已重新注册为一级。还有很多原先是三级的店跳过二级直接晋升为一级。这一事实使我们可以大致了解鸦片馆的繁荣景象。

我们试着分析一下光顾这些店的不同客户类别。平心而论，大部分客户都是商人。但是，还是有相当多数量的公职人员、二十出头的小伙子和风华正茂的年轻女子。可惜由于没有准确的统计数字，我们无法给出这些"烟客"的精确数字。

根据华北地区正在执行的法规，年龄不足 30 岁的人禁止吸食鸦片；同时还规定，公职人员、教师和民众领袖也禁止吸毒。因此，看到那些公职人员以及年轻男女走入烟馆，我总是感到非常难受。如果我们的官员能够更加认真地对待这件事，如他们自己所说的那样采取行动，情况就将大为不同。

我们下面要提出检方文件 9519 号作为证据，这是一份由驻上海的财务公使于 1937 年 1 月 13 日起草的报告。

韦伯庭长： 按惯例采纳。

法庭书记员： 检方文件 9519 将作为证据被采纳，证据号 399。

（随后，上面提到的文件被编为检方证据第 399 号，并被采纳为证据。）

桑德斯基检察官： （宣读）

日本人在通县和北平的毒品走私机构。

根据北平政府经常披露的内容，日本和朝鲜的浪人已至少建立了一个毒品走私机构，并请了驻华北的日军派兵进行保护。当通县的日军被召集进入北平时，他们携带了大量的毒品，以逃避中国警方的搜查。在毒品被带入北平后，浪人们会将毒品利润的 35% 分给日军。

上述机构于 1936 年 9 月在北平和通县成立。北平设立的机构被称为"东亚同乐分社"，地点设在使馆区日本兵营的一处建筑内，而通县的机构被称为"东亚同乐社"，地点位于马家胡同。会员除经营毒品的日本人和朝鲜人之外，不准外人参加，每人每月要交会费 5 元，其非法贩毒利润的 5% 也交为会费。上述设在通县和北平的机构负责人分别是本田祯助先生和早川五郎先生。

我们下面要提出检方文件 9521 号作为证据，这是一份由驻上海的财务公使于 1941 年 3 月 19 日起草的报告。

韦伯庭长： 按惯例采纳。

法庭书记员： 检方文件 9521 将作为证据被采纳，证据号 400。

（随后，上面提到的文件被编为检方证据第 400 号，并被采纳为证据。）

桑德斯基检察官： （宣读）

在大北平地区负责海洛因专卖的"大老板"是两名中国人。

两位非常有影响力的中国人，即刘省三和常滨乡，目前对中国人在北平经营的众多海洛因烟馆进行控制。他们两人都是河北省本地人，都由于日本人对鸦片生意的垄断而放弃了鸦片生意。根据知情的中国人透露，他们现在已经发现海洛因的利润可观。由于他们和日本人的关系密切，他们负责对在北平经营海洛因烟馆的中国人发放营业执照并安排"保护"。据说，如果没有与他们二人中的一位进行合作，没有任何中国人可以在北平市内经营海洛因烟馆。刘和常是海洛因零售业的"老板"。

据说他们使用的方法如下：想开海洛因烟馆的中国人先要向刘或常申请。刘或常会介绍一名日本人作为合伙人加入；日本人将安排从工厂购入海洛因和保护事宜。他们将一同租赁房屋，但分别在警察局进行注册，中国人通常会说自己是日本人的租户或寄住者或是佣人。双方在烟馆内各占据一边。烟客从日本人那里购买海洛因，然后到中国人占据的那一边吸食——中国人相当于东道主的角色，如果需要，他还可以拿更多的毒品供应，通常是在烟馆隔开的两边中间开一个小门。那些没有现金支付毒品的吸毒者有时会拿来一些贵重物品或衣服，中国合伙人对这些物品进行评估，类似于当铺的功能，但这些物品还是会交给日本合伙人进行处置，因为这些东西通常是偷来的。

如果日本合伙人逃匿了，刘或常将赔偿中国合伙人的一切损失。如果烟馆被查封（很少发生，除非是发生了误会），中国合伙人被拘押，日本人以及刘或常将一起安排释放事宜。

但另一方面，如果中国人愚蠢的没有向刘或常交保护费就经营烟馆，就必定会受到查封，而且被拘押后也不容易脱身。据说这两位"老板"定期地向警方提供这类非正规烟馆的地址。这样的查封事件有时还会在地方报纸上进行报道。

据说刘和常还通过向北平周边的农村地区零售商供应海洛因获得了大笔金钱，由于这些地方有共产党军队活动，因此很难开设海洛因的工厂。

据报告，日本的领事警察向经营海洛因的日本人和朝鲜人提供保护。这些烟毒贩，如果由于向日本人出售毒品或其他形式的犯法，他们可能会被领事警察逮捕，但生意却不受影响。通常交一点罚金就可以摆脱了。

据说日本人以及中国人，都在想方设法地利用常和刘的"影响力"在海洛因生意中占得一席地位。

桑德斯基检察官：检方的萨顿先生现在将进行证据陈述。

韦伯庭长：萨顿先生。

萨顿检察官：如果本法庭允许，检方下面要提出文件1714号作为证据，这是一份与兴亚院组织有关的森冈皋的陈述。

韦伯庭长：按惯例采纳。

法庭书记员：检方文件1714将作为证据被采纳，证据号401。

（随后，上面提到的文件被编为检方证据第401号，并被采纳为证据。）

萨顿检察官：（宣读）

我叫森冈皋，从儿时起就经常在日本和中国之间来往旅行。我的上一次旅行（从日本到中国）是在1942年11月。我在军队中服役了35年，曾经担任京都第 16 师的指挥官。当满洲事变爆发时我正在汉口。马可波罗桥事变（卢沟桥事变）爆发时我在东京。1938 年 4 月，我被派往中国，在日本派遣军司令部北平特务机关工作，由委员会的会长喜多将军领导。后来委员会重组为兴亚院北平办事处，喜多担任联络主任，我仍在他的领导下。从 1940 年 3 月至 1941 年 3 月，我自己也担任了上述办事处的联络主任。

特务委员会完全由军队建立，它的继任组织兴亚院设置有日本政府所有的行政管理部门，负责向占领区的傀儡政府传达日本政府的命令，目的是进行有效控制。

所谓的"新民会"是 1937 年根据华北的日军总部的明确指令而建立的。当时所谓的"临时政府"主席被任命为协会的会长，而一位名叫安藤市三郎（音）的日本人担任副会长。协会的最初目的是让人民了解傀儡政府的政策，并向傀儡政府报告人们的想法。但后来，它的工作重点更多放在了政治和经济事务上。

自从 1937 年中日开战后，入侵华北的日军统帅（包括寺内将军、杉山将军、多田将军和冈村将军）都强烈要求在中国进行这场战争。但是对美国和英国的战争是由东条英机提出的。

在傀儡政府统治下，鸦片在所谓的"鸦片禁烟局"控制下可以公开买卖。该委员会的成员包括有日本特派委员。而另一方面，日本总部颁布了一项法令，不允许任何日本人进入鸦片烟馆或吸食鸦片。

韦伯庭长：洛根先生。

洛根辩护律师：如果法庭允许，辩护方希望知道是否该证人仍在东京。鉴于该证人所作出的内容广泛和笼统的指控，我们认为应当传唤他出庭接受询问。

萨顿检察官：如果法庭允许，证人的证词是在中国的北平采集的。据检方所知，目前他仍在中国。

韦伯庭长：那么，我们在要求他来这里出庭前必须先有进一步的材料和论点。

关于被告东条英机的情况可能有所不同。他的名字被明确地指出来。

萨顿检察官：检方下面要提出文件 1707 号作为证据，这是在北平经营鸦片烟馆的郭余三和官海亭关于北平当时的鸦片和麻醉毒品情况的陈述。

布鲁克斯辩护律师：如果法庭允许，关于这些陈述，我们下面将开始进行的一系列陈述，其中的第一份刚才我们已提出了反对，我现在关于这一份也要提出反对。我认为，如果没有给辩护方机会对证人进行询问，所有的这些陈述都应该被反对。我们几天前在这里已经证明了对其中一名证人进行交叉质证是非常有效的，如果不进行交叉质证，就不会收到这样的效果。

韦伯庭长：我们不能因为期待交叉质证的效果，就以此为理由来反对证据。必须根据证据所具有的证据价值决定是否采纳。

证人将不会来这里出庭，根据我的理解？证人将不会来这里出庭，是吗？

萨顿检察官：检方没有打算传唤这些证人。

布鲁克斯辩护律师：如果法庭允许，我们提出反对的基础是，由于这些事情涉及的范围很广，如果不传唤证人出庭而使用他们的宣誓证词，我认为法庭，本法庭，就应该知道为什么证人无法出庭接受交叉质证的原因。被告有交叉质证的权利；我相信他们的这种权利并没有被剥夺。我的反对同样适用于今后提出的所有此类证词，它们甚至没有给出一个正当理由来解释为什么要免除被告进行交叉质证的权利。

韦伯庭长：布鲁克斯上校似乎是基于某些原则，即有一些法庭在证人不出庭的情况下不会对其宣誓证词进行采纳。但让所有宣誓证人都出庭作证的权利必须基于具体案件的相关事实，这里并不适用。

布鲁克斯辩护律师：法庭已正确地叙述了我的观点，我只补充一点，就是当证人不能出庭时，为了在他不出庭的情况下仍然使用他的宣誓证词，检方必须至少向本法庭提供一些理由和基础，说明这个人生病或是卧床不起或是绝对无法出庭的其他情况，然后再豁免对他们进行交叉质证。我提出反对的基础正是如此。

韦伯庭长：宣誓证人目前在中国，而且我的一位同事提醒说，已多次告诉你，已多次告诉过辩护方，可以进行书面质询。

反对无效。

萨顿检察官：检方已提出文件 1707 号作为证据。

韦伯庭长：按惯例采纳。

法庭书记员：检方文件 1707 将作为证据被采纳，证据号 402。

（随后，上面提到的文件被编为检方证据第 402 号，并被采纳为证据。）

萨顿检察官：我先宣读郭余三的陈述。

我从 1944 年 5 月至 1945 年 1 月任北平信义栈的经理。据我所知，在日本人占领期间，北平大约有 247 家鸦片烟馆，23000 名注册或获许可的鸦片吸食者，80000 名未注册的鸦片吸食者，还有 100000 名偶尔吸食的烟客。在卢沟桥事变前，鸦片不能公开销售。但在日本占领的几个月后，也就是所谓的地方维持会时期，鸦片销售合法化了。进入开烟馆行业需要获取许可，最初许可证由烟酒统税局发放，后来转由禁烟局管理。上述委员会从"蒙疆"鸦片公司拿货。北平的鸦片烟馆被划分为 A、B、C 三个等级。我曾担任经理的信义栈烟馆属于 B 级。每个月必须缴纳 100 元中储券（傀儡政府使用的货币），后来逐渐增加为每月 1200 元中储券。A 级鸦片烟馆的付费加倍，而 C 级只需支付一半费用。

所有的鸦片烟馆都收到了日本宪兵队通过行业协会下达的命令，禁止日本人到烟馆吸食鸦片。日本宪兵队会经常进烟馆搜查。如果在那里发现有任何日本人吸食鸦片，就会将他拖出去，有时甚至会毒打一顿，而烟馆经理也会受到严厉警告，要求今后永远不再发生此类情况。

在日本人占领前，北平的烟片吸食者数量很少，而且他们只在自己家中吸食。但日本人占领之后，吸食人数肯定是以前的十倍之多。

受日本顾问支配的禁烟局根本就不是为了禁止鸦片，而是为了使鸦片销售合法化。

尽管"蒙疆"公司中也有中国人，但日本人控制着一切。关于上述公司我了解不多，因为我管理的烟馆是从行业协会购买鸦片，与这家公司没有直接联系。

关海亭的陈述在英文版的第 2 页，宣读如下：

我从 1943 年 9 月起受雇于北平的永岁（Jubg-fa）烟馆。我在此证明信义栈鸦片烟馆的前经理郭余三上述有关日本占领时期鸦片销售情况的陈述完全属实。

检方下面要提出文件 1711 号作为证据，这是一份由里奥·坎德尔医生提供的有关 1939 年他在北平城中观察到情况的陈述，他是奥地利国籍，当时在北平从事牙医工作。

韦伯庭长：按惯例采纳。

法庭书记员：检方文件 1711 将作为证据被采纳，证据号 403。

（随后，上面提到的文件被编为检方证据第 403 号，并被采纳为证据。）

萨顿检察官：（宣读）

我叫里奥·坎德尔，现提供以下证词。我是奥地利国籍，于1939年3月20日来到中国。我先在上海停留了两个月，然后来到北平并居住下来，自那时起就一直从事牙医职业。

当我居住在北平直到日本投降期间，鸦片一直在日本人控制的傀儡政府默许下公开出售。海洛因也有销售。鸦片生意只针对中国人开放。如果政府遵照执行规定，鸦片不允许出售给日本人。我听说，甚至医院都会随意地给中国病人使用吗啡——但其他病人就不行。

非常明显，在中国公开销售鸦片得到了日本政府的许可和支持，其目的是削弱和遏制中国人的力量。

桑德斯基检察官下面将代表检方继续提出证据。

韦伯庭长：弗内斯少校。

弗内斯辩护律师：我们能否要检方提供森冈皋先生的目前地址？森冈皋先生提供了证据号为401的宣誓证词。我认为法庭在一般情况下，当采纳宣誓证词文件作为证据时，会提出这样的要求。

韦伯庭长：我们对这方面有通常的要求。我想我可以有把握地代表我的同事说，我们关于这方面有通常的要求，因此不需要再每一次特别进行申请。

为什么在目前这个阶段要换律师呢？

桑德斯基检察官。

桑德斯基检察官：检方现在提出文件1712号作为证据，这份文件是"北平市政府禁烟禁毒情况汇总图表"。

韦伯庭长：按惯例采纳。

法庭书记员：检方文件1712将作为证据被采纳，证据号404。

（随后，上面提到的文件被编为检方证据第404号，并被采纳为证据。）

桑德斯基检察官：（宣读）

（1）敌人占领时期的盛行情况。

A.鸦片烟馆数量：247。[1]

（注：根据国民政府1930年实施禁烟政府的决定、相关禁烟措施条例以

---

[1] 日版记录。

及在特定时期禁烟和在一定时间内戒除烟瘾的相关法令，至 1937 年 3 月，地方政府已在改革实施方面做出重大进展，基本完成了禁烟工作。但"七七"事变后，日本人彻底改变了国民政府的政策，使鸦片吸食合法化，同时，有 247 家鸦片烟馆获准开放，无论是否有许可也无论年龄，只要是烟客都可以随意进入。结果，吸食鸦片的人数每天都在增长。)

B.鸦片吸食者。

a.有许可的吸食者 23000。

b.无许可的吸食者 80000。

c.偶尔吸食者 100000。

韦伯庭长：我们这里是"230000"，但你宣读的是"23000"，哪一个是正确的？

桑德斯基检察官：庭长阁下，正确的数字应该是"23000"。

韦伯庭长："23000"后来出现了。

桑德斯基检察官：（宣读）

（注：伪政权通过在中部和便利的地点开设大量鸦片烟馆来鼓励鸦片吸食，他们向 23000 个吸食者发放了许可，另外还有 80000 位未获得许可的烟客。偶尔吸食的烟客比前者的总数还要多，这样每天的总吸食人数就有200000 左右。)

C.每天消费的鸦片总量达 3000 "两"（中国盎司）。

（注：这个数量是对有许可的鸦片烟馆每天销售量的官方估计数字，不包括鸦片商人偷偷运输和销售的鸦片，那个数量大约有十倍之多。因此，每天实际的消费量估计可高达 30000 "两"。)

D.毒品的来源。

a."蒙疆"土业组合。

b.生鸦片行会。

c.鸦片烟馆行会。

d 鸦片烟馆。

e.鸦片制成品公司。

（注：除了上述其他机关都是在"北平禁烟分局"的保护下成立的。生鸦片行会与鸦片烟馆行会负责运输鸦片，鸦片烟馆负责销售，鸦片制成品公

司负责出售预制好的鸦片，而主要的供应来源都是伪蒙古政权控制下的"蒙疆"土业组合，而它得到了日本人的支持和鼓励种植鸦片。海洛因和吗啡的运输与销售主要由日本和朝鲜的浪人从事，他们的生意就是向中国人供应这些毒品，然后将这些因为吸毒而致贫的人们发展为毒友。）

（2）自从现任市政府成立后的情况。

A.收缴和销毁的鸦片、海洛因、白粉等的数量。

a.海洛因 104604 两。

b.白粉 575025 两。

c.鸦片 958855.43 两。

洛根辩护律师：我可以插一句吗，庭长阁下？律师现在宣读的是关于所谓的阴谋终止后发生的事情，对本案不重要。

韦伯庭长：我认为这是关于处置这些毒品，显然这是与检方案件相关的内容，而且是最重要的内容，不受时间的限制。

反对无效。

桑德斯基检察官：如果法庭允许，我想再多读一行这份文件的内容，表明了当中国人重新占领这座城市时，他们发现的毒品总数量。文件其他内容是关于他们消灭毒品所做的努力。

韦伯庭长：我们将暂时休庭 15 分钟。

（随后，10 时 45 分休庭，直到 11 时重新开庭如下。）

法庭执法官：远东国际军事法庭现在继续开庭。

韦伯庭长：桑德斯基检察官。

桑德斯基检察官：我将继续宣读检方文件 1712 号，证据文件编号 404，文件的第 2 页。（宣读）

收缴和销毁的鸦片、海洛因、白粉等的数量。

a.海洛因 104604 两。

b.白粉 575025 两。

c.鸦片 958855.43 两。

如果本法庭允许，华北地区的证据到这里就结束了。中国其他地区的证据将由我的同事，纽约律师协会的约翰·F.汉默少校进行陈述。

附3：东京审判庭审记录：姜震瀛的陈述①

萨顿检察官： 如果法庭允许，我们将继续陈述有关日军在中国河北省犯下的暴行证据，检察方下面提出文件1708号作为证据，"中国第11战区盟军总司令部军事法庭法官姜震瀛上校的陈述"。

韦伯庭长： 按惯例采纳。

法庭书记员： 检察方文件1708将作为证据被采纳，证据号345。

（随后，检察方证据第345号被采纳为证据。）

萨顿检察官： 这份文件还包含了关于鸦片和麻醉品主题的证据。我只从第一页中宣读第一段。

（宣读）

我叫姜震瀛。我是中国山东省齐河县人。我现年36岁。目前我是中国第11战区盟军总司令部审判战犯军事法庭的一名法官。1937年7月7日在卢沟桥爆发战争时，我当时是宋哲元将军领导的冀察绥靖公署的军事检察官（军衔为陆军上校），宋将军当时还兼任第29路军司令官。我在此关于自己亲身经历的事件或根据我的个人所知可以担保真实的事实作出以下陈述。

我忽略不读英文版本第2页上的第一段最后部分。

（宣读）

在1937年7月7日战争爆发前，日本已经在计划进行大陆扩张，并向华北发动侵略。这不仅可以从上述战争爆发的导火索中看到，而且还体现在日本人的鸦片和麻醉品政策上。

自从1936年起，很多日本和朝鲜浪人以正常商人的身份深入华北的各村镇，从事生产和销售鸦片与其他麻醉毒品的生意。他们的存在以及他们与可疑中国组织的关系导致了许多当地的动乱事件，引起了冀察绥靖公署的注意。由于我当时是该总部的军事法官，我在履行公务时得知了这些事实。尽管这些文件在1937年7月撤出北平时被毁，但可以很容易地从当时发行的报告中找到这些事实。这些不仅仅是个人的行为，依照个人的意愿从事的行动。日本政府实际上处于他们的幕后。否则，他们很难在华北各地分布这么

---

① Transcripts of the Proceedings of the International Military Tribunal For the Far East（《远东国际军事法庭庭审记录》），第4630-4633页。

广泛。另一个可以证明这一点的事实是，中国政府向当地政府下达驱逐这些臭名昭著的鸦片和其他毒品贩子的命令不能得到执行，原因是受到了日本军队或日本使馆的直接或间接干涉。

除了使用这些鸦片和其他麻醉毒品对中国人民进行毒化，这些毒贩的活动还与侵略战争有密切关系。他们在内地的存在以及在不同地区与可疑中国组织的联系对日军收集各种情报非常有帮助，同时还可以了解地理情况，这对发动侵略战争非常有用。日军在卢沟桥战争爆发后的短短一个月内占领了整个河北省，这一事实充分证明了上述情况。

自 1937 年战争爆发后，日本人在傀儡机构"华北政务委员会"下建立了一个禁烟委员会，在北平、天津、济南、青岛、唐山和石门建立了分支，并在许多其他城市设立了再下一级的分支。这些机构的成立目的是为了在中国实施大规模的毒化政策，这与它们的名称完全相反。在特定的区域，允许向禁烟委员会缴纳一定的税金后种植鸦片罂粟。鸦片零售店商行和烟馆在申请并交费后可以获得发放的许可证。在依法缴税和贴税票后，鸦片可以作为一种合法商品自由地拥有、运输和到处销售。鸦片吸食者在注册和付费后可自由食用。未贴税票的鸦片被视为走私商品，会被上述委员会没收。但没收的鸦片也不会被销毁，而是由上述委员会经拍卖的形式出售给鸦片商。

大多数的鸦片都会落到海洛因制造商的手中。海洛因的生产和运输由日军和宪兵队的直接保护。尽管傀儡政府知道鸦片对中国人会造成巨大危害，但它却毫无能力进行干涉。事实上，许多获许可的鸦片经销商自己也制造海洛因。这极大地加剧了对中国人的毒害。

自从 1944 年起，鸦片的市场价格上涨得很高，刺激了从张家口进口鸦片。有一个由日本和朝鲜浪人领导下的严密组织从事鸦片贩卖。为了避免在边境被发现，鸦片被装入一些小的橡胶袋中后藏入人体敏感器官内，通过这种方式将鸦片运送到北平和天津。那时的报纸经常会报出由于胶袋泄露而使走私者致死的骇然新闻，这些人是日本人毒化政策的第一批牺牲者。

……

附4：东京审判庭审记录：检方证人皮特·J.劳莱斯证词①

1946 年 7 月 29 日，星期一

日本东京旧陆军省内远东国际军事法庭

......

（皮特·J.劳莱斯作为检方证人出庭，首先宣誓，然后作证如下。）

本方询问（由萨顿检察官询问皮特·J.劳莱斯证人）

问：你的全名是什么？

答：皮特·J.劳莱斯。

问：你住在哪里？

答：中国，北平。

问：你是哪国的公民？

答：英国。

问：你在中国住多久了？

答：将近 36 年了。

问：在那段时期你住在中国的什么地方？如果有的话，担任什么官方职务？

答：我从 1912 年 10 月起在天津的英国市政委员会担任警督。从 1938 年 7 月直到 1941 年的年初——当年年底被拘禁时，我在北平担任使馆区警察局长兼外交委员会秘书。

问：1930 年左右，天津的英租界有多少人口？

答：大约 45000 到 50000 人。

问：你的工作是否有时会对天津英租界内的鸦片烟馆进行查封？

答：是的。

问：在查封中你们会逮捕什么人？对这些人会如何处置？

答：中国人和朝鲜人。抓获稍后会在市政府治安法庭审问他们，接着会把他们移交给各自所属国家的相关机构，也就是在日本租界内的领事警察。

问：如果抓获了中国人，谁将审判他们？

---

① Transcripts of the Proceedings of the International Military Tribunal For the Far East（《远东国际军事法庭庭审记录》），第 2676–2692 页。

答：如果抓获了中国人，会将他们交到天津市的中国法庭。

问：你是否也抓获过日本人？这种情况如何处理？

答：在极少的时候也会有日本人，真正的日本籍公民。如果他是日本籍，就会移交给日本的领事法庭。

问：对朝鲜人如何处置？

答：他们作为日本臣民对待，也移交给领事法庭。

问：关于你们对英租界内烟馆搜查缴获的鸦片和麻醉毒品，根据你的工作职权，你是否能确定它们是从哪里得到的吗？

答：是的。通过对抓获的人审讯，采集书面口供，他们都说："我们是在日本租界内买的。"

问：你是否向日本官员报告过你们在工作中获得的这些信息？

答：是的。所有的文件证据都向他们提供了，在将犯人移交法庭时我们会将一份副本交给英国领事，同时还有一份副本交给日本官员。

问：当你们逮捕并随后移交这些朝鲜人和日本人时，日本有关机构是否采取了任何措施？

答：我们从未收到过官方通知，也从未出庭作证过。

问：你们是否曾经抓获过多次重犯的同一名违法者？

答：是的，有好几次。

问：在1935年左右情况有什么变化吗？如果有，是什么变化？

答：是的，当时有很多朝鲜人和日本人搬入英租界。在那以前，英租界内并没有很多朝鲜人和日本人居住。

问：这些居住在英租界的朝鲜人和日本人从事什么生意？

答：朝鲜人是流动商贩。日本人一般是做小买卖。

问：在天津的英租界，1935年以后关于鸦片和麻醉毒品是什么情况？

答：麻醉毒品交易量大幅上升，这一点非常明显，因为我们不得不每天进行两到三次搜查。我可以对上一句更正一下吗？我刚才说的是每天；应该是每个晚上。

问：这种鸦片和麻醉毒品的交易是如何进行的？

答：我听不太明白这个问题。我不知道您是什么意思。

问：根据你们的调查，1935年在天津的英租界是什么人进行鸦片和麻醉毒品交易？

答：中国人和朝鲜人。

问：他们在哪里销售鸦片和麻醉毒品？以什么方式？

答：鸦片在较贫穷的底层街区的烟馆出售。烟馆里摆放了很多支烟枪，嗜毒者经常会去这类烟馆吸食鸦片。像吗啡和海洛因这样的毒品，大多是在码头进行交易。我解释一下，码头是所有到天津的船都要开进去的一个区域。

问：毒品以什么形式卖给买家？

答：购买毒品也就是吗啡和海洛因时，朝鲜人总是——最底层的朝鲜人通常会去码头或街边找最底层的中国人，给他们进行皮下注射毒品。

问：那些针头经过消毒吗？

答：从不消毒。

问：你们经常抓获那些违法者吗？

答：是的。

问：当你们把犯人移交日本当局后，他们会采取一些惩罚措施，以阻止这些人重新返回毒品交易吗？

麦克马纳斯先生：如果庭长阁下允许，我要对这种问题的形式提出反对。另外还因为它是引导性问题，而且对本阶段也不重要。我想知道这和战争罪之间有什么关系。

韦伯庭长：我认为这个提问有些笨拙。我觉得他本来可以问犯人是否受到惩罚，惩罚的收效是什么，但事实上什么效果也没有。重要性已经被考虑了。检方称这也是一种类型的战争，或者说通过让中国人染上毒瘾，从而为战争做准备。反对无效。

答：没有。他们总是会再次返回。根据我们的经验，没有任何罪罚一致的措施。

问：你们有时会对英租界内的毒品工厂进行搜查吗？

答：是的。

问：这些工厂由什么人经营？

答：中国人和朝鲜人。

问：这些工厂的生产能力有多大？

答：最大的工厂每周可生产五六十磅吗啡或两三磅海洛因。

问：从这些工厂主人那里，你们是否查明了他们从哪里得到的鸦片？

答：是的，回答都是说从日本租界。

问：关于日本人在英租界从事鸦片和毒品交易的事情，你们是否经常向日本有关当局进行报告？

答：是的。

问：你从他们哪里得到了什么回复？

答：我们得到的回答是，这些人将受到惩罚，情节严重者将被驱逐出境。

问：如果有的话，日本当局进行了什么样的惩罚呢？

答：我们无从得知。

问：你们向他们报告了在英租界内从事鸦片和毒品交易的人员后，他们是否驱逐过这些人呢？

答：他们这样做过几次，但其他人总是会再次回到英租界，继续从事毒品交易。

问：日本人何时占领了天津？

答：1937 年。

问：日本人 1937 年占领天津后，那里的鸦片和毒品是什么情况？

答：交易明显增加，大幅地增加，但作为警察，除了抓获毒品贩子，我们还有更多工作要做来保护租界。

问：你在什么时间接管了北平使馆区警察局长的职务？

答：1938 年 7 月。

问：当时北平的鸦片和毒品情况是怎样的？

答：根据我在北平的观察，除了使馆区外，情况非常不好。

问：在那之后，使馆区的情况怎么样？

答：有时情况非常糟糕，但我们采取了强硬措施进行控制。我想解释一下我所说的强硬措施，就是说我们努力不让他们的毒品工厂做得太过分。

问：他们是否也试图在北平的使馆区内经营毒品工厂？

答：是的。

问：这些工厂由什么人经营？

答：大部分是朝鲜人。

问：你们是否经常对这些工厂进行搜查？

答：是的。

问：如果抓获了朝鲜人，你们会如何处理？

答：将他们移交给使馆区的领事警察，同时提供有关罪行的陈述。

问：在你们移交给领事警察后，什么部门会处理这些案件？

答：日本的领事机关，领事警察机关。

问：你们是否听说过这些案件的处理？

答：这就说来话长了，因为作为外交委员会秘书和警察局长，我必须从警局角度向所有的使馆和法务部门报告使馆区发生的事情。另外，外交委员会中包括了三名使馆官员（一名英国人，一名美国人和一名日本人）和两位平民成员——共由5人构成，在外交委员会的会议上，每次都会向日本代表强调这些案件，而他总是承诺说将对这些案件进行调查，如果可能的话，将在委员会的下次会议上进行报告。但在委员会召开下一次会议上时，如果还没有报告案件情况，就会再次询问同样的问题，对于这些问题，我们从来没有从日本代表口中得到任何令人满意的回答。

问：你们是否向日本当局报告了引起你们注意的具体案件？

答：是的。当我们抓获了犯人并移交给日本使馆的领事警察时，作为委员会秘书，我会起草一份发给所有使领馆的通函，这封通函也会送到委员会中日本成员的手里。

韦伯庭长：我们将休庭，直到明天上午9时30分。

（16时休庭，直至1946年7月30日星期二9时30分。）

1946年7月30日，星期二
日本东京都旧陆军省内远东国际军事法庭

（皮特·J. 劳莱斯作为检方证人出庭，重新坐进证人席后作证如下。）

本方询问（继续）

问：劳莱斯先生，在昨天休庭前，你叙述了你们关于在北平使馆区抓获的朝鲜人和日本人所采取的行动。你可以继续回答。

答：在我昨天的讲述中，我提到外交委员会的构成包括了三名来自不同使馆的成员，即一名英国人，一名美国人和一名日本人。除了这三位成员，还有两名由使馆区纳税人选举出来的平民成员。这些成员每个月开一次会，作为秘书，我要向他们报告所有关于警务活动的事宜。在我报告的案件中，有两起案件比较引人注目。其中一件是抓获了企图在使馆区制造吗啡的朝鲜人和中国人。这个案件向委员会做了汇报，并在日本代表也出席的会议上进行了陈述。逮捕这些人之后，就将他们移交给了领事警察。当在会议上提出这个案件时，日本代表说："是的，我已听说了这件事，我正在调查。我将在下次会议上进行报告。"而当下一次会议召开时，会议主席询问是否已采取了一些措施，他就会说："我们仍在调查之中。"在下次会议召开前，我们在使馆区抓获了三名制造吗啡的朝鲜人。我们将这些朝鲜人连同所有相关证据都移交给了使馆区的领事警察。同时，我还以备忘录、通函和口头形式向委员会的 5 名成员进行了报告。但是，当在下一次会议上询问日本代表他们采取了什么行动时，他说："我们仍在调查之中。"就这样，针对第一个案件，调查差不多进行了三个月。而第二个案件是在委员会召开会议的四天前发生，几乎没有时间让他们进行太多的调查。在会议结束的三天后——两天或三天——我们又抓获了同样的三名朝鲜人，这次还是在使馆区从事毒品交易。于是，我亲自前往日本使馆，见到了那位日本成员并告诉他发生的事情。他说他将进一步调查，这就是我得到的回答，也是每次召开委员会会议时他的回答。

问：当日军占领北平后，城中关于鸦片销售的情况是什么样的？

答：根据我个人的观察，吗啡和鸦片——尤其是鸦片——在城中公开进行出售。吗啡可在小胡同或东城和西城的一些小房屋内无限量地购买。在使馆区，吗啡和鸦片交易没有那么活跃，只有少量的销售。也没有制造工厂。

问：鸦片在城中是如何运输的？

答：由汽车或日本军车大量运输。

问：你所描述的鸦片和毒品销售在北平持续了多长时间？

答：根据我在警察局的了解，直到 12 月 8 日我被拘禁前一直都是这种情况。

韦伯庭长：他在哪一年被捕？

问：你在何时被捕或被拘押？

答：1941 年 12 月 8 日，我被捕后被拘禁在美国使馆一个月。

问：你什么时候被释放？

答：我于 1941 年 1 月 8 日从美国使馆释放。之后我又被拘押在英国使馆中直到 1943 年 3 月 29 日。

韦伯庭长：我猜他的意思是 1942 年 1 月。我希望他能使用正确的日期。

问：1943 年 3 月 29 日之后你在哪里？

答：我们被送到山东省青岛市附近的一个集中营，在一个叫潍县①的地方。

问：你什么时候回到北平？

答：1945 年 10 月 17 日。

问：从 1945 年 10 月 17 日之后你一直居住在北平吗？

答：是的。

萨顿检察官：辩护方可以对证人进行交叉质证了。

韦伯庭长：清濑博士。

清濑辩护律师：没有交叉质证，庭长阁下。

（随后，证人退席。）

---

① 潍县集中营，在今山东潍坊，为当时日本设立的外侨集中营。

第八章
华中、华东毒品形势①

① Transcripts of the Proceedings of the International Military Tribunal For the Far East（《远东国际军事法庭庭审记录》），第 4845—4894 页。

"七七"卢沟桥事变后，日军迅速进攻上海、南京以及江苏、浙江、安徽等华中、华东省市，1937年11月20日，上海沦陷，同年12月13日南京沦陷，1938年5月19日日军占领徐州，6月6日占领河南省会开封，1938年10月25日，湖北重镇武汉三镇相继陷落。与日军军事占领东北、华北旋即展开毒品侵略一样，日军在华中、华东取得军事胜利后，迅速在沦陷区开始新的毒品攻势。在全面侵华战争爆发前，日本人在上海、武汉等城市已有毒品走私贩毒活动，全面侵华战争爆发后，军事上的优势为日本人在华中、华东占领区继续进行毒品侵略提供了新的有利条件。

第一节　上海毒品形势

1.沦陷前的上海

在对华毒品战中，上海一直处在重要的位置上。早在清末中国政府开展十年禁烟运动期间，日本人即在上海走私吗啡等毒品。上海的吗啡交易"货源来自日本人"，上海海关查获走私吗啡量呈逐年增加趋势，1916年吗啡是2403盎司，1919年是3392盎司。[①]到19世纪20年代、30年代，在遍布东北、华北、华东等广大地区的日本侨民、浪人所进行走私贩毒活动中，上海是日本走私贩毒的重要城市之一。关东厅藤原太郎的《鸦片制度调查报告》也提到了日侨在上海走私违禁品的事实。报告中说："上海是违禁品输入的门

---

① 徐雪筠等译编、张仲礼校订：《上海近代社会经济发展概况（1882—1931）——〈海关十年报告〉译编》，上海社会科学院出版社1985年版，第186-187页。

户，吗啡和其他毒品大量麇集此地，虽不能有精确之统计，但可以推测大多是从日本运来的。上海有日侨2万人，应像天津那样，许多人当与违禁品交易有关，只是社会上还没有注意到这一点。日本人向上海走私违禁品是无法粉饰的事实，策源地就是大阪或领事馆。"①

从日本占领台湾开始，到战败结束，上海与大连、天津、汉口等城市一样，在整个对华毒品战中一直处于重要位置。上海是日本人向中国输入鸦片运输线路上的一个重要城市，"日本本土所制毒品的运输路线，一般则是自神户运出，向北先运关东厅的大连，向南则运至上海；自欧洲输入的毒品，则先集中于大连，再南运上海或青岛，或向西运往天津日租界"。②显然，上海成为鸦片通向中国内地贩卖路线上的中转站。

长期任职于日本驻中国大使馆或领事馆的有岩村成允，在1928年曾作过题为《中国查禁鸦片的实况》的演说。在演说中，有岩村成允提到上海是中国南方吗啡的主要集散地，日本人将大量鸦片、吗啡运到上海，再从上海转向通往中国内地，许多日本人参与了吗啡买卖。有岩村成允说："吗啡近来日益流行，它的集散地南为上海，北为大连。这种东西多产自欧洲，它们经神户装船，被运至南方的上海和北方的满洲后，再分散到中国各地。据说许多日本人与这种买卖有关，实在令人遗憾。听说大量吗啡、鸦片是用日本船运进中国的，由中国方面的伙伴卸货，然后运到中国消费者手中。此外，还有许多毒品是放在各种各样的行李中走私到中国后再卖掉的。"③

而随着日本对华毒品战形势的不断变化，日本在中国占领区的罂粟种植区域扩大，鸦片、海洛因等毒品生产数量增加，当日本向欧美国家与地区远销在华制造的毒品时，上海又成为日本从中国向海外输出毒品线路上的港口城市。

关于日本人在上海的毒化活动，东京审判庭审记录检方证词提供了部分内容。长期以来，上海是日本从海外输入中国，从中国输出鸦片、毒品的中转站，这已是不争的事实。东京审判庭审记录检方证词更多涉及20世纪30

---

① 〔日〕江口圭一著，王玉平、唐克俊译：《抗日战争时期的鸦片侵略》，中国社会科学院近代史研究所《国外中国近代史研究》编辑部编：《国外中国近代史研究》第19辑，中国社会科学出版社1992年，第89页。

② 〔日〕江口圭一『資料：日中戦争期阿片政策——「蒙疆政権」資料を中心に』、21頁。参见〔日〕江口圭一著，宋志勇译：《日中鸦片战争》，天津人民出版社1988年版，第24页。

③ 〔日〕江口圭一著，王玉平、唐克俊译：《抗日战争时期的鸦片侵略》，中国社会科学院近代史研究所《国外中国近代史研究》编辑部编：《国外中国近代史研究》第19辑，中国社会科学出版社1992年，第89—90页。

年代以来日本人在上海的毒品侵略行径。庭审记录指出 20 世纪 30 年代，中国国民政府开展禁烟运动，颁布禁烟禁毒条例，加重处罚毒品犯罪，减少了上海鸦片商行的数量，杜绝了通过私人渠道从内地走私鸦片进入上海，随着对吸毒者登记制度的完善，国民政府将进一步加强对鸦片贩卖的控制[检方文件 9537(法庭证据号 414)][1]上海的毒品形势随之有明显的改善。

　　然而，日本人依然在上海走私贩毒。东京审判检方证据引用了美国驻上海副领事德鲁姆赖特与上海市警察局负责麻醉毒品和鸦片稽查工作的督察、负责起草提交给国联关于鸦片和其他危险麻醉品情况年度报告的 E.帕普的谈话。根据帕普的谈话，30 年代中国政府推进禁烟禁毒运动时，上海的毒品形势有明显的好转，如果不是因为日本人的贩毒行为，那么 1937 年上海的禁毒可能会取得更大进展。"帕普督察提到在非法贩毒活动中，日本人的参与引人注目，日本人与朝鲜人在上海的贩毒活动有所增多，他们中的很多人最近从天津搬到上海，因为天津的嗜毒者已经一贫如洗，这使他们的生意开始变得萧条。但上海是一个富裕而且未经开发的城市，许多日本人在这里都赚了很多钱。""因为天津的嗜毒者已经一贫如洗"了，所以，犹如蝗虫般的日本毒贩从天津转移到了上海。

　　与在其他中国城市一样，日本警察对日本人走私贩毒采取积极保护、默许与纵容的态度，帕普督察说："日本官方对所抓获的违反禁毒法令的日本人的惩罚太轻微。通常对初犯只是警告一下就释放了，只有在第二次或第三次犯法时才会少量的罚一些款。日本人只有在最严重的犯罪情况下才会被驱逐出中国。"[检方文件 9537 号(法庭证据号 414)][2]

　　对毒贩轻微惩处也充分证明了日本方面对贩毒采取纵容态度。1924 年国联在日内瓦召开鸦片会议，富勒在大会上陈述了上海中国法庭与日本方面上海领事法庭在惩处毒贩上所形成的鲜明对比。富勒指出："关于上海的目前局势，我希望大家注意上海的日本法庭和中国法庭对毒犯分别采取的处罚措施的持续差异。这可以通过下列具体的案例进行说明。有一个名叫柳川铁

---

　　① Transcripts of the Proceedings of the International Military Tribunal For the Far East (《远东国际军事法庭庭审记录》)，第 4845-4873 页。

　　② Transcripts of the Proceedings of the International Military Tribunal For the Far East (《远东国际军事法庭庭审记录》)，第 4847 页。

藏的日本人，1938年4月12日在上海被抓获，因为她身上带有25盎司（710克）海洛因。她说是在日本的长崎购买的毒品，准备拿到上海出售，以获取厚利。1938年4月7日，她携带毒品乘坐'长崎丸'号轮船来到了上海。1938年5月26日，她被日本的领事法庭罚款30元（27瑞士金法郎），罪名是企图销售25盎司海洛因。

"而在另一案例中，1938年4月22日，有一位名叫董子连的中国人在上海被抓获，也是由于身上藏有25盎司（710克）日本生产的海洛因。1938年5月7日，他以携带海洛因企图出售而被上海特区法庭判处终身监禁。"[检方文件9557号（法庭证据号388)][①]

这两桩毒案，同样都查获贩毒者携带毒品25盎司（710克），但日本领事法庭与中国法庭对毒贩的判决却是天壤之别，日本领事法庭对毒贩日本人柳川铁藏的惩处措施是罚款30元（27瑞士金法郎），而中国法庭则对毒贩中国人董子连判处了终身监禁，罚款30元与判处终身监禁，悬殊如此！在中国的土地上，日本领事官员轻描淡写地"惩罚"了贩卖日本生产的毒品的日本籍毒犯，这已经是惯例了。

2.沦陷后的上海

1937年"八一三"淞沪战役后，上海沦陷，上海随即成为日本战时在华中进行毒化活动的中心。日军占领上海后，组建了由汉奸苏锡文担任市长的伪上海大道市政府。为了尽快控制上海的鸦片经营，日方授意大道市政府颁布布告，迫令烟民一律前往登记，领取吸食许可证和执照，执照分三等，甲等纳税5元，乙等3元，丙等6角。烟民对此告示，绝少理会。[②] "对于这样一个妖里妖气的'政府'，中外人士无不嗤之以鼻"。[③]

华中是国民政府的统治中心，日本军政的控制力相对薄弱。在日军进攻华中、上海沦陷之前，国民政府推行"六年禁烟运动"已有两年，并已取得相当的禁烟成绩，又因上海的鸦片营业，"向为一般老华商所操纵，日本不欲插足则已，如欲在此中谋利，则非先与是辈商人合作不可"。上海沦陷之

---

① Transcripts of the Proceedings of the International Military Tribunal For the Far East（《远东国际军事法庭庭审记录》），第4752页。

② 中共河北省委党史研究室编，邓一民主编：《日本鸦片侵华资料集(1895—1945)》，中共河北省委机关公印中心2002年版，冀出内刊第1085号，第99页。

③ 陶菊隐著：《孤岛见闻——抗战时期的上海》，上海人民出版社1979年版，第30页。

初，因当时存在的各种原因，烟毒交易仅限于租界内，除小贩、浪人走私贩毒猖獗外，并无大批包办烟土的可能。①在这样的背景下，为了实现在上海的贩毒计划，日本方面将不得不暂时依赖与鸦片商人的合作，日军与上海的中国鸦片商人之间几度进行谈判，试图达成合作协议，并实现从鸦片业中牟取利益的目的。②

东京审判庭审记录检方证据文件[检方文件 9538 号（法庭证据号 415）]③，这是美国驻上海财务公使 1938 年 1 月 2 日起草的一份报告，报告内容清楚说明了日军与中国鸦片商人之间进行的一次谈判。上海大道市政府官员安排了这次谈判，而真正幕后控制人是日本官员西椿，中国鸦片商人代表是特殊货物协会（也就是鸦片商会）会长贺幼吾。中国鸦片商人向日本方面提出一份协议，内容包括：在日本人控制下的大约 60 家公司与商行将恢复营业，每月向日本人支付 15000 美元的总金额作为许可费，恢复营业的 60 家公司与商行将分摊一定金额的许可费用，以确保拿到必要的许可证继续经营生意，"除了上述费用，鸦片商还要为出售的每两鸦片支付 30 分的税"。[检方证据 9538 号（法庭证据号 415）]④以上述条件向日本当局取得经营上海鸦片营业专权。但是，"截至 1938 年 3 月，日方几度设法欲与烟商合作，终未成功"。⑤

尽管在上海存在前述局势，但这并不影响日本方面在上海进行毒品交易活动。美国驻上海财务公使 1938 年 12 月 10 日的报告充分证明了这样的事实，报告中说："在过去的几个月中，上海的日本特务机关一直在从虹口向公共租界和法租界输送波斯鸦片，由 14 家获得日方批准成为其鸦片代理的秘密鸦片商行进行出售。最近，除了在外国租界的这 14 家秘密烟馆，在沿越界路的西区⑥又新开设了 22 家商行，主要在以下地区：仁和里……等等。

① 中共河北省委党史研究室编，邓一民主编：《日本鸦片侵华资料集(1895—1945)》，中共河北省委机关文印中心 2002 年版，冀出内刊第 1085 号，第 98 页。
② 中共河北省委党史研究室编，邓一民主编：《日本鸦片侵华资料集(1895—1945)》，中共河北省委机关文印中心 2002 年版，冀出内刊第 1085 号，第 96~98 页。
③ Transcripts of the Proceedings of the International Military Tribunal For the Far East（《远东国际军事法庭庭审记录》），第 4854~4857 页。
④ Transcripts of the Proceedings of the International Military Tribunal For the Far East（《远东国际军事法庭庭审记录》），第 4854~4857 页。
⑤ 中共河北省委党史研究室编，邓一民主编：《日本鸦片侵华资料集(1895—1945)》，中共河北省委机关文印中心 2002 年版，冀出内刊第 1085 号，第 96~98 页。
⑥ 指公共租界越界筑路。

在这 22 家中，12 家由'上海市政府'管辖，另外 10 家由南京的'维新政府'管辖。这两个傀儡政权以这种方式进行收入分成。根据这些商行的生意规模，每天的保护费从 50 元到 100 元不等。除了保护费，每出售 1 两鸦片还要再缴纳 1 元的收入。

"波斯鸦片由三井物产在日军授意下，从波斯进口运往上海。每箱波斯鸦片是 160 磅或 1920 盎司。三井物产以每盎司 5 元的价格卖给日军特务机关，后者以 7 元左右的价格卖给鸦片商行。鸦片商行的零售价格大约为 9 元。以这种方式，日军特务机关每箱可赚 3000 到 4000 元。"[检方文件 9542 号(法庭证据号 418)][1]

美国驻上海财务公使在 1939 年 4 月 1 日报告也核实了日本将波斯鸦片运往上海，报告中说：经"当地鸦片商核实，装运波斯鸦片的日本'神裕丸'第 3 号货轮从大连开往上海，已于 2 月 26 日到达市中心附近的虹江码头。船上有 800 箱鸦片，这是之前报告的 3700 箱中的一部分。另有一艘'唐山丸'号货轮于 2 月 28 日到达"。[检方文件 9540 号(法庭证据号 417)][2]除前述波斯鸦片外，为了满足上海的鸦片需求量，日本占领区的热河鸦片、绥远鸦片和满洲鸦片也输往了上海。

随着日本对上海毒品业的渗透，所获毒品业的利润也丰厚起来，但这离日本方面企图在上海实施毒化政策预计赚取的巨额毒品利润还相距太远。东京国际军事法庭检方证据文件，美国驻上海财务公使 1939 年 2 月 21 日的报告较为详细地叙述了日本方面从华东区域的毒化活动中榨取利润的预期总额。报告指出：

"根据与日军特务机关往来密切的人士透露，日军在中国实行毒化政策，希望在全面实施后每年能筹集 300000000 元的收入。日本人相信，他们通过上海港能控制整个东南地区的鸦片供应，包括江苏、浙江、安徽和部分江西与湖北。他们计算，在这个地区每天可以很容易地销售 100000 两鸦片，这意味着每月有 3000000 两或每年 36000000 两收入。除此之外，他们每天还

---

① Transcripts of the Proceedings of the International Military Tribunal For the Far East (《远东国际军事法庭庭审记录》)，第 4868-4869 页。

② Transcripts of the Proceedings of the International Military Tribunal For the Far East (《远东国际军事法庭庭审记录》)，第 4866 页。

能销售出 5000 盎司的吗啡、可卡因、海洛因和其他麻醉毒品，每年的总量大约是 1800000 盎司。

"由于来自四川、云南、贵州、甘肃和陕西的中国鸦片供应已中断，日方允许供应的只有热河鸦片、波斯鸦片、绥远鸦片和满洲鸦片。热河、绥远和满洲的鸦片通过一个专门的收购机构大满公司代表日方向农户低价收购。包括运输在内的成本约每两 1 元，而波斯鸦片由日本人在澳门以大约 8 角钱（港币）的价格采购，加上运往上海和其他费用，总成本不超过 2 元当地货币。至于吗啡和海洛因，日本、台湾、大连和天津的价格约为每磅 400 元，在上海的售价则超过 1500 元。日本人在上海设立了几家制造厂，可以在当地制造和提炼这些毒品。日方销售热河、绥远和满洲鸦片时给鸦片商的最低批发价是每两 6 元至 7 元，波斯鸦片每两 7 元至 8 元。这个价格还要再加上税金和附加费、许可费、行贿费用、护送费用等。因此，可以保守地估计，日本人在上海及周边地区每销售 1 两鸦片可赚取 5 元净利润。如果以每天 100000 两计算，日本人每天可筹集 500000 元，每月 15000000 元，每年 180000000 元。再加上麻醉毒品的收入和税费，日本人毒化政策中的获利约为每年 300000000 元。"[检方文件 9546 号（法庭证据号 421）][1]

每年要从毒品业中获利 300000000 元！这是一个庞大的毒品侵略计划，为了实现这个计划，日本人需要完全控制华东地区的毒品贩卖。但以当时日本在华东的控制形势，远不能实现在台湾、在伪满洲国等日本占领区的鸦片利润，甚至在当时的上海，日本方面是"以一种无组织的方式销售鸦片。陆军、海军、日本宪兵、特务机关、浪人和傀儡政府都参与了非法交易，但实际上日本政府从整个链条中只得到了很少量的收入，因为每个参与者都要分得一杯羹"。[检方文件 9546 号（法庭证据号 421）][2]这样的局面不可能为日本政府筹集到 300000000 元——这样一大笔毒品收入，为了榨取这一大笔毒品收入，华中宏济善堂——这个兴亚院在华东下属的重要毒化机构就在这样的背景下成立了。

---

① Transcripts of the Proceedings of the International Military Tribunal For the Far East（《远东国际军事法庭庭审记录》），第 4872—4873 页。

② Transcripts of the Proceedings of the International Military Tribunal For the Far East（《远东国际军事法庭庭审记录》），第 4873 页。

第二节 庭审记录中的证人证词与上海毒品形势

1.哈罗德·弗兰克·基尔证词中的上海毒品形势

英国人哈罗德·弗兰克·基尔（Hardd Frank Gill），受雇于上海英国领事馆，从 1929 年开始在上海公共租界的警察局担任警官。1946 年 8 月 28 日，在东京国际军事法庭上，基尔作为检方证人出庭作证，接受了萨顿检察官的询问。

基尔的证词讲述了上海沦陷前后毒品形势发生的明显变化，主要表现在以下方面：首先，基尔的证词清楚地说明了上海沦陷前后从禁毒到纵毒的变化。上海沦陷前，中国政府发起的禁烟运动、颁布的禁烟措施，有效地遏制了鸦片与毒品的使用，没有公开买卖毒品的活动；上海沦陷后，汪伪政权废止了国民政府颁布的有关禁烟的严刑峻法，并与华中方面军特务部楠本实隆等日本人一起，共同推进了上海的毒品侵略活动，成立了全面负责上海鸦片销售的华中宏济善堂。

东京国际军事法庭上，（萨顿检察官）问："日本人占领上海后，鸦片情况是否出现了任何变化？如果是，是什么样的变化？"（基尔）答："情况恶化了，大约在 1938 年 10 月，我听说日本人和傀儡政府官员正在进行关于建立鸦片局或专卖权的讨论。我记得参加讨论的两个人的名字，一个是日本特务处的楠本将军，另一位是陆军少将竹下。我还听说讨论的方案之一是在上海西部建立 12 家鸦片商行，也就是在上海公共租界外围的西区。还建议每家鸦片商行应该有 20 位交易商。当时估计每月可从这些鸦片交易中获得收入约 600 万中国元。从 1938 年秋至 1939 年，鸦片商行开始在上海公共租界外围西区出现，人们逐渐开始购买鸦片。在该区域一位名叫北冈的日本人非常出名。不久之后，原先成立的鸦片管理局被另外一个组织取代，即在江苏省、浙江省和安徽省设立的禁烟局。禁烟局在上海公共租界相关区域也设有办公室，也就是在公共租界的北部。在日军控制下，鸦片销售规模逐渐壮大。1939 年，向人们出售鸦片的商行开始在公共租界以外的地区出现……"

其次，基尔的证词讲述了上海沦陷前后售卖毒品种类方面发生的明显变化，危害性极大的海洛因、吗啡替代了沦陷前的鸦片红丸，日本人、日本籍朝鲜人与台湾人是毒品贩子，日本控制下的天津与华北地区是毒品的来源地。

东京审判法庭上（萨顿检察官）问："在日本人占领前，上海地区关于鸦片以外的毒品出售是什么情况？"

（基尔）答："我所说的毒品主要指那些极其危险的毒品，如海洛因和吗啡。在1938年前上海并没有出现很多毒品，或者说我没有发现有很多。以前中国人曾经嗜好麻醉剂，他们吸食的毒品被称为"鸦片红丸烟"。这些鸦片红丸是由鸦片烟渣、海洛因、糖精以及色素制成。但这个习惯已逐渐没有了，到了1938年和1939年，只能发现非常少量的红丸。但从这时起，海洛因开始经常出现了。从1940年之后，我经常一次性地收缴50至100盎司的海洛因。100盎司海洛因可能看起来不是很多，但海洛因经常会被掺入杂质销售，这样100盎司纯海洛因在掺假后可能就足以供一万人食用。我缴获到的海洛因通常是装在一个长的橡胶袋中，上面经常有一些日本文字。我也审问了这些毒贩他们从哪里得到的毒品，他们总是告诉我是从天津或华北地区。我发现，随着日本人的影响和控制向华中地区延伸，有更多的海洛因开始流入上海地区。

问：这些进行毒品交易的人主要是什么国籍？

答：我曾从上海的公共租界地抓获过几十名沿街叫卖海洛因的毒品小贩。他们都是台湾人或朝鲜人，当然也就是日本公民。这些小贩出没在比较贫穷的街区。他们通常会全天兜售小袋装的海洛因，价格为中国货币的两毛、五毛或一元不等。当我搜查他们时，会在他们的口袋中发现几百个小袋子。然后，根据与日本公民有关的法律，我不得不将他们移交给日本领事进行审判。但在几天之后，我就会发现同一批小贩又回到了街上继续兜售毒品。尽管我已经抓获过大量的毒品小贩，但我从未被传唤出庭为任何毒贩进行作证。过了几个月之后，我才会得到通知，说这些毒贩已被判罚款5元、10元或20元。

2.华中宏济善堂与里见甫证词

华中宏济善堂是全面侵华战争爆发后日本人在上海成立的重要的毒品进攻机构，与大连宏济善堂一样，华中宏济善堂表面上是一个慈善组织，但事实上却是一个由日本人全面掌控的毒品贩卖机构。该机构的成立，既是为了完全控制华中毒品业、获取日本计划中的巨额利润，以满足全面侵华战争急剧上升的军费开支，也是为了掩盖犯罪事实、欺骗舆论。1939 年 1 月 14 日，美国驻上海财务公使在报告中就曾这样写道：日本为了"应对国际社会对其在中国实施毒化政策的指责，一个名为宏济善堂的'慈善组织'网络将对中国这个区域的日本占领区内进行的鸦片生意进行掩饰"。[检方文件 9545 号（法庭证据号 422）]①

华中宏济善堂是兴亚院华中联络部授意成立的在华中执行毒化政策的机构。1938 年 3 月 28 日，以汉奸梁鸿志为首的伪政权中华民国维新政府在南京成立。1939 年 3 月，兴亚院华中联络部成立，考虑到国际舆论，兴亚院华中联络部决定"把对鸦片生意的行政管辖转交给维新政府，以此来逃避国际社会对其在中国实行毒化政策的指责"，并"准备采取另一个措施来粉饰局势，他们命令傀儡政府的内政部和外交部每月都要各自拨出 2000 元用于禁烟宣传，以掩饰他们的毒化罪行"。[检方文件 9544 号（法庭证据号 420）]②

1939 年 4 月 30 日，为了有效地执行鸦片垄断计划，实行鸦片专卖，兴亚院华中联络部命令维新政府公布实施《维新政府戒烟制度要纲》，该《要纲》包括《戒烟总局设立要纲》、《戒烟总局组织章程》、《地方戒烟局设立要纲》、《地方戒烟局组织章程》、《华中宏济善堂设立要纲》、《地方宏济善堂及小卖商设立要纲》、《戒烟关系法令》七部分。

维新政府根据《维新政府戒烟制度要纲》，在行政院设立戒烟总局，作为"取缔鸦片"的中央机关，戒烟总局局长是朱曜，"表面上戒烟局是维新政府的一个下属机关，但实际上日军特务部才是真正的幕后主使"。③东京审判庭审记录检方证据文件证明："戒烟局的真正实权由担任联合会长的日本人滨田先生掌握。"[检方文件 9547 号（法庭证据号 424）]④滨田是原大藏省

---

① Transcripts of the Proceedings of the International Military Tribunal For the Far East（《远东国际军事法庭庭审记录》），第 4874 页。

② Transcripts of the Proceedings of the International Military Tribunal For the Far East（《远东国际军事法庭庭审记录》），第 4871 页。

③ 华盛顿藏上海市工部局警务处档案，第 D-9114（C）号，1939 年 2 月 17 日、2 月 28 日、5 月 1日。引自〔加〕卜正民：《华中的鸦片和通敌，1938—1940 年》，〔加〕卜正民、〔加〕若林正编著，弘侠译：《鸦片政权：中国、英国和日本(1839—1952)》，黄山书社 2009 年版，第 361 页。

④ Transcripts of the Proceedings of the International Military Tribunal For the Far East（《远东国际军事法庭庭审记录》），第 4879 页。

书记官。1939 年，维新政府所实施的最重要的政策之一，即是在禁烟工作的掩饰下实行鸦片专卖，戒烟总局成立后，又在上海、南京、苏州、杭州、蚌埠、江宁、嘉善、安庆等市县成立了 12 个地方戒烟局和 34 个禁烟事务所。①地方戒烟局受当地日本特务机构控制，1939 年 6 月 23 日，《南京新报》上的一篇文章指出，芜湖的戒烟局既不向省当局报告，也不向维新政府报告，而是向南京的特务部报告。

1939 年 3 月 20 日，维新政府颁布了戒烟总局及其分支机构的组织章程，内容如下：

戒烟总局应设立以下科室：

(a)总务科。

(b)收入征收科。

(c)缉私科。

戒烟分局组织章程。

每个分局下应设立以下科室：

(a)总务科。

(b)收入征收科。

(c)缉私科。

[检方文件 9547 号（法庭证据号 424）]②

在此基础上，为了使戒烟总局、地方戒烟局与禁烟事务所更有效地、更隐蔽性、欺骗性地开展毒化活动，也为了"取代戒烟总局在鸦片垄断中占据的支配性地位"，尤其为了在鸦片来源不足的情况下拥有鸦片供应与鸦片分配的全部控制权，日本方面又策划在上海筹建华中宏济善堂。1939 年 6 月 1 日，宏济善堂在上海北四川路正式成立，有满洲市场鸦片王之称的日本人里见甫③

---

① 《内政部戒烟总局行政报告》，中国第二历史档案馆藏，全宗号：二〇一〇，案卷号：6205。

② Transcripts of the Proceedings of the International Military Tribunal For the Far East（《远东国际军事法庭审记录》），第 4879–4880 页。

③ 里见甫：又名李见甫、李鸣、李始吾。1897 年生，东亚同文书院毕业，在中国担任过新闻记者。1928 年担任满铁特约顾问，"九一八"事变爆发后，他在关东军第四课担任宣传工作，借伪满"满洲国通讯社"首任主编的伪装身份，从事情报收集、宣传瓦解任务。全面侵华战争爆发后，受参谋部第八课（谋略）课长影佐祯昭大佐的恳请，在华中派遣军特务部总务班长楠本实隆大佐(1939 年 3 月任兴亚院华中联络部次长)的指示下从事伊朗鸦片的贩卖活动。为了满足日本军方对军费的巨额要求，里见甫与大特务甘柏正彦、影佐祯昭合谋，在上海设立里见机关，控制华中宏济善堂，专门从事鸦片贸易。参见〔日〕江口圭一著，宋志勇译：《日中鸦片战争》，天津人民出版社 1988 年版，第 58 页；萨苏著：《尊严不是无代价的——从日本史料揭秘中国抗战》，山东画报出版社 2012 年版，第 233–234 页。

被戒烟总局"委任"为华中宏济善堂副董事长、代理理事长（宏济善堂不设董事长），"宏济善堂的八个主管全部是有势力的中国鸦片批发商，但他们中没有一个是由维新政府任命的"。宏济善堂成立后，随即又在上海、南京、蚌埠等特别市和各县设立了地方宏济善堂。"从此以后，这个宏济善堂就成了从供应方面管理鸦片垄断的主要机关了。"①

1940年3月，汪伪政府在南京成立，伪政府沿用了维新政府的戒烟政策。依照伪政府的相关规定，宏济善堂仍为戒烟总局下属，受戒烟总局的指挥监督。1941年8月12日，宏济善堂依据已制定的《华中宏济善堂暂行组织法》，在上海新亚酒楼召开了有140多名特商代表参加的大会，进行所谓的选举，里见甫被"选举"为理事长，此次大会还调整了宏济善堂自身的机构构成，共设职员35名，分总务、营业、会计、调查等五组，日本人控制了各组。通过这样的调整，宏济善堂的功能获得加强，戒烟总局由此成为宏济善堂名义上的上级，而在实质上成了宏济善堂进行毒品侵略的辅助机关。②

华中宏济善堂秉承日本官方意志，管理上海、南京等日本占领区域的鸦片业务以及行政，其中包括鸦片经营的核心部分，鸦片供应与分配。宏济善堂不仅是日本在华中战时毒化政策的执行机构，也是在战时将东北、华北、华中的日本毒化政策连在一起，并将日本毒化政策从东北、华北向华南地区扩展的重要机构，在日本占领华中的整个时期，宏济善堂的毒化活动与鸦片经销范围广大，往北到了伪满洲国，往南至广东、福建与台湾等省，西到伊朗，东到日本朝鲜。

为了管理与控制种植罂粟、收集烟浆、销售毒品、运输与稽私等各个环节，华中宏济善堂建立了庞大的经营鸦片的组织机构，成立专门委员会，规定罂粟种植面积、鉴定毒品品质、采办鸦片、包装、囤存等具体事宜，宏济善堂、戒烟总局与所在地戒烟分局不仅完全控制了从种植、采办运输、缉私等环节，还通过宏济善堂这个表面上的"慈善"机构的各级组织——从总堂、分堂、膏店，最后到烟馆，形成组织严密的运毒贩毒网络，鸦片则顺着这张网络逐级向下销售——由总堂售各分堂，分堂售各膏店，膏店售各戒烟

① 〔加〕卜正民：《华中的鸦片与通敌，1938—1940年》，〔加〕卜正民、〔加〕若林正编著，弘侠译：《鸦片政权：中国、英国和日本(1839—1952)》，黄山书社2009年版，第363页。
② 曹大臣：《日本侵华毒化机构——华中宏济善堂》，《抗日战争研究》，2004年第1期，第116—117页。

所，戒烟所供人吸食这样一条毒品公卖体系与专卖体系。

在华中宏济善堂的经营下，宏济善堂在各地所设的大小分行，大肆销售烟土，牟取巨额毒品利润。根据巡捕房在 1940 年 3 月准备的一份机密报告说明，作为日本在上海经营鸦片的成功媒介，宏济善堂形成了组织有序、货源充足、控制严密的分配网络，平均每天向日本人控制区域内的、在上海鸦片商会里登记过的、至少五十八个或大或小的鸦片行发出四箱鸦片（288）公斤。①下面以 1938 年 11 月至 1940 年 3 月华中宏济善堂每月发出鸦片量为例。

表 8-1　华中宏济善堂每月发出鸦片量（1938.11—1940.3）②

年	月	发出鸦片箱数
1938	11	302.00
	12	103.50
1939	1	124.50
	2	137.50
	3	125.50
	4	121.00
	5	100.75
	6	161.25
	7	238.75
	8	143.00
	9	120.00
	10	179.00
	11	156.25
	12	121.50
1940	1	74.00
	2	43.00
	3	123.25
总量		2375.25
每月平均量		137.70

① 华盛顿藏上海市工部局警务处档案，第 D—8292A(C)，"上海流行鸦片形势简评"，1940 年 3 月 26 日。转引自〔加〕卜正民：《华中的鸦片与通敌，1938—1940 年》，〔加〕卜正民、〔加〕若林正编著，弘侠译：《鸦片政权：中国、英国和日本(1839—1952)》，黄山书社 2009 年版，第 364 页。

② 兴亚院华中联络部，《中华民国维新政府财政概史》，东京：兴亚院，1940 年，第 46 页。引自〔加〕卜正民：《华中的鸦片与通敌，1938—1940 年》，〔加〕卜正民、〔加〕若林正编著，弘侠译：《鸦片政权：中国、英国和日本(1839—1952)》，黄山书社 2009 年版，第 365 页。

表中显示，1938 年 11 月到 1940 年 3 月，华中宏济善堂共发出 2375.25 鸦片。宏济善堂按每磅 195 元的固定价格从日本人的仓库里拿货，再以每磅 374 元出售给小的批发商，从中赚取利润 80%，这是一笔丰厚的利润。

1943 年 6 月 3 日，《新华日报》报道："华中敌利用汉奸主持所谓宏济善堂，受敌军部代表指导，在沦陷区各地进行毒化阴谋。该堂在各地要道分设大小分行，利用敌人特别势力，向我沦陷区同胞直接引诱，受其毒化。在上海南京市一隅，即有大分行 50 家，小分行 350 家，大行按月销售烟土 12 只，小行按月销售 10 只，每只价值 15000 元，而发价竟达伪币 8 万元，除缴纳敌人捐税，敌宪兵部及伪特工组织按月保护费 2500 万元外，盈利甚丰。"[1]

从 1939 年 6 月至 1944 年 4 月，在不到 5 年的时间里，日本利用宏济善堂在华中即牟取了 10 亿日元的巨利，"若用此款建造当时日本最新型翔鹤或瑞鹤级航空母舰（载重 25675 吨，搭载飞机 84 架，每舰造价 8000 万日元）即可建造 12 艘之多"。[2]

在日本人牟取巨利的另一面，则是在其毒化活动下的烟毒泛滥与染毒人数激增。日本全面侵华后，沦陷区吸毒人数激增至 3298 万人，占沦陷区总人口的 8.8%，其中，华中吸毒人数即有 780 万，占华中总人口的 5%。[3]在日本占领初期，华中数省有烟民 10 多万人，10 多万人与 780 万人，这是两个悬殊巨大的数字，由此可见在沦陷区烟毒范围迅速扩大、染毒人数激增且人数之多。

里见甫作为华中宏济善堂的负责人，与如此赫赫的毒化"功绩"之间有着密切关系。1937 年 10 月，里见甫从满洲前往上海负责毒品贩卖工作，他通过控制华中宏济善堂，从事鸦片贸易。战争结束后，1946 年，里见甫与岸信介、儿玉誉士夫一起被捕，东京国际军事法庭传讯了里见甫，作为检方证人出庭作证。

1946 年 6 月 28 日，在东京国际军事法庭上，里见甫在宣誓证词中说：

---

① 《日伪在沦陷区各地积极实施毒化政策》，《新华日报》，1943 年 6 月 3 日。
② 〔日〕江口圭一著，宋志勇译：《日中鸦片战争》，天津人民出版社 1988 年版，第 65 页；曹大臣：《日本侵华毒化机构——华中宏济善堂》，《抗日战争研究》，2004 年第 1 期，第 135 页。
③ 《沦陷地区毒化概况》，中国第二历史档案馆藏，全宗号：十二(2)，案卷号：1312。

"1937年9月或10月，我作为新闻记者到了上海，在这之前我在天津。1938年1月或2月，楠本实隆中佐（原文如此）问我能不能为特务部大批贩卖鸦片，他说这些鸦片正在从波斯运来的途中。

"特务部是中国日军派遣军参谋部的一个部。其职责是处理日军占领区的政治、经济、文化诸问题。

"这一大批鸦片1938年春运抵上海，存放在军用码头的一个仓库里，码头和仓库都派有卫兵。波斯鸦片放在160英镑的箱子也就是1920两（原文如此）一个的箱子内。

"波斯来的鸦片抵达后，我开始少量地向中国商人出售。当我从中国商人那里接到订货后，就派部下去特务部。特务部就命令仓库向我的部下发放多少量的鸦片。从仓库取出后，转交给那些商人。

"时间和地点都是预先商定的，商人在交货时付款。我把贩卖鸦片得来的钱以我的名义存入台湾银行，1个月向楠本中佐报告1—2次。

"我贩卖鸦片的价格，由特务部的军官和我协商决定。我告诉他们当时的市价，他们就我的贩卖价格发出指示。这个程度得到了特务部承认。

"根据特务部的指令，我从以我的名义储存的款中向三井物产会社支付原价，再扣除我自身的各种费用，余款交付特务部。"①

里见甫在东京国际军事法庭上接受检方汉默检察官的询问，以下为检察官与里见甫问答的部分证词：

本方询问：（由汉默检察官询问里见甫证人）

问：你的全名是什么？

答：里见甫。

问：你的国籍是什么？

答：日本。

……

问：除了里见甫之外，你还使用过其他名字吗？

……

答：我用过两个名字：一个是李鸣，还有一个是李始吾。

……

---

① 〔日〕江口圭一著，宋志勇译：《日中鸦片战争》，天津人民出版社1988年版，第59页。

问：从 1937 年到 1945 年，你在上海从事什么生意？

……

答：从 1937 年起，我在上海从事与鸦片相关的工作。我更正一下：1938 年——从 1938 年起。

问：谁将你介绍到这个生意中的？

答：当时，我是由中国远征军在上海的特务部介绍的。我被告知，由于鸦片——装运鸦片的一艘货轮很快就到了，我被委托去处理它们的销售。

问：你为特务组织销售鸦片有多长时间？

答：如果我的记忆是正确的，上海的特务组织没有从事太长时间鸦片生意。我想大概是 6 到 8 个月。在那之后，创建了中国事务委员会，也就是兴亚院进行鸦片销售。

问：你为中国事务委员会经营过鸦片吗？

答：如果允许我为你提供一个粗略阐述，我要说，首先由上海的特务部经营鸦片，当时他们请我来负责鸦片销售。我不认为特务部经营鸦片超过 6 到 8 个月。然后，兴亚院或者中国事务委员会成立，与鸦片有关的工作转交给这个新的委员会负责。当时南京的维新政府也成立了，我开始负责宏济善堂。

问：你在宏济善堂担任什么职务？

答：我想刚才叙述过程有一点错误。我应该说宏济善堂是由戒烟所设立的，我当时是宏济善堂的副会长。

问：谁是宏济善堂的会长？

答：一开始没有正式的会长。我作为副会长处理管理事务。

问：你销售哪种鸦片？

答：开始是从波斯进口的波斯鸦片。后来，从"蒙疆"进口的蒙古鸦片。

问：你销售了多少波斯鸦片？

答：我记得，第一批货有 2000 箱，第二批有 2000 箱。

问：这两批货之间隔了多长时间？

答：如果我的记忆是准确的，第一批货是在 1938 年。第二批的时间我不太确定，但我想大概是在 1940 年。

问：你销售了多少蒙古鸦片？

答：尽管是很粗略的数字，但我负责的 6 年销售总数量大约为 1000 万两。

……

问：从销售鸦片中是否有利润？如果是，有多少？

答：关于估计利润的方法，我必须说由于——我必须说，因为上海的通货膨胀情况，价格很高，我无法给你一个很准确的数字。但是，我应该说在开始时期，或者说一开始时，1000 箱有——差不多是 2000 万元。

问：你怎么处理这 2000 万元？

答：我刚才提到的 1000 箱直接由特务部和兴亚院处理，因此，利润也就归这两个机构。

问：在上海是否对使用鸦片有任何真正的稽查？

答：你说的"稽查"是禁止的意思吗？

问：禁止它的使用。

答：关于那一点，我不记得有任何类似于"特别稽查"之类的声明。

……

交叉质证：（继续，由弗内斯辩护律师质证里见甫证人）

……

问：你在中国期间，你作证说你用过两个化名。你能告诉我们原因吗？

……

问：当进行这些生意时，销售鸦片，你使用化名做生意，是吗？

答：是的。

问：销售鸦片是在当地中国政府的监管下，是吗？

答：我对数字的记忆不精确，但我要说，在第一年，我做这些生意时完全是自己负责。在维新政府成立之后，在戒烟所下建立了宏济善堂。

……

答：宏济善堂负责鸦片的销售。

问：你是那家商业公司的副总裁吗？

答：是的。

问：你由它支付薪水吗？

答：是的。

从上述庭审记录中，可以清晰地看出，在军事法庭上，里见甫承认自己是华中宏济善堂的负责人，也承认自己从事毒品贩卖活动。在一定程度上，里见甫说明了日本特务机关、兴亚院、华中宏济善堂、傀儡政府在毒品侵略上的关系，以及华中宏济善堂贩毒收益丰厚的情况。楠本实隆大佐在兴亚院成立之前是华中方面军特务部总务班长，他邀请里见甫来上海贩卖由三井物产从波斯输入中国的鸦片，里见甫贩卖鸦片的收入交给特务部。兴亚院成立后，楠本实隆任兴亚院华中联络部次长，里见甫担任在兴亚院华中联络部授意下成立的宏济善堂的副董事长、代理理事长。里见甫通过华中宏济善堂的各级组织，在华中、华东经营从伪满洲国、"蒙疆政权"、台湾与伊朗等地输入的鸦片，销售鸦片的利润归兴亚院与特务部。

在日本战败前，里见甫解散了华中宏济善堂，并精心销毁了相关的证据文献，使得东京审判缺失了大量证明华中宏济善堂在中国从事鸦片贩卖的细节和具体业务数据的重要档案，作为华中宏济善堂贩卖鸦片的重要当事人里见甫，在法庭上又刻意隐瞒了这些机密，于是，与"蒙疆政权"贩卖鸦片、进行鸦片侵略的内幕一样，在相关档案资料没有被发掘披露于世之前，华中宏济善堂贩卖鸦片的内幕在很长时间内都不为人知。

当时任职于汪伪政府的汉奸梅思平，曾在《办理禁烟之经过情形》中供述了华中宏济善堂贩卖毒品所得收入的去向，梅思平说："烟土运至上海等处，卖出后其利益又大部分直解东京。据调查所知，在东条内阁时此种款项即为内阁之机密费，内阁国会议员之津贴即从此款开支。事虽秘密，但知者甚多，日本国内亦有以此攻击东条者，此亦为确有之事实，但证据则不易搜集（若宏济善堂薄据能够搜获，则可略见痕迹）……据盛文颐言，其（宏济善堂）利益支配之情形极为机密，系与东京直接来往，即在华日机关亦无从知其详也。"①

梅思平所说："若宏济善堂薄据能够搜获，则可略见痕迹。"可见华中宏济善堂记录贩卖毒品的档案的机密程度，尽管如此，仍有档案在战后被发掘出来，比如《宏济善堂纪要》，与历史学家江口圭一发掘"蒙疆政权"鸦片侵略档案资料一样，这些重要的档案揭示了鲜为人知的华中宏济善堂贩毒

---

① 南京市档案馆编：《审讯汪伪汉奸笔录》，江苏古籍出版社1992年版，第433、434页。

的内幕，是日本鸦片侵略中国无法抵赖的证据。

第三节　一份重要的证据与外交照会

1.一份重要的证据——《宏济善堂纪要》 ①

《宏济善堂纪要》是一份标注了"密"字样的文件（"里见甫文件"，以下简称"纪要"），该文件完成于 20 世纪 40 年代，它的出现使日本战时体制控管下的鸦片贸易与华中宏济善堂贩卖鸦片的部分机密披露于世，填补了历史空白。

《宏济善堂纪要》是里见甫向兴亚院汇报鸦片贸易的业务档案，该纪要清晰地记载了华中宏济善堂经营鸦片贸易的范围、鸦片来源、经营鸦片的收益与操作方法。主要包括以下几方面内容：

（1）在"纪要"的一篇附记中，里见甫明确承认进行鸦片贸易的启动资金来自于东京，由日本政府直接指导和管理对华鸦片贸易，自己的工作是"管理和投资，以未来获利提供于帝国政府"。

（2）华中宏济善堂的鸦片主要有三个来源。第一是来自伪蒙疆政权、伪满洲国政府强迫当地人民所种植的鸦片，1942 年，在伪蒙疆政府财政收入中，鸦片占了 28%；第二是从伊朗购入，1941 年，宏济善堂共从伊朗购入鸦片 160 万两；第三是来自台湾等地，主要是精炼毒品。

（3）日本战时体制控管下鸦片贸易收益去向：一部分用于填补日本陆军军费缺口，如情报工作所需；一部分用于扶持伪政府，汪精卫伪政权、伪满洲国政权以及伪蒙疆政权均接受过宏济善堂的鸦片贸易资金。

（4）日本在华贩卖鸦片的收益惊人。仅 1941 年一年，它就向沦陷区的中国人卖出了 222 吨鸦片，获利 3 亿元（当时的货币单位），而当时南京汪

---

① 《宏济善堂纪要》共 21 页，原存于东京国会图书馆，夹杂在日本某前财政大臣捐赠的图书中，这位日本某前财政大臣曾是里见甫的一个密友。《宏济善堂纪要》内容参见《毒日——历史文献揭开抗战期间日特务机关在华贩卖鸦片秘密》，收入萨苏著：《尊严不是无代价的——从日本史料揭秘中国抗战》，山东画报出版社 2012 年版，第 233—234 页。

精卫傀儡政权一年的预算，也不过这个数字。

（5）"纪要"证明里见甫与及川源七在东京国际军事法庭上所作证词有隐瞒与撒谎的地方。

其一，在东京国际军事法庭上，里见甫承认自己从事鸦片贸易，但却否认所进行的毒化活动涉及吗啡、海洛因等烈性毒品。但在"纪要"中，却有里见甫1942年6月1日通过日占台湾总督府获得277公斤可卡因的记录。而他在伪蒙疆政权管辖地区经营的毒品中，也包括了大量吗啡。此外，宏济善堂还有向东南亚贩卖那可丁的计划。

其二，"纪要"报告的对象是兴亚院总务长兼政务部长及川源七中将，然而，在东京国际军事法庭上，及川源七却否认与里见甫有鸦片上的往来。以下是及川源七在东京国际军事法庭上接受检察官询问的庭审记录：

问：当你在上海时，你是否认识一位名叫里见甫的鸦片商人？

答：我见过他一次，和他交谈了几分钟。

问：你是否和他谈了关于鸦片问题的事情？

答：我和他见面是为了其他事情，没有和他谈关于鸦片的事。

对照《宏济善堂纪要》与上述庭审记录，可见里见甫与及川源七在东京国际军事法庭上都有隐瞒与作伪证的地方。

2.一份外交照会

全面侵华战争爆发后，上海、南京等重要城市均是日军迅速所及之地，在军事占领后，接踵而至的是日军新的毒品进攻，与上海一样，南京也是日本进行毒化活动的重要城市，东京审判庭审记录相关证人证词证明了南京遭受毒品侵略的事实。介于本书第四章《违反国际禁毒公约·破坏中国禁烟运动》中已叙述了南京沦陷后的毒品形势，故此处略。在此引用东京国际军事法庭检方提供的证据文件——美国大使馆1939年4月14日递交东京的一份外交照会第3830号《有关中国战区麻醉毒品贩毒事宜》，以对南京，包括上海在内沦陷后日本毒品侵略形势进行大致概括。该外交照会在陈述了有关满洲、热河、天津、北平等地的麻醉毒品贩毒情况后，照会写道：

南京：美国驻南京大使馆转来一封日期为1938年11月22日由M.S.贝茨教授发来的关于南京麻醉品形势的信函副本。……贝茨博士表示，在1938年前，尤其是五年前，南京的这一代人还不知道大量供应和消费鸦片，也不会公开地诱惑穷人和无知者购买鸦片。他的调查揭露，在 1938 年发生变化之后，南京每月合法的鸦片销售达到 2000000 元，以南京作为中心海洛因销售量达 3000000 元（中国货币）。他在报告中说，根据他个人的估计，在南京 400000 人口中至少有 50000 人吸食海洛因。他还说，很多青年男女都吸毒；而南京的鸦片专卖制度由南京市政府财政办公室下设的"禁烟局"控制，主要货源从大连经上海运到南京；"禁烟局"的法规和条例主要关注的是将所有私人的毒品生意和消费都转化为净收入。博士还说："根据普遍的报道，日军特务部与这种半组织性质的海洛因生意有密切关系，并对它采取保护措施。""很多证据显示，大量的批发生意是在日本商社里进行的，他们对外公开的业务是罐头食品或药品，但在后面的房间却进行着海洛因交易。"

上海：驻上海的美国总领事转来一系列由 C.D.奥尔科特于 1938 年 12 月 4 日、5 日、6 日与 7 日发表在《大陆报》上的文章副本，这些文章被认为是对上海当前麻醉品形势进行了非常准确的描述，其中还包含了应该是从上海市警察局麻醉品科和特区法庭记录得到的一些事实数据。……总领事补充说，贩毒活动在日本控制区最为活跃；日本人或新建政权没有采取明显措施来打击贩毒；而且上海周边日占区的贩毒活动很可能也有所增加。

奥尔科特先生指出……自从上海地区处于日本控制下后，海洛因、吗啡和类似衍生品又重新进入该地区；这些毒品的进口和销量稳步增加；紧挨着公共租界和法租界附近的地区，现在有 60 到 70 家商行销售这些毒品；麻醉品吸食者每月的总花费达 1500000 元（中国货币），其中有 250000 元用于海洛因……事实上，大量证据显示，很多日本人都涉入了鸦片、海洛因和其他衍生品的进口和销售，根据相关机构的情报，其中还包括日本特务机关中的某些人……[检方文件 9536 号（法庭证据号 433）][1]

---

① Transcripts of the Proceedings of the International Military Tribunal For the Far East（《远东国际军事法庭庭审记录》），第 4938–4940 页。

附1：东京审判庭审记录：华中地区毒品贸易相关证据提出①

1946 年 9 月 4 日，星期三

日本东京都旧陆军省内远东国际军事法庭

汉默检察官：这就结束了我们关于华南地区的证据陈述。如果法庭允许，我们现在将陈述有关华中地区的证据。检方下面要提出文件 9537 号作为证据，这是由美国国务院向财政部长提交的一份报告，附录了美国驻上海总领事的报告副本，日期为 1937 年 2 月 16 日。

韦伯庭长：按惯例采纳。

法庭书记员：检方文件 9537 将作为证据被采纳，证据号 414。

（随后，上面提到的文件被编为检方证据第 414 号，并被采纳为证据。）

汉默检察官：如果本法庭允许，我将省略不读美国总领事的信件部分，直接跳到附件部分，即第 4 页上的谈话备忘录。

（宣读）

主题：上海的麻醉品、毒品和鸦片情况。

上海市警察局督察 E.帕普，及副领事德鲁姆赖特。

我与在上海市警察局负责麻醉毒品和鸦片稽查工作的督察 E.帕普进行了面谈，他负责起草提交给国联的关于鸦片和其它危险麻醉品情况的年度报告。我和他讨论了上海市政委员会向国联提交的有关 1936 年鸦片和其他危险麻醉品贩卖情况的报告。

帕普督察说，自从去年颁布并实施了《禁烟治罪暂行条例》和《禁毒治罪暂行条例》后，当地有关毒品的贩卖明显下降。关于这两个惩戒鸦片与毒品犯罪的条例，同它们颁布时（见各项条例的第 25 条）的各种报告以及近期有关 1937 年 1 月 1 日起加重处罚的宣传相反，仅仅在《惩戒麻醉毒品犯罪者暂行条例》第 8 条规定了 1937 年 1 月 1 日起对之前受刑较轻的各种毒贩实施死刑。

帕普督察提到了非法贩毒活动中引人注目的日本人参与，日本人与朝鲜人在上海的贩毒活动有所增多，他们中的很多人最近从天津搬到上海，因为

---

① Transcripts of the Proceedings of the International Military Tribunal For the Far East（《远东国际军事法庭庭审记录》），第 4845-4895 页。

天津的嗜毒者已经一贫如洗，这使他们的生意开始变得萧条。但上海是一个富裕而且未经开发的城市，许多日本人在这里都赚了很多钱。他们主要集中于娄沙（音）区，在那里租一些小房屋，并在当地中国黑帮团伙的默许下出售毒品。

帕普督察还抱怨了抓捕在上海贩毒的日本人时，经常缺乏来自日本领事警察的协助；只有在极少的情况下才能劝说日本警察一同在毒贩活跃的晚上进行搜查行动。日本人所持的态度似乎是，政府应当禁止房东向从事麻醉毒品交易的日本人租赁房屋或开"烟馆"，随后贩毒行为就会自然停止了。帕普督察还批评了日本官方对所抓获的违反禁毒法令的日本人的惩罚太轻微。他说，通常对初犯只是警告一下就释放了，只有在第二次或第三次犯法时才会少量的罚一些款。日本人只有在最严重的犯罪情况下才会被驱逐出中国。帕普督察说他并未在年度报告中写这些情况，因为他不希望日本人关于他的报告向上海市政委员会提出抗议。

关于在执行了《禁烟治罪暂行条例》后公共租界的鸦片消费量是否有所减少的问题上，帕普巡视员持否定态度。他认为，在这方面，对麻醉毒品消费量的下降导致了很多瘾君子重新开始吸食鸦片。他接着说，中国政府在上海对鸦片销售采取了通过戒烟委员会进行垄断经营的方式，在委员会的许可制度下中国领土内共有 70 家鸦片商行。但他最近听说，为了便于控制，近期可能会减少商行的数量。他还补充道，实际上没有鸦片通过私人渠道从内地走私进入上海，这已经被政府杜绝了。随着对吸毒者登记制度的完善，政府将进一步加强对鸦片贩卖的控制。

汉默检察官：接着读第 6 页。

总之，帕普督察认为，上海在 1936 年的麻醉毒品局势有明显改善，如果对日本人的贩毒行为有所遏制的话，1937 年有可能会取得更多进展。但帕普督察认为，要准确地预测中国政府对鸦片控制的结果，现在还为时过早。

韦伯庭长：我们将暂时休庭到 13 时 30 分。

（随后，12 时休庭。）

下午的庭审：

根据休庭规则，本法庭于 13 时 30 分开庭。

法庭执法官：远东国际军事法庭现在继续开庭。

韦伯庭长：清濑博士。

清濑辩护律师：庭长阁下，今天早上陈述了森冈皋的宣誓证词，并被采纳为法庭证据 401 号。当提出这份宣誓证词时，辩护方询问为什么仅提出了宣誓证词而没有传唤证人出庭。作为回答，检方说宣誓证人目前在北平。从那时起，我们就设法寻找，发现宣誓证人森冈目前正在东京，我们甚至得到了他的地址。现在我希望询问，如果我们将宣誓证人的地址提供给检方，检方是否将传唤此证人出庭？

萨顿检察官：如果法庭允许，今天上午我的回答是，当采集这个宣誓证词时，证人当时在北平；检方并不知道他目前在何处。检方也没有打算传唤他作为证人出庭。

韦伯庭长：他是一个非常重要的证人，尤其是他明确地提到被告东条英机曾希望与英国和美国开战。如果他在东京的话，人们会希望检方传他出庭作证。他是一个部门的负责人。

萨顿检察官：我的观点是，检方并不打算问他有关宣誓证词内容之外的问题。如果法庭希望他出庭的目的是希望对他进行交叉质证，并且他也有可能出庭的话，我们将很乐意为此请他出庭。

韦伯庭长：我们认为应当传唤他进行交叉质证。

萨顿检察官：我们希望能有一些特权，在我们能请他来的适当时候再传唤他出庭，但这也许是在目前法庭进行的阶段结束之后了。

韦伯庭长：当然，他也许不在东京，但是如果他在东京，应当很快就能传唤他了。如果你们可以的话，按顺序传唤他。

萨顿检察官：好的，阁下。我们将很乐意这样做。

韦伯庭长：汉默少校。

汉默检察官：如果法庭允许，现在我们再次引用一下证据文件 388 号，即国联关于鸦片和其他危险麻醉品委员会的第 24 届大会的会议纪要。在文件第 37 页，富勒先生作出以下陈述，下接第 41 页，日文版在第 6 页。（宣读）

关于上海的目前局势，我希望大家注意上海的日本法庭和中国法庭对毒品犯分别采取的处罚措施的持续差异。这可以通过下列具体的案例进行说明。有一个名叫柳川铁藏的日本人， 1938 年 4 月 12 日在上海被抓获，因为她身上带有 25 盎司（710 克）海洛因。她说是在日本的长崎购买的毒品，准备拿到上海出售，以获取丰厚利润。1938 年 4 月 7 日，她携带毒品乘坐"长崎丸"号轮船来到了上海。1938 年 5 月 26 日，她被日本的领事法庭罚款 30 元（27 瑞士金法郎），罪名是企图销售 25 盎司海洛因。

而在另一案例中，1938 年 4 月 22 日，有一位名叫董子连的中国人在上海被抓获，也是由于身上藏有 25 盎司（710 克）日本生产的海洛因。1938 年 5 月 7 日，他以携带海洛因企图出售而被上海特区法庭判处终身监禁。

检方下面要提出文件 9538 号作为证据，这是由美国驻上海财务公使于 1938 年 1 月 2 日起草的一份报告。

韦伯庭长：按惯例采纳。

法庭书记员：检方文件 9538 将作为证据被采纳，证据号 415。

（随后，上面提到的文件被编为检方证据第 415 号，并被采纳为证据。）

汉默检察官：（宣读）

我们从可靠消息来源得知，经过日军和中国鸦片商人之间的长期谈判，上海的鸦片垄断经营问题现在得到了实际解决。鸦片商人拒绝接受任何规定有支付固定金额收入和限定鸦片最少销售量的计划。同时，通过特殊货物协会（也就是鸦片商会）作为中间人，他们向日本人提出了另外一份提议，根据目前形势下的生意情况对鸦片总量和收入金额进行浮动。鸦片商人的提议中包括了每月向日本人支付 15000 美元的总金额作为许可费。预计在日本人控制下大约有 60 家公司和商行将恢复营业，他们将每家分摊一定金额的许可费用，以确保拿到必要的许可证继续经营生意。除了上述费用，鸦片商还要为出售的每两鸦片支付 30 分的税，但日本人不会再强制要求每月的最低销售量。鸦片商人的代表是特货协会的会长贺幼吾先生，而日本人则是通过位于浦东的所谓"大道市政府"的官员进行安排，但实际的控制人是西椿先生，他才是真正位于幕后的日本官员。

鸦片商人相信日本人会接受他们的提议，因为鸦片贸易的情况非常复杂，日本将不得不暂时依赖于鸦片商人的合作。日方现在正在考虑上述的提议以及由鸦片商人起草并提交的一系列建议规则。如果在原则上接受这个计划，代表鸦片商人的特货协会就将获得一定权力，如同在之前的中国政权管理下一样。这些生意老手们是唯一可以既给日本人一些合理的收入同时又能为自己赚些钱的人们。

据悉，热河、满洲和察哈尔将成为主要的供应来源，运输则通过天津。此外，来自台湾的波斯鸦片也将进入市场。人们也许还记得，在1929年国联的远东鸦片委员会的台湾之行后不久，就发现了一个鸦片丑闻大案，涉及总量高达10000000盎司的波斯鸦片。由于内部政局混乱，这批货由日军缴获后一直没有进行处置。1933年，福建叛乱期间，他们向一名中国的卖国贼杜起云将军提供了这批鸦片，希望为他的卖国活动提供资金，目的是为日本人的侵略计划铺路。有一部分鸦片运送给了杜将军，帮助他筹集资金进行卖国活动。但日本人和杜将军之间的秘密交易被泄露了，杜将军被逮捕，后被蒋介石将军处死，这个计划也遭到了挫败。而这批波斯鸦片的剩余部分，约6000000盎司，被留在了台湾。这批存货可能会被运往上海，通过那里的鸦片商行进行处理。来自云南、四川和贵州的鸦片供应目前已被完全切断，鸦片商人的存货也日渐减少。总之，供应来源将如上所述。

麻醉毒品的问题目前还未涉及。据推测，日本人还没有将麻醉毒品公开地纳入在协议中，但预计他们将通过同样的渠道非官方地推动麻醉毒品的销售，正如他们在"满洲国"和天津所做的那样。

汉默检察官： 检方下面要提出文件9561号作为证据。

韦伯庭长： 这是关于波斯鸦片的进口。按惯例采纳。

法庭书记员： 检方文件9561将作为证据被采纳，证据号416。

（随后，上面提到的文件被编为检方证据第416号，并被采纳为证据。）

汉默检察官： 如果法庭允许，我将不宣读整个文件，而是只引用第一、第二和第三列有关三井物产从1937年到1940年期间进口波斯鸦片的内容。

弗内斯辩护律师： 我们反对采纳这份文件，因为它不是任何的官方文件，显然只是由一家私营公司为了本审判准备的一张纸而已。

韦伯庭长： 汉默少校。

汉默检察官： 庭长阁下，我认为，这些数据是由三井物产在我们的要求下向国际检察局提供的有关他们从波斯进口鸦片的数据。

韦伯庭长：（对弗内斯辩护律师说）请说。

弗内斯辩护律师： 我想这是有关适当证据的问题，正如其他数据也会遇到适当证据的问题。据我看，这并不是一份官方文件。

韦伯庭长： 它看起来是符合《远东国际军事法庭宪章》13—C4 条的情况。

弗内斯辩护律师： 它也许根据《远东国际军事法庭宪章》可以采纳为证据——在那条规定下，但我认为本法庭不应当接受这样的数据，除非这些数据是来自官方来源。

韦伯庭长： 有什么数据还能比由进口商自己提供的进口数据更好呢？

弗内斯辩护律师： 我的观点是，它应该以证词形式，而不是仅仅提交一张表格；关于这些数字应当有一些官方基础。

韦伯庭长： 当然，如果这些数据是进口商的宣誓证词，将会更好、更可靠。但是，如果我们坚持使用宣誓证词，就将超出《远东国际军事法庭宪章》的意图，而从重要性问题上——只是从重要性问题上——如果他们是以宣誓证词形式，当然会具有极大的重要性。但这并不涉及是否采纳的问题。

弗内斯辩护律师： 而且证人显然是在东京。我要指出这一点。

韦伯庭长： 我们必须根据陈述本身的证据价值决定是否采纳，但是我也支持你的观察。

反对无效。

汉默检察官： 如果法庭允许，我们将撤回这份文件，并将以宣誓证词的形式再次提出，同时将传唤三井物产的总经理出庭作证。

韦伯庭长： 你们还有其他此类文件吗？

汉默检察官： 是的，阁下。我们的另一份文件也是同样的情况。我们也暂时不提出，而是在稍晚时间以宣誓证词的形式提出。

现在适合再次引用证据 382 号，"外务省条约局第三课的 1939 年官方报告"。引用部分在英文版的第 2 节，日文版的第 3 页。（宣读）

采购伊朗鸦片的问题。

（A）伊朗鸦片采购情况。

下述内容有关 1939 年购买伊朗鸦片的情况。（每箱 72 公斤，官方固定价格为 125 英镑。）

由三菱商事经营。

关东租界地进口 200 箱。

"满洲国"进口 2800 箱，一共 3000 箱。

由三井物产经营。

中国的复辟政府进口 1150 箱。

（注：2000 箱中短缺 850 箱。）

总数量 4150 箱（少 850 箱）。

备注：除上述外，台湾专卖局通过岩井公司从汉堡进口了 35 箱伊朗鸦片。

（B）三菱商事与三井物产间关于采购伊朗鸦片的协议。

关于进口地点和各自的业务份额，在外务省的协调下，两家公司的代表于 1938 年 3 月 14 日就日本、"满洲国"和中国三个国家采购伊朗鸦片的事宜签署协议如下：

(a)两家公司应作为一个整体共同商议为日本、"满洲国"和中国采购伊朗鸦片的事宜。

(b)对日本和"满洲国"的销售由三菱经营，对华中和华南的销售由三井经营。华北地区由两家公司平分。

(c)日本、"满洲国"和中国的有关政府机构在今年 9 月确定了朝鲜和"满洲国"的实际鸦片收成后，应决定 1940 年的购买数量并通知两家公司。

(d)本协议应适用于 1940 和 1941 两年的交易情况。1942 年以后将根据前两年的实际效果签署新的协议。

后来，在兴亚院的要求下，为了进一步促进协议的顺利执行，外务省敦促根据下列内容签署了一份仲裁协议，其结果是两家公司于同年的 10 月 30 日签署了一份建立伊朗鸦片采购协会的协议：

1. 关于日本、"满洲国"和中国采购伊朗鸦片，三国有关政府机构应作相应安排，允许由三菱商事和三井物产成立的协会进行垄断采购。

2. 上述协会经营的鸦片业务应在两家公司间平分。

3. 上述协会的组织、采购、运输、交付以及利益计算方法应由两家公司达成一致。

4. 日本、满洲和中国相关政府官员在确定的朝鲜和"满洲国"的鸦片实际收成以及中国的供应与需求后，应每年决定各自的采购数量并通知该协会。

如果法庭允许，我想要指出文件中提到的"兴亚院"在日语中是 Ko-A-In（兴亚院）。

韦伯庭长：你会日语吗?

汉默检察官：不会，阁下。

韦伯庭长：我想你是在提供证据，但并没有反对意见。不管怎样，我认为这无关紧要。

汉默检察官：我们现在想引用一下证据文件381，摘录自外务省条约局的1938年商业报告。

韦伯庭长：我认为有这个可能。兴亚院经历了三个阶段：(1)中国事务委员会;(2)兴亚院;(3)大东亚部。你可以有自己的选择。我认为这一点在证据中已很清晰。

汉默检察官：如果法庭允许，这不是一个翻译的问题吗?

韦伯庭长：它实际上是一个事实问题，我们将采纳你们同意的任何含义，你们和辩护方。这里毕竟不是一个日本法庭;同时，如果你们想证明日文单词的含义，就不要作出任何假定。

汉默检察官：我们以后再说这件事，阁下。

关于证据文件381的第Ⅵ节，如果法庭允许，我们将不读其中的任何内容，但希望提请本法庭注意，正是它其中的细节导致了我们刚才宣读的那份文件。

我们现在再引用一下证据文件372，即国联顾问委员会关于鸦片和其他危险麻醉品的第25届大会的会议纪要。引用英文版本的第2页和第3页，日文版本第1页：

对远东局势的检查。何杰才博士（中国）做出以下声明。

下接第3页：

我们成功地得到了一份占领区日军鼓动人们种植鸦片的公告。随后我会将这份公告交给秘书处，它是来自河南省的水冶地区。翻译如下：

"现在是秋季，正是鸦片罂粟的播种季节，特此通知农户应在最好时节播种。当罂粟收获时，在依法纳税后，农户可按现行价格无限制地将剩余罂粟出售。因此，要立即播种，勿错过季节。

"日军驻水冶治安小分队。"

检方下面要提出文件9540号作为证据，这是由美国驻上海财务公使于1939年4月1日起草的一份报告。

韦伯庭长： 按惯例采纳。

法庭书记员： 检方文件 9540 将作为证据被采纳，证据号 417。

（随后，上面提到的文件被编为检方证据第 417 号，并被采纳为证据。）

汉默检察官： （宣读）

已向当地鸦片商核实，装运波斯鸦片的日本"神裕丸"第 3 号货轮从大连开往上海，已于 2 月 26 日到达市中心附近的虹江码头。船上有 800 箱鸦片，这是之前报告的 3700 箱中的一部分。另有一艘"唐山丸"号货轮于 2 月 28 日到达。

检方下面要提出文件 9542 号作为证据，这是由美国驻上海财务公使于 1938 年 12 月 10 日起草的一份报告。

韦伯庭长： 按惯例采纳。

法庭书记员： 检方文件 9542 将作为证据被采纳，证据号 418。

（随后，上面提到的文件被编为检方证据第 418 号，并被采纳为证据。）

汉默检察官： （宣读）

在过去的几个月中，上海的日本特务机关一直在从虹口向公共租界和法租界输送波斯鸦片，由 14 家获得日方批准成为其鸦片代理的秘密鸦片商行进行出售。最近，除了在外国租界的这 14 家秘密烟馆，在沿越界路的西区① 又新开设了 22 家商行，主要在以下地区：仁和里……等等。在这 22 家中，12 家由"上海市政府"管辖，另外 10 家由南京的"维新政府"管辖。这两个傀儡政权以这种方式进行收入分成。根据这些商行的生意规模，每天的保护费从 50 元到 100 元不等。除了保护费，每出售 1 两鸦片还要再缴纳 1 元的收入。

波斯鸦片由三井物产在日军授意下，从波斯进口运往上海。每箱波斯鸦片是 160 磅或 1920 盎司。三井物产以每盎司 5 元的价格卖给日军特务机关，后者以 7 元左右的价格卖给鸦片商行。鸦片商行的零售价格大约为 9 元。以这种方式，日军特务机关每箱可赚 3000 到 4000 元。

检方下面要提出文件 9543 号作为证据，这是由美国驻上海财务公使于 1938 年 12 月 27 日起草的一份报告。

---

① 指公共租界越界筑路。

韦伯庭长： 按惯例采纳。

法庭书记员： 检方文件 9543 将作为证据被采纳，证据号 419。

（随后，上面提到的文件被编为检方证据第 419 号，并被采纳为证据。）

汉默检察官： （宣读）

从与傀儡政权关系密切人士口中获知，为提高收入，满足紧急的军费开支，日方最近与南京的傀儡政权商议，将实施鸦片统一专卖制度。所有现行的鸦片垄断规定将立即废止，同时，在江苏、浙江和安徽建立一个名为禁烟总局的中央垄断机构，在中国这片区域的整个日占区内全面负责鸦片专营，包括鸦片的进口、运输和分销，发放许可，指定销售代理和征收鸦片收入等。

检方下面要提出文件 9544 号作为证据，这是由美国驻上海财务公使于 1939 年 1 月 12 日起草的一份报告。

韦伯庭长： 按惯例采纳。

法庭书记员： 检方文件 9544 将作为证据被采纳，证据号 420。

（随后，上面提到的文件被编为检方证据第 420 号，并被采纳为证据。）

汉默检察官： （宣读）

从一位因私人生意来沪的傀儡政府内政部重要官员口中获知，日方已决定把对鸦片生意的行政管辖权转交给维新政府，以此来逃避国际社会对其在中国实行毒化政策的指责，这与近期一份备忘录中的报告一致。在江苏、浙江和安徽三省已设立了一个禁烟总局，局长姓袁，但实际上是受内政部的监管。

在确定合适的专员后，将在南京设立江苏、浙江和安徽三省的禁烟总局。幕后的傀儡政府和鸦片商最初提名的人选是中日经济局局长陈绍妫先生，又名陈裔生，但是由于他本人很有钱，害怕不能为日军筹集到所需资金而自己承担责任，所以拒绝了这个提名。

下接第 3 页：

日本人还准备采取另一个措施来粉饰局势，他们命令傀儡政府的内政部和外交部每月都要各自拨出 2000 元用于禁烟宣传，以掩饰他们的毒化罪行。

检方下面要提出文件 9546 号作为证据，这是由美国驻上海财务公使于 1939 年 2 月 21 日起草的一份报告。

韦伯庭长： 按惯例采纳。

法庭书记员： 检方文件 9546 将作为证据被采纳，证据号 421。

（随后，上面提到的文件被编为检方证据第 421 号，并被采纳为证据。）

汉默检察官： （宣读）

根据与日军特务机关往来密切的人士透露，日军在中国实行毒化政策，希望在全面实施后每年能筹集 300000000 元的收入。日本人相信，他们通过上海港能控制整个东南地区的鸦片供应，包括江苏、浙江、安徽和江西与湖北部分地区。他们计算，在这个地区每天可以很容易销售 100000 两鸦片，这意味着每月有 3000000 两或每年 36000000 两收入。除此之外，他们每天还能销售出 5000 盎司的吗啡、可卡因、海洛因和其他麻醉毒品，每年的总量大约是 1800000 盎司。

由于来自四川、云南、贵州、甘肃和陕西的中国鸦片供应已中断，日方允许供应的只有热河鸦片、波斯鸦片、绥远鸦片和满洲鸦片。热河、绥远和满洲的鸦片通过一个专门的收购机构大满公司代表日方向农户低价收购。包括运输在内的成本约每两 1 元，而波斯鸦片由日本人在澳门以大约 8 角钱（港币）的价格采购，加上运往上海和其他费用，总成本不超过 2 元当地货币。至于吗啡和海洛因，日本、台湾、大连和天津的价格约为每磅 400 元，在上海的售价则超过 1500 元。日本人在上海设立了几家制造厂，可以在当地制造和提炼这些毒品。日方销售热河、绥远和满洲鸦片时给鸦片商的最低批发价是每两 6 元至 7 元，波斯鸦片每两 7 元至 8 元。这个价格还要再加上税金和附加费、许可费、行贿费用、护送费用等。因此，可以保守地估计，日本人在上海及周边地区每销售 1 两鸦片可赚取 5 元净利润。如果以每天 100000 两计算，日本人每天可筹集 500000 元，每月 15000000 元，每年 180000000 元。再加上麻醉毒品的收入和税费，日本人毒化政策中的获利约为每年 300000000 元。

日本人仍远远落后于他们的野心计划，因为他们还未能完全控制贩毒这个利润丰厚的整个过程。而且，他们也还没有获得可以控制鸦片市场的那些鸦片商和黑帮的合作，如战争前杜月笙先生那样。在目前的形势下，他们以一种无组织的方式销售鸦片。陆军、海军、日本宪兵、特务机关、浪人和傀儡政府都参与了非法交易，但实际上日本政府从整个链条中只得到了很少量的收入，因为每个参与者都要分得一杯羹。

检方下面要提出文件 9545 号作为证据，这是由美国驻上海财务公使于 1939 年 1 月 14 日起草的一份报告。

韦伯庭长： 按惯例采纳。

法庭副书记员： 检方文件 9545 将作为证据被采纳，证据号 422。

（随后，上面提到的文件被编为检方证据第 422 号，并被采纳为证据。）

汉默检察官： （宣读）

根据与当地鸦片商往来密切的人士透露消息，日本政府正在考虑另一种方式来应对国际社会对其在中国实施毒化政策的指责。一个名为宏济善堂的"慈善组织"网络将对中国这个区域日本占领区内进行的鸦片生意进行掩饰。

会长将由一名中国人担任，副会长从日本人中选出。协会及其分支机构的人员都将由日本政府选定。当地一位知名的鸦片商人汪少丞先生，已被特别提及可能出任上海分会的会长。当这个协会成立后，它将与江苏、浙江和安徽的禁毒总局一同在该地区有效地执行鸦片垄断计划。

检方下面要提出文件 9565 号和 9554 号，并请求法庭允许将这两份文件编为同一证据号。

韦伯庭长： 按惯例采纳这两份文件并编入同一证据。

法庭副书记员： 检方文件 9554 和 9565 将合并为一份证据被采纳，证据号 423。

（随后，上面提到的文件被编为检方证据第 423 号，并被采纳为证据。）

汉默检察官： 检方文件 9565 是美国陆军中尉麦克尤恩的宣誓证词，他已返回了美国。

检方文件 9554 是原田熊吉的宣誓证词，他于 1946 年 6 月转移至新加坡。

如果本法庭允许，我将不宣读检方文件 9565，仅宣读检方文件 9554。

韦伯庭长： 可以。

汉默检察官： （宣读）

1946 年 5 月 21 日，日本东京。

原田熊吉正式宣誓并作证如下：1937 年我在上海任日军武官。同年 11 月左右，我担任了特务部长，直到 1939 年 3 月上海成立兴亚院办事处前，我一直在这个职位。然后我开始担任上海兴亚院与中国远征军总部之间的联络官。

在我任特务部长时，我接到了命令，要求成立一个禁烟委员会，通过军队渠道向中国人提供鸦片。我和当地中国政府讨论了此事，然后成立了禁烟局。特务部或兴亚院都没有命令过中国政府要做什么。我们只是向中国政府提供咨询。如果他们不同意特务部或后来的兴亚院提出的建议，我们就会与中国人进行讨论，通常的结果是中国人最终会同意我们的建议。

1933、1934 和 1935 年，当我在满洲担任关东军总部和"满洲国"政府的联络官时，鸦片组织运行良好、效率也很高。关东军的特派参谋为"满洲国"政府提出建议，不是直接地，而是通过在"满洲国"政府的日本顾问。"满洲国"政府研究他们对鸦片的需求，接受日本人的建议，然后建立了鸦片专卖局。在满洲的早期发展中，如果没有日本人的支持，他们是不可能取得这些成果的。

我，原田熊吉，已经过正式宣誓并声明，我已阅读和理解了上述对我审讯的有关记录，所有内容包含在一页纸中，据本人所知及所信，内容准确无误。

检方下面要提出文件 9547 号作为证据，这是由美国驻上海财务公使于 1939 年 4 月 5 日起草的一份报告。

韦伯庭长：按惯例采纳。

法庭副书记员：检方文件 9547 将作为证据被采纳，证据号 424。

（随后，上面提到的文件被编为检方证据第 424 号，并被采纳为证据。）

汉默检察官：（宣读）

中国傀儡维新政府的内政部在 1939 年实施的最重要政策之一就是在禁烟工作的掩饰下实行鸦片专卖。为将这一政策付诸实践，决定成立一个戒烟总局，任命朱曜先生为局长。接到任命后，朱先生就来到上海进行筹建，办公地点位于百老汇大楼，并着手在江苏、浙江和安徽设立戒烟分局。然而，戒烟局的真正实权由担任联合会长的日本人滨田先生掌握。戒烟总局及其分支机构的组织章程于同一年的 3 月 20 日颁布，内容如下：

戒烟总局应设立以下科室。

(a)总务科。

(b)收入征收科。

(c)缉私科。

戒烟分局组织章程。

每个分局下应设立以下科室。

(a)总务科。

(b)收入征收科。

(c)缉私科。

汉默检察官：检方现在传唤证人里见甫。

（里见甫作为检方证人出庭，首先宣誓，然后通过日本翻译员作证如下。）

本方询问（由汉默检察官询问里见甫证人）

问：你的全名是什么？

答：里见甫。

问：你的国籍是什么？

答：日本。

问：你在哪里住？

答：现在在巢鸭监狱。

问：你能读懂中文吗？

答：我能知道大概意思，尽管不能说完全理解。

问：除了里见甫之外，你还使用过其他名字吗？

答：我在中国居住了很长时间，有时会使用中文名字。

问：你使用的是什么中文名字？

答：我用过两个名字：一个是李鸣，还有一个是李始吾。

问：你去过上海吗？如果是，什么时间？

答：我在那里断断续续地住过相当长的时间。最后一次去那里是1937 年。

问：你何时离开上海？

答：去年。

问：从 1937 年到 1945 年，你在上海从事什么生意？

答：1937 年对应的昭和年历是哪一年？

问：昭和十二年。

答：从 1937 年起，我在上海从事与鸦片相关的工作。我更正一下：1938 年——从 1938 年起。

问：谁将你介绍到这个生意中的？

答：当时，我是由中国远征军在上海的特务部介绍的。我被告知，由于鸦片——装运鸦片的一艘货轮很快就到了，我被委托去处理它们的销售。

问：你为特务组织销售鸦片有多长时间？

答：如果我的记忆是正确的，上海的特务组织没有从事太长时间鸦片生意。我想大概是 6 到 8 个月。在那之后，创建了中国事务委员会，也就是兴亚院来进行鸦片的销售。

问：你为中国事务委员会经营过鸦片吗？

答：如果允许我为你提供一个粗略阐述，我要说，首先由上海的特务部经营鸦片，当时他们请我来负责鸦片销售。我不认为特务部经营鸦片超过 6 到 8 个月。然后，兴亚院或者中国事务委员会成立，与鸦片有关的工作转交给这个新的委员会负责。当时南京的维新政府也成立了，我开始负责宏济善堂。

问：你在宏济善堂担任什么职务？

答：我想刚才叙述过程有一点错误。我应该说宏济善堂是由戒烟所设立的，我当时是宏济善堂的副会长。

问：谁是宏济善堂的会长？

答：一开始没有正式的会长。我作为副会长管理事务。

问：你销售哪种鸦片？

答：开始是从波斯进口的波斯鸦片。后来，从"蒙疆"进的蒙古鸦片。

问：你销售了多少波斯鸦片？

答：我记得，第一批货有 2000 箱，第二批有 2000 箱。

问：这两批货之间隔了多长时间？

答：如果我的记忆是准确的，第一批货是在 1938 年。第二批的时间我不太确定，但我想大概是在 1940 年。

问：你销售了多少蒙古鸦片？

答：尽管是很粗略的数字，但我负责的 6 年销售总数量大约为 1000 万两。

韦伯庭长：我们暂时休庭 15 分钟。

（随后，14 时 45 分休庭，直到 15 时重新开庭如下。）

法庭执法官：远东国际军事法庭现在继续开庭。

韦伯庭长：汉默少校。

本方询问（继续，由汉默检察官询问里见甫证人）

问：和两对应的英制单位是什么？

答：它是重量单位。差不多是1盎司。

问：从销售鸦片中是否有利润？如果是，有多少？

答：关于估计利润的方法，我必须说由于——我必须说，因为上海的通货膨胀情况，价格很高，我无法给你一个很准确的数字。但是，我应该说在开始时期，或者说一开始时，1000箱有——差不多是2000万元。

问：你怎么处理这2000万元？

答：我刚才提到的1000箱直接由特务部和兴亚院处理，因此，利润也就归这两个机构。

问：在上海是否对使用鸦片有任何真正的稽查？

答：你说的"稽查"是禁止的意思吗？

问：禁止它的使用。

答：关于那一点，我不记得有任何类似于"特别稽查"之类的声明。

问：我向你出示检方文件9552号的中文附件。那上面是你的签名吗？

答：是的，这里有印鉴，"李鸣"是我的印鉴。

汉默检察官：检方要提出文件9552号作为证据，这是由美国驻上海财务公使于1941年1月21日起草的一份报告，有中文附件。

韦伯庭长：按惯例采纳。

法庭书记员：检方文件9552将作为证据被采纳，证据号425。

（随后，检方证据第425号被采纳为证据。）

韦伯庭长：我们没有中文的翻译件副本。

汉默检察官：如果法庭同意——

韦伯庭长：至少我没有。文件中包含翻译吗？

汉默检察官：翻译包含在文件中，阁下。

问：证人先生，这份文件中提到的采取波斯鸦片时，使用了哪一种外国货币？

答：我记得开始，在最开始使用的是英镑；然后，使用了美元。

汉默检察官：辩护方可以进行交叉质证了。

韦伯庭长：是的。

神崎辩护律师：我是神崎律师。

交叉质证（由神崎辩护律师质证里见甫证人）

问：证人先生，你刚才说当维新政府成立时，特务机关被解散了。这没有错误，是吗？

答：根据我的记忆，当维新政府成立时，特务机关被解散，建立了兴亚院，或中国事务委员会。

问：你是否记得维新政府成立的日期是 1938 年 3 月 28 日？

答：关于哪一年哪一月我记不清楚了。

问：那是昭和十三年。你能够重新想一下吗，证人先生——昭和十三年的 3 月 13 日？

答：你的意思是说维新政府于 1938 年，昭和十三年成立？关于任何确切日期，我恐怕，我非常抱歉我记不得了。

问：你是否记得那是——它发生在 1938 年的春天？

答：你是说当维新政府成立时？

问：是的，正如你所言。

答：是的，我的确记得大约是在昭和十三年或说 1938 年，但我不记得确切的月份。

问：它在记录中，是发生在 1938 年 3 月 28 日，这一点确切无疑。自从 1938 年 3 月 28 日成立了维新政府后，特务机关就不再经营鸦片了，是吗？

答：是的，在维新政府成立后，特务机关不再经营鸦片。

问：证人先生，你刚才作证说第一批的 2000 箱鸦片从波斯抵达。那是在 1938 年春天吗？

答：事实上，关于昭和十三年或说 1938 年，由于我不记得确切的日期，我甚至在巢鸭不得不拒绝回答询问者的问题，但我想那是在 1938 年的春天左右。

问：证人先生，开始时你说特务机关的一位楠本命令你去做；然而，当第一批从波斯来的鸦片抵达时，维新政府已经成立了，因此，那就不应该是特务机关，是吗？特务机关不可能再去插手那件事。那么，证人先生，我是否可以理解为，你处理这个交易是在——是根据维新政府的命令而不是特务机关的命令。我可以将你的话这样理解吗？

答： 在这一点上，你可能会对我的不准确记忆不满意，但是我还是要说，当陆军中校楠本要求我销售鸦片时，我照办了，而且我记得我是将所得收入交给了特务机关。

问： 我问你的是，维新政府是否是在第一批鸦片到达前成立。所以，我的问题是，即使有特务机关的某人插手了那个生意，那也不是特务机关的生意，而是维新政府的生意，是吗？

答： 我想整个混乱状态都是由于我的记忆不精确，但我必须说，是特务机关命令我去处理这件事，而且我遵照执行了。看起来在维新政府成立日期和特务机关解散日期之间有一些重合。整个生意是由它牵头的，产生的收入也交回给特务机关，工作——那项工作后来移交给了中国事务委员会，也就是兴亚院。

问： 既然你看起来是在担心你将所得收入交给了什么地方或来源，我想关于这一点进行提问。你说你把收入交给了特务机关或维新政府。我试图在问，你是否将收入交给特务机关，由他们再转给维新政府？

答： 关于鸦片的销售收入，我的回答是这些收入交给了特务机关，后来是交给中国事务委员会——兴亚院。由于这些日期在我的记忆中很混乱，所以我无法确切地说是什么时间。

问： 事实上，这些收入通过兴亚院的联络部交给了维新政府。证人应当知道这一点。

答： 那是和税收有关的收入，是吗？

汉默检察官： 如果法庭允许，我建议辩护方律师向证人提问，而不是向他陈述事实。

韦伯庭长： 是的。现在的情况是律师陈述事实，而证人提问。我再重复一遍，因为我不知道说过多少次了，律师不能陈述事实，他们必须提问。

弗内斯辩护律师。

交叉质证（继续，由弗内斯辩护律师质证里见甫证人）

问： 里见甫先生，当你离开上海时，你是否直接去了东京？

答： 是的，在访问了福冈后。

问：你来是自愿的还是在拘押中？

答：当我从上海经福冈去东京时，并没有受到拘押。

问：你是何时被拘押的？

答：我是在3月1日被拘押，然后被带到巢鸭监狱。

问：你知道为什么会拘押你吗？

答：我记得当我被拘禁时，我听说是由于我与鸦片生意的关系而被逮捕，我是作为证人被拘禁的。

问：你还没有受到指控，但你预计可能会被指控，是吗？

汉默检察官：反对，庭长阁下；这不相关。

韦伯庭长：反对有效。

弗内斯辩护律师：（继续）

问：你在中国期间，你作证说你用过两个化名。你能告诉我们原因吗？

答：没有特别原因。我在中国住了很久，有时会用这些名字，而且我在做生意时也开始使用这些名字。

问：当进行这些生意时，销售鸦片，你使用化名做生意，是吗？

答：是的。

问：销售鸦片是在当地中国政府的监管下，是吗？

答：我对数字的记忆不精确，但我要说，在第一年，我做这些生意时完全是自己负责。在维新政府成立之后，在戒烟所下建立了宏济善堂。

问：宏济善堂是一个商业公司，其股东都是一些大的鸦片商行，是吗？

答：宏济善堂是由鸦片批发商组织的。

问：他们是否有鸦片的销售渠道？

答：宏济善堂负责鸦片的销售。

问：你是那家商业公司的副总裁吗？

答：是的。

问：你由它支付薪水吗？

答：是的。

弗内斯辩护律师：问完了。

韦伯庭长：还有其他交叉质证吗？

洛根辩护律师：没有其他交叉质证了。

汉默检察官：没有再次本方询问，证人可以离开了吗？

韦伯庭长：他可以按惯例离开了。

（随后，证人退席。）

附2：东京审判庭审记录：贝茨①证词②

1946年7月29日，星期一

日本东京都旧陆军省内远东国际军事法庭

贝茨作为检方证人被传到庭，首先宣誓，然后作证如下：

萨顿先生提问：

问：贝茨博士，请问你的全名。

答：迈勒·瑟尔·贝茨（Miner Searle Bates）。

问：你的出生日期与出生地。

答：俄亥俄州，纽瓦克（Newark），1897年5月28日。

问：你在哪里受的教育？

答：俄亥俄州海勒姆（Hiram）的海勒姆大学；英国牛津大学；后来又在耶鲁和哈佛大学从事历史方面的研究生学习。

问：你的居住地。

答：中国南京。

问：你在中国居住了多长时间？

答：从1920年开始。

问：你在中国从事什么工作？

答：金陵大学历史系教授。

问：你与1937年南京陷落后成立的委员会有关系吗？

---

① 贝茨（1897—1978）：1920年成为美国基督会传教士，被差派到金陵大学任教。作为安全区负责人之一，贝茨教授和其他成员，一起经历了死荫的幽谷。为保护中国人不受伤害，他曾被日本兵用手枪顶住恐吓。为了打听被日军绑走的金陵附中学生的下落，他以无畏的勇气找到日军宪兵总部，被日本宪兵粗暴地推倒在楼梯上。他还先后两次，向日本大使馆提出抗议。战后，他到东京国际法庭出庭作证，有200多页的证词留于后世。参见晓君：《人间地狱中有爱的天使——纪念南京大屠杀中舍己救人的基督教传教士》，《天风》，2015年第1期。

② Transcripts of the Proceedings of the International Military Tribunal For the Far East（《远东国际军事法庭庭审记录》），第2624—2627页、第2648—2675页。"贝茨证词"译文参考《远东国际军事法庭庭审记录·中国部分——南京暴行检辩双方举证》，杨夏鸣译，向隆万、叶艳校，上海交通大学出版社2015年。

答：有。我是南京安全区国际委员会（Internal Committee for Safety Zone in Nanking）的成员，而且是创始成员。

问：你能告诉我们这个委员会是什么时候成立的，其作用是什么吗？

答：这个委员会成立于1937年11月下旬，我们预计到日本军队会对南京发起进攻。我们模仿了上海的法国牧师雅坎诺（Jacquinot）神父的做法，他建立的国际委员会对保护那里的大量中国平民起到了重大的帮助作用，我们试图在南京，在非常不同的条件下做一些相同的事情。

在成立之初，这个委员会是由一位丹麦人任主席，成员由德国、英国和美国人组成。但是由于外国政府把几乎所有的本国侨民都撤出了这个城市，当日本进攻时，只有德国和美国的成员还留在这个委员会里。

委员会主席是一位杰出的德国商人约翰·拉贝先生。该委员会在美国、德国和英国大使馆的通讯、调停等帮助下，得以与中国和日本的指挥官们取得联系。我们的目的是在一个小的非战斗区建立一个难民营，使平民们在这里可以躲开战斗与进攻的威胁。

问：该委员会的秘书是谁？

答：刘易斯·斯迈思（Lewis Smythe）教授，他是金陵大学社会学教授。

问：该委员会经常起草一些报告吗？

答：该委员会期望其主要责任是在南京城处于包围的状态下，以及当南京的行政当局消失而日本的军事当局尚未成立期间，在几天或可能是几星期的时间内提供住房，如果需要的话提供一些食品。

但是实际情况却远非如此，因为日本军队对南京的进攻与占领非常迅速，但是问题也随之产生了。他们对待平民非常恶劣，以至于委员会的主席和秘书要定期去找他们能够找得到的日本军官，并且每天准备报告，通报在安全区内发生的对平民的严重伤害事件。在几周内，总共以书面或口头形式向日本军官通报了数百起此类事件，其中有很多报告涉及多起事件，涉及大量人员。这些文件后来由金陵大学的徐淑希教授编辑，由上海的英国凯利沃尔什（Kelly&Walsh）出版公司在1939或1940年出版。

……

问：贝茨博士，你有没有就占领区内的鸦片和麻醉药问题进行专门研究呢？

答：我进行了研究。1938年夏季到秋季，在我进行一些救济项目时，我注意到鸦片和海洛因的消耗量令人震惊的增长。我们发现有一些小贩劝说那些贫穷的难民吸食鸦片，他们说："如果你吃了这些东西，你就不会受到胃疼的折磨了。"不久，海洛因也以同样的方式被推销给难民，他们也说："只要你吃一些这些东西，你就不会觉得疲劳，你会觉得你可以跳过一座高山。"在很短的时间里，这种迅速膨胀的毒品贸易成为自治政府公开建立的行业。当公开的（毒品）商店，也就是官方的商店开张时，当南京唯一的报纸——一份官方报纸上刊登鸦片广告时，我认为必需调查这件事情。

问：你是代表自己进行的调查呢，还是代表美国政府进行调查的呢？

答：美国政府与这些事情毫无瓜葛，在这些报告被公开前，美国政府对此也一无所知。

问：在 1937 年 12 月日本占领南京之前，南京的鸦片和毒品销售情况如何呢？

答：在 1937 年事件前的大约 10 年里，没有公开的、声名狼藉的鸦片交易和吸食。鸦片只是在深宅之内，多是老人、绅士与商人阶层中吸食较多，他们既不公开吸，也不在年轻人面前吸。从 1920 年到 1937 年，我在旅居的地方从未见过鸦片，也没闻过鸦片的气味。

庭长：我们休庭到 13 时 30 分。

（据此，从 12 时开始休庭。）

下午的庭审：

法庭副执行官：远东国际军事法庭现在继续开庭。

贝茨作为检方证人被传到庭，继续作证。

检方律师对己方证人作直接询问（继续）

庭长：布鲁克斯上尉。

布鲁克斯先生：如果法庭允许，我认为在鸦片问题上进行的直接询问，证人所提供的这些证据只是累积性的证据，因此很可能遭到反对。如果法庭能够注意到鸦片在中国是一种古老而影响巨大的恶魔，注意到中国人与其他主要的民族相比更容易陷入吸食鸦片的恶习，那么我们在鸦片问题上可以忽略很多问题。

庭长：你不是在暗示说法庭应注意日本人使鸦片贸易急剧膨胀，并公开地销售鸦片？我并不是说这些是事实，我只是说这是证据。

布鲁克斯先生：我认为法庭可以更进一步，在中国，对鸦片的潜在需求是巨大的，而在过去几百年的时间里，由于各种个人的和官方的因素，中国人和外国人多次提供并发展了毒品贸易。如果法庭能够注意到这些，而且先前的许多证人都曾在这个方面作过证，我想任何进一步的证言都有可能被反对，因为这些证据只是积累性的。

庭长：如果众多证人都必然会对同一件事情作证的话，这些证据才会成为积累性的证据。反对无效。

萨顿先生：

问：贝茨博士，你可以继续回答问题。

答：关于毒品贸易的调查进行得很不容易，因为尽管毒品销售是公开的，但是关于其管理与财政情况的信息却是非常保密的，自然也没有任何清晰的、诚实的官方报告。

在1938年秋天，确切的是1938年11月份，通过我的几个老朋友的帮助，我参观了几个鸦片商店和众多的吸食鸦片的场所，我们还得到了一份文件的副本，该文件是官方的垄断机构为下属的经销商们制定的规章，还得到了一些税单和税务报告，这些都是他们呈交给垄断机构的。当时，正常的销售体系为175家得到许可的鸦片吸食场所和30家鸦片商店提供鸦片，这30家商店向那些鸦片吸食场所供应鸦片，并通过这些场所消费鸦片。官方的销售量被定在每天6000盎司，而销售商们都报告说实际销售量超过了这一数字，因为南京城外的农村地区对鸦片的需求量非常巨大。销售价格是每盎司11元，如果以每天销售6000盎司计算的话，每个月的销售额就可以达到200万元。

一个在特务机关工作的中国特务告诉我们，在这一时期，由特务机关负责的海洛因的销售额每月也达到了300万元，而由南京市警方控制的毒品销售数额更为巨大。我们非常保守地估计有5万人吸食海洛因，占当时南京人口的八分之一。吸食海洛因上瘾的那些人越来越多地进行抢劫，这已经成为所有人都要面临的严重问题，其中包括金陵大学。

垄断鸦片销售的那些官员们试图迫使那些吸食海洛因的人改为吸食鸦片，他们的手段是逮捕并起诉那些吸食海洛因的人们。

我把这份报告全文递交给了日本总领事，请他做出评论，或就一些实事进行纠正，10 天后我在上海发表了这份报告，在当时和后来，都没有受到当局的反对或抗议。

到第二年秋天，这一销售体系已经发展得非常成熟了，我们再次进行了调查。这一次，我们得以在很短的时间内阅读了负责 175 家得到许可的鸦片吸食场所的主要负责人的报告，我们还得到了一个女孩的报告，这个女孩负责分配南京城内每天 3000 盎司鸦片的销售。我们通过这种途径得到了毒品消费量和收入的数字，这些数字与当时叫做维新政府的财政部报告中的数字非常接近。这份没有发表的油印报告显示，在 1939 年秋季，每月的收入达到了 300 万元，这些收入来自每月销售的 100 万盎司鸦片的税收（每盎司收取 3 元的税）。这些财政官员们不断地抱怨说在官方渠道外，还有大量的鸦片销售，这 100 万盎司的鸦片按比例分配给当时维新政府所管辖的 3 个省。

1939 年夏天，我访问了东京，在那里，一位朋友带我去拜访了一位外务省的鸦片专家，八贺先生，他刚刚对华中进行了为期两个月的视察。他告诉我，他在汉口和长江流域其他城市所看到的吸食毒品上瘾的情况令他非常悲伤。我问他，情况有没有改善的希望，他难过得摇了摇头，说："没有希望。那些将军们告诉我只要战争继续，就没有任何改善这种情况的希望，因为维新政府没有其他的税收来源。"

在提交给日本官员并且随后发表的一份报告中，我写道："来自鸦片的 300 万元的收入是维新政府的主要支柱，日本官员和中国官员都声称在目前的情况下，这笔收入是不可或缺的。"当时鸦片的零售价格是每盎司 22 元，包括在大连购买时的 8 元基本价，向日本人支付的运输费用 2 元，所谓的税费 3 元，和 9 元的利润，这些利润是由特务机关和宪兵队瓜分的。

宪兵队对我的这种指责提出抱怨，并要求我删除这一点，同时要求我告诉他们我是从什么人那里得到这些信息的，我告诉他们我将非常高兴就一些事实上的错误进行纠正，并予以发表，但我不会作其他的修改，他们就不再理会此事了。

在几十年的时间里，在中国的传教士积极从事教育、必要时还从事政治活动抵制鸦片。在日本（发动）战争前的 10 年里，这些努力已经变得不再重要、不在必要。但是在 1940 年夏季，形势恶化，变得极为严重，《中国基督教年鉴》的编辑们让我就整个中国的毒品问题准备一个报告，《中国基督教年鉴》是中国基督教协进会的出版物。我把我在南京准备的报告和一系列的问题寄给我在中国各地的朋友们，我希望他们能够通过在当地进行毒品问题的调查来回答这些问题。尽管当时实施的审查制度以及由此而产生的焦虑不安，但多半的朋友都认真地回答了这些问题。

例如，燕京大学社会学系主任赛勒教授，报告说在北京，在1940年的春天有600多家得到许可的鸦片店，而吸食海洛因的人要超过吸食鸦片的人。汉口的吉尔曼主教发现在汉口有340家合法的鸦片吸食点，还有120家饭店得到许可供应鸦片，而当时汉口的人口只有40万人。

布鲁克斯先生：鉴于证人只是在诵读证词——他一直坐在那里，低着头，诵读证词，我想提出反对。他并不是在进行回忆，他只是在读一些记录下来的句子。我们不知道这些证词是不是事前为他准备好的，也不知道他是如何得到这些证词的。但是，如果他想对所提的问题作证的话，那么他应该直接回答问题；如果他想通过这些材料帮助自己回忆的话，那么他应该先这样做，然后再作证。

庭长：我们不能反对证人在有限程度内诵读自己的记录，只要他的记录所包含的是事实。今天早上，他读的一些东西不是关于事实的陈述，而是诸如对他自己提的一些问题。反对无效。

答：（继续）澄清一下事实，我要说的是，我并没有朗读任何事前准备好的材料，我只是记录了一些数字，这些数字我很乐意出示给法庭。如果这样做会引起反对的话，我当然会接受法庭的规则。

吉尔曼主教特别强调了战前战后的强烈对比：在战前，鸦片贸易受到严厉镇压，而到了1940年，鸦片贸易已经成为非常公开的、大肆刊登广告的行业。我不必再用其他各省省会和主要城市的数字来打扰各位，这些数字大致相同，但是我想提一下广州市，广州医院的主管汤姆逊博士的发现，当时这个城市里只有50万人，却有852家登记在册的吸食点和大约300家未经登记的吸食点。

在占领区，整体的形势就是官方商店和得到许可证的商店公开地销售鸦片，同时海洛因的销售也日益增长。有时鸦片的广告非常诱人。有时日本士兵用鸦片来支付妓女和在军用物资供应站干活的劳工。经销商和官员们都说鸦片几乎全部来自大连，但是在 1939 年，从伊朗运来了大量的鸦片。

海洛因的销售商们说他们的货主要来自天津，其次来自大连。在整个占领区，没有任何真正取缔这些交易的努力。唯一明显的限制或控制就是迫使那些不经常购买的人到需要向政府交税的渠道进行采购。

这份 1940 年的综合报告发表在中国基督教年鉴 1938—1939 上，同时，这份报告刊登在上海出版的月刊，《教务杂志》(Chinese Recorder)上。

问：在日本军队占领南京后，你是何时离开中国的？

答：1941 年 5 月。

问：你何时又回到中国？

答：我是 1945 年 10 月返回的南京，在此之前，我先去了成都，当时金陵大学迁到了那里。

萨顿先生：辩护律师可以质证证人了。

质证

洛根先生：

问：贝茨先生，你今天早上作证时说你把报告和抗议信提交给了 3 位驻南京的日本领事，当时他们感到恐惧，除了把这些报告和抗议信递交给东京方面外什么事也做不了。现在，如果可能的话，请你用"是"或"不是"来回答我的问题：你本人知道这些报告和抗议信被日本领事馆递交给了东京吗？

答：是的。

问：日本领事馆的哪个人递交的这些报告和抗议信？

答：我不知道我刚才所提到过的 3 个人中哪一个负责此事，福井先生是负责的领事。

问：你看到过这些信件吗？

答：没有。如果你想知道原因的话……

问：不，我不想知道。

答：好吧。

萨顿先生：如果法庭允许的话，我谨提出证人有权完整的回答问题。虽然辩护律师不愿听取完整的回答，这并不能剥夺证人的这一权利。

洛根先生：如果法庭允许的话，我确信如果任何问题没有得到完整回答的话，可以由检方引导完成回答，只要检方觉得合适。

庭长：我们同意你的意见，洛根先生。继续。

问：那么，贝茨先生，鉴于你没有看到过那些信件，我想你本人并不知道这些信件是发给东京的哪个人的，是吗？

答：我曾经看到过美国驻东京大使格鲁先生发出的电报，电报是发给南京的美国大使馆的，在电报里，大使详细地引用了我的报告中的内容，还提到了格鲁先生与包括广田先生在内的外务省官员之间就这些内容进行的讨论。

洛根先生：我要求证人直截了当的回答我的问题，并请书记员朗读我的问题。

证人：我将乐于提供其他来自日本方面的更多证据。

洛根先生：如果法官大人允许的话，我希望这位证人不要主动进行陈述。

庭长：他的回答是可取的。当然，他必须仅仅针对问题进行回答，但是他可以加上一些解释。

洛根先生：法官阁下，我要求把刚才的问题读一遍，我认为他并没有回答这个问题。在他只是又进行了一次解释。

庭长：为了节省时间，我们得这样做。

（据此，法庭的书记员宣读了上一个问题。）

问：那么，贝茨先生，鉴于你没有看到过那些信件，我想你本人并不知道这些信件是发给东京的哪个人的，是吗？

答：我知道这些信件是发往了东京的外务省，除了我刚才提到过的我从格鲁先生那里看到的报告外，我不知道这些信的具体收信人。我有其他的证据来说明这些信件被发给了外务省。

问：让我们来看看我是否理解了你的意思，贝茨博士，你并没有亲眼看到这些信件，你在这方面所作的证词只是从别人那里听说来的，是吗？

答：是的。

洛根先生：我的问题问完了。

质证（继续）

克莱曼上尉：

问：博士，你从格鲁先生那里看到的报告里有没有提到枢密院？

答：我所见到的信件，完全是关于 1938 年 1 月和 2 月发生在南京的事情，信中提到了格鲁先生和广田先生之间的谈话，我相信还提到了格鲁先生和外务省的吉泽①先生之间的谈话，我记不起其中提到的其他人了。

问：博士，你听懂我的问题了吗？

答：我想我听懂了。

庭长：他怎么能知道有没有提到枢密院呢？

问：博士，你在中国住了多少年？

答：我在中国住了多少年？除了休假，在美国的正常休假外，我从 1920 年到 1941 年，再从 1945 年到几个星期前一直住在中国。

问：在中国的大学里，你教的是历史吗？

答：是的。

问：你了解日本政府内不同政治派别吗，博士？

庭长：你的质证必须围绕相关问题进行。他是一位历史学家这一简单的事实与你所指的事情没有任何关系。

克莱曼上尉：如果法庭允许的话，我只是在提出一些初步问题，从而证明证人不愿讲出事情的全部真相。我们希望得到完整的事实，不管这些事实是否会造成伤害，我们希望知道全部的事实真相。

庭长：不要以这种方式和我争辩。我说过他没有就日本的政治派别的问题作过任何的证言。他是一位历史教授，我称呼他是一位历史学家。或许这个称呼不对，但是你所提出的问题与这次质证的主要问题无关。

克莱曼上尉：庭长先生，我想知道我们是否可以继续讨论有关将这次作证限制在一个范围之内的问题？我知道为了作证，这位证人已经在这里等了一段时间了，而他可能掌握一些对被告有利的证据。要不然，为了能找到这位证人，我得前往中国，花费巨大的代价把他带到这里，然后……

庭长：你翻译一下这些话，请翻译一下。

我告诉过你法庭的决定是什么，也告诉了你是如何没有遵守这一决定的，而你的问题显示你没有遵守这一决定。

你必须遵守法庭的决定。我们不会为了个别案件而改变这个决定。

---

① 吉泽清次郎，日本外务省美国司司长。

克莱曼上尉：我们会遵守法庭的决定。法官大人，我唯一的要求是想在辩护方的证人作证时节省时间。现在提两个问题，如果能够得到答案的话，到辩护方的证人作证时就可以节省两天的时间。

庭长：我已经告诉你法庭的决定。我也告诉过你根据这一决定，你的这些问题是不能提出的。我还告诉过你为什么要这样做。你没能提出任何答复来证明法庭的这一决定是错误的。你必须遵守法庭的决定。

克莱曼上尉：法庭决定是说除了质证的问题外，不能提出任何其他对证人的可靠性提出质疑的问题吗？我并不是说要对该证人的可靠性提出质疑，我只是想知道规则，这样我们今后就可以遵守这些规则了。

庭长：你似乎是唯一的一位误解法庭决定的律师。这一决定的确禁止你在质证问题范围以外进行提问。

克莱曼上尉：对不起，法官大人。这种做法与我们在美国的做法太不相同了，我刚才在理解这一规则时有些困难。对不起，法官大人。

庭长：这正是美国法院的做法，是美国最高法院的做法。

克莱曼上尉：如果法庭许可的话，我们在美国是可以对证人提出一些在检方对己方证人作的直接询问中没有涉及的问题的，但是我们都受到证人回答的限制。他可以成为我们的证人。我们不能怀疑他。这就是我想对这位证人做的事。

庭长：法庭的耐心是有限的，克莱曼上尉。

克莱曼上尉：好的。我没有进一步的问题了。

三文字先生：我是三文字正平，被告小矶的辩护律师。如果您允许的话，我想提出一些问题。

质证（继续）

三文字先生：

问：证人似乎对中国的经济形势十分熟悉。你知道从 1930 年到 1939 年中国的物价情况吗？

答：很抱歉我没有听懂这个词，我知道什么？

问：我的问题是：在南京，1937 年 12 月以前的物价高呢，还是 1937 年之后即 1938 年和 1939 年的物价高呢？

答：我不知道如何回答这一问题。我并没有声称自己是个经济方面的专家。1937 年到 1941 年，在我从事南京国际救济委员会的工作过程中，我报告过我认为影响了人们生活的情况。

问： 如果你曾经调查过生活水平——普通民众的生活水平的话，我有理由相信你应该对价格问题非常感兴趣。

答： 问题是什么？

庭长： 没有问题，只有陈述。

问： 你似乎是个鸦片方面的专家。你调查过世界上生产鸦片的地区吗？

答： 很抱歉，我没有机会进行这样的旅行。我读过一些这方面的一般著作。

庭长： 这个问题超出了这次质证的范围。

问： 你有没有调查过，在南京，是 1937 年 12 月之前的鸦片和海洛因的消耗量大呢，还是在 1937 年 12 月之后的消耗量大？

答： 在 1937 年之前，没有我们可以评估的鸦片和海洛因消费的相关资料。正如我前面所说，当时只是在深宅内才有少量的吸食，而且没有公开销售。

问： 但是你有没有调查过在 1937 年之前，在中国的各个地方——在整个中国，中国人所吸食的鸦片和海洛因的总量是多少呢？

答： 没有，我没有调查过。因为没有一个地方，这一问题已发展到了十分显著的程度。直到 1938 年的春季和夏季，我才开始注意到鸦片问题。

问： 但是在你的证词里，你说过鸦片是从大连和天津输入的，在 1937 年 12 月之前，人们只是偷偷地吸食，这说明你非常广泛得进行了调查，那么你知道——如果你知道这些鸦片来自何方的话——你知道这些鸦片是那里生产的吗？

答： 我不是很理解这个问题。

庭长： 他问这些鸦片来自何方？

证人： 在 1937 年之前还是之后？

问： 我要问的是在 1937 年和 1937 年之后，这些鸦片是从哪来的，以及这些鸦片是在哪里生产的？

答： 在 1937 年之后，我刚才在证词中已经说过了，根据我的调查——按照经销商的说法——除了在 1939 年从伊朗运来一批鸦片外，大部分来自大连。在 1937 年之前，我了解的并不是非常清楚，因为我没有进行过调查。

我只知道当时的一般说法———鸦片来自不同的渠道，也有中国生产的鸦片，主要是靠近西藏边界的西部省份生产的。我从中国东部不同地方的传教士朋友那里听说过去生产鸦片的地方现在已经停止了鸦片生产。我还要补充一点，在日本占领时期，在多个省份，例如安徽北部，河南，山西等各省鸦片种植在当地又死灰复燃，而在此前很多年，这已经被取缔了。在当地种植的鸦片通常都是通过非官方的渠道销售的。

问：你是否意识到中国是世界上鸦片和海洛因消费最大的国家？

答：我想这种说法或许是正确的。但是我认为这要看不同的时期，我个人并没有这方面的可比资料。

问：从鸦片战争直到现在。

答：从鸦片战争直到现在？

问：是的。

答：是的，我想这可能是真的。

问：那么，正如你所说的，在中国，吸食的鸦片数量非常巨大。你知不知道中国本身也种植鸦片，但就来自于国外的鸦片而言，你知不知道来自哪个国家的鸦片最多？鸦片是从哪些国家进口的？哪些国家出产鸦片，哪些国家进口的鸦片数量最多？

答：在什么时期？

问：从鸦片战争到现在。

答：这还需要划分为几个不同的时期，而且只有一位有相当水平的专家才能研究这一课题。我能说出个大概，但是我没有这方面的具体知识。

庭长：我们现在休庭 15 分钟。

（据此，从 14 时 45 分休庭到 15 时 06 分，之后继续质证如下：）

法庭执行官：远东国际军事法庭继续开庭。

问：证人先生，就上一个问题，请你继续用一般术语回答。

证人：庭长先生，我想知道其范围。我并没有就世界不同国家的情况作过证，也没有就鸦片战争之后的事情作过证。我愿意讲述我所知道的一些情况，但我绝不是一个关于世界范围内鸦片问题的历史学家。

庭长：证人只就南京城内和关于南京的事情作证。这并不是说此次质证可以就世界其他地区的鸦片问题作证，我认为就鸦片战争之后的鸦片交易的提问也是不恰当的。

三文字先生：那么，我来问另外一个问题。

问：证人先生，你早些时候说过在日本军队 1937 年进入南京城后，日本人公开出售鸦片。这种公开的鸦片销售难道不是管制非法的鸦片交易并治疗吸食鸦片成瘾者的一种办法吗？

监督：纠正：不是"日本人公开销售鸦片"，而是"鸦片在公开市场上销售"，"日本人"一词应该被去掉。

答：在日本人进入南京后，就南京的公共体系而言，医院里没有任何的补救措施，我也没看到过针对吸食鸦片成瘾者的任何治疗措施。不仅是在1937 年之前的几年里，即使是在日本人进入南京的前几个星期、前几个月里，南京没有公开的鸦片交易，也没有大量的鸦片消费。之后，在几个月的时间里，一个庞大的公开供应和销售鸦片的系统就建立了起来。

问：证人先生，就非法的鸦片交易和在公开市场上的鸦片买卖而言，你觉得对那些吸食鸦片成瘾的人来说，非法的鸦片买卖是不是远比合法的交易更有吸引力呢？

答：我不知道该如何回答这个问题。我想之所以有非法交易，之所以许多人——许多吸食鸦片成瘾的人通过非法交易购买鸦片，主要是因为价格，非法交易的价格要比官方渠道的价格低许多。就我所看到的情况以及我对这些情况的分析而言，公开的销售要比非法的销售量大，但是非法交易从来就没有停止过。官方鸦片贸易的庞大规模使大规模的非法交易没有了发展空间。

问：你难道不知道在所有中国的中产阶级以上的家庭中，他们都有针对吸食鸦片的治疗诊所吗？你难道不知道在所有中国的中产阶级以上的家庭中，他们都有一间适于吸食鸦片的屋子？

监督：供吸食鸦片的屋子。

答：我不知道这些。这和我在南京 25 年的经历与所了解的情况相反。

问：那么我来问另外一个问题。你知不知道在一个人第一次吸食鸦片时，他并不会马上上瘾，而是要过很长时间才会上瘾——大概一年左右的时间。他会感到心理上的不适。

答：嗯，这种看法很有趣。问题是什么？

庭长：这种质证毫无疑义。

布鲁克斯先生：没有其他问题了。

庭长：就到这里了，教授。除非你想再问一些问题，萨顿先生，你想吗？

萨顿先生：我没有其他问题了。

（据此，证人退庭了。）

附3：东京审判庭审记录：检方证人哈罗德·弗兰克·基尔证词①

1946 年 8 月 28 日，星期三

日本东京都旧陆军省内远东国际军事法庭

……

（哈罗德·弗兰克·基尔作为检方证人出庭，首先宣誓，然后作证如下。）

本方询问（由萨顿检察官询问哈罗德·弗兰克·基尔证人）

问：你的全名是什么？

答：哈罗德·弗兰克·基尔。

问：你的出生日期和地点？

答：1905 年 11 月 19 日，伦敦。

问：你现在是哪个国家的公民？

答：英国。

问：你现在住在哪里？

答：上海。

问：你在中国居住了多长时间？

答：从 1929 年开始。

问：你在中国居住期间担任什么职务？

答：我在上海市警察局担任警官。这是属于上海公共租界的警察队伍。

问：在日本人占领上海前不久，那里的鸦片情况是什么样的？

答：在中日战争开始前，由蒋介石总司令率领的中华民国政府发起了一场旨在清除中国的鸦片与毒品的运动。最初，关于鸦片和毒品犯罪的法规和

---

① Transcripts of the Proceedings of the International Military Tribunal For the Far East（《远东国际军事法庭庭审记录》），第 4407-4423 页。

惩罚措施是规定在中华民国的刑法中，几年之后，它被一部新的法典，也就是《禁烟法》取代，再后来又被更加严厉的法典代替，即《禁烟治罪暂行条例》和《禁毒治罪暂行条例》。在这个法律下，贩卖和生产鸦片或其他毒品的人可给予死刑——被判死刑或终身监禁。在这些法律实施了一段时期后，从我的工作角度看，很明显地遏制或减少了鸦片和毒品的使用，至少在上海是这样。但后来，当汪精卫的傀儡政权控制了上海的中国人法庭后，他们最初采取的行动之一就是废止了我刚才提到的这些严厉法律，重新恢复了刑法中的原来规定。

问：在日本人占领前，上海地区是否有任何的鸦片公开售卖情况？

答：绝对没有。因为上海有这些严厉的法律，人们不愿冒着被判有期徒刑甚至是终身监禁的风险；如果是贩毒，还有被处以死刑的风险。

问：在日本人占领之前，你刚才提到的法律中规定的这些严厉惩罚是否真的对违反这些法律的人实施了？

答：我相信有一些案件的确执行了死刑。

问：在日本人占领后上海的鸦片情况是否出现了任何变化？如果有，什么样的变化？

答：情况恶化了，大约在 1938 年 10 月，我听说日本人和傀儡政府的官员正在进行关于建立鸦片局或专卖权的讨论。

答：（继续）我记得参加这些讨论的两个人名字。一个是日军特务处的楠本将军。另一位是陆军少将竹下。我还听说讨论的方案之一是在上海西部建立 12 家鸦片商行，也就是在上海公共租界外围的西区。还建议每家鸦片商行应该有 20 位交易商。当时估计每月可从这些鸦片交易中获得收入约 600 万中国元。

从 1938 年秋季至 1939 年鸦片商行开始在上海公共租界外围西区出现，人们逐渐开始购买鸦片。在这个区域有一个名叫北冈的日本人非常出名。不久之后，原先成立的鸦片管理局被另外一个组织取代，即在江苏省、浙江省和安徽省设立的禁烟局。禁烟局在上海公共租界的相关区域也设有办公室，也就是在公租界的北部。在日军控制下，鸦片销售的规模逐渐壮大。1939年，向人们出售鸦片的商行开始在公共租界以外的地区出现。

问：在大街上是否有销售鸦片的广告？

答：有一个臭名昭著的地区叫做曹家渡，其中有一条小巷子叫忻康里，那里有很多房屋被改建成出售鸦片的商店。任何人都可以在那里买少量的鸦片。人们可以买1盎司或半盎司，这足够嗜烟者吸食一天。我有时会派我手下的中国警探去那条小巷子，他们回来后再向我报告情况。另外，在商店外也有标牌，上面打着某某鸦片商行的名称。对鸦片的控制很难收到满意效果，因为在这片地区经常会因为鸦片及其带来收入问题而引起冲突。

我记得在1939年4月，有一名日本人用一辆汽车装载了大约3000两的鸦片，也就是大约3000英制盎司的鸦片，路上遭到了抢劫，货物也被偷走了。一两鸦片大约等于一又三分之一英制盎司。

问：你熟悉宏济善堂吗？

答：宏济善堂是一个大约在1939年5月成立的组织，成立目的是全面负责在上海的鸦片销售。

问：你能简要描述一下它是如何运作的吗？

答：根据我在工作职务中的了解，当时鸦片基本上都是由日本货船运到上海的。当这些轮船到达上海后，货物卸在公共租界北部或东部的日本码头上。尽管这些码头和船坞实际上在公共租界内，上海市政委员会却对这些在日军控制下的码头和船坞没有任何管辖权。鸦片会被从这些码头和仓库——从这些码头运往仓库，然后再运往鸦片销售机构。

问：你的工作有时会抓获从事非法鸦片交易的中国人吗？如果有，在抓获他们会有什么程序？

答：请原谅，你是说抓获中国人还是日本人？

问：日本人。

语言仲裁官：检察官先生，您说的是中国人？

萨顿检察官：问题是"你的工作有时会抓获日本人吗？"

语言仲裁官：谢谢您。

答：是的，我曾经抓获过进行鸦片交易的日本人，但是，除非他们是在犯罪现场被抓获，否则，以后的程序就会有些困难。我首先必须要去日本领事馆，拿到一份日本领事签发的批准令；然后，我还必须得到日本领事警察的协助，但不幸的是，有时候很难获得这些协助，结果往往是，当我们拿到了这样的协助时，贩卖鸦片的日本人通常已经卖完了鸦片而且消失不见了。

如果是在其他的法庭，我可以立即得到批准令，然后自己去抓获这些犯罪者。

问：你从日本领事警察那里获得了什么样的合作？

答：当我能够获得他们协助时，他们通常是很有帮助的，我们会一起进行搜查，抓获日本毒贩，然后移交给日本领事。那部分工作还比较顺利。

问：在被抓获的犯人向他们的领事移交后，会发生什么事情？

答：他们将由日本的领事法庭全权处理，我无法知道审判过程。

问：在将犯人移交给日本当局后，你是否有时又会好几次抓获同一名犯人？

答：在关于鸦片犯罪方面我没有特别留意。

问：出售的是哪种鸦片？

答：在中日战争爆发前，我的观点是，在上海售卖的大部分鸦片——

韦伯庭长：列文辩护律师。

列文辩护律师：庭长阁下，我们提出反对，理由是询问的不是他的个人观点。对他的提问是关于一项事实，关于出售的是哪种鸦片，但他却表达了个人的观点。

韦伯庭长：除非要求你表述个人观点，否则不要这样做。仅仅回答问题就好了。

证人：从我掌握的知识来看，我想当时售卖的鸦片产自中国。但是后来，在1939或1940年，在上海发现了一种不同的鸦片，看起来像是在外国制造的。

问：在日本人占领前，上海地区关于鸦片以外的毒品出售是什么情况？

答：我所说的毒品主要指那些极其危险的毒品，如海洛因和吗啡。在1938年前上海并没有出现很多毒品，或者说我没有发现有很多。以前中国人曾经嗜好麻醉剂，他们吸食的毒品被称为"鸦片红丸烟"。这些鸦片红丸是由鸦片烟渣、海洛因、糖精以及色素制成。但这个习惯已逐渐没有了，到了1938年和1939年，只能发现非常少量的红丸。但从这时起，海洛因开始经常出现。从1940年之后，我经常一次性地收缴50至100盎司的海洛因。100盎司海洛因可能看起来不是很多，但海洛因经常会被掺入杂质销售，这样100盎司纯海洛因在掺假后可能就足以供一万人食用。我缴获到的海洛因通常是装在一个长的橡胶袋中，上面经常有一些日本文字。我也审问了这些毒贩他们从哪里得到的毒品，他们总是告诉我是从天津或华北地区。

我发现，随着日本人的影响和控制向华中地区延伸，有更多的海洛因开始流入上海地区。

问：这些进行毒品交易的人主要是什么国籍？

答：我曾从上海的公共租界地抓获过几十名沿街叫卖海洛因的毒品小贩。他们都是台湾人或朝鲜人，当然也就是日本公民。这些小贩出没在比较贫穷的街区。他们通常会全天兜售小袋装的海洛因，价格为中国货币的两毛、五毛或一元不等。当我搜查他们时，会在他们的口袋中发现几百个小袋子。然后，根据与日本公民有关的法律，我不得不将他们移交给日本领事进行审判。但在几天之后，我就会发现同一批小贩又回到了街上继续兜售毒品。尽管我已经抓获过大量的毒品小贩，但我从未被传唤出庭为任何毒贩进行作证。过了几个月之后，我才会得到通知，说这些毒贩已被判罚款5元、10元或20元。

韦伯庭长：我们将暂时休庭到13时30分。

（12时休庭。）

下午的庭审：

根据休庭规则，本法庭于13时30分开庭

法庭执法官：远东国际军事法庭现在继续开庭。

韦伯庭长：萨顿先生。

（哈罗德·弗兰克·基尔作为检方证人出庭，重新坐入证人席后作证如下。）

本方询问（继续）

问：基尔先生，你在上海地区关于鸦片和毒品进行执法时有什么经历？

答：从1938年起，我隶属于上海警察局总部的毒品处，专门处理毒品和鸦片犯罪案件。我后来负责了那个部门，手下有几名警探，专门打击公共租界内的毒贩，同时还负责对中国——上海的毒品问题提出一些建议和意见。我的工作遇到很多障碍，因为我不能，或者说市政府警察厅不能，在日军控制的公共租界地区正常运转。

问：日本当局在占领上海地区后是否颁布了一些法律来遏制鸦片和毒品的使用与销售？

答：据我所知，除了上海的公共租界和法国租界外，几乎没有什么措施来遏制或惩戒吸食鸦片。我在证词中已说过，鸦片和毒品在外国人居住区和租界地以外售卖。

问：你是否有时会逮捕鸦片与毒品瘾君子？

答：我抓获过好几百名这些可怜的人。鸦片吸食者和海洛因吸食者之间有很大的区别。海洛因嗜毒者是真正的可怜虫。我见过一些中国人曾经非常优秀和健康，但在吸食了几个月毒品后，他们就完全成了废人，消瘦肮脏，疾病缠身，不再考虑吃饭、工作或是家庭这些事，唯一剩下的只是对毒品的欲望。如果长时间得不到毒品，他们就会不惜任何手段去获得它。我知道有一些被拘押在警察局的嗜毒者会喝自己的尿液，因为里面含有毒品成分。

问：你的工作职责中是否有时要求准备报告提交给国联？

答：是的。之前有很多年，我都要在年底准备一份报告提交给国联。但是在1941年的年底，我像往常一样准备了年度报告，并提交给我的上级日本警察厅长官，但被告知以后不用再提交这样的报告了，因为他们将不再转交。

我现在要回到刚才提到的毒品问题上：海洛因或毒品吸食者将从小贩手中购买毒品，然后或者通过吸入方式，或是注射在胳膊上。如果是吸食，他就会将一小部分包在一块锡箔纸中，举到一盏小灯或蜡烛上，然后吸入冒出的烟气。如果是通过注射，他就会到一家海洛因烟馆进行注射。海洛因烟馆可能只有一根针管和一个针头，而一天之中会用它给很多人进行注射。其中有的人可能是健康的，而有的人可能染有瘟疫、性病或其他什么疾病，这样就会通过一个人向其他人传染。

问：在日本人占领后，你准备向国联提交的报告中是否有被转交给国联的？

答：1941年后就不再转交报告了，我也没有从国联鸦片委员会收到过任何信件。之前提交的这些报告主要是关于收缴毒品的细节、抓获人员数量以及未决案件的备注。

列文辩护律师：庭长阁下。

韦伯庭长：列文辩护律师。

列文辩护律师：我们反对从这些报告进行任何引用，原因是这些报告没有被采纳为证据，而它们是最好的证据。

萨顿检察官：证词的目的只是为了说明这些报告，正如证人所言，按照要求提交给了日本当局并希望它们转交给国联，但日本当局将这些报告退还给他，并告诉他说将不再负责这件事。

韦伯庭长：他并没有试图证明报告内容，而仅仅是陈述准备了报告并递交给日本政府。

反对无效。

问：基尔先生，你是被拘禁了吗？如果是，什么时间？

答：我于1943年2月在上海被拘押。

问：你什么时候被释放出来？

答：在日本投降后。

问：你目前受谁雇佣？

答：上海的英国总领事馆。

萨顿检察官：辩护方可以对证人进行交叉质证了。

韦伯庭长：列文辩护律师。

交叉质证（由列文辩护律师质问基尔证人）

列文辩护律师：

问：基尔先生，你做了多少年警察？

答：从1929年起。

问：在整个那段时期，你一直在上海做警官吗？

答：是的。

列文辩护律师：就这些。没有其它交叉质证的问题了，庭长阁下。

韦伯庭长：证人可以按惯例离开了。

（随后，退人退席。）

······

第九章
华南毒品形势[①]

---

① Transcripts of the Proceedings of the International Military Tribunal For the Far East（《远东国际军事法庭庭审记录》），第 4820—4844 页。

日军在华南地区的毒化活动，自 19 世纪末就开始了，直到 1945 年日本战败为止，时间跨度较长。日本占领台湾后，作为台湾殖民当局对华鸦片侵略的策略，台湾籍民前往华南地区从事贩毒活动。为了在华南进行毒化活动，大量台湾籍民被阴谋策划、鼓励移住华南厦门、福州等城市，在台湾总督府与日本领事馆人员的操纵与保护下，成为日本军事与毒品侵略华南地区的前锋与帮凶。日本侵华战争全面爆发后，在厦门、福州、广州等华南沦陷区，随着兴亚院厦门联络处的设置，厦门、广州傀儡政府与制毒机构的建立，日军加强了对华南地区毒品业的控制。

第一节　战前日军在华南地区的毒化活动

日本利用台湾籍民在华南地区进行走私贩毒活动，以至于华南地区的毒化活动主要依靠日籍台人来进行。[1]当日本殖民当局在台湾推行鸦片政策时，与台湾仅一水相隔的福建等华南地区，即已在台湾殖民当局纳入的势力范围与毒化计划之中了，日人在华南地区的毒化活动，是台湾总督府鸦片政策的一个重要组成部分，也是日本对华毒品战的一部分。

"日本对华殖民政策，匪但应用直接方法，尤其注意间接方法。"甲午战争后，除台湾沦为日本殖民地外，朝鲜也处于日本的控制之下，日本鼓励朝鲜人与台湾人民移植中国内地，鼓励他们走私贩毒、侦探情报、捣乱地方，

---

① 曹大臣：《日本侵华时期在华南的毒化活动（1937—1945）》，《民国档案》，2002 年第 1 期，第 79 页。

这些被移植到中国大陆的朝鲜人与台湾籍民，受治外法权保护与日本领事纵容，不仅多数人成为日本侵略中国的前锋，同时也成为对华毒品战前锋。

据相关调查，在华内地的台湾籍民共有 8 万余人，他们分布在哈尔滨、长春、北平、天津、青岛、苏州、上海、杭州、九江、厦门、汕头、广州、香港等地，这些"侨居我国内地的台侨，多做的不正当营业，贩卖鸦片是他们的真正能事，影响我国社会治安非常重大……有勾结日本无赖共同揭乱我国政治的意志……"①

移植中国大陆的台湾籍民，尤以华南聚集最多。日据台湾后，与台湾最近的华南地区直接受其鸦片政策的影响。在"极力奖励台湾人民的移植方案"②下，台湾殖民当局极力向对岸的闽南、潮汕等地移植台湾人，鼓励、纵容移住华南的台湾籍民从事鸦片业，使华南地区"成为台湾总督府开拓中国毒品市场首先抢占的滩头阵和桥头堡。而一些台湾籍民则充当了台湾总督府驱使的贩毒先锋"。③在台湾总督府与日本领事的纵容下，多数台湾籍民在华南无视中国禁令，贩卖鸦片、吗啡，开鸦片烟馆，开赌场，将台湾贩毒网络向华南伸张辐射出去。

厦门是华南聚集台湾籍民较多的城市，随着日本对华侵略扩张，厦门的台湾籍民逐年增加，1905 年有 500 余人，1922 年有 5000 余人，1933 年增加到 9500 余人，到日本侵华战争全面爆发前夕，在厦门的台湾籍民已达到 10000 多人了。④不少移住厦门的台湾籍民，受日本领事裁判权保护，在厦门从事鸦片交易，据 1929 年《申报》报载，福建在中国政府实行禁烟时期，"惟厦门日本籍民台湾人所开之烟馆土栈，因受日本领事裁判权之保护，独能照常营其售土售吸之业"。⑤1930 年 4 月 13 日，《民国日报》刊文，谴责日本领事官员在福建"庇烟纵毒"，文中写道：日籍台民假日本领事为护符，开设烟馆土栈，在福州、厦门二埠，台民所设大小烟馆土栈，总数近 400 余家，营业总额每日在 10 万元以上。在福州所开烟馆土栈共计 139 家，在厦

---

① 邹鲁著：《日本对华经济侵略》，国立中山大学出版部 1935 年版，第 31-38 页。
② 邹鲁著：《日本对华经济侵略》，国立中山大学出版部 1935 年版，第 37 页。
③ 连心豪：《日本据台时期对中国的毒品祸害》，《台湾研究季刊》，1994 年第 4 期，第 70 页。
④ 《厦门的日籍浪人》，福建省档案馆、厦门市档案馆编：《闽台关系档案资料》，鹭江出版社 1992 年，第 36 页。
⑤ 《厦门禁烟与日本籍民》，《申报》，1929 年 3 月 6 日。

门所开烟馆土栈共计 203 家。①

对于台湾籍民在厦门从事鸦片交易，日本驻厦门领事官也承认这样的事实。井上庚二郎，这位日本驻厦门领事官，在其 1926 年任上撰写的《厦门的台湾籍民问题》中曾写道："该市（厦门）鸦片业者半数为台湾籍民，而依此维生者逾二千。在厦门台湾籍民之四分之一经营鸦片之现状，实不能不令人惊愕，其原因莫非由于该市之特殊状态及治外法权。"②

日本领事馆不仅庇护与纵容台湾籍民从事毒品交易活动，还通过建立与控制由台湾籍民构成的组织进行毒化活动。厦门台湾籍民的核心团体是台湾公会，其半数议员由厦门日本领事官指定。台湾公会成立的目的是为了保护汉奸和台湾浪人走私的利益，其中包括走私鸦片的利益。东京审判庭审记录有关证据指出："在厦门的台湾人想尽办法地对中国人造成伤害。他们不择手段地从事各种非法活动，例如煽动骚乱，走私鸦片、毒品和军火等。为了保护汉奸和台湾浪人进行走私的利益，在厦门成立了台湾公会。"台湾公会第四条规定："公会应遵照日本领事馆的指导和监督。"关于管理公会商业部门的条例规定："商业部门应全力致力于鸦片的买卖。"[检方证据号 9505号(法庭证据编号 410)]③很显然，证据说明了这样的事实，台湾公会接受日本领事馆的指导与监督,致力于毒化活动。

曾任台湾公会会长或议员的施范其、曾厚坤、何兴化、陈宝全、林滚等人，这些人均与鸦片贸易有关。他们中有一些人在厦门开店，除贩卖日货外，即以鸦片生意为大宗，其贩毒活动受日本驻厦门领事馆保护，当其运送鸦片时，日本领事派警察掩护运送，以确保安全。台湾籍民陈长福、曾厚坤、林滚等人先后与从事鸦片、海洛因等毒品贩卖、制造和销售的大毒枭叶清和④合

---

① 《日人在闽庇烟纵毒》,《民国日报》,1930 年 4 月 13 日。

② 戴国辉:《日本的殖民地统治与台湾籍民》,《台湾近现代史研究》第 3 号,东京龙溪书舍 1980 年版。译文参见王晓波《台湾的殖民地伤痕》,帕米尔书店 1985 年版。引自连心豪:《日本据台时期对中国的毒品祸害》,《台湾研究季刊》,1994 年第 4 期,第 71 页。

③ Transcripts of the Proceedings of the International Military Tribunal For the Far East (《远东国际军事法庭审记录》),第 4831 页。

④ 叶清和(1898—1945),厦门市郊莲坂人,出生于鼓浪屿,毕业于英华书院,拥有中国、葡萄牙、日本三国国籍。从 1922 年起,他先后在上海、重庆、福建、香港等地,从事鸦片和海洛因等毒品的贩运、制造和销售,期间虽曾几次入狱,但最后都化险为夷,渐渐发展成"鸦片大王"。1941 年"太平洋战争"爆发之后,在香港的叶清和投靠了日伪,不仅继续贩毒,并为日军搜购钨砂等军用物资。1944 年,在广东海陆丰地区,叶清和被中共东江抗日游击纵队抓获,后在抗战胜利前夕病死狱中。

办专营鸦片、吗啡等毒品的"五丰"、"鹭通"、"裕闽"公司，他们还与台湾殖民政府当局勾结，与台湾"星制药"进行业务往来，并从台湾购买鸦片，运回华南地区制成毒品。

1934年，台湾殖民政府专卖局邀请福建省鸦片专卖局的主要鸦片代理、臭名昭著的鹭通公司董事会主席保罗·雅普（即叶清和）对台北进行访问，厦门台湾公会的主席陈长福随行，谈判一桩金额巨大的鸦片交易。1934年10月17日，保罗·雅普与陈长福"乘坐蒸汽船'凤山丸'号离开厦门，22日乘同一轮船从台湾返回。他们此行的任务是和在台湾的日本方面关于购买一大船波斯鸦片进行谈判，购买的鸦片将销售到华南地区并加工为毒品"。

东京国际军事法庭检方证据指出："日军通过在厦门的著名骗子陈长福向保罗·雅普提出报价，愿意以5000000日元的低价将原价为10000000日元的上述波斯鸦片货物出售，然后将在华南地区销售并制造麻醉毒品。交易的所有相关条件都已在双方之间达成。根据协议，保罗·雅普必须首先支付1000000日元预付款，日本人将保证使用护卫舰将鸦片运到厦门。余款4000000日元将由保罗·雅普的联合企业在一定时间内付清。保罗·雅普的台湾之行是以非常秘密的形式进行的。回来之后，他就开始积极地与同谋进行商议，为这次交易筹款。"[检方证据9507号（法庭证据号405）][1]

台湾殖民当局、日本驻厦门领事馆与受其操纵的汉奸及台湾籍民相互勾结进行毒品交易活动，在日本侵华战争全面爆发前夕，厦门、福州等华南地区均有毒品烟馆开设，公开出售鸦片、海洛因与吗啡。1937年4月15日，美国驻上海财务公使报告华南地区福州的毒化形势，报告写道："南台是福州的商业中心。在这片区域的宽敞街道外有很多小巷子，这里聚集着很多日本人和台湾人开设的毒品烟馆。每家烟馆门前都会悬挂标牌，上写：'由日本人管理的某某店。'在标牌下面还会有广告招贴，写着'烟馆楼上现在营业。我们的鸦片味美价廉，欢迎品尝'。走入这些小巷子，你在每个街区都会看到一家烟馆。还有一家广告写得比较引人注目：'高品质波斯鸦片，一流鸦片专家制作，每钱（十分之一两）仅0.10元。有漂亮服务员。'所有这

---

① Transcripts of the Proceedings of the International Military Tribunal For the Far East（《远东国际军事法庭审记录》），第4822页。

些烟馆都有海洛因和吗啡出售。"[检方证据 9503 号（法庭证据号 408）][1]

在华南地区，在日本侵华战争全面爆发之前，日本人还将毒化活动与企图扶持傀儡政权伪"华南国"结合起来，为了提供扶持傀儡政权的资金，日本人从波斯运来一大船鸦片，计划以鸦片贸易的利润供给傀儡政权资金需求。

1934 年 11 月 9 日，美国驻上海公使报告："自从满洲事变爆发后，在台湾的日军计划通过收买汉奸以及支持内陆省份的叛乱匪贼军队，作为他们扰乱和平与秩序的工具，从而制造一种有利于他们进行干涉并最终将福建省吞并的气氛。这自然会需要一大笔钱。在军队的请求下，日本政府同意出售这一大船的波斯鸦片，其收入将被用于为福建的军事行动提供资金。当 19 路军战败后，杜起云将军被派往福建，一个名叫岩崎的日军代表来到厦门，与杜将军一起关于在福建建立一个日本傀儡政权进行谋划。他带来了大量的波斯鸦片，总价值超过 100000 日元，打算帮助杜将军对内地匪贼力量进行重组。岩崎及其手下将这批波斯鸦片从台湾走私运入厦门的过程导致了台湾无赖与中国海关人员之间发生了几次武装冲突。这几次事件使公众记忆犹新。杜将军的卖国阴谋很快被政府高层发现，他随后被逮捕并被押送南京执行死刑。日军代表岩崎不久后也死了。这个计划就这样破产了。"[检方证据 9507 号（法庭证据号 405）][2]

1936 年 4 月 20 日，又一份美国驻上海公使报告，进一步证实了傀儡政权的建立与鸦片密切有关，该报告指出：

福建的危险加剧了。

尽管日本人不承认，但福建的傀儡组织即将建立。据可靠消息，坊间谣传很久的从台湾运来 3000 只枪支的货船已于几天前到港，秘密地从惠安和诏安[3]（Chaosan）卸货。同时还听说，已有大量军火连同大量鸦片和吗啡到达了惠安和莆田[4]。销售毒品的收入中将拨出一部分用于福建自治委员会的费用。

---

① Transcripts of the Proceedings of the International Military Tribunal For the Far East（《远东国际军事法庭庭审记录》），第 4828 页。

② Transcripts of the Proceedings of the International Military Tribunal For the Far East（《远东国际军事法庭庭审记录》），第 4822 页。

③ 日版为"沼安"，疑误。

④ 日版为"蓝田"，疑误。

秘密活动仍在进行中。

所谓的自治运动得到了厦门和汕头日本领事的积极支持。近期，一个名叫黄翔琪的台湾间谍先是被派入汕头进行秘密活动。3月初，他又和一位著名的李姓海盗以及一位声名狼藉的陈姓汕头人一同返回厦门。听说他们也要加入这个傀儡军事组织。3月15日，在日本领事馆外交秘书的一次秘密讨论后，决定将自治委员会的执行委员人数减少为13人，同时军事事务委员会的执行委员人数不受限制，当需要时可以任意增加。自治委员会办公室从鼓浪屿的中华宾馆搬到日本领事馆附近。该委员会的资金来源有三个：销售走私商品和毒品的利润；各种部门缴纳的所得税；日本的支持。计划在福州、厦门和汕头建立大型毒品公司，同时在漳州，泉州，潮州①和莆田设分支机构。出售的毒品种类主要为鸦片、吗啡和海洛因。据估计，从第三个月起，每月的净盈利将达7万元。[检方证据9506号（法庭证据号406)][2]

第二节　日军入侵下的华南毒品形势

日本侵华战争全面爆发后，日军迅速南下，1938年5月13日攻陷厦门，10月23日，攻陷广州，1941年4月21日与1944年9月27日两度占领福州。与其他沦陷区一样，日军旋即在华南占领区废除了中国政府的各项禁毒法令，在厦门、广州扶持傀儡政权，兴亚院、日军军方、日本宪兵与警备队迅速插手鸦片贸易，采取措施控制鸦片业。华南地区的毒化活动，以厦门、福州、广州及其郊区最为集中，危害也最为严重。

厦门沦陷，1939年7月1日，日军扶持了伪厦门特别市政府。1938年8月，兴亚院厦门联络部组织"公卖管理委员会"，兴亚院政务部长（海军大佐）及经济部长担任委员，两名同院事务官担任干事，部属二人为书记。"公卖管理委员会"设立管理禁烟及盐务一切事物的公卖局，并于1939年3

---

① 日版为"徐州"，疑误。

② Transcripts of the Proceedings of the International Military Tribunal For the Far East（《远东国际军事法庭庭审记录》），第4825页。

月实施"戒烟法"。

为了使公卖局开展鸦片烟膏制造与贩卖业务，日本人组建了直属日本领事馆的制毒机构福裕公司，台人陈长福、蔡培楚等在日海军与领事馆的命令下曾担任董事、常务监察，实权掌控在日海军从台湾专卖局聘来的鸦片专门技术人员木佐贯弘、片寄手中。

沦陷后的厦门在日本海军的操纵下，很快使厦门的鸦片使用合法化，中国政府禁烟所取得的成效很快被明显增加的鸦片交易所抹掉。美国驻厦门领事在 1939 年 9 月 20 日的报告中说，在厦门"被日本人占领前，中国政府禁止鸦片的销售和使用，据了解，他们在根除贩毒方面也取得了一定的成功。但在日本人入侵不久后，鸦片交易就出现了明显增加，据说大部分交易是由台湾人（受日本统治的中国人）从事，他们肯定是得到了日本海军的默许。日本海军在中国傀儡政府的幕后实际控制着城市"。

而之所以迅速使厦门的鸦片使用合法化，报告中说，"对一个已基本杜绝了贩毒现象的城市实行鸦片'合法化'，其明显的原因就是厦门的傀儡政府需要资金，而且没有其他快速获取收入的来源"。

报告还指出，1939 年春，兴亚院设立了厦门联络处，该联络处受日本海军控制。兴亚院厦门联络处"决定在厦门鼓励鸦片的使用，并开始对鸦片烟馆发放许可证。……目前在总人口约为 5 万人的厦门城内有 50 家左右这样的烟馆，而外国方面估计的要少得多"。[检方文件 9501 号（法庭证据号 412)]①

在广东，美国驻上海财务公使在 1938 年 2 月 2 日的一份报告中说，"在日本海军占领了广东的上川山和下川山后，侵略者开始利用护卫舰向这两个岛走私大量的红丸（海洛因丸）、鸦片和糖等物品。为了在军事行动的同时实施他们的毒化政策，日本人以非常低的价格向当地中国人出售货物。台山中国政府专卖的鸦片售价为每两 7 元至 8 元，但日本人在这两个岛同样的量只卖 2.5 元，100 个红丸只卖 5 角钱。日本人还同意用食物来交换他们的货物。据报，每 30 品脱大米（1 品脱相当于 12 盎司）可以换一袋白糖

---

① Transcripts of the Proceedings of the International Military Tribunal For the Far East（《远东国际军事法庭庭审记录》），第 4835 页。

(50 斤)"。于是，毒品交易大肆盛行。[检方文件 9508 号(法庭证据号 411)]①

日军占领广州后，将鸦片收入视为重要的财源。1939 年初，台人陈思齐在日人的命令下在广州设立福民堂，垄断广州的鸦片专卖。福民堂是贩卖鸦片的公司，既负责加工供应鸦片，在行政上也是管理"禁烟"的机关。福民堂通过向日军总部的特务部缴纳巨额"授权费"，取得在广州进口、销售和分销鸦片垄断权的"贩毒代理商"。

1940 年 3 月 11 日，美国驻广州总领事在一份报告中说："1939 年 5 月，成立了一个名叫福民堂的贩卖鸦片的公司。尽管当地政府宣布这个公司已被授予了进口、销售和分销鸦片的垄断权，但对这个公司的活动没有进行任何形式的控制，直到 9 月份，才宣布福民堂的垄断经营活动将由市政府控制。据说福民堂是由一位台湾人陈思齐与日军总部的特务部密切合作下建立的，陈获得了两年的垄断经营权，并一次缴纳了 20 万日元（军票，1 日元军票相当于现在的约 0.104 美元）这笔钱可能一直留在特务部。除了这个初始费用，福民堂每月还要向特务处缴纳 1000 元。

"在向日军支付垄断经营费用的同时，福民堂每月会从经销商和零售商（垄断指定）收到以下费用：

生鸦片经销商（7）　　　　　　　　每月 100 元
　　　　　　　　　　　　　　　　　5000 元'押金'

制成品鸦片经销商（10）　　　　　　每月 100 元
　　　　　　　　　　　　　　　　　2000 元'押金'

获许可零售商（烟馆）（329）　　　　每月 10 元
　　　　　　　　　　　　　　　　　50 元'押金'

"除上述费用外，每个烟馆每消费 1 两（1—1/3 盎司）鸦片还要支付 30 钱的'税'。虽然没有消费量的准确信息，但据报，在 1939 年 10 月、11 月的两个月内，就销售了约 129000 两毒品。从以上数据可看出，不包括出售鸦片的利润，在广州每月仅从鸦片的分销渠道就可获得约 82650 日元收入。

---

① Transcripts of the Proceedings of the International Military Tribunal For the Far East（《远东国际军事法庭审记录》），第 4832—4833 页。

"据报，在周边人口密集的南海（包括大城市佛山）、番禺、顺德、新会、增城、东莞和三水，共设立了7家分支机构。没有关于这些地区经销商、烟馆数量或总销售量的信息，但保守估计，上述这些区域的消费量至少是广州市的两倍。"

报告中称，"虽然贩毒活动在广州公然的大行其道，但有关对它的支持、收入分配、表面经营者与其他人之间的实际关系等信息却非常不容易获得，再加上日本人控制媒体的误导宣传，更使这些秘密只有与交易相关的人才知道"。因此，报告综合了多种来源的信息，这些信息来源包括"医生、与日本人和傀儡政权来往密切的中国人、官员的个人观察以及同澳门的外国观察员和其他很多人之间进行的谈话等"，对包括毒品来源、衍生品、鸦片种植、控制吸毒人员等贩售毒品各个环节的情况进行合理的介绍。

日军的特务部控制了广州鸦片的贩卖，贩卖毒品的收入"到目前为止全都缴纳给了日军的特务部，并归入一项'特别基金'。但是，据说目前也在考虑允许地方'傀儡'政府来征收这笔收入，可能会留下至少一部分资金，而特务部可能会继续从进口鸦片以及向垄断企业出售鸦片中谋利"。

"特务部目前向垄断企业出售生鸦片的价格为每箱（160磅）18000元，垄断企业向经销商的售价为每箱23000元。而经销商对烟馆的价格是每磅198元或每箱31680元。

"制成品鸦片据说只能从福民堂购买，对经销商的价格是每两16.92元，再卖给烟馆的价格是每两18元。对烟客的官方价格是每两20元，但据说很多烟馆会以按照成本价稍微加一点就卖给烟客，因为销售毒品的利润要高得多。烟馆据说有超过25%的利润率。"

而为了获取更多的利润，对吸毒者没有采取任何法规或控制，"任何人都可以随意地购买毒品。对吸毒者也没有任何登记要求"。

报告最后总结道：广州共有329家获许可的鸦片烟馆和可能一二百家秘密烟馆。"假设平均每家烟馆每天向50名客户销售鸦片，广州市每天购买鸦片的总人数将达到至少20000人。根据可能比较保守的大致估算，广州市每天的鸦片消费量约50磅，总价值约为10000元。周边其他地区的消费量可能也差不多。""广州市仅许可费用和税收每月就有约90000元，整个城市的销售量每月可能远远超过300000元。"[检方文件9509号（法庭

证据号413)]①

附1：东京审判庭审记录：华南地区毒品贸易相关证据提出②

1946年9月4日，星期三

日本东京都旧陆军省内远东国际军事法庭

韦伯庭长：汉默少校。

汉默检察官：如果本法庭允许，检方现在将提出有关华南地区鸦片和毒品情况的证据。

检方提出文件9507号作为证据，这是由驻上海公使于1934年11月9日起草的一份报告。

韦伯庭长：按惯例采纳。

法庭书记员：检方文件9507将作为证据被采纳，证据号405。

（随后，上面提到的文件被编为检方证据第405号，并被采纳为证据。）

韦伯庭长：让我们看一下是否拿到了正确的文件。这些副本标记为1680号，它们是有关于华北的内容。

汉默检察官：如果庭长阁下允许，那份文件并没有被提出作为证据。我们认为没有必要把它提出来了。

韦伯庭长：我们现在有9507了。

汉默检察官：（宣读）

关于台湾和厦门的鸦片交易。

根据昨天从我们厦门的情报人员发来的报告，日本人的台湾政府与厦门的鸦片联合企业目前正在谈判一桩金额巨大的鸦片交易。厦门的鸦片联合企业由臭名昭著的鹭通公司董事会主席保罗·雅普率领，他是福建省鸦片专卖局的主要鸦片代理。这个消息是我们的厦门情报人员通过对毒贩团伙的活动认真观察而发现的。同时，这也得到了他的一个熟悉台湾军界日本人的日本朋友证实，这位朋友在最近从厦门到台湾的轮船上见到了保罗·雅普。考虑

---

① Transcripts of the Proceedings of the International Military Tribunal For the Far East（《远东国际军事法庭审记录》），第4838—4844页。

② Transcripts of the Proceedings of the International Military Tribunal For the Far East（《远东国际军事法庭审记录》），第4820—4844页。

到保罗·雅普在过去几个月中与日本人的亲密关系，以及从其他渠道收到的信息判断，这份由我们的厦门情报人员发来的报告是非常有根据的。

在台湾政府鸦片专卖局的日方邀请下，保罗·雅普对台北进行了访问，随行的还有一个有名的骗子、厦门台湾公会的主席陈长福。他们与 10 月 17 日乘坐蒸汽船"凤山丸"号离开厦门，22 日乘同一轮船从台湾返回。他们此行的任务是和在台湾的日本方面关于购买一大船波斯鸦片进行谈判，购买的鸦片将销售到华南地区并加工为毒品。

继续第 2 页。

自从满洲事变爆发后，在台湾的日军计划通过收买汉奸以及支持内陆省份的叛乱匪贼军队，作为他们扰乱和平与秩序的工具，从而制造一种有利于他们进行干涉并最终将福建省吞并的气氛。这自然会需要一大笔钱。在军队的请求下，日本政府同意出售这一大船的波斯鸦片，其收入将被用于为福建的军事行动提供资金。当 19 路军战败后，杜起云将军被派往福建，一个名叫岩崎的日军代表来到厦门，与杜将军一起关于在福建建立一个日本傀儡政权进行谋划。他带来了大量的波斯鸦片，总价值超过 100000 日元，打算帮助杜将军对内地匪贼力量进行重组。岩崎及其手下将这批波斯鸦片从台湾走私运入厦门的过程导致了台湾无赖与中国海关人员之间发生了几次武装冲突。这几次事件使公众记忆犹新。杜将军的卖国阴谋很快被政府高层发现，他随后被逮捕并被押送南京执行死刑。日军代表岩崎不久后也死了。这个计划就这样破产了。

在上述计划失败后，日军通过在厦门的著名骗子陈长福向保罗·雅普报价，愿意以 5000000 日元的低价将原价为 10000000 日元的上述波斯鸦片货物出售，然后将在华南地区销售并制造麻醉毒品。交易的所有相关条件都已在双方之间达成。根据协议，保罗·雅普必须首先支付 1000000 日元预付款，日本人将保证使用护卫舰将鸦片运到厦门。余款 4000000 日元将由保罗·雅普的联合企业在一定时间内付清。保罗·雅普的台湾之行是以非常秘密的形式进行的。回来之后，他就开始积极地与同谋进行商议，为这次交易筹款。据说，这次鸦片交易除了有商业方面的考虑，同时也具有重大的政治意义。

财务公使 M.R.尼克尔森，谨上。

检方下面要提出文件 9506 号作为证据，这是由美国驻上海财务公使于

1936 年 4 月 20 日起草的一份报告。

韦伯庭长： 按惯例采纳。

法庭书记员： 检方文件 9506 将作为证据被采纳，证据号 406。

（随后，上面提到的文件被编为检方证据第 406 号，并被采纳为证据。）

从第 3 页开始宣读：

在福州的廉价波斯鸦片。

波斯红鸦片在福州的出售价格仅为每两 2.30 元，这是在近 20 年来报的最低价。这个倾销政策来自姓张和岳姓两个鸦片大毒贩，他们是以前的鹭通公司和阿丰公司中非常有影响力的大人物。他们希望通过倾销打击竞争对手，并阻止省政府实施对鸦片销售和运输的新计划。

下接第 5 页。

福建的危险加剧了。

尽管日本人不承认，但福建的傀儡组织即将建立。据可靠消息，坊间谣传很久的从台湾运来 3000 只枪支的货船已于几天前到港，秘密地从惠安和诏安①(Chaosan) 卸货。同时还听说，已有大量军火连同大量鸦片和吗啡到达了惠安和莆田②。销售毒品的收入中将拨出一部分用于福建自治委员会的费用。

秘密活动仍在进行中。

所谓的自治运动得到了厦门和汕头日本领事的积极支持。近期，一个名叫黄翔琪的台湾间谍先是被派入汕头进行秘密活动。3 月初，他又和一位著名的李姓海盗以及一位声名狼藉的陈姓汕头人一同返回厦门。听说他们也要加入这个傀儡军事组织。3 月 15 日，在日本领事馆外交秘书的一次秘密讨论后，决定将自治委员会的执行委员人数减少为 13 人，同时军事事务委员会的执行委员人数不受限制，当需要时可以任意增加。自治委员会办公室从鼓浪屿的中华宾馆搬到日本领事馆附近。该委员会的资金来源有三个：销售走私商品和毒品的利润；各种部门缴纳的所得税；日本的支持。计划在福州、厦门和汕头建立大型毒品公司，同时在漳州,泉州，潮州③和莆田设分支机构。出售的毒品种类主要为鸦片、吗啡和海洛因。据估计，从第三个月

---

① 日版为"沼安"，疑误。
② 日版为"蓝田"，疑误。
③ 日版为"徐州"，疑误。

起，每月的净盈利将达 7 万元。

日本"二·二六"政变的第二天，厦门金融市场的生意暂停。根据日本领事馆传来的信息，这次政变的目的是以一个军人内阁替代旧内阁，并开始实施改革措施。日本的少壮军官集团打算将中国一举拿下，同时还准备在近期与苏联作战，通过以上步骤，日本将成为亚洲的唯一大国。

检方现在要提出文件 9504 号作为证据，这是由美国驻上海财务公使于 1936 年 11 月 24 日起草的一份报告。

韦伯庭长： 按惯例采纳。

法庭书记员： 检方文件 9504 将作为证据被采纳，证据号 407。

（随后，上面提到的文件被编为检方证据第 407 号，并被采纳为证据。）

汉默检察官： 从英文版的第 3 页最后一段开始读，日文版第 3 页最后一句话：（宣读）

据密报，厦门官方鸦片销售的首席代表保罗·雅普已开始运作一家生产红丸的秘密工厂，但为了避免被人发现，他并没有和他派去的人直接联系。

检方下面要提出文件 9503 号作为证据，这是由美国驻上海财务公使于 1937 年 4 月 15 日起草的一份报告。

韦伯庭长： 按惯例采纳。

法庭书记员： 检方文件 9503 将作为证据被采纳，证据号 408。

（随后，上面提到的文件被编为检方证据第 408 号，并被采纳为证据。）

汉默检察官：（宣读）

南台是福州的商业中心。在这片区域的宽敞街道外有很多小巷子，这里聚集着很多日本人和台湾人开设的毒品烟馆。每家烟馆门前都会悬挂标牌，上写："由日本人管理的某某店。"在标牌下面还会有广告招贴，写着"烟馆楼上现在营业。我们的鸦片味美价廉，欢迎品尝"。走入这些小巷子，你在每个街区都会看到一家烟馆。还有一家广告写得比较引人注目："高品质波斯鸦片，一流鸦片专家制作，每钱（十分之一两）仅 0.10 元。有漂亮服务员。"所有这些烟馆都有海洛因和吗啡出售。

下接英文版第 3 页：（宣读）

加入了日本籍的保罗·雅普先生被人们称为福建的"鸦片大王"，他开设了裕闽鸦片公司，长期从事鸦片走私。最近有一件涉及他的走私案。3 月 16

日，裕闽公司雇佣的车像往常一样停到门口，随即就有永成鸦片商行的检察人员走过来要对他们进行搜查，因为他们提前收到消息，说在车里藏了四罐违禁鸦片，但裕闽的人在车上拒绝被搜查，拒不交出违禁品。因此，检察人员试图以武力夺走鸦片，双方发生了冲突。最后，检察人员缴获了大量鸦片，但有一些人受伤。

检方下面要提出文件 9502 号作为证据，这是由美国驻上海总领事馆的财务公使于 1937 年 7 月 27 日起草的一份报告。

韦伯庭长： 按惯例采纳。

法庭书记员： 检方文件 9502 将作为证据被采纳，证据号 409。

（随后，上面提到的文件被编为检方证据第 409 号，并被采纳为证据。）

汉默少校： （宣读）

"福建鸦片大王"保罗·雅普和福建禁毒局的前特派员程蓝珊以及一些轻犯被押往汉口，他们将由禁毒总检查局审判，罪名是从事非法贩毒和违反政府的禁烟令。我们在之前的报告中已多次提到，保罗·雅普已加入日本籍，并在去年开始用一个新名字叶振声，但根据最新的调查，他的入籍并没有按照正常的合法程序进行。

但是在厦门，保罗·雅普在社交活动中仍然使用他的原来中文名，叶清和。日本领事几次要求释放他，但省政府否认了他正在被拘押中。鉴于保罗·雅普是一个臭名昭著的毒贩，还卷入了几起国际贩毒案，日本人没有理由坚持将他引渡，尽管他使用了一个假名。

检方下面要提出文件 9505 号作为证据，这是由美国驻上海的财务公使于 1936 年 7 月 10 日起草的一份报告。

韦伯庭长： 按惯例采纳。

法庭书记员： 检方文件 9505 将作为证据被采纳，证据号 410。

（随后，上面提到的文件被编为检方证据第 410 号，并被采纳为证据。）

汉默少校： （宣读）

厦门的台湾公会。

在厦门的台湾人想尽办法地对中国人造成伤害。他们不择手段地从事各种非法活动，例如煽动骚乱，走私鸦片、毒品和军火等。为了保护汉奸和台湾浪人进行走私的利益，在厦门成立了台湾公会，其中一些条例规定如下：

如果法庭允许，我忽略不读这些条例，但是希望指出第 4 条：

公会应遵照日本领事馆的指导和监督。

在厦门的台湾人合作公会。

我省略不读这些具体条例，但希望指出英文版的第 3 页第 2 条，关于管理公会商业部门的条例：

商业部门应全力致力于鸦片的买卖。

汉默检察官： 检方下面要提出文件 9508 号作为证据，这是由美国驻上海的财务公使于 1938 年 2 月 2 日起草的一份报告。

韦伯庭长： 按惯例采纳。

法庭书记员： 检方文件 9508 将作为证据被采纳，证据号 411。

（随后，上面提到的文件被编为检方证据第 411 号，并被采纳为证据。）

汉默检察官： （宣读）

根据刚从广东台山回来的一位朋友提供的消息，在日本海军占领了广东的上川山和下川山后，侵略者开始利用护卫舰向这两个岛走私大量的红丸（海洛因丸）、鸦片和糖等物品。为了在军事行动的同时实施他们的毒化政策，日本人以非常低的价格向当地中国人出售货物。台山中国政府专卖的鸦片售价为每两 7 元至 8 元，但日本人在这两个岛同样的量只卖 2.5 元，100 个红丸只卖 5 角钱。日本人还同意用食物来交换他们的货物。据报，每 30 品脱大米（1 品脱相当于 12 盎司）可以换一袋白糖（50 斤）。毒品交易大肆盛行，因为它的低价使大多数的当地无知民众都愿意购买。

（继续）：

检方下面要提出文件 9501 号作为证据，这是报告——由美国国务卿发给财政部长的信件，附录了美国驻厦门领事的报告副本，日期为 1939 年 9 月 20 日。

韦伯庭长： 按惯例采纳。

法庭书记员： 检方文件 9501 将作为证据被采纳，证据号 412。

（随后，上面提到的文件被编为检方证据第 412 号，并被采纳为证据。）

汉默检察官： （宣读）

尊敬的国务卿阁下，华盛顿：

阁下：

我很荣幸地向您报告有关在厦门鸦片使用合法化的信息。那座城市从1938 年 5 月后一直被日本人占领。

在该城市被日本人占领前，中国政府禁止鸦片的销售和使用，据了解，他们在根除贩毒方面也取得了一定的成功。但在日本人入侵不久后，鸦片交易就出现了明显增加，据说大部分交易是由台湾人（受日本统治的中国人）从事，他们肯定是得到了日本海军的默许。日本海军在中国傀儡政府的幕后实际控制着城市。

1939 年春，中国事务委员会设立了厦门联络处，这是它在中国各地设立的联络处之一，其主要目的是重建和发展中国，以支持日本人建立"东亚新秩序"的目标。厦门联络处受日本海军的控制，而华北地区的联络处则是由日本陆军控制。自成立伊始，这个组织就在一些合法企业中占有利益，如厦门市政府成立的公司、水利工程和电厂等。

由于下面将讨论的原因，这个组织决定在厦门鼓励鸦片的使用，并开始对鸦片烟馆发放许可证。最近从可靠消息来源获知，目前在总人口约为 5 万人的厦门城内有 50 家左右这样的烟馆，而外国方面估计的要少得多。

对一个已杜绝了贩毒现象的城市实行鸦片"合法化"，其明显的原因就是厦门的傀儡政府需要资金，而且没有其他快速获取收入的来源。同时，根据日本人的传言，有一些无良的中国商人"劝说"联络处的海军军官支持这种许可制度。

（继续）：

如果法庭允许，我想指出这里提到的中国事务委员会翻译成日语是"koain（兴亚院）"。

检方下面要提出文件 9509 号作为证据，这是由美国国务卿向财政部长提交的报告，附录了美国驻广州总领事的报告副本，日期为 1940 年 3 月11 日。

韦伯庭长： 按惯例采纳。

法庭书记员： 检方文件 9509 将作为证据被采纳，证据号 413。

（随后，上面提到的文件被编为检方证据第 413 号，并被采纳为证据。）

汉默检察官：（宣读）

尊敬的国务卿阁下，华盛顿：

阁下：

虽然贩毒活动在广州公然地大行其道，但有关对它的支持、收入分配、表面经营者与其他人之间的实际关系等信息却非常不容易获得，再加上日本人控制媒体的误导宣传，更使这些秘密只有与交易相关的人才知道。下面的评论是基于多种来源的信息，包括医生、与日本人和傀儡政权来往密切的中国人、官员的个人观察以及同澳门的外国观察员和其他很多人之间进行的谈话等，我相信它能对贩毒情况有一个合理、可靠的描述。

下接第 3 页。

贩毒组织：

1939 年初，由于法律和秩序的改善以及逃出城市的很多人经济情况相对好转，城市人口出现了显著的增加，很多中下阶层的人也纷纷返回城中。1939 年 5 月，成立了一个名叫福民堂的贩卖鸦片的公司。尽管当地政府宣布这个公司已被授予了进口、销售和分销鸦片的垄断权，但对这个公司的活动没有进行任何形式的控制，直到 9 月份，才宣布福民堂的垄断经营活动将由市政府控制。据说福民堂是由一位台湾人陈思齐与日军总部的特务部密切合作下建立的，陈获得了两年的垄断经营权，并一次缴纳了 20 万日元（军票，1 日元军票相当于现在的约 0.104 美元）这笔钱可能一直留在特务部。除了这个初始费用，福民堂每月还要向特务部缴纳 1000 元。

在向日军支付垄断经营费用的同时，福民堂每月会从经销商和零售商（垄断指定）收到以下费用：

生鸦片经销商（7）	每月 100 元
	5000 元"存款"
制成品鸦片经销商（10）	每月 100 元
	2000 元"存款"
获许可零售商（烟馆）（329）	每月 10 元
	50 元"存款"

除上述费用外，每个烟馆每消费 1 两（1—1/3 盎司）鸦片还要支付 30 钱的"税"。虽然没有消费量的准确信息，但据报，在 1939 年 10 月、11 月的两个月内，就销售了约 129000 两毒品。从以上数据可看出，不包括出售

鸦片的利润,在广州每月仅从鸦片的分销渠道就可获得约82650日元收入。

据报,在周边人口密集的南海(包括大城市佛山)、番禺、顺德、新会、增城、东莞和三水,共设立了7家分支机构。没有关于这些地区经销商、烟馆数量或总销售量的信息,但保守估计,上述这些区域的消费量至少是广州市的两倍。

据了解,上段中提到的收入到目前为止全都缴纳给了日军的特务部,并归入一项"特别基金"。但是,据说目前也在考虑允许地方"傀儡"政府来征收这笔收入,可能会留下至少一部分资金,而特务部可能会继续从进口鸦片以及向垄断企业出售鸦片中谋利。

价格:

据说特务部目前向垄断企业出售生鸦片的价格为每箱(160磅)18000元,垄断企业向经销商的售价为每箱23000元。而经销商对烟馆的价格是每磅198元或每箱31680元。

制成品鸦片据说只能从福民堂购买,对经销商的价格是每两16.92元,再卖给烟馆的价格是每两18元。对烟客的官方价格是每两20元,但据说很多烟馆会以按照成本价稍微加一点就卖给烟客,因为销售毒品的利润要高得多。烟馆据说有超过25%的利润率。

供应来源:

尽管不可能准确知道当地的供应都来自什么渠道,但一位在澳门的观察员报告说,广州的日军军官经常光顾澳门的鸦片垄断企业,因此,他相信早期的供应主要是来自那里。据说,第一批波斯至上海的直接货轮是由三井商社采购的,然后于1940年1月通过军队转运至广州。那批货据说有200箱鸦片,每箱160磅。报告说以后的供应很可能也是通过类似方式。

对吸毒者的控制:

据目前所知,没有对吸毒者有任何法规或控制,任何人都可以随意地购买毒品。对吸毒者也没有任何登记要求。

衍生品:

在多数鸦片烟馆内,可以用20钱的价格买到一颗海洛因药丸。这些药丸据说是来自澳门。海洛因的贩卖与垄断企业或日本政府的关系看起来不明显。据我们所知,尽管毒品也可以不受官方干扰地任意公开销售,但没有向海洛因销售者征收任何许可费或税收。经销商的购买也没有受到过垄断企业的干扰，尽管其主要来源很可能是通过个人与垄断企业的关系。据推测，海洛因目前只是被毒贩当作是一种增加个人额外收入的方式。无法确定对这种毒品的上瘾程度，尽管可以肯定程度非常深。这里销售的毒品将进行粗糙加工和掺入杂质。

由于失误，第 7 页的第 1 段没有包含在英文版的副本中。这段内容是日文的，我们希望将它也纳入证据。

根据大多数观察员的观点，吗啡在广州很少见，如果有的话价格也非常昂贵。

韦伯庭长：你读的是哪一页？

汉默少校：第 7 页第 1 段。

（宣读）

鸦片种植。

虽未经证实但很可能是准确的信息表明，自从 1939 年下半年起，在从化和番禺地区开始大面积地种植鸦片。据说在番禺有 3400 亩（约 550 英亩）土地已差不多要收获了。当地政府对每亩征收 40 元税。没有关于这些作物销售方面的信息，也不知道这些种植是被唆使还是出于自发。

总结：

共有 329 家获许可的鸦片烟馆和可能一二百家秘密烟馆。后者可能除了只有几家烟馆提供从国外走私进入的高品质成品鸦片外，其余的主要是提供鸦片残渣。假设平均每家烟馆每天向 50 名客户销售鸦片，广州市每天购买鸦片的总人数将达到至少 20000 人。根据可能比较保守的大致估算，广州市每天的鸦片消费量约 50 磅，总价值约为 10000 元。周边其他地区的消费量可能也差不多。

从现有的信息看，日军的特务部控制了鸦片的贩卖并鼓励鸦片消费。

尽管据说至少有一部分许可证收入会留给中国的傀儡政府，所有信息均表明丰厚利润中的绝大部分都进入了日本的"特别基金"。广州市仅许可费用和税收每月就有约 90000 元，整个城市的销售量每月可能远远超过 300000 元。从众所周知的日本人对贩毒的态度以及在关东占领区取得的经济收入负值，完全可以推测出，鸦片贩卖将继续得到支持，从而成为军队军饷的一种最容易获得、最持续和最佳的资金来源。

美国总领事迈尔斯·M.S., 谨上。

附2：东京审判庭审记录：日本在中国毒品贸易相关证据再次提出①

1946 年 9 月 4 日，星期三
日本东京都旧陆军省内远东国际军事法庭

汉默检察官： 检方要提出文件 9548 号作为证据，这是由美国驻上海财务公使于 1939 年 7 月 21 日起草的一份报告。

韦伯庭长： 按惯例采纳。

法庭书记员： 检方文件 9548 将作为证据被采纳，证据号 426。

（随后，检方证据第 426 号被采纳为证据。）

汉默检察官： （宣读）

从傀儡政府方面获知，日本政府已决定向一家主要的日本制药厂授予垄断经营权，在这个区域的中国占领区为"医疗和科学目的"制造和销售麻醉品。原料来源将主要为专卖的鸦片，在销售前先从中提炼 3% 的吗啡。这种日本的鸦片专营制度在台湾也实施过。在提炼出 3% 的吗啡后，剩余原料将与其他成分混合，从而使政府专卖的鸦片具有与私人鸦片完全不同的新配方，方便进行官方控制。

汉默检察官： （继续）检方下面要提出文件 9550 号作为证据，这是由美国驻上海财务公使于 1939 年 12 月 15 日起草的一份报告。

韦伯庭长： 按惯例采纳。

法庭书记员： 检方文件 9550 将作为证据被采纳，证据号 427。

（随后，检方证据第 427 号被采纳为证据。）

汉默检察官： （宣读）

由于欧洲战争，外国货轮到达上海的不确定性导致了波斯鸦片抵达时间的不规律，使得这一等级的鸦片价格飞涨。平时的价格大约在每箱 20000 元左右，

---

① Transcripts of the Proceedings of the International Military Tribunal For the Far East（《远东国际军事法庭庭审记录》），第 4894–4908 页、第 4909–4996 页。

现在已涨到每箱 30000 元，在最近缺货时甚至出现过每箱 40000 元的报价。

傀儡政府的一批 1000 箱鸦片于 11 月 16 日到达，还有一批 1000 箱的货应该在 11 月 27 或 28 日到，这样 1939 年的订单就完成了。但第二批遇到了延误，原因是一艘外国的不定期货船（可能是英国的）不愿意从科伦坡再向远处开。在上海的日方已收到了他们的代理发来的电报，说外国不定期货轮现在位于科伦坡附近，由于担心周边地区的德军潜艇而不愿再向远处开。日本政府已派出两艘驱逐舰，将这批贵重的货物运回上海，预计将在 12 月 20 日左右抵达。

接下一页。

几天前汪精卫的追随者突然停止了对计划成立的新中央政府的筹建工作，原因是日本人和汪之间有一些意见分歧。分歧之一是关于日本人将赌场和鸦片生意的全部控制权移交给汪精卫政府，由于从这些来源能收到重要的收入，每月总额高达 5000000 元，其中最大的一块来自鸦片收入。但最终，日方同意放弃对这两块生意的控制。为了使获得的收入仍可维持对日军伤员的护理和特务机关所需费用，日方在放弃鸦片销售的同时，仍然保留了对鸦片供应的控制。为加强这一控制，日本政府已命令三井物产与一家中国商行（已由日本军方指定，作为"标牌"）达成协议。中国商行将作为三井物产的代理，向中国政府的专卖局出售所有的波斯鸦片，每箱的利润有 5000 至 6000 元，中国商行成为日本政府的屏障，凭借此项服务可收取利润中的 25%，对中国政府的专卖局销售每 1000 箱鸦片的总服务费最高上限为 1000000 元。

汉默检察官：（继续）检方下面要提出文件 9541 号作为证据，这是由美国驻上海公使于 1939 年 8 月 8 日起草的一份报告。

韦伯庭长：按惯例采纳。

法庭书记员：检方文件 9541 将作为证据被采纳，证据号 428。

（随后，检方证据第 428 号被采纳为证据。）

汉默检察官：（宣读）

对台湾可卡因制造厂的调查显示，可卡因制造厂是由盐水港制糖会社（或盐水港制糖厂）开办的，它与西内（音）可卡因工厂是一回事。这也是在台湾唯一的一家可卡因工厂。盐水港制糖厂拥有在嘉义地区种植甘蔗和制糖的垄断经营权，包括可卡因工厂所在的西内（音）村。

1936 年被刺杀的日本前大藏大臣高桥先生是这家制糖厂和可卡因工厂的主要幕后支持者，在他被杀的 5 年前，可卡因工厂每月生产 200 到 300 斤可卡因，主要销往南海诸岛屿。但在高桥先生死后，由于政治原因，工厂在继续经营中遇到很多困难。中日战争爆发后，台湾政府对工厂颁布了特别许可，允许将生产线出售，目的是为战争筹集资金。台湾政府甚至接手了部分控制权，并为可卡因包装提供了特殊标签。但在这期间，工厂丢掉了在南海岛屿的市场，于是，该公司现在将产品市场转向了上海。

汉默检察官：（继续）现在我们将引用证据文件 381。如果法庭允许，我只宣读英文版本第 8 页上的第 7 节，日文版本的第 10 页。

（宣读）

关于对台湾药业公司可卡因库存的处置。

台湾药业公司自从昭和七年（1932）起生产的可卡因已远远超过实际消费量。近来，由于不能按预期销售，盐酸可卡因和未加工可卡因的总库存已超过了 2500 公斤。鉴于这个环境，昭和十三年（1938），鸦片委员会理事会认为不应再继续这种情况，因此决定制订一个计划，在今后三年内将库存消耗完，采取的方式包括：在台湾本地消耗，运往日本本土和其他国家，以及供应给"满洲国"和中国。同时，还决定根据上述计划的执行程度，对台湾药业公司的生产量进行限制。该计划于今年 12 月 12 日提交给鸦片委员会进行审议，并得到了它的批准。

汉默检察官：（继续）我们还想请本法庭注意哈罗德·基尔之前在本法庭上提供的证词，从庭审记录的第 4407 页开始。

现在我们要引用证据文件 383，即国联顾问委员会关于鸦片和其他危险麻醉品的第 22 届大会的会议纪要。引用英文影印版的第 8 页，日文版本第 17 页：

（宣读）

M.横山（日本）说他将对事实进行一个迅速概括，但不深入细节。首先，根据文件 O.C.1569（1），关于对《海牙公约》第四章的应用，日本已通过颁布三个新条例加强了打击非法贩毒的立法。前两个条例适用于中国，提供了对鸦片和麻醉品贩卖进行控制的法规；第三个是针对在"满洲国"的日本人从事麻醉品贩卖行为进行控制的法规。在前一年，"满洲国"与日本之间签署了一个条约，规定了日本人在"满洲国"适用当地现行的法律法规。这些法规中的最重刑罚是处以五年监禁和 5000 日元罚金。因此不需要有更多的条例。这些惩罚不是很严厉，但委员会已经非常了解其中的原因。他所提到的所有条例都遵从了 1931 年的公约。此外，日本政府还要求驻华领事馆尽可能地适用最严厉的处罚。

至于华南地区，他已经阐述了中国与日本政府在福建的合作，这在特别委员会关于对《海牙公约》第四章应用的报告中已涉及。由于中国的面积广博以及政局混乱，在中国进行合作并不是容易的事。

关于华北地区，日本政府打算尽快批准 1936 年的公约。期间需要一些耐心，但 M.横山向委员会保证，无需置疑日本的诚信。

他还提到了天津的地位。每个人都希望尽快改善那里存在的令人遗憾的局势。但为了做到这一点，必须去纠正其原因而非结果。产生这种局势的原因主要是政治的和地理的原因。天津位于具有截然不同立法制度的中国两个地区之间。华南地区完全禁止麻醉毒品，但"满洲国"就没有这种立法。天津是整个有机体上最薄弱的一点，所以，也最容易受到毒瘾的侵害。日本和其他任何地方一样都有自己的弊端，当日本的局势变得困难时，人们自然会离开，到别的地方去。日本政府正在尽最大努力，但耐心是必不可少的。

有人指控说中国非法贩毒的增加正好同日本在中国的推进一致。这个说法如果不是完全错误的，至少也是夸大其词。如果它是正确的，那么应该说除了日本的影响，还存在其他的影响因素。在一些情况下，这可能纯属巧合。日军只会行进到具有军事防御必要性的地方；国家防御的重要性自然会超越其他一切问题。毒品是一个巨大的威胁，但炸弹和机枪的威胁更为严重。军队也已尽可能地致力于禁止非法贩毒行为。

因此，M.横山要求对那些草率的指控应有所收敛。

只有通过加强组织管理，恢复和平与安定，才可能解决毒品问题。虽然现在的局势令人遗憾，但这不是在一夜之间就可以纠正过来的。

关于"满洲国"，M.横山不支持现有的制度。对于富勒先生有关"满洲国"鸦片垄断制度缺陷的民意反应的评论，他表示赞同。即使在日本，对目前的垄断制度也有很激烈的批评，如宫岛教授，他在对"满洲国"进行了一次私人旅行后得出结论，认为如果不进行激进改革，就不可能改善社会状况。但困难是法律没有得到很好的执行，而邪恶已长期根深蒂固。

至于朝鲜，有关罂粟种植和鸦片销售的法规，M.横山无法向富勒先生提供更多确切的信息，但他将进行相应调查，如果发现有任何情况有悖于顾问委员会制定的原则，他将通知日本政府。

他认识到，所有这些情况并不令人满意，但日本在这个困难局势下正在尽自己的最大努力。

M.横山刚收到一封来自东京的电报，说与 1937 年 3 月西雅图可卡因案件相关的黑帮首领已于 3 月 28 日在大连落网，日本政府希望从他身上获得一些有用信息。

M.横山对于这些事的感觉是矛盾的。他具有双重性格：作为一名理想主义者，他希望立即采取行动，即使这将意味着向他的政府发去一大堆电报，但作为一个现实的人，他意识到这些困难非常严峻，而这些国家又相隔遥远，无法做出正式的承诺。日本过于珍惜自己的国家荣誉，因此不愿意做出可能无法实现的承诺。

韦伯庭长：你现在满足了辩护方的愿望，将横山的演讲也纳入了检方的证据。

汉默检察官：如果法庭允许，我们现在还要引用一下证据文件388，这是国联顾问委员会关于鸦片和其他危险麻醉品的第24届大会的会议纪要。现在的相关内容是第38页最后一段。对不起，阁下，这是我们纳入证据的文件部分的最后一段。

（宣读）

在这些陈述中，我建议日本代表转告日本政府，根据1931年《限制制造及调节分配麻醉品公约》第23条规定，对这些被揭露出来的事实进行调查和报告。但我不得不遗憾地说，日本政府还没有提交这个报告。

检方下面要提出文件9560号作为证据。

韦伯庭长：这是关于禁烟工作的文件。

汉默检察官：对不起，请再说一遍，阁下。

韦伯庭长：按惯例采纳。

法庭书记员：检方文件9560将作为证据被采纳，证据号429。

（随后，检方证据第 429 号被采纳为证据。）

韦伯庭长：你打算读很长的内容吗，汉默少校？

汉默检察官：我打算从第 4 页、第 5 页、第 6 页和第 7 页上摘录一些内容。

韦伯庭长：那么，正好停顿一下。我们将休庭，直到明天上午 9 时 30 分。

（随后，16 时进行休庭，至 1946 年 9 月 5 日星期四 9 时 30 分。）

1946 年 9 月 5 日，星期四

日本东京都旧陆军省内远东国际军事法庭

根据休庭规则，本法庭于 9 时 30 分开庭。

出席：

出席法官，一切照旧。

检察方，一切照旧。

辩护方，一切照旧。

（远东国际军事法庭语言部准备好了英日互译。）

法庭执法官：远东国际军事法庭现在开庭。

韦伯庭长：除了大川周明和松井石根由其辩护律师代理外，其他所有被告都到场了。

有没有律师希望提出任何问题？

清濑博士。

清濑辩护律师：我反对将证据文件 429 采纳为证据。该文件是由南京最高法院院长赵琛发给国际检察局的一封信，它有以下几点问题：附录中文件据称是梅思平写的，但我们在这份文件中找不到任何签名。我对文件原件也进行了调查，但在信件原件中也没有看到签名。此外，这份文件起草的日期也缺失。

梅思平是前南京政权的内政部长，但由于这个政权已被推翻，我们无法确定当他写这封信时是作为内政部长身份，还是出于个人行为。因此，我认为这份文件不应该被采纳为证据。

韦伯庭长：附件的真实性看来是得到了一位中国政府高官的担保，因为他签署了封面的信件。清濑博士提到的问题当然是希望对文件的证据价值产生影响，但尽管如此，它可能还是具有证据价值的，我们必须根据它所具有的证据价值来决定是否采纳；汉默少校，你应尽量来回复清濑博士所提出的这些反对意见。

汉默检察官： 如果法庭允许，我们这里所拿到的文件原件是从南京最高法院有关梅思平言论的整理记录中摘录出来的。原件在南京作为法庭记录资料进行保存。

韦伯庭长： 你不能对此有所改善吗？

法庭还是会根据它所具有的证据价值决定采纳为证据。

清濑辩护律师： 检察官的意思是否是，这份文件是从南京最高法院有关梅思平的某个案件摘录的？

汉默检察官： 这份文件是国民军事委员会调查和统计局关于梅思平的调查结果之一。调查结果纳入了南京最高法院档案程序中，这个文件是与梅思平有关的内容。

韦伯庭长： 现在宣读你选摘的文件内容吧。

汉默检察官： 请翻到英文版第4页，日文版第5页。引用如下：

在中国的鸦片生意是日本政府中高级官员采取的系统化政策，有两个原因。第一，"蒙疆"自治政府是由日本人在占领内蒙古后建立的傀儡政权。他们希望通过在曾种植鸦片的内蒙古购买鸦片并从销售中盈利，以此来解决财务赤字问题。第二，日本除了在中国搜刮每一分可能的利益，同时还将鸦片视为使它走出战争带来的财务困难的一种可能出路。蒙古傀儡政府用于采购鸦片的专款必须首先汇入东京的财务省，并由后者扣留部分金额。尽管由于这些扣款数字属于严格机密，我们无法对金额进行估计，但这是一个不可否认的事实。另一方面，在上海和其他中国城市出售的鸦片收入中的绝大部分都会流入东京，分配给东条英机内阁作为秘密资金以及对议员的补贴。尽管这也属于严格机密，但它已成为一个公开的秘密。据说日本国内一些人也反对东条英机内阁这种臭名昭著的政策。然而，关于这些不可否认事实的证据却很难收集到。

（如果可以获得宏济善堂的账簿，也许能找到一些证据。）

翻到英文版第5页，日文版每7页。我继续宣读：

1943年12月，学生在南京、上海、杭州和其他城市举行了反对鸦片的示威游行，砸毁了一些同宏济善堂开设的鸦片商行和烟馆。公众情绪高涨，但日军却不敢进行干涉。后来，日本政府派了一名经济顾问去南京政府，表示如果中国希望恢复战前的禁烟措施，他们愿意帮助中国，条件是南京政府应考虑"鸦片利润是'蒙疆'自治政府主要收入来源"这一事实。日本政府突然改变其关于在华鸦片生意的态度可能有三个原因。其一，东条英机内阁为了政治和其他不可告人目的而利用鸦片盈利的行为已受到了来自国内和国外人民的抨击。其二，日本政府希望缓和中国人民的仇恨。第三个也是最重要的因素是，当时日本通过控制中国日占区内商品所获得的利润是进行鸦片交易的很多倍，所以不用担心缺少政治与军事费用的资金。因此，对于日本人的要求，南京政府不得不认真考虑以下几点：

（1）既然鸦片是蒙古政府的主要收入来源，如果"蒙疆"政府在日本人的压力下向南京倾销鸦片，那么南京政府就将成为蒙古鸦片的销售代理人。

（2）当时南京政府的收入足以支付所有费用，因此并没有将鸦片收入视为很重要。但如果日本人凭借增加的鸦片税收，降低在华日本商人应缴纳的其他税费，结果会更糟。

（3）多年经验表明，和日本人进行谈判是件痛苦的事。每次他们一开始都会说不插手。但是后来他们总是会在每件事上都设置障碍，使得中国政府根本不可能执行自己的职责。我担心在禁烟问题上也不例外。

所以，南京政府在与日本人就鸦片问题进行谈判时，采取了以下立场：

（1）前军事委员会的禁烟政策必须保留，六年禁烟计划也必须继续执行。由于战争，该计划在运行了两年之后就暂停了。从1944年4月开始算起，必须在三年内根除鸦片罪恶。

（2）根据战争前的法规，内蒙古种植的罂粟应当在一个确定的时期内禁止。当然，可以暂时继续适用战前的这些措施。但产量必须大幅减少。宏济善堂每年从蒙古进口的3000000盎司鸦片必须至少减一半。

（3）前军事委员会在战前执行的对鸦片生产商、交易商和吸毒者的管理条例应同样遵守，日方应在这些方面提供帮助，不再保护日本罪犯或是中国罪犯。

（4）日本应帮助中国打击鸦片走私，否则，禁烟将是不可能的事。

通过谈判，日方完全接受了这些条件。但军事委员会主席汪精卫当时刚好在日本接受治疗，因此军事委员会无法如通常一样执行禁烟政策。而代理的军事委员会主席陈公博同时兼任上海市长，事务繁忙，无暇顾及禁烟任务。因此，这项任务就交给了内政部。尽管如此，仍然执行军事委员会颁布的法规。之前的鸦片管理机构是在政府监督下由获得特殊许可的商人运行。这个机构被中央禁烟局代替，原因是担心继续执行以前的计划将导致机构被里见及其手下操控。禁烟局的其他职能与之前的禁烟总监察员一样。从1944年4月1日至年底的禁烟工作陈述如下：

（1）自从1944年3月颁布《禁烟条例》以来，在查处了一批海洛因制造商后，所有在上海的麻醉品生产商逐渐自行消失。南京的情况也差不多，在处决了臭名昭著的毒犯和日本宪兵队密探曹玉成之后，南京—上海地区的鸦片和毒品贩子逐渐消失了，同时，日本人也不再公开向鸦片贩子提供支持。

（2）从1944年4月至年底，每月从内蒙古买入的鸦片不足100000盎司——不及宏济善堂时期每月买入数量的40%。

（3）鸦片走私仍然没有控制。但它并不比以前猖獗——这也显示了吸毒人数没有增加这一事实（因为政府控制的鸦片已减少了50%以上）。

（4）开设了两家戒毒医院：南京和上海各有一家。同时还要求很多城市和地区的公立及私人医院提供戒毒服务。

（5）鸦片吸食者的登记制度已经完善。

（6）下令关闭所有城镇的鸦片商行与烟馆。

南京政府对鸦片征税的目的并不是为了增加收入。尽管如此，1944年4月至年底征收的鸦片税总额还是达到了40000000至50000000元，这些税款都上缴给了财政部，可以从档案和账簿中查到记录。

检方下面要提出文件9555号和9555-B号作为证据，并请求本法庭允许将这两份文件编为同一证据号。

韦伯庭长：按惯例采纳。

法庭副书记员：检方文件9555和9555-B将合并为一份证据被采纳，证据号430。

（随后，上面提到的文件被编为检方证据第430号，并被采纳为证据。）

汉默检察官：检方文件9555-B是发自驻朝鲜美国陆军司令部军政厅的一封信，主题：1930年至1945年朝鲜麻醉品的生产、制造和进出口，包含了附件声明 A、B 和 C，也就是检方文件 9555。

如果本法庭允许，我将不宣读 9555-B 的内容，但请本法庭特别注意文件 9555 中的第 4、第 5 和第 6 页，也就是日文版的第 6、第 7 和第 8 页。

下面内容摘录自第 4 页最下端第（2）段：

1935 年至 1945 年（包括起止两年）专卖局医疗药物厂制造的麻醉毒品（重量单位为公斤）。

下接第 5 页，1938 年和 1939 年生产的海洛因数量分别为 1244.000 公斤和 1327.100 公斤。

接着是第（3）段：

朝鲜专卖局出口的生鸦片和麻醉毒品。

翻到第 6 页：

b. 盐酸吗啡和海洛因（盐酸海洛因）（重量单位公斤）。1938 年和 1939 年出口给"满洲国"专卖局的海洛因数量均是 1200.000 公斤。

检方下面要提出文件 9553 号作为证据，这是日内瓦的常设中央鸦片委员会的一份报告，日期为 1939 年 9 月 20 日。

韦伯庭长：按惯例采纳。

法庭书记员：检方文件 9553 将作为证据被采纳，证据号 431。

（随后，上面提到的文件被编为检方证据第 431 号，并被采纳为证据。）

汉默检察官：（宣读）

尊敬的监督官：

下面是日本政府声明的在朝鲜制造的海洛因数量，并由委员会记录在提交给国联的报告中：

1935—1939 年　　　　　　　　　　无

　　　　　　　　　　　　谨上，（签名）常设中央鸦片委员会秘书。

检方下面要提出文件 1154 号作为证据。

韦伯庭长：是什么文件？

汉默检察官：一封从美国发给驻瑞士日内瓦领事的信函，日期为 1946 年 2 月 12 日，其中还包含了一封由国联秘书处毒品控制服务负责人发给美国驻日内瓦领事的信函。

韦伯庭长：按惯例采纳。

汉默检察官：（宣读）

尊敬的阁下

国务卿，

华盛顿：

关于国务院于 1945 年 11 月 27 日下午 6 时发来的电报，作为答复，我很荣幸地请您参考 1 月 18 日的领事馆发出的秘密照会 106 号，内容是询问如果国联有关部门同意，能否提供一份关于日本政府在 1939 年之后至今没有根据《国际禁毒公约》要求提供官方估计与统计数字报告的官方声明。

在国联代理秘书长的批准下，国联秘书处毒品控制服务负责人已回复了领事馆的询问。为了向战争犯罪办公室提供最有用的文件，特附上毒品控制服务负责人的答复函全文。这个复函的内容不言自明，再加上之前由常设中央鸦片委员会提供的材料，应该可以构成对国务院上述电报的一个完整答复。

谨上，

（签名）霍华德·埃尔廷，Jr.

美国领事

下接第 2 页：

国际联盟

尊敬的埃尔廷先生，

我将在此答复您于 1945 年 12 月 12 日（参考号 811.4）的来信，询问日本政府是否从 1939 年至今根据《国际禁毒公约》提交了有关非法贩毒、年度报告、估计和统计数字等报告。

由于统计数字属于常设中央鸦片委员会的职责范围，我的答复将仅限于年度报告以及关于非法贩毒和估计的报告。

在提交了 1938 年的报告后，日本未根据 1931 年 7 月 13 日颁布的公约第 21 条规定提交之后任何年度有关日本和 / 或其领地的报告。

在 1939 年之后，也从未收到过日本政府根据上述公约第 23 条规定提交的有关非法贩毒案件的报告。

关于《1931 年限制公约》第 2 条规定的对毒品需求的年度估计，从日本政府收到的关于日本本土的最后一次估计是对 1940 年的估计，关于日本领地（朝鲜、台湾、关东租借地和日本占领下的太平洋岛屿）的最后一次估计是 1941 年。

特此告知，

谨上，

（签名）伯蒂尔·A.伦堡

国联秘书处毒品控制服务负责人，

监察机关秘书。

韦伯庭长： 曼茨先生，你喊出证据号了吗？

法庭书记员： 没有，阁下。

韦伯庭长： 我已经采纳了。显然你没有听到。

法庭书记员： 刚才宣读的检方文件 1154 将作为证据被采纳，证据号 432。

（随后，检方证据第 432 号被采纳为证据。）

汉默检察官： 检方下面要提出文件 9536 号作为证据，这是由美国大使于 1939 年 4 月 14 日发给日本的信函、附件和备忘录，标题"中国占领区的麻醉毒品贩卖"。

韦伯庭长： 按惯例采纳。

法庭书记员： 检方文件 9536 将作为证据被采纳，证据号 433。

（随后，检方证据第 433 号被采纳为证据。）

汉默检察官： （宣读）

尊敬的阁下

国务卿，

华盛顿，

阁下：

我荣幸地确认已收到国务院于 1939 年 2 月 16 日发出的第 1661 号指令及附件，内容关于中国的麻醉毒品贩卖情况，并指示大使馆在与英国大使馆进行协商后，向日本外交办公室递交一份备忘录，其内容基本按照上述国务院指令中所附的草拟文本。

我们已向英国使馆就是否收到了英国外交办公室关于这件事的指令发出询函。国务院的指令于 3 月 11 日收悉，英国使馆 4 月 10 日通知我们，他们也收到了英国外交办公室的指令，英国政府仍在继续对此事的调查。于是我们决定立即实施国务院的指令。随后，在 1939 年 4 月 13 日，我们将备忘录未作修改连同附件一同递交给了日本的外交办公室。

外交办公室中接收备忘录及其附件的官员未作任何评论，只是表示将研究其中内容并适时给予答复。

备忘录及其附件的副本随函附上。同时也向英国使馆提供了副本及附件。

谨上，

（签名）"约瑟夫·C.格鲁"

附件 1：1939 年 4 月 14 日驻东京使馆发出照会第 3830 号。

美国使馆发给外交部。

美国大使馆

绝密文件

备忘录

美国政府感谢日本当局及日本公司经营货船关于禁止在日美之间非法贩卖麻醉毒品所做出的努力。

然而，根据美国官员提交的报告，目前在日军统治下的中国地区，日方却没有采取有效的合作措施禁止吸食毒品和非法贩毒。

关于上述美国官员报告中提及的目前中国日占区情况，附录在本备忘录之后，标题为"中国日占区的麻醉品形势"。

如果法庭允许，我将不宣读下面的一段。它之前已被宣读过了。现在翻到第 4 页的第一段：

为敦促日本政府认识到采取措施对中国日占区内的日本人以及当地政权施加压力以限制毒品影响的重要性，美国政府希望指出，它深为关切日占区的当前局势，因为：

（1）根据美国政府掌握的证据，1935 年之后在美国非法贩毒案中发现的海洛因大多数都来自天津的日本租界地。

（2）实际上，在美国非法贩毒案中发现的吸食鸦片全部来自中国，由中国鸦片和伊朗鸦片混合而成。其中部分是在上海或周边地区制造，部分在华南，还有少量是在华北。这种类型的吸食鸦片在中国是没有市场的，完全是为了在美国非法贩卖才生产的。近期在美国大陆、檀香山和马尼拉缴获的大量毒品显示，从远东运往美国装载有吸食鸦片的非法货轮有显著增加。1938年下半年中的查获数量约占据全年缴获总量的六分之五。

请翻到第7页。如果法庭允许，我将不宣读第6页和第7页直到第（5）段结束。那些已经被宣读过了。

自从去年6月起，美国政府持续从官方渠道收到一些关于在中国日占区麻醉毒品贩卖的报警信息，详情如下：

满洲和热河：

1938年5月4日，哈尔滨市政府鸦片科主任通报媒体，哈尔滨市估计有1000家左右未经许可的鸦片烟馆，76家获得许可的烟馆。

平江省政府（哈尔滨所属省份）估计，1938年6月时，该省大约有2000名日本人和朝鲜人吸食鸦片、吗啡或海洛因。

1938年8月23日，"满洲国"内政部的鸦片管理科宣布，根据各省、市的报告，在10年的禁烟活动中显示，满洲和热河的登记吸毒者人数为585267人。

天津：

根据美国驻天津总领事1938年11月3日的报告，尽管当地媒体宣布说天津日本租界地内的所有鸦片烟馆于10月1日起都被关闭，但该租界内很多小店仍在继续出售鸦片，而大一些的烟馆都被关闭了……"

韦伯庭长：我们跟不上你了。

汉默检察官：这是在第3页的最上端，阁下。

韦伯庭长：这里没有第"3"页。它被删去了。它在错误的地方。现在是在第2页上了。

汉默检察官：我非常抱歉，阁下。如果庭长阁下允许，在我翻页时，我会给出影印页的页码，而不是文件本身的页码数。

翻译监督官：汉默少校，您能给我们一点时间来赶上您的进度吗？当您选择某一段落时，请给我们一点时间去找到那一段，因为上面没有标记；一点时间就可以，差不多一分钟左右，然后我们会给您信号。

汉默检察官：好的。

（继续宣读）

但是那些原先在日本租界地内经营的烟馆现在都搬到了日本租界外名义上由中国人控制的地区，在这些地方经营的烟馆数量保守估计有500家。根据在天津的可靠消息来源，日本生意人所熟知的各种成瘾性药物在日本租界仍能够很方便地买到。

日本政府控制下的在天津发行的中文日报《永宝》（Yungpao），在1938年11月12日的一期中发表了一段声明，说天津税务征收分局已接到北平总部的指令，允许新增23家鸦片烟馆营业，这样，在天津名义上的中国控制区共有189家获许可的鸦片烟馆。

北平：

据可靠报告，北平对开设商行销售和吸食鸦片进行的唯一限制就是通过税收。造成的结果是，1938年10月时北平估计有300家左右这样的商行。城中的很多地方还销售海洛因，没有证据表明采取了任何措施来打击这种活动。

济南：

在济南，自从日本占领后，只要缴纳了一定的税金，济南税务征收分局就允许公开出售鸦片。至1938年9月，有4家商行获准销售生鸦片，40家商行获准销售鸦片烟膏。到了1938年11月，销售鸦片烟膏的商行数量已从40家增至136家。据报，1938年11月期间，总量为100000两的生鸦片经济浦铁路从北方运至济南，其中有10000两再由济南转运至内陆其他大城镇。

南京：

美国驻南京大使馆转来一封日期为1938年11月22日由M.S.贝茨教授发来的关于南京麻醉品形势的信函副本。根据大使馆的观点，贝茨博士是一位有经验的调查者，而且其正直毋庸置疑。博士表示，在1938年前，尤其是五年前，南京的这一代人还不知道大量供应和消费鸦片，也不会公开地诱惑穷人和无知者购买鸦片。他的调查揭露，在1938年发生变化之后，南京每月合法的鸦片销售达到2000000元，以南京作为中心海洛因销售量达3000000元（中国货币）。他在报告中说，根据他个人的估计，在南京400000人口中至少有50000人吸食海洛因。他还说，很多青年男女都吸毒；而南京的鸦片专卖制度由南京市政府财政办公室下设的"禁烟局"控制，主要货源从大连经上海运到南京；禁烟局的法规和条例主要关注的是将所有私人的毒品生意和消费都转化为净收入。博士还说：

"根据普遍的报道，日军特务部与这种半组织性质的海洛因生意有密切关系，并对它采取保护措施。"

他还进一步地指出：

"很多证据显示，大量的批发生意是在日本商社里进行的，他们对外公开的业务是罐头食品或药品，但在后面的房间却进行着海洛因交易。"

上海：

驻上海的美国总领事转来一系列由 C.D.奥尔科特于 1938 年 12 月 4 日、5 日、6 日和 7 日发表在《大陆报》上的文章副本，这些文章被认为是对上海当前的麻醉品形势进行了非常准确的描述，其中还包含了应该是从上海市警察局麻醉品科和特区法庭记录得到的一些事实数据。

继续第 11 页。

韦伯庭长： 那是在第 10 页。

汉默检察官：（宣读）

总领事补充说，贩毒活动在日本控制区最为活跃；日本人或新建政权没有采取明显措施来打击贩毒；而且上海周边日占区的贩毒活动很可能也有所增加。

奥尔科特先生指出，一方面，国民政府在 1938 年下半年颁布的大规模禁毒法律法规的适用和执行明显减少了海洛因和吗啡的贩卖，鸦片交易也有所下降，但另一方面，自从上海地区处于日本控制下后，海洛因、吗啡和类似衍生品又重新进入该地区；这些毒品的进口和销量稳步增加；紧挨着公共租界和法租界附近的地区现在有 60 到 70 家商行销售这些毒品；麻醉品吸食者每月的总花费达 1500000 元（中国货币），其中有 250000 元用于海洛因；使用海洛因及衍生品的苦力和穷苦劳工的人数不断上升；热河鸦片目前是上海地区廉价毒品的主要来源，而海洛因多数来自大连和山海关；日本政府或中国当局都没有采取明显的措施对该地区的麻醉品进行遏制；事实上，大量证据显示，很多日本人都涉入了鸦片、海洛因和其他衍生品的进口和销售，根据相关机构的情报，其中还包括日本特务机关中的某些人。

奥尔科特先生对上海情况令人震惊的描述中很多内容都得到了来自其他可靠消息的证实。

检方下面要提出文件 9556 号作为证据，这是由国务院于 1945 年 12 月 26 日发给陆军中校霍纳迪的一封信。

韦伯庭长：按惯例采纳。

法庭书记员：检方文件 9556 将作为证据被采纳，证据号 434。

（随后，检方证据第 434 号被采纳为证据。）

汉默检察官：（宣读）

尊敬的霍纳迪中校：

关于美国大使馆递交东京日期为 1939 年 4 月 14 日的外交照会第 3830 号，内容有关中国日占区麻醉毒品贩卖事宜。

以下信息供您参考和使用：本部门记录显示，日本政府没有对上述照会附件 1 中的备忘录进行收函确认或回复。

谨上，

奥蒂斯·E.马利肯

国际劳动社会和健康事务处处长

这就结束了本案鸦片和麻醉品阶段的陈述。

韦伯庭长：有关传唤提供宣誓证书的证人这件事怎么样了？

汉默检察官：如果庭长阁下允许，检方昨天已向宣誓证森冈发出了传票，我们不知道他现在何处。我们已联系了日本联络办公室。

季南检察官：庭长先生。

韦伯庭长：首席检察官先生。

季南检察官：我收到消息，我们打算传唤出庭的宣誓证人森冈已经被辩护方律师进行质问，我正在查找他目前在谁的拘押之中。我们得知，他已经在这所大楼中，我们希望很快就能传唤他。

庭长先生，我们希望很明确地说明，在我们赴中国进行特别调查时听说他在北平，因此我们于 1946 年 3 月 24 日对他进行了询问。我们根据《远东国际军事法庭宪章》中的相关规定对他采集了宣誓证词；在那个日期之后我们就没有与他进行过任何类型、性质的接触。当时他在北平居住，我们不知道他是否有留在中国的意图或是被遣返回日本。国际检察局根本不知道他和其他几千名日本人被遣返回国。

我们不知道辩护方是如何得知了他的去向，是否通过了中央联络办公室或其代表，但我们直到辩护方律师在本法庭上提及才知道他目前在日本。出于显然的原因，当我们正在有序地按照本法庭程序申请对他发出传票时，我们却发现他已经在辩护方律师的手中，我相信他在昨晚就和他们在一起很长时间了。我们没有见到他，但是当我们试图寻找他时，却发现他已经在这里了。关于这个证人的这件事本身也许并不重要，不值得浪费什么时间，但这对于检方的态度不至于被误解却非常重要，我们的态度就是：我们不会藏匿任何证据或任何证人，而且据我们所知，也从来没有在本法庭试图以一种不是为了公平案件审判的方式来陈述任何事情。

总之，自从 1946 年 3 月 24 日或差不多这个日期之后，我们从没有见到这名证人和直接或间接地与他联系。我们得知，他已经在辩护方的手上，我们非常愿意在任何时间传他出庭，并要求最了解他目前所在地点的人将他带过来。

韦伯庭长： 清濑博士。

清濑辩护律师： 既然看来关于宣誓证人森冈存在一些误会，希望能允许我来说几句话。昨天在本法庭，我把宣誓证人森冈的地址交给了检察官萨顿，但由于我应该对地址是否正确负责，我就派了一名信使到该地址。

翻译监督官： 为了确定他是否真的在那里居住。

清濑辩护律师： （继续）由于昨晚确认了森冈的确是在那个地址居住，我感到放心了。今天早上，因为我家正好位于从森冈家到本法庭的途中，森冈在他来法庭的路上先去了我家。他的传票上要求他出庭——他应该在今天上午 11 时前到达这座大楼的 38 号房间。但是我必须在 9 时前就到这座大楼，虽然这个时间比他应该出现的时间早很多，但由于他希望了解一下这座大楼——因为他不认识来这里的路，我就建议他和我一起来。我相信，在 11 时前，他正坐在一位辩护律师的房间中或其他地方等候，在 11 时时他将出现在 38 号房间。

季南检察官： 庭长先生，我深怀敬意地建议，请告知包括日本律师在内的辩护方律师，当本法庭指令检方传唤某位证人时，我们会这样做的，不需要来自辩护律师的任何协助。我们将遵照本法庭的要求履行自己的职责。

韦伯庭长： 弗内斯少校。

弗内斯辩护律师： 森冈先生根本没有受到拘押。他一直在我的房间；我在和他谈话。绝对没有藏匿他或是阻止他出庭。我刚才不在这里，所以不知道之前的讨论，但我要明确地声明。他完全可以在任何时间出庭。

季南检察官：庭长先生，我希望请求本法庭下达指令，不管这涉及谁或是证人在谁的办公室，要求他将证人带入本法庭，在我们的见证下坐入证人席并进行交叉质证。

韦伯庭长：好吧，鉴于你的表态，我们将下达这样的指令，首席检察官先生；但由于证人没有过来找你们，他也没有被辩护方带来交给你们，而是仍在与辩护方有联系，你们并没有义务现在传唤他出庭。但是，既然你已决定这样做，法庭同意。

首席检察官先生，你说已发出了一份传票？

弗内斯辩护律师：证人的传票上写着11时。因此我认为没有人存在怠慢或过失。

季南检察官：庭长先生，本法庭已下达一项命令或者说指令，我们试图来遵照执行。关于证人所属方——既然我们采集并提供了宣誓证词，既然证人是根据本法庭的一般通则来到这里，我们相信应当传唤他出庭。此外，只要他仍是检方的证人，无论他提供什么证词，我认为都当局限于对他的本方询问或相关事宜范围内。根据常识，如果辩护方希望因为其他目的的使用他，他应该按照辩护方要求的时间作为他们的证人。现在我们可以要求带他上来吗？

弗内斯辩护律师：他将自己进来。我不喜欢"带他进来"这个用词。他不需要被带进来，而是会自己进来。

韦伯庭长：交叉质证必须限于在本方询问中出现过的问题，我们将适用这一原则，首席检察官先生。现在证人可以进入证人席了。

我们将暂时休庭15分钟。

（随后，10时43分休庭，直到11时重新开庭如下。）

法庭执法官：远东国际军事法庭现在继续开庭。

（森冈皋作为检方证人出庭，首先宣誓，然后通过日本翻译员作证如下。）

韦伯庭长：弗内斯辩护律师。

弗内斯辩护律师：如果法庭允许，我们不确定检方是否想先为证人的证词进行资格验证。昨天只是读了一下宣誓证词，因此我们不知道是否可以开始交叉质证。

韦伯庭长： 传他出庭就是为了进行交叉质证。

清濑博士。

清濑辩护律师： 可以将证据文件 401 号，也就是该证人的宣誓证词，向证人出示吗？请将日文翻译也一同向他出示。

（随后，这两份文件递给了证人。）

韦伯庭长： 现在他看来已认真阅读了两种语言的宣誓证词。

交叉质证（由清濑辩护律师质证森冈皋证人）

问： 你刚才读的这份宣誓证词是你签名的那份吗？

答： 我非常确定中文的那份是我签名的；但那份日文版的，我在这里是第一次见到。就我所看到的而言，中文版和日文版非常不同。

问： 那么，中文版原件是否真实地代表了你所说的话？

答： 请再说一遍。

问： 我说的是关于中文版原件。它是否真实地代表了你所说的话？

答： 整体来说，是的，但当时的问题和回答都比这份宣誓证词上的要长很多；这份宣誓证词只是那些问答中的一部分。

问： 我希望就萨顿检察官和裘检察官询问过你的问题向你提问，但我应当将问题局限于这些出现在宣誓证词上的内容。

在这份宣誓证词的倒数第二段，你提到了寺内将军、杉山将军、多田将军和冈村将军关于中国事变的政策。我可以认为宣誓证词关于你说的话是正确的吗？

答： 我说过的话与中文版上写的一样。

问： 在中文版——中文版是否说了所有这些将军都强烈要求发动中国事变？

答： 在中文版中有一个词——词组"在战场上"。我用这个词的意思是所有在战场上的指挥官都支持战争。

翻译监督官： 在中文版中有一个词，直译过来是"在地面上。"我把它翻译为"在战场上"或是"在现场"，就在战场的前线指挥官而言，我认为他们支持发动这场战争——战斗。

问： 那么我是否可以理解为，你的意思并不是说这些将军在战争实际开始前就支持对华战争？

答：正如你所言。

问：在同一章，你提供了有关东条英机将军和对美、英战争的证词。你的话是什么意思？如果你记得当时的问题和回答，请向我讲述一下。

答：当时，检方问我："谁对中国事变负责？"我回答："近卫"。然后他们又问，"谁对太平洋战争负责？"我回答说："东条英机。"

问：那么你是否认为，中文版对你所叙述的问答进行了简要概述？

答：你说到的只是问题和回答的一部分——当时提出的问题和给予回答的一部分。你刚才所说的关于杉山等人，然后又提到——在你提到关于杉山等人的问题后，和下一个问题之间，有很大一部分被省略了；我相信，在这中间还问到了其他的一些问题。

翻译监督官：略作更正，"尽管关于杉山等人和东条英机的问题不在同一段，但在这两个问题之间还有几个其他的问题和回答。但这似乎都被省略了。

问：有关东条英机的陈述，我是否可理解为——我收回重问。

你的意思是否是，东条英机竭力要求发动战争，在战争爆发前竭力要求对美、英发动战争，或者你的意思是就寺内将军、杉山将军等人来说，他赞同在战争已经开始之后继续推进战争？

答：在这里我的意思是——我的意思是作这个决定是在太平洋战争爆发后。由于我那时候不在日本，我对大本营的政策并不熟悉。

翻译监督官：轻微改动，"在这里我的意思是在太平洋战争爆发以后。至于说东条在战前的政策，由于我当时远离日本，所以我不可能知道它们的内容。"

问：太平洋战争开始之前以及战争过程中你是否有数次机会见到东条？

答：我见到东条的机会并不多。我想在太平洋战争爆发前的5月份，我在一次师团首长会议上见到了他。

问：你是否有机会聆听东条关于国际形势的想法？

答：没有。

问：接下来，在你宣誓口供书的最后一段，你对鸦片问题进行了作证，我会简单地问几个相关问题。

这一段中你提到了"傀儡政府"，用了"傀儡政府"这个词。我想你用这个词是指华北政务委员会。该委员会关于鸦片的政策与之前那些政府不同吗？

答：1938 年在华北成立了临时政府，政府对前中国中央政府在法律法规中的禁烟政策全面实施。1940 年，我不记得具体日期了，当临时政府重新被命名为华北政治委员会时，他们对以前执行的政策再次实施，并颁布了一些有关的新法律。

翻译监督官：颁布的新法与老法律是一样的，只是重新颁布为新法律。

问：我从检方收到 IPS 文件号 1680。你刚才说的是不是华北中国政务委员会的禁烟法？

（随后，将一份文件递给证人。）

汉默检察官：如果庭长阁下允许，要求向证人出示文件原件。

（随后，另一份文件被递给证人。）

问：这份是原件。我相信如果你查看原件会更公平。

答：虽然我没有细读内容，但我相信这就是那项条例。

问：你的宣誓证词中提到了禁烟委员会。它的规模有多大？有多少职员？

答：禁烟委员会有一个总部，并在各区设有分支机构。我不太记不清总部有多少职员了，但包括负责人在内，我想有 50 或 60 人。

翻译监督官：包括委员会负责人。

问：你在宣誓证词中说，日本的特派委员参加了这个禁烟委员会。你说的特派委员是不是日语中的专员？

清濑辩护律师：不是日语，是中文。

翻译监督官：是中文中的。请原谅。

答：我想"日本特派委员"是一个翻译错误。在询问时，我告诉了译员及中国检察官，它的意思是专员，我甚至还写出了文字。

翻译监督官：我甚至写出了文字并加以解释。

问：那里有多少日本委员？

答：根据我的记忆，只有一位专员。他的名字叫井上。

问：除了专员，在禁烟委员会中是否还有其他日本官员？

翻译监督官：在总部。

答： 就专员而言，只有一位，就是我刚才提到的井上。但是，还有其他一些较低级别的官员、较低级别日本职员在井上的手下工作。

问： 如果有的话，是有很多还是只有几个？

答： 即使有其他日本职员，我想也不多于1或2人。

问： 华北政务委员会成立前后，当你在华北时，对比华北政务委员会成立前后，你认为每年吸食鸦片的量是增多还是减少了？

季南检察官： 我要反对这个问题，因为根据宣誓证词中的问题，这是一个不适当的交叉质证问题。在宣誓证词中并没有问到该证人相关的问题。

韦伯庭长： 在宣誓证词中没有提及数量问题。我认为不应当允许问这个问题；反对有效。

问： 我刚才出示给你看的条例，在IPS1680里面提到的条例，禁烟委员会是否完全执行了这个条例？

答： 我很遗憾地说，由于情况使然，不可能完全实施这些条例。因为在华北的日占区没有一个稳定的政府来实施这些条例。

翻译监督官： 大多数民众并没有感觉到政府的政治实力。

答： （继续）由于在日占区的中国共产党和其他抗日活动，不可能执行当地的行政管理和政治管理，所以，从一开始到最后都不可能在这些区域实施这些禁烟条例——不能完全地在这些区域实施。

问： 那是唯一的原因吗？

答： 我相信还有其他一些原因。例如，据我所知，在华北有很多秘密的鸦片组织和走私组织，他们的势力非常强大，活动都是秘密进行，很难捣毁这些组织或逮捕他们，逮捕走私者。

问： 有没有其他原因，如华北的日本当局和当地省政府鼓励鸦片消费？

答： 华北各省政府的政策和前蒋介石政府一样禁止使用鸦片，因为不这样就不能——如果不这样做的话，它就不可能赢得民心，为了禁止鸦片，军队、警察以及军警都要在中国尽全力来禁止鸦片，并颁布了相关条例，规定吸食鸦片的中国人不能担任官职，如果发现有官员吸食鸦片，就会被马上革职。因此，我想这些是主要的原因。

此外，我相信新民会——

季南检察官： 等一下。

韦伯庭长：我们应当听一下翻译；我们应当听一下翻译，首席检察官先生。

答：（继续）我相信新民会也组织了反对吸食鸦片的运动。

季南检察官：我打算建议，如果证人在回答问题时已给出了所有的原因，那就应该结束回答，而不是自行猜测更多的内容。

问：我的交叉质证差不多快结束了。你说宣誓证词的中文版本和日文版本非常不同。如果不提较小的问题，这些不同之处中有没有重大问题？

答：有两处主要的不同。第一，关于鸦片，宣誓证词给人的印象是禁烟委员会中有很多日本人委员，但事实并不是这样的，如我刚才所述。

第二点不同之处是关于战争责任。关于那个问题，我当时回答东条英机负责，但——在宣誓证词上的叙述看起来似乎我在战争爆发前就已经知道了这一点，但事实并非如此，我所在的职位无法获得这些信息。

翻译官：通过阅读宣誓证词，人们会得到一种印象，就是我在战争爆发前就知道东条英机支持战争，但事实并非如此。我并不处于这样的位置。

问：你从昨晚到今天早上在哪里？

答：我在家，在自己家里。

问：你是否受什么人监视或在什么人的控制下？

答：我不知道你的意思是什么，但昨晚我和往常一样在家中，并且和往常一样睡得很安宁。

清濑辩护律师：这是所有的问题。我的交叉质证结束了。

交叉质证（继续，由弗内斯辩护律师质证森冈皋证人）

问：森冈将军，你今天上午从 9 时 30 分到大约 10 时 30 分在我的办公室，是吗？

答：是的。

问：你是否可以随时离开并且没有受到拘押，是吗？

答：是的。

问：你于 1946 年 3 月 24 日提供的宣誓证词是在北平采集的，是吗？

答：是的，我在北平提供的。

问：向你提问时是用英语，是吗？

答：是用英文问；用英文问我问题。

问：然后由一名译员翻译成日语？

答：正是。

问：提交给你签字的宣誓证词是中文的，是吗？

答：是的。

问：你不读或是说英语，是吗？

答：我能说一点儿英语，但不足以在官方场合需要负责任的情况下讲英文。

问：因此，如果你在宣誓证词的英文版上签字，那就意味着你在一份自己根本不知道内容的文件上签字？

季南检察官：检方反对这个问题。我的理解是他没有在任何英文翻译件上签字。

韦伯庭长：得出的结论就是，他根本不知道英文版或中文版文件的内容是什么。对他而言肯定只是一种道听途说而已。

季南检察官：怀着深深敬意，检方希望请本法庭注意——之前一直没有机会来提到这一点——该证人可以熟练地运用中文。中文版本中包含了一份声明，是经他签字的，并被采纳为本案证据。这当然不是道听途说。

韦伯庭长：如果他懂中文，如果他能读中文，那就是不道听途说。他在证人席时似乎就在读。

弗内斯辩护律师：阁下，我并没有想说他不能讲中文。

韦伯庭长：很好。

问：你是否的确签了两份文件，一份是中文的，另一份是英文的？

答：根据我的记忆，我肯定是签了中文版本，但我想我并没有签英文版本。

季南检察官：庭长先生，检方深怀敬意地指出我们是在浪费时间，因为采纳的证据文件是中文版本的，至于它的翻译和正确性，可以请适当的专家或本法庭协助进行研究，但是这些问题却在这里提出，时间被浪费在该证人从来没有签过的文件上。他承认了签过中文版文件。我们相信，他毫无疑问可以使用中文来熟练地对话。

韦伯庭长：由于对被告东条英机的指控性质以及交叉质证到现在产生的效果，我想我们可以稍微宽容一些。也许后面的交叉质证没有什么用，但我认为我们不应该完全否定。

我们将暂时休庭到 13 时 30 分。

（随后，12 时休庭。）

下午的庭审：

根据休庭规则，本法庭于 13 时 30 分开庭。

法庭执法官： 远东国际军事法庭现在继续开庭。

韦伯庭长： 弗内斯少校。

（森冈皋作为检察方证人出庭，重新坐进证人席后作证如下。）

交叉质证（继续，由弗内斯辩护律师质证森冈皋证人）

问： 森冈将军，你能用中文读或写吗？

答： 我可以相当自如地阅读中文；但是否能用很好的中文表达自己，我不是很确定。

问： 那么，你并没有自己写这份被纳入证据文件的宣誓证词，而只是在这份准备好让你签的文件上签了名，是吗？

答： 这份宣誓文件的准备过程是这样的：萨顿检察官用英文向我提问，我用日语回答。中国裘检察官将这些回答记录下来，按照我的回答写下来，然后当着我面起草了中文的宣誓证词并交给我阅读。萨顿检察官问我是否可以在中文版的宣誓证词上签字，我给予了肯定的回答，然后我就签署了这份宣誓证词。

韦伯庭长： 这足够了，毫无疑问。

问： 你什么时间离开北平来到东京的？

答： 5 月 25 日，我离开北平。6 月 10 日，到达日本，6 月 12 日来到东京。

问： 然后你就一直在东京，是吗？

答： 基本上一直在东京。但有时我会出门旅行两三天，但我基本上是在东京居住。

问： 那么，当检察方询问你时，有没有问过你是否日军或兴亚院或华北当地政府采取了任何禁烟措施？

韦伯庭长： 这不是一个公平的问题。你可以自己问他是否采取了任何这样的措施，如果你认为他知道的话。

弗内斯辩护律师： 我想如果检察方问过他那个问题并且他也回答

了——这没有包含在宣誓证词中——这也许是相关的。但是，我将直接问他这个问题。

问：你作证说，你曾经在特务委员会工作和担任兴亚院当地办事处的联络官；因此，我想你应该熟悉关于鸦片交易采取了哪些措施。所以我要问你，关于禁止鸦片交易采取了什么措施？

答：关于日占区的禁烟，当华北省政府成立时，它继续实施蒋介石政府颁布的与禁烟有关的法律。后来，汪精卫政府在南京建立，华北省政府也演变为华北政务委员会。那时，如我刚才所述，也就是1940年8月，华北政务委员会颁布了一项新的禁烟条例。

问：那项在华北实施的省禁烟条例是否包含在检察方文件1680号内，也就是今天上午向你出示的文件中？

季南检察官：我反对这个问题，因为它是重复的。据我的理解，这个问题以前问过并且也回答过。

弗内斯辩护律师：我只是想确定一下他现在提到的和今天上午作证的是同一文件。

韦伯庭长：好吧，让他回答。也许有一些疑问。我不认为有。

答：你刚才提到的条例就是采取的禁烟措施之一。此外，还使用了日本军队、中国警察、日本宪兵队和日本领事警察去查获鸦片走私犯。同时，新民会也就鸦片的危险性进行宣传。

弗内斯辩护律师：我现在请求将检察方文件1680号标记为验证证据。

韦伯庭长：我不明白为什么你不直接提出它作为证据。

弗内斯辩护律师：我提出它作为证据。

韦伯庭长：采纳。

法庭书记员：辩护方提出的检察方文件1680将作为证据被采纳，证据号435。

（随后，上面提到的文件被编为辩护方证据第435号，并被采纳为证据。）

问：当地中国政府和日本当局是否也组织了一个禁烟委员会？

答：作为全面执行禁烟的措施之一，成立一个禁烟委员会。同时，为了实施这些目标，颁布了上述条例。

问：华北政务委员会、特务部和兴亚院的政策是否是控制和禁止鸦片的生产与销售？

答： 是的。

问： 在执行这项政策时，他们是否对鸦片的销售和使用发放许可证，目的是进行控制和禁止？

答： 鸦片吸食者要进行登记，向他们发放许可，只有那些有许可的人才可以购买和吸食鸦片。有一个特别委员会对他们的资格进行调查，那些没有许可证的人不能够购买或吸食鸦片。如果他们违反了这些规定，就会被逮捕。

问： 当发放许可证时，政策是否是只发给那些无法被治愈的嗜毒者？

答： 在我上面提到的条例的第3条和第4条中，规定这些许可证只能发给超过50岁的人或者是那些如果突然停止吸鸦片健康就会受损的年轻瘾君子。

问： 那是否就是你在宣誓证词中所提到的"在傀儡政府统治下，鸦片在所谓的'禁烟委员会'控制下可以公开买卖"的意思？

季南检察官： 如果法庭允许，我要反对这个问题。我们认为，证人语言是什么含义应由本法庭决定，而不是在该证人现在出庭这种特殊环境下进行诠释。

韦伯庭长： 这个问题如果按下面的形式提问就不会遭到反对了：鸦片是否只公开出售给确定的吸毒者？

弗内斯辩护律师： 我是否能对法庭的问题再补充一下：……获得了购买许可的人可以从获准销售的卖方购买？

韦伯庭长： 好吧，根据这些内容提问吧。

问： 根据这些条例下的政策，是否只允许有许可证的吸毒者从获准销售的卖方处购买。

季南检察官： 我们反对这个问题。

答： 正如你所说的那样。

季南检察官： 这个指示灯是正常的吗？

韦伯庭长： 是的。继续。

季南检察官： 检察方反对这个问题，因为法律或条例是不言而喻的。根据证据文件435号，我认为，它是在税款征收的财务条款下。除此之外，法律规定下的政策是不言而喻的，不需要该证人或其他证人的诠释。

韦伯庭长：中国的法律规定对本法庭而言是一个有关事实的问题。但你们起草的宣誓证词中说鸦片是公开销售的。那是一个模棱两可的表述，应该加以澄清。它的意思可以理解为向每个人公开销售，也可以理解为只向某些人公开出售。弗内斯少校有权对这一点进行澄清。

季南检察官：庭长先生，如果北边的灯已经结束了，我希望继续发表我的观点。我不知道系统是否关闭了。您能听到我吗？

韦伯庭长：我几乎听不到你，季南先生。我想你最好等到来电后再说。

季南检察官：我想现在是有电的。

我们希望明确一下检察方的立场，庭长先生，我们同意法庭所说的如何进行销售的问题是相关的，或者说有关宣誓证词中销售方式模糊说法的问题是相关的。但是，这个问题设计得很狡猾：它向该证人就这个法律下的政策进行提问。但法律本身是不言而喻的。

所以，我们反对以这种形式进行提问，并建议也许合适的提问方式是问证人他所知道的销售方式是什么。如果该证人希望说"公开地"意味着"向那些持有许可证并遵守法律的人销售"，我们将就回答的可信度提出质疑。

弗内斯辩护律师：如果说我是狡猾的，庭长阁下，那也是由于疏忽而不是故意设计。我希望能扩大一下问题。我可以宣读文件吗？

韦伯庭长：不要对法律进行任何引用。直接问他事实是什么。这是我告诉过你的，弗内斯先生，那样问就不会有反对了。

弗内斯辩护律师：（继续）

问：在你的宣誓证词中说"在傀儡政府统治下，鸦片在所谓的禁烟委员会控制下可以公开买卖"，你的意思是否是可以由获准销售的人公开出售给有销售许可——有购买许可的人？

答：正是。

问：兴亚院和其他与这件事有关的人是否相信，相对于地下的秘密销售而言，通过允许这种许可证管理的销售能够遏制鸦片使用？

季南检察官：反对这个问题。

韦伯庭长：你能再读一遍问题吗？

（随后，上一个问题由法庭书记员重新宣读了一遍。）

韦伯庭长： 你提出反对的理由是什么，季南先生？

季南检察官： 反对理由是让该证人对一个组织的信条进行诠释。我认为，也许可以允许他讲述他本人关于那个问题的观点，但我认为他没有权利对其他人的观点进行解释。

弗内斯辩护律师： 我认为这个问题可以接受。但我并不认为这值得夸耀。

韦伯庭长： 我认为反对应该有效；但是，正如首席检察官先生建议的，你可以询问证人他自己的观点。

问： 你本人是否相信，相对于地下的秘密销售而言，通过允许这种许可证管理的销售能够遏制鸦片使用？

韦伯庭长： 你说的许可证制度是什么意思？

弗内斯辩护律师： 进行控制。

韦伯庭长： （继续）进行禁止非法销售的控制？

弗内斯辩护律师： 是的。

韦伯庭长： 好吧。是这样吗，证人？

证人： 我相信这个制度在实施整体的禁烟政策上是一个有效措施。也就是说，通过只向有许可的人公开出售鸦片，可以实施整体上的鸦片控制和遏制。

问： 是否有可能完全禁止？

你上午作证时说，有一些鸦片通过走私进入日占区。你能否告诉我们这些走私者是日本籍还是中国籍？

答： 据我所知，鸦片走私生意很早在中国就有了，鸦片组织都有一个秘密并且复杂的组织。大多数走私者都是中国人，一小部分是日本人或属于日本公民的朝鲜人。还有一些其他国家的公民。

问： 在蒋介石政府当政时，同样的走私——也存在鸦片销售，地下进行的鸦片销售，是吗？

季南检察官： 反对这个问题，因为这显然不在宣誓证词和证据的范围内。

韦伯庭长： 当然，那样的事差不多已是尽人皆知。反对有效。

问： 今天上午，在回答清濑博士的问题时，你说有关参与禁烟委员会的日本特派委员的英文翻译不正确，并用了一个中文或是日语名词代替。你能告诉我们那个词是什么吗？

韦伯庭长：你是要他再重复回答一遍或是重复部分回答吗？

弗内斯辩护律师：不是，阁下。我只是想查出那个词的英文意思。

韦伯庭长：他对英文不熟练。

季南检察官：庭长先生，我之前的理解一直是该证人不讲英文，但辩护律师对该证人似乎比我们要了解更多；如果他们告诉我们说他们知道证人的确可以讲英文，我也不会太惊异，因为显然并不合适由他来告诉我们英文意思是什么，除非他懂这个语言。

弗内斯辩护律师：我知道他不讲英文；但我想当他说出日语名词时，翻译也许能把它译为英文。

韦伯庭长：少校，我不认为你在这一阶段很认真地对待自己的交叉质证。但是请为我们考虑一下；我们没有这些时间用来浪费。

到目前为止，你已经让证人对他宣誓证词的几乎所有内容，如果不是全部内容的话，都解释了一遍，除此之外，他好像没有太大作用。

弗内斯辩护律师：（继续）

问：日本政府是否采取任何措施去治愈鸦片吸食者的毒瘾？如果有的话，是什么？

韦伯庭长：鉴于该证人在证人席上的表现，可能不值得对他交叉质证这些事情。

弗内斯辩护律师：只剩下一个问题了。

问：是在兴亚院建立了一般性政策后，关于鸦片的管理工作是否属于该地区军队指挥官的管辖范围内？

答：有关鸦片的一般管理工作由该地区的中国政府负责。关于鸦片的政策由兴亚院与现场的日军总部协商后决定；然后，在双方达成协议后，将把政策转交给当地中国政府执行。

问：你的出庭传票是否要求你今天上午11时出庭？

答：我原先是打算11时来，但我不知道是要我直接到法庭上，还是仅仅是传我过来进行一些预先的询问。

问：但是传票上说的是11时出庭，是吗？

答：传票上只说了11时到38号房间。

韦伯庭长：还有其他的交叉质证问题吗？

首席检察官先生。

再次本方询问（由季南检察官询问森冈皋证人）

问：你已经阅读了证据文件 401 号？

答：我刚才浏览了一遍。

问：上面是否有你的英文签名？

答：是的。

问：你是自己签的名，还是别人替你签的？

答：我自己签的。

问：文件 401 号——证据文件 401 号——上是否有你的中文签名？

答：是的。

问：也有日文的吗？

答：这是我第一次见到日文版本。在今天之前我并不知道有日文版本。

问：我没有问你日语翻译的问题，因为日语或英语的翻译是属于法庭更正工作的事情。我问的是如果你在 401 号文件上签了名，这份文件本身是中文的——你的签名用中文还是用日文？

答：我用日语签的名。但日语文字与汉字的写法是一样的。

问：现在摆在你面前的证据文件 401 号共有多少页纸？

答：三页。

问：你在那份文件是用英语和日语或中文共签名多少次？

答：我在每一页上都签了一次。

问：请注意文件最后一段，我引用如下："我自愿作出上述声明。"在你所说的三次签名前你读了这句声明吗？

答：是的，我读了。

问：你是否理解它的意思？

答：是的，我理解。

问：它是否是真实的？

洛根辩护律师：如果法庭允许，除非检察方问这些问题的目的是为了指责他们的本方证人，否则我们反对这些问题。

季南检察官：庭长先生，如果在交叉质证过程中提出的很多问题的目的——如果有任何目的的话——是为了显示出该证人对自己所过说的话存有困惑，我们希望能表明他是自愿作出这些陈述的。而且那只是一个问题；还有一两个问题是为了说明签名是自愿的，经过了认真阅读，而且对事实进行了正确无误的记录。我相信，这一点已由辩护方提出了质疑，至少被暗示过。如果他们同意不再关于这一点进行争辩，我们当然也愿意不再就此提问更多问题，以缩短审判过程。

韦伯庭长：首席检察官先生，据我看困难在这里。如果他对那个问题的回答是"不"，根据中国的法律，他将自证有罪，因为他在那里作了伪证。

季南检察官：尊敬的庭长先生，这不是提出反对的理由，而且我建议，为了遵守法庭规定，我们也许——证人将被告知，他不必回答任何可能会证明自己有罪的问题，但除此之外，我们希望能听到对有关问题的回答。

韦伯庭长：那么还有另外一个反对理由。你事实上是将他看作是敌意证人，但他还没有被宣布为此。

季南检察官：尊敬的庭长先生，那并不是我们询问的目的。我的理解是，也许并不正确，就是辩护方代表着该证人的观点对宣誓证词提出了质疑，因此我满怀敬意地建议，围绕着他出现在本法庭这一很不寻常的情况，也许，检察方也可以有一些自由度来——

韦伯庭长：那么，严格来说，这是一个新问题。它不是在交叉质证过程中出现或由于交叉质证而要求回答的问题，而这样的问题只有在本法庭的允许下才可以进行提问。毕竟，针对那个问题的肯定回答会给交叉质证带来什么实际价值吗？本法庭不是根据他对一个比较正式的问题进行简单的"是"或"否"回答，而是要根据交叉质证的本质和效果来做出决定的。但是，我只代表我的个人意见，法庭的多数意见也许会允许你提问这一问题。

季南检察官：庭长先生，我认为那个问题的重要性不值得花费这么多时间，所以我撤销问题。

季南检察官：（继续）

问：森冈皋先生，你最后签名的文件和签名之前的版本相比有什么变动吗？

答：有一两处更正。还有几个地方的中文和日文意思不一样，我认为总体而言宣誓证词是正确的，所以就没有进行更多修改。

问：这些更正是在你签名前根据你的建议进行的吗？

答： 我——这些更正——有一些更正——我用自己的笔作了一些更正。还有几个地方的中文意思和日文意思不同，但我当时没有进行任何改动。

例如，我已提到的宣誓证词的第 4 段，自从 1937 年中日开战后，日军统帅，也就是，寺内将军、杉山将军、多田将军和冈村将军，全都强烈要求在中国进行这场战争。但是对美国和英国的战争是由东条英机提出的。这些文字，正如我所指出，萨顿先生自己也知道——当时询问我的问题和回答并不是这样的。当时的问题是，"谁对太平洋战争负责？"我简单回答说，"东条英机。"又问到关于中国事变的问题，当时的问题是，"谁对中国事变负责？"我回答，"近卫"。

我发现——后来我看到了中文文本——使用了如下词语，"要求"和"提出"，但现在回过头再想，我发现如果使用这些词语，就会有一个关于他们是什么时间要求这些事情的问题。

季南检察官： 有没有什么办法能切断这个长篇大论？

韦伯庭长： 我们将暂时休庭 15 分钟。

（随后，14 时 45 分休庭，直到 15 时重新开庭如下。）

法庭执法官： 远东国际军事法庭现在继续开庭。

季南检察官： （继续）

问： 你面前摆着的证据文件 401 号只有中文版本，是吗？

答： 是的。

问： 关于日语和英语翻译件，你在今天出庭前是否见到过它们？

洛根辩护律师： 如果法庭允许，这个问题已问过该证人，而且他也回答了。

季南检察官： 我不记得曾经问过，庭长阁下，我只知道事实情况是当采集他的证词时，只给了他中文版，但即使这个问题可能会有重复——我希望它没有——证人可以回答一下这个问题进行澄清吗？

韦伯庭长： 是的，因为我自己也不记得是否提问过。

季南检察官： 我可以重复一下问题以免让证人感到困惑吗？

韦伯庭长： 可以。

季南检察官：

问： 你在今天出庭前是否见到过证据文件第 401 号的日语和英语翻译件？

答：宣誓证词的日语文本，当清濑博士交给我时我看到了——今天上午我在证人席时交给我。至于英语文本，我还没有完整地见到过。就在我进入这个审判庭前，我注意到在美籍辩护律师桌子上有宣誓证词的英文版本，但我没有读。

问：因此你所进行的更正仅仅是对证据文件401号的中文版本，是吗？

答：仅对中文版本。我是在北平进行更正的。

问：最后一句声明如下："本声明由裘劭恒先生记录，我已阅读了记录并自行确认其内容真实无误。"在你签署证据文件401号前，文件中是否包含这句声明？

答：是的。

问：那句声明是真实的吗？

韦伯庭长：你之前已撤销了一个类似的问题，首席检察官先生。它真的不值得花费时间。

季南检察官：庭长先生，我们已经被问过——已声明该证人还未被宣布为敌意证人。检察方也不会随意宣布证人为敌意证人，除非我们相信在某种情况下证人已提供假证或是藐视法庭。然后，只有在然后，我们才会宣布证人为敌意；再之后我们会要求暂时停用证人，直到进行了充分调查，以公平公正和本法庭尊严为原则，确定是否环境不允许采取适当法律程序。这也正是我们打算在本法庭要做的事情。

韦伯庭长：这将由法庭来宣布。在澳大利亚，我想，所有的英国司法管辖地区，都是由法庭来宣布敌意证人的。

季南检察官：在我们的司法管辖权下，这通常由提供证人的一方提出质疑并进行宣布。我不认为这有很大的区别。

韦伯庭长：我要说的是，首席检察官先生，你不仅仅让该证人对交叉质证中的回答进行了解释，还直接对这些回答提出质疑。事实上，你是在说，"你是在说谎吗，既然你在宣誓证词中不是已声明了你的证词是真实的吗？"我们必须看到事情的本质，而那毫无疑问是你的态度。当然，在再次本方询问时宣布证人为敌意并没有很多必要，因为你可以主导这个过程中；但当你问一个证人他在宣誓证词中的叙述是否真实时，你事实上是在质疑他的诚实。换言之，你是在驳斥他的可信度。

季南检察官：庭长先生，我想，如果仔细读一下我已提问题的法庭记录就可以得出结论，我正在努力从这个证人的表现来判断他是否有过错。我知道这个询问的目的是什么。我可能表达得不明确。我无法反对法庭按照自己认为适合的方式来理解我的话，但是我要对法庭所说的我的目的提出反对。我现在没有打算驳斥该证人的可信度。我正在试图确定他是否应该被驳斥。我希望知道他对自己所签的文件是否理解。

韦伯庭长：我只是简单听一下你要说什么，然后交给我的同事们来表态。如何裁决对我而言并不重要。我只能根据自己的理解陈述一下法律和通常做法，我不想在本法庭上引起任何过激的讨论。

季南检察官：庭长先生，检察方从未说过该证人说谎，或是对任何证人使用过侮辱性的语言，无论是该证人还是其他证人。我正试图查明该证人是否理解他所签字的文件，因为辩护方已直接地，至少是间接地，指控说证人对所签署的文件或其含义存在一些疑问。

韦伯长：关于"……是真实的吗"问题，本法庭多数意见认为反对有效。但你可以问，"你对要求你签名的文件是否理解？"

季南检察官：庭长先生，我是否正确理解了法庭裁决，是反对有效还是反对无效？

韦伯庭长：针对你问证人"他做的什么事是真实的吗？"这类问题，反对有效。

季南检察官：当然，我应当执行法庭的裁决，但我满怀敬意地请求允许我提醒法庭，在以往的每一次，当一位证人提供了宣誓证词，在本案中还被采纳为证据文件，而且之后证人出庭作证，通常都会允许并且也是惯例向证人询问他是否签署了该宣誓证词且证词是否真实。我们之前没有机会来做这件事。我们现在已经背离了常规的法庭程序，但是我还是会遵照法庭的裁决。

韦伯庭长：现在的情况完全不同于你所提到的以往情况。以前没有提出来问题。没有提出反对。而且，以前对证人的诚实也没有疑问，没有争论。但现在这个问题被尖锐地提出来，我们就必须做出裁决。

季南检察官：换言之——

韦伯庭长：但我们同意你可以问证人，他是否理解要求他签字的文件？

季南检察官：

问：关于证据文件第 401 号，当你在北平签署之前你是否认真阅读并理解它？

答：当时已经超过了凌晨 1 点。我读了中文版本，见它整体符合我所说过的话，于是我就签了。

问：我是否可以理解为——更正一下——法庭是否可以理解为，森冈先生，根据你的回答，你的确理解了文件内容，或是你不理解它？

答：请理解为我的确是理解它的内容——文件文本的内容。

问：你与萨顿先生三月份在北平进行了会谈，在这次会谈之前你是否关于此事会见过其他人？

答：没有。

问：那次会谈是在同一天或同一晚进行的吗？

答：检察方在晚上 10 点来到我家，我记得询问是在第二天凌晨大约 1 点 30 分结束。

问：从那天起至今天出庭，你是否见过检察方的任何人？

答：没有。

问：从那天起至今天出庭，你是否与检察方的任何人有过书信往来？

答：没有。

问：当你回到日本后，什么时间又首次听到有关这件事？

答：今天早上在进这间审判室前，我先去了一个美籍辩护律师的办公室，才首次又听到这件事。

问：哪个辩护律师？

答：在你左边的那位。

问：在我左边有好几位。是弗内斯少校吗？

答：是的。

问：你是如何正好去他的办公室的？

答：昨天，我从当地警察局接到一个通知，要求我今天上午来前军部大楼的 38 号房间。不久后，清濑博士派来了一个信使，说他把我的地址提供给了别人，所以想要确定一下这是否真的是我的地址。我告诉他，这个地址和他给出的是同一地址，并且我已收到警察局的通知。

翻译监督官： 然后信使就回家了——回去了。

答： （继续）大约上午 8 点我离开——我想是在今天上午大约 8 点，由于我不知道被传唤的原因，而且既然清濑博士派信使来确认我的地址，我就在来军部大楼的路上顺便去拜访了清濑博士。当时他正准备动身来军部大部，所以我就和他一起来了。

问： 你从清濑博士的信使那里听到了什么，是在早晨的什么时间？

答： 我去清濑博士家——我在今天早上 8 点左右拜访了清濑博士的住所，但我不记得信使是什么时间来的——信使来的确切时间。

洛根辩护律师： 如果法庭允许，我们反对首席检察官在此继续就这个方面提更多问题，理由是它不是——他现在询问的问题不在交叉质询的范围内，而且我们认为这些问题在试图攻击该证人的可信度。

季南检察官： 庭长先生，辩护方最初提出了仅仅提供宣誓证词但不传唤该证人出庭是否恰当的问题，至少是进行了强烈暗示。我们正在试图查明，当该证人接到传票出庭时他却出现在辩护方律师办公室这一情况的来龙去脉。我们已经听到了清濑博士的解释，但现在检察方对这种解释是否准确并不十分满意。而且，庭长先生，我们现在已经开始严重怀疑，该证人在从提供宣誓证词到出现在本法庭之间的这段时间已改变了他的观点，我们希望在法庭伦理允许的前提下，对引起他的观点和立场转变的原因进行尽可能全面的询问。

韦伯庭长： 现在，立场已经非常明显。检察方在质疑本方证人的诚实或可信度。现在唯一留下的问题是弗内斯少校是否应受到处罚。我们必须听一下他本人的观点。我们不希望有任何这些节外生枝的问题。我们原本已经有太多的问题需要决定，但如果有必要，我们将对他进行处罚。

季南检察官： 庭长先生，根据《远东国际军事法庭宪章》赋予检察方以及我本人作为首席检察官的神圣职责，在我看来该证人非常明显地发生了立场改变，我认为对这件事进行调查是我的职责所在。

韦伯庭长： 我们关注的第一件事是证人的可信度，关于这一点你几乎已经完全摧毁掉了。我们关注的第二件事弗内斯少校的行为。如果你们希望对此进行调查，我们就将开展调查。

季南检察官： 庭长先生，怀着对法庭的深深敬意，如果法庭可以容许我说这些话，以前我当检察官时，我的习惯和经验是对这样的事情提出指控并进行调查。现在我没有提出指控，但是在我看来他明显是转变了立场，我正在询问该证人有关这件事。我相信，法庭并不希望催促检察方进行指控，但我也非常确信法庭同样迫切希望知道关于立场转变的所有细节。我是以客观的角度来问这些问题。我从来没有提到过弗内斯少校的名字。我并不为这些事实负责，但我应试图——

韦伯庭长： 你没有提到弗内斯少校的名字，但证人在回答你提问时说了出来，首席检察官先生。我认为，如果我可以提出一个建议的话——我希望能得到同事们的支持——证人现在离开证人席，我们也不再提关于弗内斯少校的事了。

季南检察官： 如果我们这样做，庭长先生，法庭记录会显示，他的名字是由证人提出来的，然后庭长进行了评论，这都不是我做的。

韦伯庭长： 由于检察方对待证人的态度，不可能根据这名证人未经证实的证词对弗内斯少校进行指责。

弗内斯辩护律师： 你没有必要对任何事进行解释。

弗内斯辩护律师： 如果庭长阁下允许，我不喜欢受到任何暗示，指控我试图去改变该证人的立场、影响他的证词或是提出任何在我看来不是完全真实并能接受考验的事实。我做出以上声明，目的是使这个声明记录在法庭实录中。

季南检察官： 我希望法庭实录显示，有关任何美籍律师在本案中的不当行为，检察方没有提出指控。

韦伯庭长： 证人可以按惯例离开了。

（随后，证人退席。）

第十章
东京国际军事法庭判决书日本对华鸦片政策部分

东京国际军事法庭追究了日本侵华战争期间对华鸦片政策罪责，法庭起诉日本侵华鸦片政策违反多项国际禁毒公约，起诉被告日本战争头目违反国际禁毒公约的毒品侵华罪状，东京国际军事法庭经过审判后，对战时日本在华实行的毒化政策，曾有非常确定的定谳，法庭判决日本对华鸦片政策违反了国际禁毒公约有罪，犯了"破坏和平罪"。

在东京国际军事法庭判决书第一部中，引证了有关惩罚日本战犯问题的国际文件，第一部第二章《法》中"（丙）起诉书"部分，一开始就这样写道："在'破坏和平罪'的标题下，法庭宪章中列举出五项犯罪行为，这些罪行即指计划、准备、发动及执行侵略战争或违反国际公法、条约、协定或保证之战争；除此四项外，为达到上述目的而参与共同计划或阴谋的罪行也包括在内。"

判决书第一部第三章《日本的义务与权力》中，包括了"1912 年的鸦片公约"、"1919 年的和约"、"国际联盟的第二次鸦片会议"、1925 年的《日内瓦禁烟公约》与"1931 年的鸦片公约"，日本参与了上述四项国际公约的签字与批准，遵守国际禁毒公约是日本的义务与权力。

有关 1919 年和约及 1912 年、1925 年与 1931 年的国际禁毒公约，[①]判决书上逐一指出：

（1）1912 年 1 月 23 日在海牙国际鸦片会议签字的鸦片公约及最后议定书，"由日本及提出起诉的各国或日本及各国之代表签字及批准，在起诉书中所关联的全部期间，日本须受该约的约束。……为逐渐禁绝滥用鸦片、

---

① 有关 1912 年的《海牙禁烟公约》、1925 年的《日内瓦禁烟公约》与 1931 年的《限制制造及调节分配麻醉药品公约》，参见书后附录。

吗啡、高根及由此等质料制成或提取之药物能发生或可能发生同样毒害的药品起见，所以各国缔结了这个公约。日本及其他各缔约国均同意包括"日本应采取措施以逐渐切实禁止此类毒品之制造、贩卖及吸食"、"日本应采取措施禁止此类毒品偷运至中国或在华的日本租借地、居留地和租界"等公约条款规定。①

（2）"1919 年的和约"即《凡尔赛条约》。《凡尔赛条约》"是由日本以及提出起诉书各国以国家名义所批准的"。《凡尔赛条约》包含了"批准 1912 年 1 月 23 日在海牙签字的鸦片条约，以及规定由国联对于买卖鸦片及其他危险药品的协定施行作一般监督"等条款。②

（3）《日内瓦禁烟公约》的签字，"补充加强了 1912 年的鸦片公约。这一公约表现了缔约各国为禁绝非法贩卖及滥用鸦片、高根、吗啡及其他毒品所作的全面努力"。《日内瓦禁烟公约》中"规定了禁绝滥用鸦片及其他毒品之国联中央常务委员会的组织与机构。并且日本及其他签字国均同意了许多事项，其中包括有下列各点：

①日本应制定法令，保证切实取缔鸦片的生产、分配和输出；并限制专供医药上及科学上之用的为公约中所指定的鸦片及其他毒品的制造、输入、贩卖、分配及使用。

②关于鸦片公约中所指定之毒品的生产、制造、原料、消费、没收、输入、输出、政府消费等项，日本应每年尽量编制完全而正确的上年度统计书送交国联中央常务委员会。"③

（4）1931 年 7 月 13 日在日内瓦签字的《限制制造及调节分配麻醉药品公约》"以限制制造及调节分配麻醉药品公约而闻名"。"这个条约由日本及起诉书各国及其他五十九国或由日本及各国之代表签字、批准或加入。这个公约是补充前述 1912 年和 1925 年的鸦片公约，并使其更加有效。日本和其他缔约国均同意了下列各点：

①关于这公约中包含的各项药品，在适用这公约的全国各地依照公约规定在医药上及科学上所需用的数量及输出方面所必要的药品数量，日本应按

---

① 张效林译：《远东国际军事法庭判决书》，群众出版社 1986 年版，第 31 页。
② 张效林译：《远东国际军事法庭判决书》，群众出版社 1986 年版，第 31 页。
③ 张效林译：《远东国际军事法庭判决书》，群众出版社 1986 年版，第 39-40 页。

年编制估计书送交国联中央常务委员会。

②日本在上述各地每年所制造的毒品，不得超过上述估计书中所载明的数量。

③非遵照这公约的规定，不得将任何药品输入到任何缔约国的领土内，或从缔约国领土内输出之。"①

东京国际军事法庭判决书在第二部第五章《日本对华的侵略》中，叙述了审判中所判明的日本侵华具体犯罪行为与事实与日本在侵华战争期间犯下的各种战争罪行——屠杀、放火、抢掠、强奸，以及毒气战、细菌战等战争罪行一起，写进了日本侵华期间生产、贩卖和使用鸦片等毒品的战争罪罪行。判决书指出，日本侵华战争期间不仅在伪满洲国、内蒙古、华北、华中与华南中国广大地区大肆进行种植鸦片、设厂制毒、贩卖毒品等毒化活动，祸害占领区民众，还将毒品运往世界各地、流毒世界，1937年国联曾指出，世界上百分之九十的非法"白面"麻药都出自日本人之手。东京国际军事法庭认定了日本鸦片侵华的罪行，以下是法庭判决书《日本对华的侵略》中日本鸦片侵华罪行部分。

1.鸦片与麻药

日本为了供给它在伪"满"工作的经费，为削弱中国方面的抵抗力量，允许并发展了鸦片及麻药交易。早在1929年，中国政府就努力欲履行根据1912年和1925年禁烟公约所负的义务。中国政府公布了禁烟条法，并自1929年7月25日开始施行。计划在1940年前逐渐禁绝鸦片的生产和消费。日本是上述禁烟公约的签字国，有义务协助中国政府限制在中国境内制造贩卖麻药，并防止麻药秘密输入中国境内，俾得禁绝吸食鸦片的恶习。

在"九一八"事变时及其后不久的期间，鸦片和麻药的主要出处是朝鲜。日本政府，在朝鲜的京城开设了制造鸦片和麻药的工厂。波斯鸦片也向远东输出。日本陆军在1929年从船载货物中没收了约达一千万盎司的大量鸦片，把它储藏在台湾，准备作为将来日本军事行动的费用。在台湾另有一个非法的制毒厂。日本大藏大臣高桥是清在1936年被暗杀前，他在新营（sinei）所经营的可卡因工厂，每月生产了200至300公斤的可卡因。这是

---

① 张效林译：《远东国际军事法庭判决书》，群众出版社1986年版，第40-41页。

为了取得战费的目的，特别准许贩卖其制品的唯一工厂。

凡日本陆军在中国的所到之处，立即跟随着军队而来的，就是朝鲜人或日本人的鸦片商人，日方当局对于他们的贩卖毒品，不作任何取缔。有时候这些鸦片商在侵略军队之前就被派出，使他们从事阴谋、间谍及破坏行为，为侵略军作事前的准备。凡被日本所占领的地方，从占领时起到日本投降为止，鸦片和麻药的使用都日益增多。

因为鸦片交易的利益非常大，所以像三菱商事和三井物产这种日本贸易公司，由于外务省的斡旋，竟至签订了规定各自的鸦片贩卖地域和供给额的契约。

日本从事麻药交易的真正目的，不仅是要腐化中国人民，并且有比这更阴险的性质。日本签字并批准了禁烟公约，有不得从事麻药交易的义务。借着伪满洲国在名义上的独立，但实际上是假的独立，来对全世界进行麻药交易，而将罪名归之于这个傀儡，这就是日本所找到的方便机会。在朝鲜出产的大部分鸦片都输往满洲。把满洲所栽培的以及自朝鲜与其他地方输入的鸦片，在满洲精制后再运往世界各地。1937年国联曾指出，世界上百分之九十的非法"白面"麻药都出自日人之手，经常是由日人或在日人监督下，在天津日租界，大连及其他满洲、热河或中国人城市所制造的。[①]

2.兴亚院

兴亚院主要是掌管占领区的行政事项。这个叫做兴亚院的新机关是1938年12月16日设立的。它的总裁是首相，副总裁是外务、大藏、陆军、海军各大臣。根据它的规制，兴亚院管理下列事项。即提出关于政治、经济、文化等政策的方案；监督根据特别法发展中国企业的公司或经营商业的公司；调整日本政府各机关的对华行政事项。

……

在兴亚院所掌管的种种事项中有鸦片这一事项。兴亚院研究中国各地的鸦片需要状况，办理分配鸦片到蒙古、华北、华中及华南各地的工作。[②]

---

① 张效林译：《远东国际军事法庭判决书》，群众出版社1986年版，第317-318页。
② 张效林译：《远东国际军事法庭判决书》，群众出版社1986年版，第351-352页。

3.在华贩卖毒品[①]

随着在中国北部、中部及南部军事行动的发展，日本随时采用了与在满洲所推行的类似方针。毒品的买卖是与军事行动和政治发展相关联的东西。由于毒品买卖，为日本所设立的种种地方政权取得了大部分的资金。否则，这些资金就要由日本供给或由增加地方税来筹措。至于吸鸦片者的大量增加对于中国民众道德上的影响那是容易想象得到的。

1937 年后与在中国的鸦片买卖有关的是日本的陆军、外务省和兴亚院。三菱商事公司和三井物产公司为日本、伪满洲国和中国采购了大量的伊朗鸦片。由于外务省的安排，这两家公司在 1938 年缔结了关于鸦片输入地和划分鸦片贩卖区的协定。由三菱办理对日本及伪满洲国的鸦片供给，由三井物产办理对华中华南的鸦片供给。对华北的供给由两家公司平分。每年的鸦片购入额由日本、伪满洲国和中国的"官厅"决定后通知这两家公司。根据兴亚院的请求修改了这项决定，于是规定设立伊朗鸦片购买组合，这组合的鸦片营业，由三菱三井两公司平均分担。

关于贩卖鸦片，是委托给中国派遣军在各城镇所设立的特务机关去办理的。兴亚院经济部指定华北、华中及华南的鸦片需要量，并管理其分配。贩卖鸦片的利益交给兴亚院。后来设立了戒烟总局，由伪"维新政府"管理鸦片买卖，这个"政府"在一定程度上是依靠鸦片来支持的。但是，就在这时候，兴亚院和华中日军司令部依然具有决定关于鸦片买卖方针的责任。

1937 年 6 月在国际联盟"鸦片买卖顾问委员会"上，该委员会公开说，在华的非法买卖随着日本的侵入而日益增加了。

4.内蒙古

在已经谈过的 1935 年"土肥原·秦德纯协定"后，中国军队撤出了北察哈尔，日本势力侵入察哈尔省及绥远省。于是奖励农民种植更多的鸦片。结果，鸦片产量有了相当大的增加。

5.华北

在华北，尤其是在河北省、山东省，自 1933 年的"塘沽停战协定"和规定非武装地区以后，中国人就不能取缔鸦片的买卖了。于是鸦片中毒者的

---

① 张效林译：《远东国际军事法庭判决书》，群众出版社 1986 年版，第 368-370 页。

数目有惊人地增加。关于鸦片供给，是由日方所管理的各公司和组合来办理的。

1937年天津被占领后，毒品吸食者有显著的增加。天津日本租界以海洛因制造中心地而闻名。设立在日本租界的海洛因工厂至少有两百家。1937年5月，国际联盟"鸦片买卖顾问委员会"说：世界上所禁止的毒品"白丸"（使用海洛因的丸药），几乎百分之九十是在天津、大连及在其他满洲和华北城市所制造的日本货，这是大众都知道的事实。

6.华中

在华中也实行了实质上和以上各地一样的行为。在1937年前，南京差不多已经肃清了鸦片吸食者。自被日军占领后，公开进行毒品买卖，甚至在报纸上登载广告。在1939年秋以前，以南京每月贩卖鸦片的规模来推测，只从收入一点来看，这种事业对于日本政府是如何重要已很显然。我们认为对于毒品买卖已无更详细加以叙述的必要。我们只要说一点就够了。即在1937年后，在上海，在华南的福建省、广东省，在其他地区，在日本所占领的任何省或大城市，一经占领，鸦片买卖就与上述中国各地一样的规模而增加起来。

上述军事法庭判决书《日本对华的侵略》中日本鸦片侵华具体犯罪行为与事实，根据国际禁毒公约与日本是国际禁毒公约的签字国、批准国，以及根据东京国际军事法庭判决书第二章《法》中"（丙）起诉书"部分规定："违反国际公法、条约、协定或保证之战争"的战争犯罪行为，日本严重违反了国际禁毒公约，犯下了"破坏和平罪"的战争罪行，这已是不争的事实，东京国际军事法庭理应彻底清算日本"鸦片侵华"的罪责，与此同时，在中国政府厉行禁烟禁毒的数次运动中，日本无视中国国内法，非法向中国输入毒品，以毒品进行这场侵华战争，因此，日本在华进行毒化活动的大背景是国际非法化与中国国内违法化，既阻挠了中国政府全面推进禁烟政策，又破坏了国际间对毒品的控制，无论是在国际法层面还是在中国国内法层面上，都应该无限期地追究与清算日本侵华战争期间鸦片流毒中国与世界的罪责，这是一切爱好和平、反对侵略、怀抱消灭毒品理想的国家与人民的权利与义务。

第十一章
毒品与侵华战争

　　鸦片伴随着日本侵华战争始终，在日本蚕食、鲸吞中国领土的过程中，日本领事馆、特务机构、陆军、海军、大财团、傀儡政府、日本人操纵的贩毒机构与公司等，在其控制的殖民地、租借地与沦陷区，大规模进行鸦片、海洛因、可卡因生产与贩卖及使用，大肆进行毒化活动。日本首相、外务、大藏、陆军、海军各大臣等日本政府高层官员，日本士兵、宪兵、警察、日本浪人、包括"成千上万的大概由天皇释放出来的罪犯"[①]在内的日侨，以及大多数日籍台湾人、朝鲜人，无一例外地纠合于这场毒品战之中，毒品与侵华战争紧密结合，毒品成了侵华日军进行战争的一种方式。本章在前述各章内容基础上，对形成毒品与侵华战争间突出的关联方面进行归纳总结。

第一节　侵华日军军费从哪里来？

　　日本侵华战争是靠什么来维持的呢？东京国际军事法庭检方所提供的证据文件——国联与美国财政部文件等相关资料显示，日本利用贩毒榨取的巨额收入，扩充了侵华军费，强化了对殖民地的统治、对沦陷区的控制，鸦片收入成为日本在中国战区进行战争的经济支柱。

　　日本对华毒品战从一开始就与日本侵华军费有关。"如若考究日本依靠贩卖鸦片资助侵略战争的肇始，则应追溯到日本把台湾作为殖民地统治之际采取了鸦片专卖制度之日算起。"[②]台湾殖民当局推行毒化政策后，在短短数

---

　　① 万斯白著，康狄译：《日本在华间谍活动》，重庆出版集团、重庆出版社2014年版，第35页。

　　② 刘明修：《台湾统治和鸦片问题》，山川出版社1983年版。引自〔日〕山田豪一著，穆传金译：《1910年前后日本对华走私鸦片吗啡的秘密组织的形成》，《国外中国近代史研究》第12辑，第251页。

年后的 1904 年，日本中央政府就停止了向台湾总督府提供财政补充金。赢得了财政独立的台湾殖民当局，不仅巩固了日本殖民当局统治台湾的经济基础，也为日本政府增加了大笔财政收入，为积极扩军备战的日本军事集团进行日俄战争、侵占中国东北赚得了大量军费。

日俄战争后，为了巩固与扩展其既得权益，并筹划侵入中国其他地方，日本派遣大量的浪人特务来华，这需要一项稳固的财源以支持特务活动，于是在中国贩毒赚钱成为日本浪人特务最方便、最主要的一项"一举两得"的财政收入。[①]1916 年，台湾总督府专卖局长加来佐贺太郎向首相大隈重信提出，如果在中国 4.2 亿人口里有 5% 的人口吸食鸦片，假定沿用台湾鸦片专卖的方法，每年可以赚 5.54 亿日元的利润。

台湾殖民当局开辟了这条鸦片专卖赚取军费财源的途径后，侵华日军就进入这场毒品站的毒化链条上，积极参与在华毒化活动，在 20 世纪 10 年代后半期，高居日本向中国走私鸦片、吗啡等贩毒网络机构这个金字塔顶端的是日本政府和关东军等日本陆军。日本陆军从这条毒品链条中获取的巨额利润，成为日军侵华战争的主要财源。

日本关东军的主要财源之一就是鸦片税及贩卖鸦片的高额利润。在"九一八"事变前，东北的贩毒活动与日本占领军有密切关系，"关东州"的贩毒活动有日本军队的保护与参与，"从一开始，关东军司令部负责政治事务的第四课即将鸦片作为征服中国的一种特殊武器，据说关东军发动'九一八'事变的费用几乎全部来自于其第四课和第二课的贩毒网。"[②]"九一八"事变后，1931 年 9 月 22 日，日本关东军下发《满蒙问题解决方案》，推出了所谓"在我国支持下，包括东北四省及蒙古区域在内，成立以宣统帝为首的中国政权，进而使这一地区为满蒙各民族的乐土"的方针，开始筹划满蒙地区的鸦片政策，[③]在这片"乐土"上推行毒化政策，确保毒化政策带来的鸦片收入成为关东军控制的主要财源。

---

① 冈田芳政、多田井喜生、高桥正卫合编『続·現代史資料(12)鴉片問題』、東京、美玲書店、1986年。引自李恩涵：《伪满洲国的毒化政策》，《中央研究院近代史研究所集刊》第 25 期，1996 年 6 月，第 277 页。

② 华永正：《日本军事贩毒内幕》，《广角镜》第 213 期。引自连心豪：《日本据台时期对中国的毒品祸害》，《台湾研究集刊》1994 年第 4 期，第 70 页。

③ 中共河北省委党史研究室编，邓一民主编：《日本鸦片侵华资料集(1895—1945)》，中共河北省委机关文印中心 2002 年版，冀出内刊第 1085 号，第 14 页。

1932 年 6 月 4 日，关东军参谋长致电陆军次长称："伪满洲国的财政目前遇到很大困难，由于在维持和平与秩序上面临的困难，很难实现在建国时估计的 6400 万元收入。由于这个数字中包括了 1900 万元海关收入和 1000 万元鸦片专卖收入，而伪满洲国的估计支出为 9300 万元，除非它能迅速找到一种方法增加收入，否则伪满洲国将会处于困境中。"[检方文件 613 号（法庭证据号 227)][1]这则东京国际军事法庭检方证据材料很清楚地说明了关东军已把鸦片收入视为伪满洲国的两大财源之一。

1937 年 1 月 13 日，美国驻上海财务公使在报告中说：1936 年 9 月中旬，日本在北平和通县建立了毒品走私机构，通县的称为"东亚同乐社"，北平的则称为"东亚同乐分社"。日军利用通县往北平调防之际，让军人"携带了大量的毒品，以逃避中国警方的搜查。在毒品被带入北平后，浪人们会将毒品利润的 35% 分给日军"。[检方文件 9519 号　（法庭证据号 399)][2]

除了上述美国驻上海财务公使报告上所言外，东京国际军事法庭有多项证据都证明了对华毒品战所产生的收入，成了日本侵华战争的军费。前述东北、华北、华中与华南毒品形势章节中已引用了相关证据与证人证词，譬如证人郭余三的证词，日军占领北平后郭余三在北平经营鸦片烟馆，须向日本人控制的禁烟机构缴纳进入烟馆行业的许可费，当时北平的鸦片烟馆分为三级，郭余三经营的烟馆属 B 级，"每个月必须缴纳 100 元中储券。A 级鸦片烟馆的付费加倍"，C 级支付一半费用。[检方文件 1707 号（法庭证据号 402)][3]

在华中地区，1938 年 12 月 10 日，美国驻上海财务公使在报告中指出："在过去的几个月中，上海的日本特务机关一直在从虹口向公共租界和法租界输送波斯鸦片，由 14 家获日方批准成为其鸦片代理的秘密鸦片商行进行出售。""波斯鸦片由三井物产在日军授意下，从波斯进口运到上海。每箱波斯鸦片是 160 磅或 1920 盎司。三井物产以每盎司 5 元的价格卖给鸦片商行。鸦片商行的零售价格大约为 9 元。以这种方式，日军特务机关每箱可赚

---

[1] Transcripts of the Proceedings of the International Military Tribunal For the Far East（《远东国际军事法庭庭审记录》），第 2844 页、第 2838 页。

[2] Transcripts of the Proceedings of the International Military Tribunal For the Far East（《远东国际军事法庭庭审记录》），第 4800 页。

[3] Transcripts of the Proceedings of the International Military Tribunal For the Far East（《远东国际军事法庭庭审记录》），第 4810 页。

3000 到 4000 元。"[检方文件 9542 号(法庭证据号 418)][①]

华中宏济善堂的负责人里见甫,在东京国际军事法庭上,接受检察官询问时回答说:他从 1938 年开始在上海为特务部经营鸦片,1938 年开始销售从波斯进口的鸦片 2000 箱,大约在 1940 年销售"蒙疆"进口的蒙古鸦片 2000 箱。销售 1000 箱鸦片,利润差不多是 2000 万元。这 2000 万元的鸦片销售利润归特务部和兴亚院。

1938 年 12 月 27 日,美国驻上海财务公使进一步报告:"为提高收入,满足紧急的军费开支,日方最近与南京的傀儡政权商议,将实施鸦片统一专卖制度。所有现行的鸦片垄断规定将立即废止,同时,在江苏、浙江和安徽建立一个名为禁烟总局的中央垄断机构,在中国这片区域的整个日战区内全面负责鸦片专营,包括鸦片的进口、运输和分销,发放许可,指定销售代理和征收鸦片收入等。"[检方文件 9543 号(法庭证据号 419)][②]

在华南地区,日军占领广州后,亦将鸦片收入视为重要的财源。日军特务部控制了鸦片的贩卖并鼓励鸦片消费。特务部通过福民堂控制了广州鸦片贸易,其贩毒所得收入"到目前为止全都缴纳给了日军的特务部,并归入一项'特别基金'。但是,据说目前也在考虑允许地方'傀儡'政府来征收这笔收入,可能会留下至少一部分资金,而特务部可能会继续从进口鸦片以及向垄断企业出售鸦片中谋利"。"所有信息均表明丰厚利润中的绝大部分都进入了日本的'特别基金'。……从众所周知的日本人对贩毒的态度以及在关东占领区取得的经济收入负值,完全可以推测出,鸦片贩卖将继续得到支持,从而成为军队军饷的一种最容易获得、最持续和最佳的资金来源。"[检方文件 9509 号(法庭证据号 413)][③]

从这场毒品战中,日本人究竟攫取了多少利润?又有多少利润成了日军侵华的军费?我们不得而知。在第九章《华中、华东的毒品形势》中,曾转引了日本历史学家江口圭一有关华中宏济善堂牟取鸦片利润的一项统计数

---

① Transcripts of the Proceedings of the International Military Tribunal For the Far East (《远东国际军事法庭审记录》),第 4868–4869 页。

② Transcripts of the Proceedings of the International Military Tribunal For the Far East (《远东国际军事法庭审记录》),第 4869 页。

③ Transcripts of the Proceedings of the International Military Tribunal For the Far East (《远东国际军事法庭审记录》),第 4844 页。

据，从 1939 年 6 月到 1944 年 4 月，华中宏济善堂在不到 5 年的时间里，竟从经营鸦片中牟取了 10 亿日元的巨利，"若用此款建造当时日本最新型翔鹤或瑞鹤级航空母舰（载重 25675 吨，搭载飞机 84 架，每舰造价 8000 万日元）即可建造 12 艘之多。①

这项统计只是在华中，是日本在鸦片控制上与东北、华北地区相比控制力更为薄弱的华中地区，而且时间不足 5 年，而这场毒品战长达半个世纪之久，华中之外，还有中国的台湾、东北、华北、华东与华南广大区域——都在日本毒化活动范围之内与掠夺之中。仅东北一地，如果从 1905 年"关东州"开始算起，到日本投降，时间就长达 40 年；即便从 1931 年算起，到日本投降，也有漫长的 14 年。日本在东北所享有的广大的经济与行政特权，以及关东军驻军与散布于各地的领事馆警察，由此决定了日本对东北鸦片业的控制程度。东北在日本控制的漫长时间里，年产鸦片千万两，据伪满总务厅次长古海忠之估计，在伪满存在的 13 年半中，共收缴鸦片约 3 亿两，平均每年达 2200 万两。如此庞大的收入，是开支巨大的侵略军费的重要财源。

除伪满洲国以外，还有中日战争全面爆发后成为全中国沦陷区鸦片来源之地的"蒙疆"地区，其数额巨大的鸦片销售量也十分具有说服力，伪"蒙疆政权"从 1939 年至 1942 年度鸦片销售总量为 1982 万两，其中销往上海 1098 万两，销往华北 482.5 万两，销往关东州 238 万两，销往日本 84 万两。②如此巨额的鸦片销售量，其所获鸦片收入的相当部分成为开发"蒙疆"地区矿产资源、实现日本战时"蒙疆"地区产业开发计划的资本，以供给侵华日军对能源的需求，"其供给之主要资源有国防工业，重工业之基本原料铁、煤炭，以及羊毛等重要军需品。尤以铁及煤炭，更是日本最需要之物品。"③

"实际上，日本依赖鸦片发动'全面战争'，即使太平洋战争的决定性失败迫使它放弃中国鸦片问题上的主张之后也是如此，"没有鸦片，日本就不可能发动"全面战争"④，可见鸦片在日本侵华战争中的支柱作用。

---

① 参见〔日〕江口圭一著，宋志勇译：《日中鸦片战争》，天津人民出版社 1988 年版，第 65 页。
② 中共河北省委党史研究室编，邓一民主编：《日本鸦片侵华资料集（1895—1945）》，冀出内刊 1085 号，中共河北省委机关文印中心 2002 年版，第 37 页。
③ 〔韩〕朴橿著，游娟镮译：《中日战争与鸦片（1937—1945）：以内蒙古地区为中心》，国史馆印行 1998 年版，第 224 页。
④ 小林元广：《激烈的鸦片竞争：日本对汪精卫政权》，〔加〕卜正民、〔加〕若林正编著、弘侠译：《鸦片政权：中国、英国和日本（1839—1952）》，黄山书社 2009 年版，第 388 页。

第二节　日军与毒品

　　在清政府十年禁烟运动的背景下，日本向中国走私鸦片、麻醉品的行为，越来越受到国际社会的强烈谴责。1918 年 11 月 21 日，《北华捷报》（North China Herald）刊文谴责日本走私鸦片，揭露日本官民一体从事走私鸦片交易的内幕。1919 年 2 月 14 日《纽约时报》（New York Times）转载了这则新闻。[①]

　　1917 年，田中义一在中国视察旅行后，对日本在华走私鸦片的后果表示担心，他说："日本的奸商在日本法权的庇护之下从事欺骗奸诈行业者为数不少……因为构成中国对日本感情恶化的因素亦甚大。"[②]所以要寻找一条更具欺诈的走私途径，确保日本在华走私贩毒不"构成中国对日本感情恶化的因素"。

　　为了躲避国际舆论的谴责，日本需要找到一条通向走私贩毒的更安全、更隐秘的途径。1918 年至 1922 年，日本陆军出兵西伯利亚，在一份《第 11 师团驻本区域鸦片栽种事业报告》文件中披露，西伯利亚派遣军控制了俄国所领有的沿海州的鸦片产地，独占了该地区的鸦片，并用军舰将鸦片运至青岛。[③]西伯利亚派遣军所积累的种植与收集鸦片的经验，以及派遣军舰运送鸦片到青岛、提供鸦片货源的方式，为日本以更隐秘、更具保证性方式进行对华走私鸦片找到了途径。

　　日军加入走私贩毒的行列，巨大地增加了日本制毒、运输毒品等毒化活动的隐蔽性。为了更秘密地生产毒品，制毒工厂甚至就设置在日军驻扎区

　　① 中共河北省委党史研究室编，邓一民主编：《日本鸦片侵华资料集（1895—1945）》，中共河北省委机关文印中心 2002 年版，冀出内刊第 1085 号，第 6 页。Arnold H. Taylor, American Diplomacy and the Narcotic Traffic , 1900—1939: A Study in International Humanitarian Reform.Durham , N.C,: Duke University Press,1969.p137.
　　② 田中义一秘件《对华经营私见》，1917 年 9 月，第 6 页。引自〔日〕山田豪一著，穆传金译：《1910 年前后日本对华走私鸦片吗啡的秘密组织的形成》，《国外中国近代史研究》第 12 辑，第 268 页。
　　③ 中共河北省委党史研究室编，邓一民主编：《日本鸦片侵华资料集（1895—1945）》，中共河北省委机关文印中心 2002 年版，冀出内刊第 1085 号，第 11—12 页。

内，南满洲制药 KK 社长山内三郎曾撰文承认，大正末期，日本"众多的技术人员和工人纷纷去中国大陆，并在当地组成了产供销的网络。其中也有富山的药行商人。当地的生产组织主要扎根在满洲和华北的日军驻地附近，在日军充分保护下，利用热河生产的鸦片制造海洛因。""日本制药者开始就地生产的地方，无论是满洲还是华北，都是在日军的驻屯区域内，不仅把日军作为隐身草，而且会得到充分的保护，可谓固若金汤。"①1934 年，山内三郎所设立的南满洲制造株式会社大量生产海洛因，走私进入冀东转运华北各地，为保护其安全营业，日本宪兵甚至发给贩毒者"安导券"；贩毒者因获利巨大，向日军捐献飞机。

日本军方默许与支持在中国贩毒的日本人、日籍朝鲜人与台湾人，如果没有日本军方的庇护，他们在中国的贩毒活动难以进行。据统计，跟随日军在华北各地作战的踪迹而随军贩毒的朝鲜人，约有 12000—13000 户，共约 6 万人，其中 90% 是以贩卖海洛因为生。②日本军队甚至明目张胆地干涉中国当局对日籍毒贩执法，1930 年，9 名日籍贩毒者伪装成卖药郎中，在昌黎贩卖吗啡、可可因、海洛因等毒品被中国方面抓获，日驻山海关军队竟强迫中国方面释放这 9 名日籍贩毒者。

关东军与华北驻屯军是进行毒化活动最为突出的侵华日军，东北与华北是日本进行毒品侵略的主要地区，是日本战前与战时进行制毒与贩毒的重点区域。前述庇护制毒和以军需品名义运输毒品等毒品犯罪行为，均与关东军与华北驻屯军有直接关系。关东军制造了"九一八"事变，华北驻屯军蓄意挑起了卢沟桥事变，他们都是侵华战争的急先锋，他们也是毒品侵略中国、浸满了毒品罪恶的贩毒军队。为了增加其"机密费"（特务费）的收入，关东军与华北驻屯军直接参与贩毒。③在东京国际军事法庭上，证人皮特·J.劳莱斯作证：日军占领北平城后，日本军车在城

---

① 中共河北省委党史研究室编，邓一民主编：《日本鸦片侵华资料集（1895—1945）》，中共河北省委机关文印中心 2002 年版，冀出内刊第 1085 号，第 7 页。〔日〕江口圭一著，宋志勇译：《日中鸦片战争》，天津人民出版社 1988 年版，第 25 页。

② 冈田芳政、多田井喜生、高桥正卫合编『続·现代史资料（12）鸦片问题』，第 416-417 页。引自李恩涵：《伪满洲国的毒化政策》，第 277 页。

③ 家永三郎：《太平洋战争》，东京：岩波书店，1968 年，第 193 页。引自李恩涵：《日本在华北的贩毒活动（1910—1945）》，《中央研究院近代史研究所集刊》第 27 期，ⓒ中央研究院近代史研究所 1997 年，第 58 页。

中大量运输鸦片。①在中国沿海，日本用军舰运送毒品，"日本炮舰在中国大河区也做同样的事。"②

万斯白曾这样描述侵华日军这支贩毒军队："哈尔滨有一家日本商行专门运输鸦片入中国，他们把印有'日本军用品'字样的鸦片用日本船运往天津、北京，汉口及其他各埠。该行的经理是日军军官重要职员，他们全部穿便服，装扮成普通商人的模样。装载着鸦片的船只每天都打着运送日本军用品的招牌川流不息地出现在中国内地的各个港口，特别是以上所说的天津、北京等有日本驻军的中国城市。如果某个中国城市没有日本驻军，这些船只上面就会打上外交物品的字样。甚至日本的军舰也充当起了毒品运输船角色，日本的大型军舰经常往中国的沿海城市运送毒品，而在大型军舰进不去的中国内河，日本军方采用小型炮艇运毒。中国的各大河流之中都有日本的运毒船。"③

东京审判庭审记录留下了沦陷区日军进行毒化活动、致使毒品泛滥的罪证。在东京国际军事法庭上，检方证人原田熊吉在证词中说："1933、1934和1935年，当我在满洲担任关东军总部和'满洲国'政府的联络官时，鸦片组织运行良好、效率也很高。关东军的特派参谋为'满洲国'政府提出建议，不是直接地，而是通过在'满洲国'政府的日本顾问。'满洲国'政府研究他们对鸦片的需求，接受日本人的建议，然后建立了鸦片专卖局。在满洲的早期发展中，如果没有日本人的支持，他们是不可能取得这些成果的。"[检方文件9554号（法庭证据号423)]④原田熊吉的证词充分说明了关东军与日人在东北毒化"成果"之间的关系，军事法庭检方提供的美国政府为了抵制鸦片和麻醉毒品进入美国而实施项目的调查报告，也正反映了关东军在东北进行毒化活动的部分"成果"。

中日战争全面爆发后，日军为了筹措军费，大量运进波斯鸦片。在日军

---

① Transcripts of the Proceedings of the International Military Tribunal For the Far East（《远东国际军事法庭庭审记录》），第2691页。

② 中共河北省委党史研究室编，邓一民主编：《日本鸦片侵华资料集（1895—1945）》，中共河北省委机关文印中心2002年版，冀出内刊第1085号，第17页。

③ 万斯白著，康狄译：《日本在华间谍活动》，重庆出版集团、重庆出版社2014年版，第92页。

④ Transcripts of the Proceedings of the International Military Tribunal For the Far East（《远东国际军事法庭庭审记录》），第4877页。

授意下，波斯鸦片被运抵上海，存放在军用码头的仓库里，并派士兵把守码头和仓库。东京国际军事法庭检方提供的证据文件以及里见甫等证人的证词都证明了这一事实，日本特务里见甫受华中方面军特务部楠本实隆大佐邀请到上海负责毒品贩卖工作，兴亚院华中联络部授意成立毒品贩卖机构华中宏济善堂以牟取巨利，为侵华战争提供财力物力支持等，所有这些证据都证明了侵华日军与这场毒品战之间的关系。

在中日战争期间，关东军、华北驻屯军、驻蒙军、华中派遣军、特务部，以及日本海军都策划并直接参与了毒品的运输与贩卖、默许与保护毒品生产与毒贩贩毒、操纵傀儡政府推行毒化政策，引诱与胁迫农民种植鸦片等毒化活动，由于侵华日军的全面参与，使得侵华日军的军事进攻与毒品进攻相互配合、紧密结合在一起，日军甚至连战败逃亡也还要依靠鸦片。

1945 年，日本战败之际，溃败逃亡的日本军人依靠的还是鸦片。1945年 8 月 9 日，苏军进攻盘踞在东北的关东军，关东军迅速溃败，关东军特务处军官木村明说，"钱已经用完了，" "逃跑路上，我们只有用鸦片换东西吃。没鸦片，寸步难行。"为了掩盖关东军贩卖鸦片的事实，关东军总部的鸦片被及时地挖洞掩埋掉，否则， "关东军将因贩卖鸦片而被世人耻笑。"[①] "没鸦片，寸步难行"，这或许比较准确地表达了日军与毒品之间的关系，侵华日军利用毒品的罪恶，使得日本侵华战争更是一场真正意义上的鸦片战争。

第三节　毒品：侵华日军进行战争的一种方式

日本殖民统治台湾时形成的鸦片侵华政策，在向中国大陆推广过程中，最终确立为"以毒养战"、"以毒制华"的战略目标，走上了由国家有组织、有系统、有计划推行的侵华国策，日本秘密、半公开甚至完全公开地对华贩毒活动，其背后代表的是一套日本对中国的毒化政策。日本对华鸦片政策是

---

① 钟欣：《侵华日军在中国倾销鸦片内幕》，《山西老年》，2013 年 2 期，第 22 页。

由以首相为总裁，外务大臣、大藏大臣、陆军大臣、海军大臣为副总裁的兴亚院，以及兴亚院以后的大东亚省制定和掌握。日本对华鸦片政策在向中国推行的过程中，逐步形成了一种制度贩毒模式，以及与鸦片侵华战略紧密结合的各项毒化战术。时任南京国民政府内政部禁烟委员会主任委员、曾代表中国政府出席过国际禁烟会议的王德溥，在1946年著文《日本在中国占领区使用麻醉毒品戕害中国人民的罪行》，叙述了日本进行毒化活动的主要手段：

（a）敌人明令划定种植罂粟地带，并告示百姓可向当地政府请愿，得到种植鸦片的帮助。鸦片产品由日本人或日本人赞助之机构以固定价格收购，随后，再以高价销给各家烟馆（根据河南省政府1940年7月7日、1942年6月29日呈文和1942年4月16日山西省政府呈文）。（b）办学校和组织流动讲演团，传授种烟技术和收集鸦片方法（根据湖北省政府1941年3月19日呈文；军委会战地党政委员会1941年10月17日呈文）。（c）设置大规模烟毒工厂，提炼毒品运销各地（根据河南省政府1943年3月11日呈文）。（d）利用伪政权公布法令和对鸦片实行专卖（根据军委会战地党政委员会1942年11月呈文；南京警察局1945年11月14日呈文）。（e）日本掮客、特务、浪人、伪组织和日本商人无不卷入鸦片菹卖的交易机关（根据河北省政府1935年5月22日呈文；军委会战地党政委员会呈文）。（f）日军官兵、汉奸、浪人和妓女使鸦片蔓延于各乡村（根据河南省政府1941年5月2日呈文）。（g）以鸦片充作伪组织官兵薪饷（根据湖北省政府1942年1月29日、1945年2月21日呈文）。（h）按户配发鸦片和定期收取吸后之灰烬（根据河南省政府1941年12月12日呈文）。（i）规定以烟毒为社会交际酬应必备品（根据东北先遣军大本营政治部1941年12月17日呈文）。（j）抗拒毒化之人常被指称为反日思想犯或我方探员，严刑惩处（根据山西省政府1944年11月30日和1944年6月20日呈文）。[1]鸦片侵华战略战术手段、制度贩毒模式与侵华日军军事进攻结合，形成了侵华日军进行战争的一种方式。

---

[1] 王德溥著，郦玉明译：《日本在中国占领区内使用麻醉毒品戕害中国人民的罪行》，《民国档案》，1994年第1期，第56页。

在这场毒品战中，日本推行的对华鸦片政策，兼具了战略与财源两方面。中日战争全面爆发前，日本在华的贩毒活动与军事挑衅、政治渗透紧密结合。全面战争爆发后，日军的武力进攻为沦陷区大肆进行毒化活动打开了局面，烧杀抢掠等战争暴行与毒品侵华暴行互相配合，而始终未变的是贩毒所得是日军与傀儡政府的主要财源。

一方面，毒品既能杀人又能获利，在杀人的同时，又供给侵略军大笔购买杀人炮弹的军费，以及维持傀儡政府加强对殖民地、沦陷区统治的财政开支；从台湾开始，这场毒品战基本沿着一种模式进行，日军每控制一地方，毒贩随即而至，日军很快扶持傀儡政府，推行毒化政策，建立鸦片专卖局或戒烟局，或大连宏济善堂，或华中宏济善堂，或福民堂等受日军控制的纵毒机构，这些纵毒机构又控制鸦片销售总代理商、销售鸦片的个体商人、烟馆、妓院，甚至深入到控制所有与鸦片有关的环节，将所有贩毒产生的利润收入尽可能地搜刮于囊中，以增加侵华军费与解决各省市傀儡政权的财政开支需要。而为了满足制毒所需货源，日军以飞机散发传单，或开出一些有利条件，引诱、胁迫农民种植罂粟等。

在进行上述毒化活动的同时，又为下一个日军军事进攻区域提供毒品货源、毒贩、制毒人员、专卖局专家等。1932 年 4 月 4 日，关东军第四课代表该军司令部下达《对热河政策》的指示中，则明白规定，"从平、津进逼热河时，应作好补充弹药和提供财政援助的准备，建立将热河栽培的鸦片得以销售至辽西一带的保护制度"，①即上一占领区域是新占领区域在毒品供给、鸦片栽培技术等毒化方面的据点，又如，"关东州"销售台湾鸦片，青岛军政署输入台湾生产的熟鸦片，日本殖民地朝鲜所种植的鸦片，供给伪满洲国进行毒化活动，在关东军与华北驻屯军侵略华北时，伪满洲国制造的毒品、热河生产的鸦片供给冀东或华北各地。卢沟桥事变后，日军很快占领了中国大片区域，为了在占领区进行毒化活动，也为了应付国际舆论，日本谎称要从伪满洲国驱逐 6000 名毒贩，但在事实上，这是将在伪满洲国与大连从事制毒贩毒的日本人、朝鲜人迁往华北地区从事贩毒的一项有计划的措

---

① 华永正：《倾毒中国理应赔偿：对于〈中日联合声明〉的再认识》，《日本侵华研究》，1992 年 11 月，第 12 期，第 29 页。

施。①1939年5月，为了保证战时重要的鸦片供应地"蒙疆"地区的鸦片总额，日本将伪满洲国鸦片专卖局的专家职员约30人转调至张家口，以加强内蒙鸦片的购运工作。②而"蒙疆政权"控制区域生产的鸦片，则被规划为战时向沦陷区输入鸦片的主要供应地。

另一方面，毒品既是日军间谍刺探情报的伪装，也是日军间谍的活动经费，③毒贩与日军间谍二者身份合体，贩毒与收集情报同时进行。这些毒贩一边大规模半公开地、甚至公开地参与贩毒，将其贩毒所得支持其策动阴谋活动的经费，一边为侵华日军进行军事进攻刺探情报、搜集信息，成为日军侵略中国的尖兵。这些危害中国的贩毒间谍，甚至成为日军制造事端、挑衅、杀戮中国军民的借口。1928年5月3日，田中义一内阁以保护日本侨民为借口强行"出兵山东"，在山东济南与国民革命军发生大规模的冲突事件，日军残酷屠杀中国外交人员、北伐军士兵与当地民众，制造了"五三"惨案。这里所说的田中义一内阁要出兵保护的日本侨民是从事的什么职业呢？据后来在南京大屠杀中担任主要行凶角色的日军军官佐佐木到一的自供：居留于济南的日本人中，先有青、壮年男女16人，因为私贩吗啡、海洛因，先又不遵从要他们撤退的日方命令，所以当地中国人痛恨他们而被杀。④田中义一内阁要出兵保护毒贩，因为这些毒贩"无非是日本陆军打进中国腹地的奸细和密探"，在他们身后紧跟着日本陆军的进攻。在满洲事变，以及侵略华北等事变发生的前前后后，在每一件这种由陆军密探所策划的阴谋当中，没有哪一件没有他们的密谋参与其中。⑤

---

① 参考 LN, Advisory Committee, Minutes of the 22 nd Session （May 24–June 12,1937）,p.13. 引自李恩涵：《日本在华北的贩毒活动(1910—1945)》,《中央研究院近代史研究所集刊》第27期,©中央研究院近代史研究所1997年,第69页。

② 在这30人中，包括20世纪70年代担任日本外相的大平正芳；大平正芳当时正任职于兴亚院"蒙疆"联络部经济第二课，负责鸦片政策的执行。〔日〕江口圭一著，宋志勇译：《日中鸦片战争》，天津人民出版社1988年版，第44页。

③ 关东军特务处军官木村明说："我们特务处的保险库内，除了大量现金，还放了大量鸦片。这些是间谍的活动经费。现金用完后，我们就把鸦片卖了换钱。10粒糖果大小的鸦片，其价格就相当于我一个月的薪水。现在想想，卖鸦片换钱的特务机关和贩卖大麻的日本黑帮没有什么区别。"钟欣：《侵华日军在中国倾销鸦片内幕》，《山西老年》，2013年2月期，第22页。

④ 『ある軍人の自伝』，普通社，1963年、181頁。倉橋正直『日本の阿片、モルヒネ政策(3)』、『近きに在りて』、第6号、32頁。引自李恩涵：《日本在华北的贩毒活动》(1910—1945)》，《中央研究院近代史研究所集刊》第27期,©中央研究院近代史研究所1997年,第56页。

⑤ 〔日〕山田豪一著，穆传金译：《1910年前后日本对华走私鸦片吗啡的秘密组织的形成》，《国外中国近代史研究》第12辑，第269页。

　　1931 年 6 月，日本陆军大尉中村震太郎，奉日军命令到中国东北执行秘密军事侦察任务。"中村大尉携带着武器及药品，他所卖的药不是医疗用药而是麻醉毒品。"6 月 26 日，中村大尉被当地驻防的中国屯垦军第三团（团长关玉衡）所部拘获。驻军在审问取得证据后，枪毙了这名日本间谍，"于是，引起了第二个'事件'"。日本内阁就"中村事件"进行专门讨论，对中国政府进行威胁，日本报纸重复申述"满洲问题除行使武力以外，别无解决之途"。①仅仅三个月后，日军制造了"九一八"事变，虽然制造"九一八"事件日本蓄谋已久，但"中村事件"至少成为关东军发动"九一八"事变的借口。

　　中日战争全面爆发后，日本对华鸦片政策进入战时管制时期，尤其在兴亚院成立后，自 1939 年起每年举行"支那鸦片需给会议"，以决定日本在华占领区各分区内的鸦片年需量与内蒙古生产鸦片的最低产量，②确定了"鸦片以土产为本，不依赖外国的供应；"蒙疆"与华北的自给自足；确保"蒙疆"的鸦片生产"等战时日本在中国的鸦片政策。

　　日本政府加强了战时鸦片管制，并以其政府的最高权威推动在中国的毒化政策，日本最高层决策在中国的鸦片生产与销售，这更加强了日本对华军事占领、毒品进攻在战略与财源上的密切结合，随着日军对中国领土的践踏，毒品更加疯狂的蔓延。与大屠杀等战争暴行一样，这也是侵华日军犯下的战争暴行，是日军进行战争的方式。东京国际军事法庭庭长威廉·弗拉德·韦伯爵士说："这也是一种类型的战争，或者说通过让中国人染上毒瘾，从而为战争做准备。"江口圭一教授说：日本"在占领区、殖民地这样大量地生产、贩卖和使用鸦片的战争，在历史上也是罕见的。日中战争是真正意义上的鸦片战争。"③

　　在东京国际军事法庭上，检察官宣读了"中国第 11 战区盟军总司令部军事法庭法官姜振瀛上校的陈述"，录入于此，一方面是侵华日军进行毒品战方式的缩影，一方面是对日本"鸦片侵华"的谴责，尽管姜振瀛上校陈述的内容只涉及日本对华毒品战战争暴行的一部分。

---

　　① 张效林译：《远东国际军事法庭判决书》，群众出版社 1986 年版，第 295 页。
　　② 〔日〕江口圭一『資料：日中戦争期阿片政策——「蒙疆政権」資料を中心に』、東京、岩波書店、1985年、168 页。参考〔日〕江口圭一著，宋志勇译：《日中鸦片战争》，天津人民出版社 1988 年版，第 44 页。
　　③ 〔日〕江口圭一著，宋志勇译：《日中鸦片战争》，天津人民出版社 1988 年版，第 126 页。

姜振瀛上校的陈述："……在 1937 年 7 月 7 日战争爆发前，日本已经在计划进行大陆扩张，并向华北发动侵略。这不仅可以从上述战争爆发的导火索中看到，而且还体现在日本人的鸦片和麻醉品政策上。

自 1936 年起，很多日本和朝鲜浪人以正常商人的身份深入华北的各村镇，从事生产和销售鸦片与其他麻醉毒品的生意。他们的存在以及他们与可疑中国组织的关系导致了许多当地的动乱事件，引起了冀察绥靖公署的注意。由于我当时是该总部的军事法官，我在履行公务时得知了这些事实。尽管这些文件在 1937 年 7 月撤出北平时被毁，但可以很容易地从当时发行的报告中找到这些事实。这些不仅仅是个人的行为，依照个人的意愿从事的行动。日本政府实际上处于他们的幕后。否则，他们很难在华北各地分布得这么广泛。另一个可以证明这一点的事实是，中国政府向当地政府下达驱逐这些臭名昭著的鸦片和其他毒品贩子的命令不能得到执行，原因是受到了日本军队或日本使馆的直接或间接干涉。

除了使用鸦片和其他麻醉毒品对中国人民进行毒化，这些毒贩的活动还与侵略战争有密切关系。他们在内地的存在以及在不同地区与可疑中国组织的联系对日军收集各种情报非常有帮助，同时还可以了解地理情况，这对发动侵略战争非常有用。日军在卢沟桥战争爆发后短短一个月内占领了整个河北省，这一事实充分证明了上述情况。

自 1937 年战争爆发后，日本人在傀儡机构"华北政务委员会"下建立了一个禁烟委员会，在北平、天津、济南、青岛、唐山和石门建立了分支，并在许多其他城市设立了再下一级的分支。这些机构的成立目的是为了在中国实施大规模的毒化政策，这与这些机构的名称完全相反。在特定的区域，允许向禁烟委员会缴纳一定的税金后种植鸦片。鸦片零售店商行和烟馆在申请并交费后可以获得发放的许可证。在依法缴税和贴税票后，鸦片可以作为一种合法商品自由地拥有、运输和各处销售。鸦片吸食者在注册和付费后可自由食用。未贴税票的鸦片被视为走私商品，会被上述委员会没收。但没收的鸦片也不会被销毁，而是由上述委员会经拍卖的形式出售给鸦片商。

大多数的鸦片都会落到海洛因制造商的手中。海洛因的生产和运输由日军和宪兵队直接保护。尽管傀儡政府知道鸦片对中国人会造成巨大危害，但它却毫无能力进行干涉。事实上，许多获许可的鸦片经销商自己也制造海洛因。这极大地加剧了对中国人的毒害。

从 1944 年起，鸦片的市场价格涨得很高，刺激了从张家口进口鸦片。一个由日本和朝鲜浪人领导的严密组织从事鸦片贩卖。为了避免在边境被发现，鸦片装入一些小的橡胶袋后，藏入人体敏感器官内，通过这种方式将鸦片运送到北平和天津。当时的报纸经常会报道由于胶袋泄露而使走私者致死的骇然新闻，这些人是日本毒化政策的第一批牺牲者。"[检方文件 1708 号(法庭证据号 345)]①

第四节　结语：中国检察官向哲浚陈述

在东京国际军事法庭上，中国检察官向哲浚陈述了日本在中国使用鸦片与其他麻醉品的战争暴行。在此，以向检察官的陈述作为本书的结语。

向检察官陈述道："……证据还将显示，作为征服中国计划的一部分，日本领导人使用鸦片和麻醉毒品作为准备进一步侵略中国的武器。这违反了关于禁止鸦片和麻醉品的三个公约规定的义务。这三个公约已被采纳为证据，证据文件编号分别是 17、18 和 19 号，日本也是这三个公约的签署国。

"我们的证据将证明，在日本军队侵略任何地方之前，日本的军方和民间机构就会大肆从事非法的鸦片和毒品贩卖行为，这不仅发生在日本租界内，而且遍及中国各地。这些机构将海洛因、吗啡和其他鸦片衍生品的生产引入那些之前并不流行毒品的地方。由于当时日本人在中国享有治外法权，他们的运作几乎完全不受中国法律管辖。这种非法活动的意图和结果是压制或完全击败中国人试图控制毒品威胁的努力。毒瘾对身体的危害众所皆知，这使得日本人妄图使几百万中国人在侵略面前束手就擒的野心昭然若揭。

"日本领事馆从不采取积极行为阻止日本人从事毒品贩卖，或是充分地

---

① Transcripts of the Proceedings of the International Military Tribunal For the Far East (《远东国际军事法庭庭审记录》)，第 4630-4633 页。

惩罚因毒品违法而被中国或其他国家警察抓获的日本人，这显示了这种非法活动的官方性质。这种不作为与日本当局对向本国人出售麻醉品的日本毒贩的严厉处罚形成了鲜明的对比。

"证据显示，当日本人占领中国的每个地方后，该地区就会成为向下一个地区进行毒品进攻的一个据点，这种形式的武装侵略被日本人称为"平定"。在这方面，证据显示，从伪满洲国傀儡政府建立开始，到以后的华北、华中和华南，日本人控制的傀儡政府都遵循了同一模式，即废除了中国关于鸦片和其他麻醉品的法律，建立了鸦片专卖机构，表面上像是鸦片控制机构，实际上却是所辖区域的鸦片和麻醉品独家贸易商。接下来就是在日本人控制的地区开设了大量的鸦片烟馆，划定更多的土地种植罂粟，大量进口鸦片和麻醉品，但却没有依照所谓的鸦片专卖目的而采取任何控制鸦片的措施。

"在控制鸦片以达到禁止目的的伪装下，日本人控制的傀儡政府从鸦片和麻醉品交易中获得了巨额收入。

"证据表明，在伪满洲国，为资助傀儡政府运作而发放的日本贷款，是以鸦片贸易的利润为担保的。

"总之，证据将显示日本人扶植的鸦片和毒品交易有以下两个目的：

(1) 削弱中国人民抵抗的毅力和意志；

(2) 为资助日本军事和经济侵略提供巨额的收入来源。"①

---

① Transcripts of the Proceedings of the International Military Tribunal For the Far East（《远东国际军事法庭庭审记录》），第 3885-3892 页。

附录

附录一：中美英三国开罗宣言（摘录）

（1943 年 12 月 1 日）

......

我三大盟国此次进行战争之目的，在于制止及惩罚日本之侵略。三国决不为自身图利，亦无拓展领土之意。三国之宗旨，在剥夺日本自 1914 年第一次世界大战开始以后在太平洋所夺得或占领之一切岛屿，在使日本所窃取于中国之领土，例如满洲、台湾、澎湖群岛等，归还中国。日本亦将被逐出于其以武力或贪欲所攫取之所有土地，我三大盟国轸念朝鲜人民所受之奴隶待遇，决定在相当期间，使朝鲜自由独立。

（《中国近代对外关系史资料选辑》（1840—1949）第二分册下卷，上海人民出版社 1977 年版，第 202 页。）

附录二：美英中促令日本投降之波茨坦公告（摘录）

（1945 年 7 月 26 日）

......

（六）欺骗及错误领导日本人民使其妄欲征服世界者之威权及势力，必须永久剔除。盖吾人坚持非将负责之穷兵黩武主义驱出世界，则和平安全及正义之新秩序势不可能。

......

（十）吾人无意奴役日本民族或消灭其国家，但对于战罪人犯，包括虐待吾人俘虏在内，将处以法律之裁判，日本政府必须将阻止日本人民民主趋势之复兴及增强之所有障碍予以消除，言论、宗教及思想自由以及对于基本人权之重视必须成立。

（《中国近代对外关系史资料选辑》（1840—1949）第二分册下卷，上海人民出版社 1977 年版，第 283 页。）

附录三：日本无条件投降书（摘录）

（1945 年 9 月 2 日）

……

我们兹命令一切民政的、军事的与海军的官员，服从与实行盟国最高统帅认为实践这一投降所适当的一切宣言、命令与指令，以及盟国最高统帅及在他授权下所颁布的一切宣言、命令与指令，并训令上述一切官员留在他们现有职位，除非由盟国最高统帅或在他授权下特别解除职务者外，继续执行非战斗的职责。

我们兹承担日皇、日本政府及其继承者忠实实行波茨坦公告的各项条文，并颁布盟国最高统帅所需要的任何命令及采取盟国最高统帅所需要的任何行动，或者实行盟国代表为实行波茨坦公告的任何其他指令。

……

日皇与日本政府统治国家的权力，将服从盟国最高统帅，盟国最高统帅将采取他们认为实行这些投降条款所需要的一起步骤。

（《中国近代对外关系史资料选辑》（1840—1949）第二分册下卷，上海人民出版社 1977 年版，第 286–287 页。）

附录四：《海牙禁烟公约》

（1912 年 1 月 23 日）

德意志国、美利坚合众国、中国、法国、英国、意大利国、日本国、荷兰国、波斯国、葡萄牙国、俄国、暹罗国，大皇帝、大君主、大总统因一千九百零九年上海禁烟大会已为先路之道，今欲表明更进一步将鸦片、吗啡、高根①之瘾习，及由此等之质料制成、提取之药物能传播相同之瘾习者，从此逐渐禁绝，知各国协商之举在所必需，且有裨益，并信此举为推广仁爱起见，有关系之国，定能全体赞成。为此订立条约，遣派全权大臣如左：

美利坚合众国大总统

德意志国大皇帝兼普鲁士君主

中国驻德全权公使

法兰西共和国大总统

英吉利国大君主兼印度皇帝

意大利国大君主

日本国大君主

波斯国大皇帝

葡萄牙共和国大总统

俄罗斯大皇帝

暹罗国大君主

以上各员将所奉全权文据交阅合例后，议定各条如左：

第一章　生鸦片

释文生鸦片由罂粟花之子房内取出之汁自然凝结而成，但略施人工以便包装及载运。

第一条　缔约各国应颁布有效力之法律或章程以检查生鸦片之出产及散布，其已有法律或章程以规定本条所指事项者，不在此例。

第二条　缔约各国各视其商务不同情形，应限定市区、口岸及各地方，由该处准将生鸦片输出或输入。

---

① 现在译名是可卡因。

第三条 缔约各国应设立办法如下：甲，阻止生鸦片运往拟禁绝进口之国。乙，检查生鸦片运往已限制输入之国。其已有办法以规定本条所指事项者，不在此例。

第四条 缔约各国应颁布章程，凡装生鸦片以备出口之包件均需标明其内容，至每件重量当在无启罗以上。

第五条 缔约各国应只准由正当许可之人将生鸦片输入或输出。

第二章 熟鸦片

释文熟鸦片由生鸦片原料特别制造而成，如溶解，如滚沸，如煎熬，如发酵，经次第加工炼成净质，可供吸食之用，熟鸦片并包括膏渣及烟灰在内。

第六条 缔约各国应设立办法，以逐渐切实禁止熟鸦片之制造及国内之贩卖并吸食，惟仍以与各该国情形相宜为准，其已有办法以规定本条所指事项者，不在此例。

第七条 缔约各国应禁止熟鸦片之输入及输出，唯各国中有尚未准将熟鸦片之输出立时禁止者，务当从速禁止。

第八条 缔约各国如有尚未准备将熟鸦片之输出立时禁绝者：甲，应限定市区、口岸及各地方准由该处将熟鸦片运出。乙，应禁止将熟鸦片运往现在已禁或将来当禁其输入之国。丙，应先行严禁凡鸦片一概不得运往愿限制进口之国，惟按照该输入国所定章程而运往者，不在此例。丁，应设立办法令装运熟鸦片出口之包件，均载有特别标记以注明内容之物。戊，应只准由特别许可之人将熟鸦片输出。

第三章 药料鸦片吗啡高根等物

释文药料鸦片系将生鸦片煮至熟度六十生的格郎姆，其内含吗啡不减于百分之十，或成粉屑，或成丸粒，或以中和性之材料掺和而成。吗啡为鸦片之主要质料，化学形式 $C_{17}H_{19}NO_3$，高根为哀里脱洛克西隆高加树叶中之主要质料，化学形式 $C_{17}H_{21}NO_4$，安洛因为第阿赛的尔吗啡化学式 $C_{21}H_{28}NO_5$。

第九条 缔约各国应颁布法律或章程以施诸制药业，限制吗啡、高根及其化合质料之制造、售卖、使用，但可供医药正当之需，其已有法律或章程以规定本条所指事项者不在此例，各国并应彼此协力以阻止此等药物之供使用。

第十条 缔约各国应竭力检查，或令检查所有制造、输入、售卖、散布、输出吗啡、高根及其化合质料之一切人等，并检查此等人经营此等工商业之处所，为此缔约各国内（应）竭力采用下列各办法，其已有办法以规定本条所指事项者，不在此例。甲，凡经准许之特别厂肆及地方，造册登记。乙，凡制造、输入、售卖、散布、输出吗啡、高根及其化合质料之一切人等，需有特权，或有准据，方得为此等事业，或向该管官署禀明立案。丙，以上一切人等务需将吗啡高根及其化合质料之制造数目、输入品售卖及其他授受品输出品各立簿册以备稽查，但此项规则不强施于医生药方及官准药商中售卖品。

第十一条　缔约各国应设立办法以禁止在其本国商务中未经准许之人所有吗啡、高根及其化合质料之一切授受，其已有办法以规定本条所指事项者，不在此例。

第十二条　缔约各国按照各该国特别情形，应竭力将准许之人所有吗啡、高根及其化合质料之输入，并加限制。

第十三条　缔约各国应竭力采用或令采用各办法，凡吗啡、高根及其化合质料，由此缔约国本境领地、殖民地、租借地出口向他缔约国本境、领地、殖民地、租借地，只能运交照输入国所定法律或章程而有特权，或有准据有之人。为此各政府可将特权或有准据得输入吗啡、高根及其化合质料之人开列名单，随时知照输出国政府。

第十四条　缔约各国应施行吗啡、高根及化合质料之制造、输入、售卖、输出一切法律及章程：甲，施行于药料鸦片。乙，施行于一切调（剂）药品内含吗啡千分之二（0.2%）以上或高根千分之一（0.1%）以上（凡在药铺中及不在药铺中并所称戒烟药一并在内）。丙，施行于安洛因①及其质料并内含安洛因千分之一以上之调（剂）药品。丁，施行于新出品之从吗啡、高根及其化合质料之取出者，或其他鸦片中取出之要质等物，为科学所发明，大概须经公认能传播与鸦片相等之瘾习，并有同一之害人结果。

第四章

第十五条　缔约各国与中国有条约者，应会同中国政府设立必需之办法，以阻止在中国地方及各国之远东殖民地、各国在中国之租借地，将生熟

---

① 现在译名是海洛因。

鸦片、吗啡、高根及其化合质料，并本约第十四条所指各物私运进口。一面由中国政府设立相同之办法以禁止将鸦片及以上所指各物从中国私行运往各国殖民地、租借地。

第十六条 中国政府应订颁制药律以施诸本国人民，吗啡、高根及其化合质料并本约第十四条所指各物之售卖、散布一概取缔，并将此项制药律通知与中国有条约之各国政府，由驻京公使转达。凡缔约各国与中国有条约者应研究此项制药律，如以为可，允即设立必须之办法，使此律实行于在中国之各该国人民。

第十七条 缔约各国与中国有条约者，应从事于采用必需之办法，以限制及检查在中国之各国租借地、殖民地及租界内吸食鸦片之习，并与中国政府同时进行，以禁绝现在尚有之烟馆及与烟馆相类之所，其公众娱乐处及娼寮内，亦禁止吸食鸦片。

第十八条 缔约各国与中国有条约者，应设立切实办法与中国政府所设办法同时进行，务令在中国之各国租借地、殖民地及租界内现在尚有之售卖生熟鸦片烟店逐渐减少，并采用有效力之办法，以限制及检查租借地、殖民地及租界内之零碎鸦片营业，其已有办法以规定本条所指之事项者，不在此例。

第十九条 缔约各国在中国设有邮政局者，应采用有效力之办法，以禁止各该邮政局将生熟鸦片、吗啡、高根及其化合质料并本约第十四条所指各物作为邮便包件违禁运入中国，并不得由中国此埠向彼埠违禁转运。

第五章

第二十条 缔约各国应酌度情形以颁布法律或章程，使违禁私有生鸦片、熟鸦片、吗啡、高根及其化合质料者当受惩罚，其已有法律或章程以规定本条所指之事项者，不在此例。

第二十一条 缔约各国应彼此互相通告，而由荷兰外务部转达者如下：甲，现有行政法律及章程之明文关于本约所指事项者，或因本约各条款而颁布者。乙，统计报告关于生鸦片、熟鸦片、吗啡、高根及其化合质料并本约所指其他各种药品或其质料制剂，此项统计务事详细并以迅速为宜。

第六章　结款

第二十二条 此次未与会各国均得将本约画押。为此荷兰政府应自本约经与会各国全权大臣画押后，即时请欧美各国之未与会者，如阿根廷共和国、奥匈、比利时、玻利维亚、巴西、布（保）加利亚、智利、哥伦比亚、哥斯达黎加、古巴共和国、丹麦、多尔（米）尼加共和国、厄瓜多尔共和国、西班牙、希腊、危地马拉、海地共和国、匈度拉、卢森堡、墨西哥、孟的因葛、尼加拉瓜、赛耳（塞尔）维亚、瑞典、瑞士、土耳其、乌拉圭、委内瑞拉，合众国曾派代表一员给予全权文据，以便在海牙将本约画押。本约由上列各国画押系用一"未与会员国画押文件"加于与会各国画押之后，并载明每次画押日期，荷兰政府按月每次加入画押，知照画押各国。

第二十三条　各国为其本国，并为其领地、殖民地、保护国、租借地，均经将本约或上条所指加入文件画押以后，荷兰政府请各国将本约及此文件批准，倘至 1912 年 12 月 31 号所请各国未能一律画押，荷兰政府即于是日请画押各国派代表员赴海牙以便研究方法，仍将各该国批准书送交。批准书务当从速办就送交海牙外务部。荷兰政府按是月将月内所收批准书知照画押各国。画押各国为其本国并为其殖民地、领地、保护国、租借地所有批准书经荷兰政府收齐后，荷兰政府即将收到最后批准书之日期知照已将本约批准各国。

第二十四条　本约从上条末节所指荷兰政府照会中声明之日期起，三个月以后为实行之期，关于本约所指明之法律、章程及其他办法，应将各草案编定，至迟不得过本约实行后六个月，至法律由各政府交议院成立法部亦在六个月期限之内，即有他故亦当在此限期满后第一次开会之时。此项法律、章程及办法之实行以何日为始，应由缔约各国据荷兰政府所请彼此协商决定，倘有关于本约之批准，或关于本约及本约所指法律、章程、办法之实行而生出之各问题，若无他项方法以解决之，当由荷兰政府请缔约各国派代表员海牙聚会。俾将各问题即时公同议妥。

第二十五条　倘使缔约各国中之一国，愿意出约，应备出约文件知照荷兰政府，该政府即时将此出约文件抄录校正之后照送各国，并声明收到日期，凡一国知照出约须从荷兰政府收到文件之日起一年以后，方有效力，各国全权大臣在本约上画押，以照信守。

一千九百十二年正月二十三号订于海牙。正本一份留存于荷兰政府档案中，另备抄稿经校正后，由外交官送交与会各国。

（《海牙鸦片公约》，《美国对外关系文件》1912 年，第 193–204 页。）

附录五：《日内瓦禁烟公约》

（1925 年 2 月 19 日）

鉴于 1912 年 1 月 23 日海牙公约之条款自各缔约国实施以来，已收有重大之效果，而公约内所指物品之走私及滥用仍在进行。深以该项物品之私贩及滥用，非取比较该公约所载更有效力之办法限制其出产及制造，并于国际贸易非施更严厉之管理，不能切实禁绝。极愿采纳更进一步之计划以达到该公约所规定之目的，并使其条款更加完满而强固。兹因此等限制及管理，必须各缔约国之合作。深信此为人道之努力，将得各关系国全体一致之赞同。各缔约国于是决定为此签订一公约，任命全权如下，呈出全权认明妥协合例，共同议定下列条款。

第一章　定义

第一条　各缔约国赞成本约而采用下列之定义。

生鸦片（Opium Prut）谓一种自然干凝之汁，取自罂粟花之子房，但略施必要之手工以便包装及运输者，不论其成分所含吗啡若何。

药用鸦片（Opium Medicinal）谓鸦片之经过必要手续，使合于医药上之用途者，或制为丸，或揉为细粒，或与其他中性之物质混合，随方药书所需求而定。

吗啡（Morphine）谓鸦片内之主要生物碱基，其化学方程式为 $C_{17}H_{19}NO_3$.

底埃西吗啡（Diacety Morphine），即海洛因，具有 $C_{21}H_{28}NO_5$ 化学方程式者。

古柯叶（Feuillasde Coca）谓哀里沙洛高加拉麦克（Erythroxylum Coca）之叶及哀里沙洛西隆、那复格兰那顿斯依洛你默斯之叶及其各种分类，凡属于哀里沙洛西隆之种类或其他同种之叶，可直接提出高根，或经化学分析而可取得者。

生可卡因（Crude Cocaine）谓由古柯叶中所榨取而得之物质，直接或间接可用以制造高根者，可卡因（Cocaine）谓彭兆一而爱哥宁拉复之米替的以太（[a]D20º=−16º4），在含有百分之二十克劳洛方姆内分析所得者，其化学方程式为 $C_{17}H_{21}NO_4$.

爱哥宁（Ecgonine）谓拉复爱哥宁（[a]D29°=-45°6 在含有百分之五水中）分析所得者，其化学方程式为 $C_9H_{15}NO_3H_2O$，及其余一切由拉复爱哥宁所取得，用之于工业上，可使其复变为爱哥宁者。

印度麻（India Hemp）谓 Cannabissativa L.树之生花或生果之雌枝干梢，而其树胶尚未榨取者，不论其在商业上行用何如项名称。

第二章　生鸦片及古柯叶之国内管理

第二条　各缔约国互允颁布法律及章程，以担保其对于生鸦片之出产分销及输出为一种有效力之管理，其已有法律及章程者不在此例，并互允于必要时按期检阅，务使此项法律及章程上之各点更有效力，该各点即系依照一九一二年海牙公约之第一条而颁布者。

第三条　各缔约国各视其商务情形之不同，应设法限制其都市口岸及其他区域之数目，在所限之地段内，始准将生鸦片及古柯叶输入或输出。制造药品之国内管理。

第四条　本章之条款施用于下列物品：A 药用鸦片；B 生可卡因及爱哥宁；C 吗啡、底埃西吗啡、可卡因及彼等之盐；D 一切药用或非药用之配合剂（包括所谓戒烟药者在内）含有过于千分之二吗啡或千分之一高根者；E 一切配合剂之含有底埃西吗啡者；F 所有用 Calenical Preparations 法提炼与染色之印度麻配合剂；G 其他一切麻醉药品，本公约得依照第十条所规定而适用者。

第五条　各缔约国应颁布有效之法律及章程，严格限制本公约所载物品之制造、输入、售卖、分销、输出及使用，仅以医学及科学用途为限，并应彼此协力阻止该物品之流作一切别种用途。

第六条　各缔约国应加管理于制造、输入、售卖、分销或输出本公约内所载物品之人，及此等人所载籍以经营工业或商业之场所，各缔约国为此应取下列办法：（A）只准有执照之工厂或局所制造第四条 BC 及 G 所载之物品；（B）凡制造、输入、售卖、分销、输出该项物品者，应具有准许办理此等事务之执照或特准；（C）该项人等应将其制造、输入、输出、售卖及其他种种方法分销该物品之数量记入册内，本规定并不适用于医生所消耗之数目及特准药房依照药方而售出之数量，唯每次药房必须由医生或药房保存之。

第七条 各缔约国对于其国内贸易应设法禁止关于本章所指之物品在无执照人间之一切授受或占有。

第八条 倘使联盟会卫生委员会提出问题于巴黎国际公共卫生处常驻委员会争取意见，与报告之后，验得若干种配合剂，虽含有属于本章所规定之各种麻醉药品，唯因其与他种药料和合之故，已失去成瘾之性质者，则卫生委员会应将其所验得者，通知联盟会行政院，行政院应转知各缔约国，本约因是于该项配合剂上不能适用。

第九条 各缔约国得准许药房之主人，于紧急情形内有立即施用下列之安神药，如鸦片，丁几西唐汉鸦片药酒，兜佛丸等之必要时，供给该项药品于大众，但虽在特别情形内，最高之服量不得过含有药用鸦片二十五生丁格兰姆。又，卖药者应按照第六条之规定，将此供给之数量登入册内。

第十条 倘联盟会卫生委员会提出问题于巴黎国际公共卫生处常驻委员会争取意见与报告之后，验得无论何种麻醉药品，虽不在本公约规定范围内，但极易与本公约所指定之物品发生同类之滥用及同样之恶果时，卫生委员会应即通知行政院，并申请本公约之条款可适用于该项物品，行政院应将此申请案，知照各缔约国，无论何一缔约国如愿采纳此申请案，应即通知联盟会秘书长，由该秘书长转达其他各缔约国，于是本公约之条款，在采纳上列申请案之缔约国中，应适用及于该项物品。

第三章 印度麻

第十一条 一、除本公约第五章各条款应适用于印度麻及由印度麻所榨取之树胶外，各缔约国相互允许：A 禁止由印度麻中取得之树胶及该树胶为盐基之寻常配合剂（Hashishesrar,chiras,djamba 等），对于禁止施用该项物品之过境内之输入，如在输出准许之情形内，则须得输入政府之特别执照，并须在执照上说明准其输入以专供执照上所指明之用途，并说明此树胶之配合剂不将再运出口。B 在依照本约第十三条发给允准印度麻输出之执照以前，应先检验输入国准其输入，并指明专供医学及科学用途之特别执照。

二、各缔约国应采用一种有效之管理，务使印度麻于国际上无法私运，尤以树胶为最。

第四章 国际贸易之管理

第十二条 各缔约国于每次输入无论何项在本公约指明之物品时，应查验其每次准许输入之执照，该执照上应注明输入之数量、输入人之姓名、住址，并输出人之姓名、住址。输入执照上应规定一限期，该项输入须在此限期内实行，但执照得允许一项输入，分作数次运送。

第十三条 一、各缔约国于每次输出无论何项在公约指明之物品时，应查验其每次准许输出之执照，该执照上应注明输出之数量，输出人之姓名、住址，并输入人之姓名、住址。

二、缔约国在发给输出执照以前，应令领照人或领照之厂肆，呈验输入国政府所发给之准许状证明，此项输入已邀核准，各缔约国互允尽力所致，以采用附于本公约之输入凭证之格式。

三、输出执照上应规定一限期，该项输出须在此限期内实行，同时并应注明输入执照之号码日期，及发给执照之机关。

四、输出执照之一份应与输出物相随，而发给输出执照国之政府，另寄抄本一份于输入国之政府。

五、输入国之政府于输入手续完竣后。或规定之输入限期业已告满，应将输出执照送还发给该项执照国之政府，并于执照之背面签字，注明业经输入之数量。

六、假使实在输入之数量低于输出执照上所载之数量时，则有管辖之官厅应于输出执照上及其他一切之抄本上记明之。

七、凡遇有请求输出者，拟将输运品输入于某国关卡之货栈，而已得该处有管辖权之官厅准其为此目的而输入之特别凭证，视为与上述之输入凭证相等，其遇此等情形，输出执照上应注明此运输物之输出，其目的为存于货栈字样。

第十四条 为图本公约各条款在自由口岸及自由地界内，亦能得完全之实施及应用起，缔约各国互允关于本公约内所载之物品，在其境内之自由口岸及自由地界适用，与其他境内各地方之同样法律及章程，并施以同等之监视及管理。但本条目并不阻止各缔约国，关于本公约所载之物品，在其境内之自由口岸及自由地界内，采用较他处更加严厉之条款。

第十五条 一、在本公约内指明之何项物品之运输，由一国运往他一国时，无论其是否由舟车转运，不应准其通过第三国，但如有输出国所给之输出执照，随同运输物或具有按照下节所规定之手续而发给之转路特别凭证，以呈验于第三国有管辖权之官厅者，不在此例。

二、凡一国内有管辖权之官厅，对于本公约所指明之无论何项物品之运输业已取得通过境内之允许时，应采取种种必要之方法，以防阻该项物品之运输到达于随同运输品之输出执照（或转路凭证）上所指定之运往地以外，但如有他一国政府之特别转路凭证准许其转路者，不在此例。转路凭证之发给，应按照第十三条所规定，先取得运输品拟转入国政府之输入执照，该凭证上应具有第十三条所规定，输出执照上应该记明之同样各点，并应注明该项运输品最初输出之国名，凡第十三条所列各条款，可适用于输出执照上者，亦应适用于转运凭证，又允许运输品转路国之政府于运输品到达其境内时，应收留随同运输品之最初出口执照或转路凭证之副本，并应寄还于发给该执照之政府，而同时通知其准许运输品之转路至某某国。

三、如转达之途径在空中时，本条上列各条款，对于飞机经过第三国之境界而不停落者不适用。如飞机停落于第三国之境界，则上列各条款，将鉴其情形之可能而施用之。

四、本条第一至第三节于该物品在直接转运时并不妨碍，各缔约国为规定管理本公约内所指物品而签订之无论何项国际协定。

五、本条各条款不适用于由邮局转运之物品。

第十六条　凡本公约所指明之无论何项物品之运输，如业已在一缔约国登陆而寄存于海关之货栈时，非有输入国政府准与输入之进口凭证呈验于海关货栈之主管机关，不得由存栈内提出。该机关于每次提出上述之运输品时，应发给一特别执照，以替代上列第十三条第十四条第十五条所规定之输出执照。

第十七条　凡本公约内所指明之物品之运输，于经过某缔约国之过境，或积存于其海关货栈时，不得使用任何手段，以变更其性质，如未得有管辖权之官厅之准许，并不得变更其包装。

第十八条　缔约国者之一国，如因与别一非缔约者之国家贸易，不能应用本章之某项条款时，则此缔约者只需鉴其情形之可能，以施行本章诸条款。

第六章　中央鸦片常设委员会

第十九条　本公约实施后三月，应组织一中央鸦片常设委员会（即中央鸦片监察处）。委员会以八人组成之，将由彼等之专门技能及公平独立之态度，取得全世界之信用。委员会之委员由国际联盟会行政院委任之。美洲合众国及德意志国将被邀请指派一人以参与该项任命，在举行该项任命时，务须计及委员会会员，就为出产国及消耗国中具有熟谙麻醉药知识之人，且在各国中选出充任委员之人数，亦应相等。委员会会员不得兼任附属于各该本国政府下之职司。委员会会员任期五年，选举者得连任。委员会将自行选出其会长，并制定内诸章程。委员会之开会以会员四人之出席为法定人数。委员会关于第二十四条及第二十六条之决议应得全体大多数之通过。

第二十条 国际联盟会行政院取得委员会之同意后，应采取必要之处置，以对付该会之组织及进行，以期使该会办理本约职务上之专门事宜时，得有完全之独立，并由联盟会秘书长之协助，使其于行政事宜上得充分之实施。秘书长经委员会之示意并行政院之赞同，得委派会内之秘书及其他办事员。

第二十一条 缔约各国允许每年于十二月三十一日以前，将其下年所需要输入国内应用于医药、科学及其他项用途关于本公约所指明之每项物品之数量预算，送交依照第十九条组织之中央鸦片常设委员会。此项预算之数字，关系国之政府不得视为有义务性质，但足为委员会施行职权时之一种引导耳。如一年之内因环境关系有变动其预算之必要者，该国即应将其修正之预算案送交中央鸦片常设委员会。

第二十二条 一、各缔约国允许依照中央鸦片常设委员会指定之办法，至迟于每年年终三月内（如遇有C节情形时，则五月），将过去一年间之最正确最完全之统计送交中央鸦片常设委员会，该统计开列：(A) 关于生鸦片及古柯叶之出产；(B) 关于本公约第三章第四条B、C、G所指各物品之制造，及用以为此等制造之原料，若该项物品用作其他转制品，而该转制品不载于本公约内者，则该物品之数量应分别说明之；(C) 关于本公约第二、第三章所指明之物品之存货将以销行于国内，而非为国家应用者；(D) 关于本公约第二、第三章所指明之物品之消耗，而非应用于国家用途者；(E) 关于本公约所指明之各项物品因非法输入或输出而没收者之数量，并说明该没收物之如何处置，及关于没收及使用没收物之其他种种报告。上列关于 (A) 节至 (E) 节之各项统计，中央鸦片常设委员会应据以通知各缔约国。

二、各缔约国允许依照中央鸦片常设委员会指定之办法，于每季后四星期内将其过去三月间在本公约所指明之每项物品之运往何国之输出及由何国运来之输入统计，送交委员会。以上各统计应用电报送达，但其数量在委员会所规定每项之最少数以下者，不在此例。

三、各政府依照本条所规定而报告其统计时，应分别说明为国家用途而输入或买进之总数，以期得以核定该国内医药上及科学上所需要之数量。中央鸦片常设委员会对于为国家用途而输入或买进之数量及其支配之用途，不得提出任何问题，或表示任何意见。

四、根据本条之意思，凡为国家所保管输入或买进之物品，预备为不时之售卖者，不能视为国家用途而保管输入或买进。

第二十三条 欲使关于处理世界生鸦片之供给，而报告于中央鸦片常设委员会之消息更加完备起见，凡暂准施用熟烟之各国政府，至迟于每年年终后三月后，除在第二十二条所规定之统计外，应填制一份最正确最完备之统计送交委员会，该统计所应载者，为过去一年间（一）熟烟之制造及原来之用于此项制造者，（二）熟烟之消耗。此为显明之事，委员会对于此项统计无权提出任何意见，而第二十四条条款对于本条所指各问题不能适用之，唯如经委员会查得非法国际贸易正在竭力进行中，则不在此例。

第二十四条 一、中央鸦片常设委员会应时时监察国际贸易，如遇本公约所载物品累积于无论何国，而该国大有变成非法贸易之中枢之势，则可请联合会秘书长出名，有权询问该国政府解释一切。

二、如于相当时期内无答复，或其答复不满意，中央鸦片常设委员会有权请各缔约国政府与联合会行政院注意此事，并劝告本公约所载物品或其中无论何一物不可再出口运入该国，直至中央鸦片常设委员会报告该关系国对于该项述及物品之情形视为满意为止，委员会同时将其所作之劝告通知该国政府。

三、该关系国有权将此问题提交联合会行政院。

四、无论何一出口国政府，不愿依照中央鸦片常设委员会之劝告而行事，亦有权将此事提交行政院。如其不将此题请行政院解决，则即行通知委员会解释何以不愿依照其劝告而行事之理由为最佳。

五、中央鸦片常设委员会对于此事，有权印一报告递送行政院，而行政院将转送之于各缔约国。

六、无论何一事件,委员会之决议如非一致,则少数人之意见亦将详述。

七、无论何一国政府,当委员会集议为讨论直接于其有关系之问题应请其参与在内。

第二十五条 各缔约国于友谊上均有权请委员会注意,似应查究之各项事件,唯本条不能视为扩张委员会权能之范围。

第二十六条 关于非签订本约之国,委员会据其所得消息观之,某国大有变成非法贸易中枢之势,亦能采取如在第二十四条内指定之办法,第二十四条第三、四、七节在此情形亦能适用。

第二十七条 委员会当采取所有计划,以使依照第二十一条至第二十六条,而所得之预算统计消息及解释不泄露于公众,而利奸商易于行事,及有碍合法贸易。

第二十八条 各缔约国允准如有违犯为实行本公约之法律者,当与以相当之刑罚,如在相称事件中亦可将其关系物充分公之。

第二十九条 各缔约国将以诚意研究,取用正当法律计划之可能,俾得惩治在其统治权内之人民,在国外无论何处举行或协助一事件,该事件为违犯该地法律行动,而该法律则有关于本约处理之事宜。

第三十条 各缔约国以联合会秘书处为中央人,互相通知对于本约所指及事务之现存法律及章程,如此互相通知之事尚未实行者,并互相通知为欲使本约有力,而遵颁布之法律及章程。

第三十一条 本约在缔约各国中,为补足一九一二年正月二十三日在海牙签订条约之第一、三、五章条款,该条款在不缔本约,而签订海牙公约,及参与入海牙公约各国中仍有效力。

第三十二条 一、两缔约国对本约之解释以及施用,如有意见不同,而不能由外交上解决,但为和平了结起见,在上诉法庭及请公断以前,可将争端交国际联合会所派之专门机关征求其意见。

二、专门机关即于六个月中,自争端呈出之日起,除非争讼国互相愿意延长时间,得提出意见,并规定一期限,争讼国必须决定是否采纳其意见。

三、专门机关之意见,不能束缚争讼国,除非经其采纳。

四、如争端既不能直接解决,亦不能依上述专门机关劝告之意见而解决之,如经诉讼一国请求之后,即应提交国际永久法庭,唯如因其他现存条约之施用关系，或特别签订之合同双方已得和解，则此争端无需公断，或用其他办法以解决之。

五、向法庭起诉手续，则须按该庭规定第四十条。

六、争讼国如决定将争端提交国际联合会所派之专门机关请示，劝告或公断，则应将其决定意见通知秘书长，该秘书长再通知各缔约国，而缔约国对此诉讼应有干涉权。

七、争讼国须将在专门机关诉讼时，所呈出之国际公法上之各点，并解释本公约之各问题，提呈永久法庭解决，该各点及各问题业经专门机关或公诉院，根据诉讼国中一国之请求，声明法庭之解决该各点及各问题为解决争诉之必要者。

第三十三条 本公约自本日起以英、法二文作准，凡参加预备本公约会议各国，为联合会会员之各国，收到行政院所发本公约抄本之各国，于一九二五年九月三十日以前，均可签字。

第三十四条 本公约应即批准（或有批准之必要），比准文据应交联合会秘书长存储，该秘书长接受之后，应通知联合会缔约之会员及缔约各国。

第三十五条 一九二五年九月三十日以后，所有参与预备本公约会议之国而未签字者，联合会会员收到联合会行政院所发本公约抄本之国均可入约。入约手续须用文件通知联合会秘书长，该文件须存于联合会档案中，

第三十六条 本公约经十国批准以后，方能发生效力，该十国内应包括行政院依第十九条而委派参与中央鸦片常设委员会之七国，而七国之中最少二国为联合会行政院常年会员。联合会秘书长接到末次批准文据后之第九十日，为产生效力之日。嗣后接受各国批准文据后，之第九十日，在批准该公约各国，本公约即有效力云照联合会约章第十八条，联合会秘书长将本公约实行日期登陆入册。

第三十七条 联合会秘书长将作一特别记载表，以表示本公约已经何国签字批准，何国加入或退出本公约，此记载表应时时出示联合会会员，缔约各国应依行政院之指挥时常印刷。

第三十八条 如有联约国中之一国愿意出约，应备出约文据送交联合会秘书长，出约文据自联合会秘书长收到文据之日起，一年后方可发生效力，而退出本约只关出约一国。

第三十九条 所有签订或加入本约之国，在签订批准入约时，可声明采取本约，并不包括在其主权下或势力范围之某属地，或所有殖民地、海外属地、海外领土，或因受联合之训令而属于其势力下之地，唯此等除外之地，以后亦能依第三十五条而加入，各保护地、殖民地、属地、海外领土亦能依第三十八条而分别出约。上列全权签字，以昭信守。

一九二五年二月十九日于日内瓦，正本一份留存于联合会秘书厅档案，其正式之副本将送交参与会议之各国及联合会会员。

附录六：《限制制造及调节分配麻醉药品公约》
（1931 年 7 月 13 日）

为欲补充 1912 年 1 月 23 日海牙及 1925 年 2 月 19 日在日内瓦所订国际鸦片公约之规定，以国际协定限制麻醉品之制造，专供世界医药上及科学上之合法需要，得以发生实效，并调节此等药品之分配起见，爰决定缔订公约，特派全权代表如下：（略）各全权代表业将所奉全权证书互相校阅，认为妥善，议定条款如下：

第一章 定义

第一条 后列各定义除有相反之规定外，在本公约内均适用之。

（一）《日内瓦公约》系指 1925 年 2 月 19 日在日内瓦签订之国际鸦片公约而言。

（二）"鸦片"系指下列各种药品而言，不论系半制品或精制品均包括在内。

第一组甲组：（1）吗啡及其盐类包括由生鸦片或药用鸦片直接制成之制剂而含有吗啡在百分之二十以上者。（2）双醋酸基吗啡（Diacetymorphine）及其他之吗啡碱类（Esters of morphine），并其盐类。（3）可卡因（Cocaine）及其盐类，包括由古柯叶（Coca leaf）直接制成之制剂而含有可卡因在千分之一以上者及爱克宁碱类（Esters ecgonine），并其盐类。（4）二沅可待因酮（Dihydrohydrooxycodeinone），其注册名字为欧可达（Eucodal）者，系其盐类。二氢可待因酮（Dihydrocodeinone）其注册名为狄可多（Dicodide）者，系其盐类。二氢吗啡酮（Dihydromorphinone），其注册名为地勒代者（Dilaudide），系其盐类。醋酸基二氢可待因酮（Acetyldihydrocodeinone）或醋酸基双一烷二氢蒂巴因（Acetydihydrocodeinone），其注册名为阿衰地康（Acedikon）者，系其盐类。二氢吗啡（Dihydromorphine），其注册名为假性吗芬（Paramorfan）者，系其盐类。上述各药品碱类（Esters）及此等药品之任何碱类及其之盐类氧化吗啡（Morphine-N-N-oxide），其注册名为基洛吗啡（Genomorphine）及氧化吗啡衍生物（Morphine-N-oxidederivatives）以及其他五原子价氮之吗啡衍生物。乙组：爱哥宁（Ecgonine）蒂巴因（Thebaine）及其碱类一烷因基吗啡（Benzylmorphine）与其他吗啡碱类（others esters of morphines），并其碱类，惟一烷吗啡（Methylmorphine）与二烷吗啡（Ethylmorphine）及其盐类除外。

第二组 一烷吗啡（可待因）与二烷吗啡及其盐类。本想所述各种物质虽由综合法制成者，亦以药品论。第一组与第二组系分别指本项第一组、第二组两组而言。

（三）"生鸦片"系指由罂粟壳取出之汁凝结，略施人工，以便包装及载运者，至其中吗啡含量之多寡在所不问。

"药用鸦片"系由生鸦片按照国定药典之规定经必要之调制而成，以供医药之用者，不论其为粉末或小粒或与中和物品混之他种形状。

"吗啡"系指鸦片之主要生物碱者（Alkaloid），其分子式为 $C_{17}H_{19}NO_3$ 者。

"双醋酸基吗啡"（海洛因）系指其分子式为 $C_{21}H_{28}NO_5$（$C_{17}H_{17}(C_2H_3O_2)$ O_3N）者。

"古柯叶"系指属于（Erythoxylaceae）科之 Erythroxylon Coca Lamarck and Erythroxylon Novogranatense Hieronymus 之叶及其他同属异种之叶，能直接或用化学方法，自其中提出可卡因者。

"可卡因"系指一烷安息香酸基左旋性爱哥宁其百分之二十卤仿溶液之旋光度"a" D_{20} 为左旋十六度四，其分子式为（$C_{17}H_{21}O_4N$）。

"爱哥宁"系指左旋性爱哥宁，其百分之五水溶液之旋光度"a" D_{20} 为左旋四十五度六，其分子式为（$C_9H_{15}O_3NH_{20}$），及工业上得再制为一般左旋性爱哥宁之衍生物。

下列药品之定义以其分子式表明如下：

药品类别

二沉可待因酮 （Dihydrohydrooxycodeinone） $C_{18}H_{21}O_4N$

二氢可待因酮 （Dihydrocodeinone） $C_{18}H_{21}O_3N$

二氢吗啡酮 （Dihydromorphinone） $C_{17}H_{19}O_3N$

醋酸基二氢可待因酮 （Acetyldihydrocodeinone） 或醋酸基双一烷二氢蒂巴因 （Acetyldimethylodihydrothebaine） $C_{20}H_{23}O_4N(C_{18}H_{20}(C_2H_3O)O_3N)$

二氢吗啡 （Dihydromorphine） $C_{17}H_{21}O_3N$

氧化吗啡 （Morphine-N-oxide） $C_{17}H_{10}O_4N$

一烷吗啡 （Methylmorphine） $C_{18}H_{21}O_3N$

蒂巴因 (Thebaine) $C_{19}H_{21}O_3N$

二烷吗啡 （Ethylmorphine） $C_{19}H_{23}O_3N(C_{17}H_{18}(C_2H_5O)O_2N)$

一烷因基吗啡 （Benzylmorphine） $C_{24}H_{25}O_3N(C_{17}H_{18}(C_7H_7O)O_2N)$

（四） "制造"亦指精制而言。

"改制"系用化学方法将一种药品变成另一种药品，唯以生物碱类变成盐类者，不在此限。其以此等药品之一种变成另一种药品时，对于前一种药品谓之改制；对于后一种药品谓之制造。

"估计书"系指本公约第二条至第五条编制之估计书而言，除条文中有相反之规定外，包括补充估计书在内。

关于任何药品所称"保留贮存品"者，指下列各款所需之药品：

（甲）在一国或一国领域内贮存，或平常国内消费之用者。（乙）在一国或一领域内供改制之用者。（丙）供输出之用者。

关于任何药品所称"政府贮存品"，指由政府保管以供政府需用，并备以应付特殊情形需用之药品，"输出"包括再输出而言，但条文中有相反之规定者，不在此限。

第二章　估计书

第二条 （1）各缔约国对于适用本公约之该国各领域应依照本公约第五条之规定，按年编制各项药品之估计书，送交根据《日内瓦公约》第六章所设立之中央鸦片常设委员会。

（2）缔约国倘有不能在本公约第五条第四项规定之期限内，编送其适用本公约之任何一领域之估计书时，该项估计书在可能范围内得由本公约第五条、第六条所规定之"监察机关"编制之。

(3) 对于本公约不能适用之国家或领域，中央鸦片常设委员会得请其依照本公约之规定编送估计书，其有未编送者则在可能范围内，得由"监察机关"自为编制之。

第三条 缔约国于必要时，得对于任何年度及对于任何领域，编送该领域该年度之补充估计书，并说明其编制该项补充估计书之理由。

第四条 (1) 依上述各条规定所编制之估计书，其关于一国家或一领域内消费者所需之任何药品，应仅以该国家或领域内医药上或科学上所需要者为限。

(2) 于保留贮存品外，各缔约国得设置并保持"政府贮存品"。

第五条 (1) 本公约第二条至第四条所规定之估计书，其格式应由中央鸦片常设委员会随时规定，并通知国际联合会会员国及本公约第二十七条所指之非会员国。

(2) 每一估计书应将每一国家或每一领域内每年应需之药品，不论为生物碱或盐类之制剂，依照下列各款分别注明：（甲）医药上及科学上所需用之数量，其供制造制剂用之数量，而此等制剂之输出不须输出证者，不论其系供国内消费或输出均包括在内。（乙）改制上所需用之数量，不论其系供国内消费或输出，均包括在内。（丙）所拟保持之保留贮存品之数量。（丁）依本约第四条之规定，为设置并保存政府贮存品所需之数量。每一国家或一领域各项估计书之总数量，系指本项（甲）、（乙）两款之总数量，另加保留贮存品及政府贮存品所欲达到之必需限度之数量，或减去此等贮存品，超过此项限度之数量。但上述数量之增加或减少，除非经各关系缔约国于有效时间内向中央鸦片常设委员会编送必需之估计书时，无须计及。

(3) 每一估计书应附一说明书，解释其计算各项数量所采用之方法，若计算之数量留有需要上可能之伸缩余地者，则估计书上必须将伸缩之限度标列明白。在公约第二组内，所列或列入该组之任何药品，其数量之伸缩限度，得较其他药品为大。

(4) 所有各项估计书为次年度所编制者至迟应于本年八月一日以前，送达中央鸦片常设委员会。

(5) 补充估计书应于编就后，随即送达中央鸦片常设委员会。

（6）估计书应经监察机关审查，该机关由国际联合会鸦片及其他危险药品贸易顾问委员会、中央鸦片常设委员会、国际联合会、卫生委员会及国际公共卫生局各委派一人组织之。监察机关之秘书处，由国际联合会秘书长派员组织，俾与中央鸦片常设委员会易收合作之效。监察机关得向业经编送估计书之国家或领域除政府所需要之药品外，索取必要之追加报告或详细说明，俾原有估计书益增完备，或于原有意义加以解释，如经该国政府之同意，得依据索得之材料，将估计书予以修正，但关于本公约第二组所列或可列入该组之药品只需一提要之声明。

（7）依照本条第六项之规定，估计书经监察机关审查之后，又依照本公约第二条之规定，各国家或领域之未能编制估计书者，经该监察机关代为编定后，该监察机关最迟应于每年十一月一日以前，将各国家或各领域之估计书编成报告，经由国际联合会秘书长，转送国际联合会各会员国，及第二十七条所指之非会员国，此项报告监察机关认为必要时，得另附节略载明依照本条第六项规定所索得之说明，及该监察机关对于该估计书或说明或请求说明之意见。

（8）每年内送达中央鸦片常设委员会之一切补充估计书，监察机关应依照本条第六、第七两项规定之手续，立即处理之。

第三章　制造之限制

第六条（1）在任何国家或领域于任何年度内，对于任何一种药品之制造，其数量不得超过下列各项数量之总数：（甲）该国家或该领域对于该年度医药上及科学上所需药品之数量，在估计书之限度以内者，其供应制造制剂用之数量，而此等制剂之输出不须输出证，并不论其供应内消费或输出均包括在内者。（乙）该国家或该领域在估计书之限度以内，对于该年度改制上所需用之数量，不论其系供国内消费或输出者。（丙）该国家或该领域于该年度内依照本公约之规定，为履行输出定货所需药品之数量者。（丁）该国家或该领域为保持该年度保留贮存品所需药品之数量，而与估计书规定之限度相等者。（戊）该国家或该领域为保持该年度政府贮存品所需药品之数量，而与估计书规定之限度相等者。

（2）缔约国于年终发现其制造药品之总数量超过前述规定之总数量时，除减去第七条第一项所规定之数量外，其超过之数量应在次年制造总数内扣除之，各缔约国向中央鸦片常设委员会编送各年统计时，应说明此项超过之理由。

第七条 对于每一药品在一国家或一领域内应于任何年度，依第六条所许可制造之数量中减去下列各项数量：（甲）该药品输入之数量，凡输出退回之该药品除再输出者外，一律包括在内。（乙）缉获之药品用为国内消费或改制之数量者。如在本年内所有上述药品之数量，不能自总数量减去时，则年终所有剩余之数量应于次年估计书内减去之。

第八条 一国家或一领域依照估计书输入或供制造、改制、使用之任何药品之数量，应于该估计书适用之期限内尽量用于改制。于上述期限内，如该国或该领域不能将该项药品之总量用完者，则年终所余未用之数量应于次年估计书内减去之。

第九条 如于本公约全部条文发生效力时，在一国或一领域内，所有某种制造现存之数量，以超过按照该国或该领域之估计书中拟保持之保留贮存品至数量者，其超过数量应依照本公约之规定，在本年所能制造或输入药品数量内减去之，如未照上述程序办理，则于本公约全部条文发生效力时，所有现存制造之超过数量，应归政府保管以后，仅可遵照本公约所规定之数量按期发放，其每年发放之数量，应按照情形，自该年可制造或输入之总数量内减去之。

第四章　禁止及限制

第十条 （1）缔约国应禁止自其领土内输出双醋酸基吗啡或其盐类，与含有双醋酸基吗啡或其盐类之制剂。

（2）缔约国得因不制造双醋酸基吗啡政府之请求，准许双醋酸基吗啡或其盐类与含有双醋酸基吗啡或其盐类之制剂输往该国，以供该国医药上及科学上之需要，唯此项请求应附具输入证书，并应向证书上所指定之政府机关为之。

（3）上述输入之双醋酸基吗啡之数量，应由输入国政府负责分配之。

第十一条 （1）凡鸦片之生物碱之制造品，或古柯叶之爱哥宁生物碱之制造品，在本日尚未为医药上或科学上之需要者，任何国家或领域，不得以该项药品为贸易，或制造该项药品以供贸易之用，但有关系之政府认为该项制造品于医药上或科学上确有价值者，不在此例。与此情形，除该政府认为该项制造品或改制他项制造品后，均不致使人养成瘾癖者外，其准许制造之数量，在下述决定未成立前，不得超过该国家或该领域内医药或科学上所需与输出国外所需之总数量，本公约之规定于该项制造品适用之。

（2）缔约国准许以上述药品为贸易，或制造该项药品以供贸易之用时，应立即通知国际联合会秘书长，以便转知其他缔约国及国际联合会卫生委员会。

（3）卫生委员会于咨询国际公共卫生局常务委员会后，应决定该项制造品能否使人养成瘾癖（致与本公约第一组甲组所列药品同类者），或该项制造品改制他项药品后，能否使人养成瘾癖（致与本公约第一组乙组或第二组所列药品同类者）。

（4）如卫生委员会决定上述药品其本身虽非使人养成瘾癖之药品，但能改制为该项药品者，则该药品应否列入第一组乙组或第二组中，应由专家三人组成之委员会，从科学方面及技术方面决定之。其人选应由关系国政府、国际联合会鸦片顾问委员会各推举一人，再由该二人公推一人。

（5）依照本条第三、第四两项所为之决定，应通知国际联合会秘书长以便转达国际联合会会员国及第二十七条所指之非成员国。

（6）如经专家决定，认为上述药品本身或改制他项药品后，能使人养成瘾癖时，则缔约国在收到国际联合会秘书长通知后，应视该药品是否第一组或第二组分别实施本公约所规定之适当管理方法。

（7）任何缔约国根据较深之经验，得请求国际联合会秘书长，依照上述手续将上述之决定修正之。

第十二条 （1）各缔约国非遵照本公约之规定，不得将任何药品输入或输出其领域。

（2）每年输入任何一国或任何一领域之任何药品，不得超过本公约第五条所规定之估计量，与该年度该国或该领域输出数量之总数，但应将该年度在该国或该领域内制造之总数，于总数内先行减去之。

第十三条 （1）（甲）各缔约国对于本公约第一组所列药品，应适用《日内瓦公约》之规定，而为该公约第四条（或相等之规定）开列之各项物质所适用者，此项规定并应适用于《日内瓦公约》第四条所载吗啡及可卡因之制剂，及本公约第一组其他各药品之制剂，但该公约第八条规定认为可以除外之制剂，不在此限。（乙）凡吗啡或可卡因或其盐类，若与无害液体或固体混合，或成为溶液或稀薄液，其结果所含之吗啡成分在千分之二以下，或可卡因成分在千分之一以下者，其管理方法应与成分较高之制剂相同。

（2）各缔约国对于本公约第二组所列或可列入该组之药品，应用《日内瓦公约》下列之规定（或相等之规定）。（甲）第六、第七两条关于此项药品之制剂输入输出及批发之规定。（乙）第五章各条之规定，唯化合物之含有此项药品而作正当治疗之用者，不在此项。（丙）第二十二条第一项（乙）、（丙）、（戊）各款及第二项之规定。但，A各国输出输入药品之统计每季呈报者，得改为一年呈报一次。B凡制剂之含有此项药品者，不适用《日内瓦公约》第二十二条第一项乙款及第二项之规定。

第十四条（1）各国政府对本公约第一组所列或可列入该组之药品发给输出许可证，输入不适用本公约及《日内瓦公约》之任何国家或领域者，该输出国应即通知中央鸦片常设委员会，但输出药品数量在五公斤或五公斤以上者，输出国政府必待中央鸦片常设委员会证实该项输出药品不致使输入国或领域超过其药品估计量方可发给输出特许证，如经中央鸦片常设委员会通知，认为该项药品将超过其估计量者，则输出国政府不得准许输出超过该估计量之数量。

（2）根据送达中央鸦片常设委员会之输出、输入报告，或根据前项所定送达中央鸦片常设委员会之通知，发现药品输出或输入准许输出至某国或某领域之数量，超过该国或该领域依照本公约第五条所定估计书之总数量与已输出数量之总和时，中央鸦片常设委员会应立即通知各缔约国，在该年内不得准许再运鸦片至该输入国或领域，唯下列情形不在此限：（一）由该国或该领域将输入过多之数量，编成补充估计书。（二）遇有特殊情形输出国政府认为药品之输出能为人类谋利益或供治疗病人之需用者。

（3）中央鸦片常设委员会每年应编制报告书将各国或各领域前一年之下列各种事项——载明：①每种药品之估计书；②每种药品消耗之数量；③每种药品制造之数量；④每种药品改制之数量；⑤每种药品输入之数量；⑥每种药品输出之数量；⑦制造制剂所用每种药品之数量，此种制剂以不需输出证亦得输出者为限，如上项报告书中发现任何缔约国未依照本公约履行义务时，中央鸦片常设委员会得经由国际联合会秘书长转请该缔约国声述理由，关于此种事项《日内瓦公约》第二十四条第二项至第七项规定之程序得适用之。

中央鸦片常设委员会应速将上述报告书公布，除认为非必要者外，并应将依照前项规定所声述理由之撮要，及中央鸦片常设委员会对于该项理由之意见，一并附入，中央鸦片常设委员会依照本公约规定所收到之药品统计及其他报告，如有促进投机者之经营，或有碍缔约国之合法贸易者，不得公布之。

第五章　行政规则

第十五条　各缔约国应采取立法上或其他必要办法，使本公约条文在其领域内发生效力，缔约国如未采行上述办法时，应设置一特殊行政机关，其目的为：1.实施本公约一切条文；2.调节、监察并管理药品之贸易；3.组织拒毒运动，采取有效办法，阻止毒癖之蔓延，并抑制非法贩运。

第十六条　（1）缔约各国对于下列各项应实行严厉监察：（甲）各制药存积药品原料之数量及制成药品之数量以供制造或改制或其他用途者；（乙）药品之数量及含有此项药品之药剂之数量；（丙）制成之药及制剂之销售法，尤须注意其出厂交货方法。

（2）缔约国不得准许任何制药人存积原料之数量超过市场上合于经济的营业所需之数量，无论何时任何制造人存积原料之数量不得超过该制药人在最近六个月内制造所需之数量，唯政府经相当调查后，认为有特殊情形，须存积额外数量者，不在此限，但无论如何该存积之总数量不得超过一年所需之数量。

第十七条　各缔约国应使其领域内制药人按季呈报下列事项：（甲）进厂之各种原料及各种药品之数量，与由此项原料药品制造而成之任何制造品之数量，制药人在呈报进厂原料之数量时，应说明其中所含或其中可产出吗啡、可卡因或爱哥宁碱类之成分，此项成分之检定法，应以政府所规定者及经政府认为满意者为准。（乙）在本季内所销售之原料之数量或由该原料制成之产物之数量。（丙）每季终结时所有存积之数量。各缔约国应使其领域内之药品批发人于每年终结时，呈报该年内含有药品之制剂输出量或输入量，此种输入均以不需特许者为限。

第十八条　各缔约国缉获非法私运之药品为本公约第一组所列者，如不须再经过司法手续或其他行政长官之处置时，应由该国政府或由该国政府监督将该药品销毁，或改制为无毒性物质，或专作医药上或科学上用途，唯双醋酸基吗啡无论如何，必须使其销毁或改制。

第十九条 凡发售任何药品或含有药品之制剂，缔约国应使之在标签上，注明其中所含药品之成分，并在标签上载明该国法定药名。

第六章 通则

第二十条 （1）每一缔约国在本公约发生效力时，于其领域内制造或改制任何药品，或拟于本公约发生效力时，或以后特准制造或改制任何药品者，均应通知国际联合秘书长，声明该项药品制造或改制，抑只供国内需用或兼供国外输出，并须注明何时着手制造或改制，与制造或改制药名之名称，及该特许制药人或药行之名称及住址。

（2）缔约国于其领域内停止制造或改制任何药品时，应即通知国际联合会秘书处，声明该项药品已于或拟于或何时何地停止制造或改制，并指明该项药品之名称，及该制药人或药行之名称及住址。

（3）依本条第一、二两项所为之通知，应由国际联合会秘书长转送各缔约国。

第二十一条 各缔约国应将使本公约生效所公布之各项法规，经由国际联合会秘书长通知其他各缔约国，并应依照鸦片及其他危险药品贸易顾问委员会所编定之表格，将各项该国执行本公约情形，逐年编制报告，送达国际联合会秘书长。

第二十二条 缔约国应将制药人及批发人为混合制剂所需药品之数量，列入每年统计送达中央鸦片常设委员会，至于此种制剂是否供国内消费，或不需输出证而得输出国外者，在所不问。缔约国并须将各制约人依照本公约第十七条所呈送之报告撮要列入每年之统计。

第二十三条 凡缔约国于发现非法贩运药品任何案件时，如其案件对于贩运药品之数量或其来源，或非法贩运人所用运输之方法，有重要之关系者，应于最短期间将一切情形送由国际联合会秘书长，通知各缔约国。前项通知之详情应尽量包括下列事项：1.非法贩运之药品种类及数量；2.该项药品之来源及其商标与标签；3.该项药品成为非法贩运之地点；4.该项药品发出之地点，运送经理人，或交付人姓名，交付之方法，如知悉收受人者其姓名及住址；5.私贩所用之方法及路由，如系船只装载者，船只之名称。6.政府对于私贩人（尤应注意一般领有特许证或执照者）之处分及所施之惩罚；7.其他事项之能有助于制止非法贩运者。

第二十四条　本公约系就缔约国间之关系，以补充 1912 年海牙公约及 1925 年日内瓦公约，而本公约缔约国至少应受以上两项公约之一拘束者。

第二十五条　各缔约国间对于本公约之解释或适用发生争执，虽经外交手续，亦不能圆满解决者，应按照缔约国间现行解决国际争执之协定解决之。倘该缔约国间无此协定，则该项争执应提交仲裁，或按司法手续解决之，倘另行选择法庭不能同意，而争执各国皆为 1920 年 12 月 16 日国际常设裁判法庭规约议定书之签约国时，该项争执得因任何一争执国之请求，提交该处法庭处理，如该争执国中有一国非 1920 年 12 月 16 日议定书之签约国时，应交依照 1907 年 10 月 18 日海牙和平解决国际争执公约所组成之仲裁法庭处理之。

第二十六条　各缔约国于签订批准或加入本公约时，得声明其本身接受公约，但对于该国一切或任何殖民地保护国海外领域或在其主权统治或受国际联合会委托代理之领域，该国不负任何义务，则本公约对于该声明所指各地不适用之。各缔约国嗣后无论何时，得通知国际联合会秘书长，愿将本公约适用于前项声明中所指一切或任何领域，本公约对于该通知中内所列之领域，应即适用其效力与批准，或加入本公约之国家相同。缔约国于本公约第三十二条所定五年期限届满之后，无论何时得声明本公约对于该国一切任何殖民地保护国海外领域或在其主权统治或受国际联合会委托代理人领域停止适用，则本公约对于该声明中所列各项领域应即停止适用，与本公约第三十二条所指定之退约相同。国际联合会秘书长应将根据本条所收到之各项声明及通知，转达国际联合会会员国及第二十七条所指定之非会员国。

第二十七条　本公约以法英两国文字为准，约上载明本日（约）之日期。自本日起至 1931 年 12 月 31 日止，凡国际联合会会员国或非会员国参加起草本公约会议者，或经国际联合会行政院寄送本公约一份请签字者，均得签字于本公约。

第二十八条　本公约应经批准手续，批准书应送达国际联合会秘书长，由该秘书长通知国际联合会各会员国及上条所指之非会员国。

第二十九条 自 1932 年 1 月 1 日起，凡国际联合会会员国及本公约第二十七条所指之非会员国得加入本约。加入证书应送达国际联合会秘书长，由该秘书长通知国际联合会会员国及第二十七条所指之非会员国。

第三十条 本公约自国际联合会秘书长收到国际联合会会员国或非会员国二十五国之批准书或加入书之日起，九十日后发生效力，唯此二十五国需包括下列之任何四国：法国、德国、大不列颠及北爱尔兰联合王国、日本、荷兰、瑞士、土耳其及美国。但本公约之规定除第二条至第五条外，仅可自依照第二条至第五条编送估计书之第一年一月一日起适用之。

第三十一条 批准书或加入书在本公约发生效力以后，收到者应自国际联合会秘书长收到该项文书之日起九十日后发生效力。

第三十二条 自本公约发生效力之日起，五年期满后，得退出本公约，但应以书面声明，送交国际联合会秘书长，此项退约声明，倘该秘书长系在任何年七月一日或该日以前收到者，应于下年一月一日发生效力，倘在七月一日以后收到者，其发生效力之日期，与在下年七月一日或该日以前收到者同，各退约声明，仅对于此项声明之国际联合会会员国或非会员国发生效力。国际联合会秘书长收到各国退约声明后，应通知国际联合会会员国及第二十七条所指之非会员国。倘缔约国同时或继续退约，致受本公约拘束之国际联合会会员国及非会员国为数不足二十五国时，自最后一国退约声明，依据本条之规定发生效力之日起，本公约即失其效力。

第三十三条 任何受本公约拘束之国际联合会会员国或非会员国，无论何时得函达国际联合会秘书长，请求修正本公约，该秘书长应将此项请求，通知受本公约拘束之其他国际联合会会员国或非会员国，倘赞成修正之国家达三分之一时，缔约国得开会讨论修正本公约。

第三十四条 本公约应于发生效力之日，由国际联合会秘书长登记，为此各全权代表在本公约签字以昭信守。

1931 年 7 月 13 日签订于日内瓦，正本一份存于国际联合会秘书厅档案，另备签证之抄本，分送国际联合会会员国及第二十七条所指之非会员国。

附录七　征引参考论著

资料

1.《中国禁毒史资料》(1792—1949)，马模贞主编，国家禁毒委员会办公室组织编写，天津人民出版社，1998年。

2.《日本鸦片侵华资料集(1895—1945)》，邓一民主编，中国河北省委党史研究室，中国河北省委机关文印中心，2002年。

3.《日本帝国主义侵华档案资料选编》，佟冬等主编，中华书局，1998年。

4.《国际条约集》(1917—1923)，世界知识出版社，1961年6月。

5.《审讯汪伪汉奸笔录》，南京市档案馆编，江苏古籍出版社，1992年。

6.《厦门抗日战争档案资料》，厦门市档案馆等编，厦门大学出版社，1997年。

7.Transcripts of the Proceedings of the International Military Tribunal For the Far East(《东京审判庭审记录》)，上海交通大学出版社、国家图书馆出版社，2013年英文版。

8.《远东国际军事法庭庭审记录索引、附录》，上海交通大学出版社、国家图书馆出版社，2013年。

9.江口圭一『資料:日中戦争期阿片政策——「蒙疆政権」資料を中心に』、東京、岩波書店，1985年

10.岡田芳政、多田井喜生、高橋正卫合编『続:現代史資料(12)鸦片問題』、東京、美玲書店，1986年。

著作

1.《刺刀下的毒祸:日本侵华期间的鸦片毒化活动》，曹大臣，朱庆葆著，福建人民出版社，2005年。

2.《日据初期之鸦片政策》(第一册)、(第二册)，洪敏麟主编，程大学、许锡专编译，台湾省文献委员会，1978年。

3.《后藤新平传——台湾现代化奠基者》，杨碧川编著，一桥出版社，1995年。

4.《日本情报机构秘史》，〔英〕理查德·迪肯著，群益译，群众出版社，1985年。

5.《鸦片政权:中国、英国和日本，1839—1952》(Opium regimes : China, Britain,

and Japan, 1839—1952)〔加〕卜正民(Timothy Brook),〔加〕若林正(Bob Tadashi Wakabayashi)编著;弘侠译,黄山书社,2009 年。

6.《春帆楼下晚涛急——日本对台湾的殖民统治及其影响》,黄静嘉著,商务印书馆,2003 年。

7.《鸦片与近代中国》,朱庆葆、蒋秋明、张士杰著,江苏教育出版社,1995 年。

8.《日本帝国主义侵略中国史》,蒋坚忍著,青年书店,1940 年。

9.《鸦片之今昔》,陶亢德编,宇宙风社,1937 年。

10.《台湾统治与鸦片问题》,刘明修著,李明峻译,前卫出版社,2008 年。

11.《黑色的瘟疫》,朱庆葆、刘霆著,山东画报出版社,2012 年。

12.《上海近代社会经济发展概况(1882—1931)——〈海关十年报告〉译编》,徐雪筠等译编,上海社会科学院出版社,1985 年。

14.《中日十五年战争小史》,江口圭一著,陈鹏仁译,幼狮文化事业公司,1996 年。

15.《台湾经济史》,周宪文编著,台湾开明书店,1980 年。

16.《日本兵的自白》(缩微品)尹若编著,汉口大众出版社,1938 年。

17.《日本并吞满蒙之秘密计划》马骧修正,马隆骥,马援斌校对,出版地、出版社不详,1932 年。

18.《日本帝国主义在天津的殖民统治》,中共天津市委党史研究室等编,天津人民出版社,1998 年。

19.《日本帝国主义在中国沦陷区》,延安时事问题研究会编,上海人民出版社,1958 年。

20.《日本东条首相阐明大东亚战争最高方针》,东亚联盟中国总会,出版时间、出版地不详。

21.《日本帝国主义史研究:以侵华战争为中心》,〔日〕江口圭一著,周启乾,刘锦明译,世界知识出版社,2002 年。

22.《顾维钧回忆录》,顾维钧著,天津编译中心编,中华书局,1997 年。

23.《顾维钧回忆录》,中国社会科学院近代史研究所译,中华书局,2013 年。

24.《东京审判》,〔日〕《朝日新闻》东京审判记者团著,吉佳译,河北人民出版社,1988 年。

25.《我们如何侵略中国》,〔日〕黑羽清隆著,文化新潮编委会译,田园书屋,1987 年。

26.《东京审判》,余先予、何勤华、蔡东丽著,中国方正出版社,2005 年。

27.《东京审判》,〔苏〕斯米尔诺夫,〔苏〕扎伊采夫著,李执中等译,军事译文出版社,1987 年。

28.《东京审判:照片秘录》,培琳编辑群编著,台北:培琳,1987 年。

29.《东京审判:庭审旧闻》,曹群主编;上海市虹口区档案馆编;上海书店出版社,2007 年。

30.《后藤新平——一个殖民地统治者的纪录》,许介鳞著,文英堂出版社,2008 年版。

31.《顾维钧外交演讲集》(英汉对照),顾维钧著,金光耀、马建标选编,上海辞书出版社,2006 年。

32.《后藤新平传——台湾现代化奠基者》,杨碧川著,一桥出版社,1996 年。

33.《后藤新平传——外交与卓见》,〔日〕北冈伸一(Kitaoka Shinichi)著,魏建雄译,台湾商务印书馆股份有限公司,2005 年。

34.《上瘾五百年——烟、酒、咖啡和鸦片的历史》(Forces of habit: drugs and the making of the modern world),〔美〕戴维·考特莱特著,薛绚译,中信出版社,2014 年。

35.《毒品在中国》,马模贞主编,北京出版社,1993 年。

36.《天津租界史》,〔英〕雷穆森(O.D.Rasmussen)著,许逸凡、赵地译,刘海岩校订,天津人民出版社,2009 年。

37.《中国百年禁毒历程》,马模贞、王玥、钱自强编著,经济科学出版社,1997 年。

38.《中国禁毒简史》,王金香著,学习出版社,1996 年。

39.《台湾经济史》,周宪文编著,台湾开明书店,1980 年。

40.《台湾经济史中的台湾总督府:施政权限、经济学与史料》,黄绍恒著,台北:财团法人曹永和文教基金会:远流出版事业股份有限公司,2010 年。

41.《战争遗留问题的源头:东京审判与〈旧金山和约〉》,徐勇、张会芳、史植著,黑龙江人民出版社,2011 年。

42.《远东国际军事法庭庭审记录·中国部分——侵占东北辩方举证(上)》,韩华译、龚志伟校,上海交通大学出版社,2015 年。

43.《日本帝国主义史研究——以侵华战争为中心》〔日〕江口圭一著、周启乾、刘锦明译,世界知识出版社,2002 年。

44.《日本对华经济侵略》,邹鲁著,国立中山大学出版社,1935年。

45.《日本首要战犯的国际审判》,〔苏〕拉金斯基、〔苏〕罗森布立特著、萨大为等译,北京世界知识社,1955年。

46.《中日战争实录:从宛平芦沟桥到芷江七里桥》,李伯雍、廖开顺编著,中国文史出版社,1995年。

47.《中日战争时期的通敌内幕:1937—1945》,〔美〕博伊尔(J.H.Boyle)著,陈体芳等译,商务印书馆,1978年。

48.《中日战争与鸦片(1937—1945):以内蒙古地区为中心》,〔韩〕朴橿(Park Kang)著,游娟镮译,台北县:国史馆,1998年。

49.《华北沦陷区伪政权研究》,张同乐著,生活·读书·新知三联书店,2012年。

50.《日本帝国主义在中国沦陷区》,延安时事问题研究会编,上海人民出版社,1958年。

51.《日本帝国主义在天津的殖民统治》,中共天津市委党史研究室等编,天津人民出版社,1998年。

52.《日本帝国主义与满州》,〔日〕铃木隆史著,周启乾监译,台北金禾出版社,1998年。

53.《日本帝国主义下之台湾》〔日〕矢内原忠雄著,林明德译,台北:财团法人吴三连台湾史料基金会,2004年。

54.《孤岛见闻——抗战时期的上海》,陶菊隐著,上海人民出版社,1979年。

55.《近代中国烟毒写真》,张荣轩著,河北人民出版社,1997年。

56.《审讯汪伪汉奸笔录》,南京市档案馆编,江苏古籍出版社,1992年。

57.《日本帝国主义侵略上海罪行史料汇编》,上海市档案馆编,上海人民出版社,1997年。

58.《日本帝国主义侵华人物》,天津编译中心编,中国文史出版社,1994年。

59.《麦克阿瑟回忆录》,麦克阿瑟著,文国书局编译部,文国书局,1985年。

60.《尊严不是无代价的——从日本史料揭秘中国抗战》,萨苏著,山东画报出版社,2012年。

61.《日本殖民地体制下的台湾》,王诗琅编著,台北众文图书公司出版,1980年。

62.《1937—1945日本在中国沦陷区的经济掠夺》,〔日〕浅田乔二等、袁愈佺译,复旦大学出版社,1997年。

63.《日本帝国主义在闽罪行录(1931—1945)》,福建省档案馆,福建人民出版社,1995 年。

64.《中国禁烟法令变迁史》,于恩德著,台北文海出版社,1973 年。

65.《中国禁烟禁毒史纲》,胡金野著,台北县宋氏照远出版社,2006 年。

66.《日本帝国主义在闽罪行录: 1931—1945 年》福建省档案馆编,福建人民出版社,1995 年。

67.《旧上海的烟赌娼》,上海市文史馆编,百家出版社,1988 年。

68.《清末民初政情内幕》上卷、下卷,〔澳〕洛惠敏编,知识出版社,1986 年。

69.《国破山河在:从日本史料揭秘中国抗战》,萨苏著,山东画报出版社,2012 年。

70.The opium empire: Japanese imperialism and drug trafficking in Asia, 1895—1945 by John M. Jennings. Westport, Conn.: Praeger, 1997.

71. Japan and the opium menace, by Frederick T. Merrill. New York: Published Jointly by the International Secretariat,1932。

论文

1.〔日〕山田豪一著、叶昌纲译、孙凤翔校:《论本世纪一十年代日本对中国鸦片和吗啡走私机构的形成》,《山西大学学报》,1985 年第 4 期。

2.〔日〕山田豪一著、穆传金译:《1910 年前后日本对华走私鸦片吗啡的秘密组织的形成》,《国外中国近代史研究》,第 12 辑。

3.〔日〕江口圭一著、王玉平、唐克俊译:《抗日战争时期的鸦片侵略》,中国社会科学院近代史研究所《国外中国近代史研究》编辑部编:《国外中国近代史研究》第 19 辑,中国社会科学院出版社,1992 年 1 月。

4.周斌:《抗战前南京国民政府禁毒政策述评》,《学海》,1996 年第 5 期。

5.臧运祜:《现代中日关系史研究上永远的缺憾——关于日本投降前后烧毁文书的情况及其他》,《近代史研究》,2005 年第 5 期。

6.翟新:《东京审判后日本的甲级战犯政策》,《国际政治研究》,2006 年第 3 期。

7.齐霁:《抗日根据地禁毒立法问题研究》,《抗日战争研究》,2005 年第 1 期。

8. 齐霁:《抗战时期陕甘宁边区的禁毒斗争及其历史启示》,《宁夏社会科学》,2005 年第 4 期。

9.陆伟:《日本内蒙鸦片政策述评》,《党史研究与教学》,1998 年第 3 期。

10.王德溥著、郦玉明译:《日本在中国占领区内使用麻醉品戕害中国人民的罪行》,《民国档案》,1994 年第 1 期。

11.张同乐:《日伪的毒品政策与"蒙疆"烟毒》,《史学月刊》,2003 年第 9 期。

12.黄新华:《日伪在南京地区的毒品政策初探》,《南京师范大学学报(社会科学版)》,2001 年第 6 期。

13. 曹大臣:《日本侵华时期在华南的毒化活动(1937—1945)》,《民国档案》,2002 年第 1 期。

14.曹大臣:《日本侵华毒化机构——华中宏济善堂》,《抗日战争研究》,2004 年第 1 期。

15.朱庆葆:《日本"治台经验"在中国大陆的运用及其危害——以鸦片政策为中心》,《江海学刊》,2008 年第 4 期。

16.赖正维:《论侵华日军在福建的贩毒活动》,《晋阳学刊》,2005 年第 3 期。

17.钟欣:《侵华日军在中国倾销鸦片内幕》,《山西老年》,2013 年第 2 期。

18.李恩涵:《九一八事变前后日本对东北(伪满洲国)的毒化政策》,《近代史研究所集刊》第二十五期,(台湾)中央研究院近代史研究所集刊编辑委员会编辑,台北中央研究院近代史研究所,1997 年。

19. 李恩涵:《日本在华北的贩毒活动》,《近代史研究所集刊》第二十七期,(台湾)中央研究院近代史研究所集刊编辑委员会编辑,台北中央研究院近代史研究所 1997 年出版。

20. 王宏斌:《二十世纪初英美对华鸦片政策与清末的禁烟运动》,《南开史学》,1991 年第 2 期。

21.马模贞:《中国禁毒历史的回顾》,《中国药物依赖性通报》,1990 年 4(2)。

22.李宏为编译:《〈东京战犯审判〉介绍》,《历史档案》,1988 年第 1 期。

23.赵朗:《种植鸦片　毒品走私——日本在辽西地区"施烟放毒"内幕》,《桥园》,2014 年第 5 期。

24.刘成虎、高宇:《旅大日租界的鸦片专卖与毒品走私》,《中国经济史研究》,2012 年第 3 期。

25. 朱守云:《抗日战争时期的南京毒品问题剖析——以贝茨的调查为切入点》,《衡水学院学报》,2008 年 6 月第 1 期。

26.韩华:《"这也是一种类型的战争"——东京审判中的日本"鸦片侵华"证据举隅》(上、下),《中华读书报》,2014 年 9 月 24 日、10 月 8 日。

27.朴橿:《抗战时期"蒙疆"的鸦片贸易与日本对华政策》,《档案与史学》,1995年第2期。

28.连心豪:《日本据台时期对中国的毒品祸害》,《台湾研究集刊》,1994年第4期。

29.库益菴:《日本侵华时期的毒化政策》,《史学月刊》,2013年12期。

30. 黎少华:《日据台湾时期的鸦片政策（1895—1945)》,《福建论坛（文史哲版)》,2000年第4期。

31.梅桑榆:《日本侵华时期的毒化政策(1895—1945)》,《百年潮》,2001年第4期。

32. 刘庆礼:《简论华北抗日根据地的禁烟禁毒运动》,《党史文苑》,2010年第6期。

33.李雪丰、吴玲:《浅评后滕新平在台湾的鸦片专卖政策》,《佳木斯大学社会科学学报》,2006年第6期。

34.杨洋:《日本在"关东州"鸦片制度研究(1906—1931)》,辽宁大学硕士学位论文,2013年5月。

35.杨民:《热河鸦片问题研究(1912—1933)》,河北大学硕士论文,2011年。

36.《南京国民政府"两年禁毒、六年禁烟"运动研究》,广西师范大学硕士学位论文,2008年。

37.吕天石:《日本侵华期间天津毒品问题研究》,河北大学历史学硕士学位论文,2014年6月。

38.齐春风:《中日经济战中的走私活动(1937—1945)》,南京大学中国近现代史博士论文,2000年。

39.祁建民:《蒙疆政权与国共对蒙政策研究》,南开大学中国近现代史博士论文,2000年。

40. 韩华:《东京审判庭审记录与日本对华鸦片侵略研究——以伪满洲国为例》,《日本侵华史研究》,2015年第1期。

41.赵朗:《日本在满铁附属地的鸦片贩毒罪行》,《理论学刊》,2013年第6期。

42.赵朗:《九一八事变后日本在辽宁实施的鸦片政策》,《兰台世界》,2012年第28期。

43.赵朗:《1905—1931年日本在大连地区的贩毒与走私》,《兰台世界》,2011年第11期。

44.赵朗:《日本在辽西地区的鸦片走私活动述论》,《兰台世界》,2010 年第 11 期。

45.王金香:《二、三十年代国内鸦片问题》,《民国档案》,1992 年第 2 期。

46.王金香:《日本鸦片侵华政策述论》,《抗日战争研究》,1993 年第 2 期。

47.王金香:《南京国民政府初期的禁烟政策》,《民国档案》,1992 年第 2 期。

48.王祥滨:《日本帝国主义在东北推行的鸦片政策》,《北方文物》,1996 年第 3 期。

49.黄明华:《论日本帝国主义对中国的鸦片侵略》,《江苏社会科学》,1997 年第 1 期。

50.韩华:《东京审判研究综述》,《抗日战争研究》,2012 年第 2 期。

51.韩华译,龚志伟校:《东京审判中关于日本侵占东北的庭审记录》,《日本侵华史研究》,2014 年第 2 期。